DISCOVERING MOTHERHOOD

发现母亲

推动世界的手是摇摇篮的手

王东华◎著

中国妇女出版社

图书在版编目（CIP）数据

发现母亲 / 王东华著. —2版（修订本）. —北京
: 中国妇女出版社, 2014.1（2025.11 重印）

ISBN 978-7-5127-0806-8

Ⅰ.①发… Ⅱ.①王… Ⅲ.①家庭教育 Ⅳ.①G78

中国版本图书馆CIP数据核字（2013）第283275号

发现母亲（修订本第2版）

作　　者： 王东华　著
责任编辑： 姜　喆
责任印制： 李志国
出版发行： 中国妇女出版社
地　　址： 北京市东城区史家胡同甲24号　　邮政编码：100010
电　　话：（010）65133160（发行部）　　65133161（邮购）
网　　址： www.womenbooks.cn
法律顾问： 北京市道可特律师事务所
经　　销： 各地新华书店
印　　刷： 北京中科印刷有限公司
开　　本： 170×230　1/16
印　　张： 32
插　　页： 4面
字　　数： 450千字
版　　次： 2014年1月第2版
印　　次： 2025年11月第29次
书　　号： ISBN 978-7-5127-0806-8
定　　价： 49.80元

王东华

男，1963年6月生，安徽省芜湖市人。《发现母亲文库》主编，华东交通大学母亲教育研究所所长，研究员。其研究当代大学生的教育专著《新大学人》(40万字)，为'93深圳（中国）优秀文稿公开竞价首部成交著作。其致力人类文化启蒙的另一教育专著《发现母亲》(80万字)，1999年一经推出，即在社会产生广泛影响，并获第十四届中国图书奖。其主编及编著的《我们是这样教育孩子的》《超薄学习》，2001年及2003年分别被选为全国妇联“世纪父母读书活动”和“学习型家庭读书活动”用书。由于其在母亲教育研究及普及方面的突出成绩，2000年被全国妇联授予“助西爱心大使”称号，2001年入选《中国青年》“可能影响21世纪中国的100位青年人物”。

内容简介

本书是作者殚精竭虑砺炼十年而成的一部母亲教育专著。作者从母亲的角度对人类社会的一些核质问题进行了严肃而深入地思考，提出了一系列关乎整个人类命运的重大命题。其研究的体系化、前瞻性、深刻内蕴以及对世纪更迭人类文化的建设，都会使本书在百年人文浪潮中具有卓越的启蒙地位。这是一个我们不得不需要净心倾听的独特声音。而本书详尽的范例，细腻真情的说理，也会将读者领进一个崭新的母性境界。

专家、媒体眼中的《发现母亲》

这是一个很有意思的话题，讲述“母亲”从生理到心理的种种困惑，在王东华的叙述里，现实中许多我们认为很普通很正常的事原来都让人触目惊心，引人深思。

——著名作家  莫　言

王东华提出的一个警策世人的口号，是如此动人心弦、简单明了——发现母亲！而这一本书的内涵又远远地超出了对母亲的感恩和感激之情，其精髓集中在“发现”二字上，不妨说王东华笔下的“发现”，是一种更为深入的再发现，是对障蔽的一种穿透，但所有这一切却又只是还原事物本身。

——著名作家  徐　刚

《发现母亲》让我想起了自己可怜的母亲，如果我身上还有一些美好品质的话，都是我的母亲给我的，感谢王东华让我们记起母亲对整个人类和生命的贡献。

——著名诗人  叶文福

《发现母亲》不止是从一般意义上论述了母亲对一个人成长的重要影响，而是从文化学、社会学、教育学等不同的角度揭示了现代社会演进过程中，母亲角色的悄然变易、社会观念对母性的支配以及教育制度对母性的重塑。

——著名评论家 孟繁华

没有"贵族"的母亲，哪来富有"贵族"精神的孩子。

——著名经济学家 刘　伟

《发现母亲》让人更深刻地认识母亲。人的素质主要取决于母亲的身教，其作用远大于遗传因素。

——著名企业家 史玉柱

母亲不仅可以直接为社会创造财富，母亲还可以通过培育子女完成对人类的贡献，在这种意义上说，母亲也是世界未来的创造者。

——著名书业人士 席　殊

《发现母亲》详细论述了早期教育的重要，同我们所倡导的零岁方案的理念是一致的，值得家长们认真细致的阅读。

——著名教育家 冯德全

《发现母亲》以其创见性、全面性和深刻性，成为有关中国母教问题理论和实践相结合的一部力作。

——历史学教授 朱文显

作者根据现代生理学、心理学、教育学、社会学等科学研究成果及大量的范例对教学方法和途径也作了详尽论述。观点新颖、材料丰富，对已为或将为人母（父）的人均有启发。

——教育学教授  贺宗鼎

作者从历史、文化、社会、生理、教育各个层面上对母亲的“绣手”与孩子的成长作了全面的探索，以论证母亲“是世界上最重要的岗位”“母亲的工作是上帝的工作”。

——教育学博士  曾德琪

这是一部真正意义上的原创作品，它与当今充斥图书市场上的编编抄抄、东拼西凑的图书有根本的不同。纵观全书，这部著作完全是作者考察了中外上千年的教育史、女性史及文化史，并对之进行了批判性分析研究而写成的，完全是作者独立研究思考之结晶。不仅如此，它凝聚作者“圣徒式”地献身于“母亲教育”事业的心血，体现了作者忧国忧民的社会责任感和爱国报国的赤诚之心，这也使得本书激情洋溢。

——著名编辑家  汪　溯

《发现母亲》抓住了问题的本质，对我们教育工作者来说有着极大的启发，学校同家庭紧密结合，才能培养出好孩子。

——山东省烟台市高级教师  陈泰田

《发现母亲》给了我很多的感悟。我先后买了一百七八十套《发现母亲》送给朋友，我觉得这是一本真正的好书，不仅读了自己受益、孩子受益，国家也受益。

——陕西省眉县精神病院院长  文　萍

我先后推荐了数百套《发现母亲》给我们家长，我觉得做家长的都应该看这本书。

——重庆市世纪早教婴幼园园长  吕　萍

他写下了第一本关于母亲教育的著作《发现母亲》，他组建了第一家母亲教育研究所；在独生子女教育问题突出的中国，他的母教理论和实践对家庭教育及社会化的学校教育都具有启示意义。

中国青年 CHINAYOUTH BIWEEKLY 可能影响21世纪中国的100位青年人物

《发现母亲》是一本让家长、尤其是母亲正确实施家教、省掉孩子很多眼泪的新书。

人民日报 摇摇篮的手推动世界

教育的全部复杂性，不仅在于它需要体制的支持，同时也需要有效的理论支持和有操作可能性的具体手段。

光明日报《发现母亲》：启示与意义

《发现母亲》力图把以往的家庭教育的惯性和模式扭转过来，贯穿了注重以孩子的习育、化育比教给孩子什么更为重要的思想，并从社会发展及整个国家、民族的高度来论述提高母亲素质的重要性和迫切性。

中国青年报 关注母亲素质

《发现母亲》的字里行间充满着理想主义的情绪，他呼唤母亲教育在中国重新形成社会规范，但他过于纯粹的执着使他的理论更多的是一种形而上的探索。《发现母亲》只是他的母亲教育事业的开篇，而现在他所做的《我们是这样教育孩子的》系列丛书，就是他的理论的实践展开。

中国妇女报 王东华和他的母亲教育事业

母亲的工作是世界上最有价值的工作，是社会中最为崇高的工作，是我们这个星球上最有创造性的工作，其他一切工作同母亲的工作相比都是微不足道的。

中国教育报 王东华谈《发现母亲》

《发现母亲》一书，是青年学者王东华继《新大学人》之后，积十年之心血推出的又一部教育学专著，也是我国第一部倡导进行母亲教育的力作。

中国文化报 追踪《发现母亲》

可读性是该书的重要特色，其极具启发性和现实教育意义的思想观点完全出于对大量名人事例的生动描述比较，因而避免了教育理论的抽象，适合于普通读者。

中国新闻出版报 专家让读《发现母亲》

《发现母亲》让读者认识了王东华关于教育问题的独特观点。

中华读书报 一个理想主义者眼中的家庭教育

《发现母亲》既是一本立论严谨、观点新颖的教育学论著，又是一部可读性、启迪性很强的知识读物，表现了母亲对一个人一生成长至关重要这一古老的命题。

科學時報 来一场全民族家教大反思

由于母亲与婴儿的不可分离性，决定了女性在人类社会中的主要使命是“人口再生产”，与男性的“社会再生产”有着根本的不同，需要全社会予以关注。

華夏時報 推动世界的手是摇摇篮的手

孩子的素质，更多地出自家庭而不是学校。没有父母亲素质的提高，就不可能有孩子素质的提高。

信息日报 父母是孩子生命之锚

中国空前的“母亲危机”，具有一定的世界性现代化副作用的背景，但并非社会主义体制造成，也非西方资本主义浪潮所致。唯有全力复兴母教，21世纪的中国才真正有希望。

信息时报 母亲与孩子

如果中国在21世纪把母亲意识、母教传统、母教文化恢复，又出现一批哺育教养孟子岳飞那样的名母，那么中国的许多社会问题，中国的国力民智不强等问题，都会“不战而胜”。

南风窗 试看中国“母亲危机”

自明清以降，中国就开始了一场深刻的至今仍在继续的母亲危机。

中国新闻网 WWW.CHINANEWS.COM 母亲也面临现代化？

如果不是深入地了解王东华以及他的理论，我们很容易把他误解为一个以新面孔示人的男权主义者，但很多母亲看了他的书，欣喜地接纳了他的理论，特别是书里关于写书理由的段落，读来令人特别感动。

北京青年报 王东华，一个理想主义者的胜利

两年来，床头的书换了一本又一本，唯独《发现母亲》始终伴随在侧，不是为了天天的阅读，而是为了一种提醒，为自己也为周围那些年轻的母亲——我几乎向自己认识的所有年轻母亲推荐了这本书。

齐鲁晚报 推动世界的手是摇摇篮的手

当1999年元旦钟声敲响时，20世纪中国大总结的浪潮便更加汹涌澎湃。在这“百年中国总结”大潮中，一声疾呼长啸令人目瞪口呆：近代中国落后挨打，是中国自明清以来出现了每况愈下的“母亲危机”！中国母亲素质近700年来日益下降！……今日中国腐败现象，家庭悲剧，文化传统断裂，无不与中国“母亲危机”密切相关……

羊城晚报 中国“母亲危机”的呐喊

当前女性价值的体现更多的应该是对母亲工作的认可与尊重，也就是说母亲的工作应该是带薪的工作。一个女性把孩子培养成才，其意义远远超过到工厂去拧几颗螺丝。

北京晚报 母教：被遗忘与被损害的

这样的书可能不会成为畅销书架上的一本，但我们希望所有将为人母或已为人母的女人都能读一读这本书，不是将它作为学术著作，而是将它作为一本幼儿教育的实用手册去读，这也许会影响许多人的下一代。

燕赵都市报 王东华：发现母亲

如果说《发现母亲》还只是一部理论性著作，那么，《我们是这样教育孩子的》就具体得多、好操作得多了。

楚天都市报 你我也能成为教育家

《发现母亲》是迄今为止最系统、全面的母教专著，不仅是一部立论严谨、观点新颖的教育学论著，同时又是一部可读性、启迪性很强的知识读物，通过科学论证和古今中外诸多名人学子的全方位分析，阐述了母亲教育的深刻意义和一般规律。

江西都市报 京沪穗争说《发现母亲》

在王东华80万字的著作中，的确拥有密度极大的思想和信息。仿佛是这6年里，他身处漆黑的隧道，苦苦挖掘出的原煤。

生活报 母亲也面临现代化

以母教危机论解析现实历史人生，王东华对社会上的固有观念发动了一次强烈扫荡，这些令人震惊的新观点、新话语、新解读熠熠烁烁，密布全书。每一位母亲必须从原理上懂得为母之道，才能避免头痛医头、脚痛医脚的隐患。

精品購物指南 LIFE STYLE 王东华解读“母亲危机”

我们中国是最早开设学校的国家，近代文明的落后，很大的原因是妇女没有受到应有的教育。

北京晨报 推动世界的手是摇摇篮的手

记住王东华这个名字缘于看了《发现母亲》这本书，书中发自内心深处的呐喊，一次次撞击着做了母亲的我们，书中那些精彩的语句被我们无声诵读，并讲给周围的朋友听。

当代女报 王东华：为母亲们树碑立传的人

目 录

原理与假说·人皆可为尧舜

第二章　智本能：人生只有一次机会

第三章　大规律：天才何以成为天才

第四章　佑护者，母亲是孩子的总设计师

方法与途径·母亲是第一生产力

第五章　教育，母亲是孩子的大老师

第七章　化育，向伟大的心灵迈进

自 序
愿天下人共读之

1925年年初，陶行知先生为陈鹤琴先生的《家庭教育》写下了《愿与天下父母共读之》的书评，后来陈著《家庭教育》再版时，陶文便作为序言而更为人知。今天，我竟用“愿天下人共读之”作为自己的序文，改陶先生文中的“天下父母”为“天下人”，此改绝非是借陶、陈二先生之名以私自己的货色，更绝非是自己狂妄自大要与二先生一争“天下”，而实在是这半个多世纪家庭教育研究与实践的发展使然，也就是说，在今天“天下父母共读之”已经远远不够了！

之所以说其不够，是因为做了父母再读，读了以后再在孩子身上实施，其间的过程无论长短对孩子来说都是一种损失。这类教育孩子的书不应该做了父母之后才去读，而应该没做父母时就读，而应该读通读懂之后才去做父母。正如领驾照之前就应该读了交通规则，而不是把车开上了高速公路之后再去读，更不是出了交通事故之后才去读。这是改“天下父母”为“天下人”的第一层意思，也就是说，为父为母的意识应该大大提前，提前到结婚，提前到恋爱，甚至完全应该提前到青春期开始的中学阶段，这样婚前与婚后便互为一体了。

无论是陶先生还是陈先生，他们那时所指的“家庭教育”都不过是婴幼儿教育，都不过是早期教育，都不过是学前教育，都不过是儿童教育。一句话，都不过是小孩子的教育。陈先生大著的几乎所有标题都是“小孩子”，如

“小孩子怎样学待人接物的”“我们应当怎样责罚小孩子”“怎样可以使小孩子的经验格外充分些”等。陶先生的宏文也是如此，“父母不会教养，小孩子不晓得要枉哭多少回。……估计起来全中国6岁以下的小孩子每年流的眼泪该有两万万斤。如果做父母的肯像陈先生这样细心教导儿童或是采用陈先生的教导方法，我敢说小孩子的眼泪是可以省掉99%……”

由于把家庭教育局限在儿童期，乃至幼儿期，很多父母一看都是喂奶、便溺、止哭之类也就不加注意了。实际上家庭教育绝不仅仅是初为人父初为人母的父母对自己幼儿的教育，更是继之以后更为艰巨、更为长久的对自己孩子的教育，这种教育无论是对于父母还是对于孩子都是终生的，并且不同的时期有不同的教育重点与方法，我们社会上的每一个人无不正在进行或正在接受或既在进行又在接受这种教育。这是改“天下父母”为“天下人”的第二层意思，也就是说家庭教育的实施时间应该大大地推后，推后到孩子的少年、青年、中年、老年，乃至更下一代。这样早期与后期便互为一体了。

在陶、陈二先生时，家庭教育还仅仅局限于显教育层次，所谈的教育都是父母注意得到并且可以教给孩子的，对于这样的认识现在显然已经不够了。父母对孩子的教育不应该仅仅是显教育层次上的，更重要的是要深入到潜教育层次的习育与化育。对于家庭教育，尤其是对于婴幼儿教育，教育更多的不是表现在父母如何“教”上，而是表现在父母如何“做”上，父母如何“做”的身影，对于思维能力薄弱的幼儿来说远比父母“教”的声音的影响要大得多!

遗憾的是，我们过去的教育学，都是“教”的教育学而不是“做”的教育学，殊不知“做”比“教”还要根本。因此父母不仅要懂得如何“教人”，更重要的是要懂得如何“做人”，自己正确的“做人”比正确的“教子”更为重要!而正确的“做人”绝不是结婚生子之后的事情，同样是他们从小就要学习的事，这是改“天下父母”为“天下人”的第三层意思，也就是说“做父母”同“自己的做人”是紧密相连的，“做父母”不过是面对孩子这面镜子对自己“做人”的一次再检验再校对再完善与再提高。因此绝不应该在做了父母之后才开始修正自己，更不应该在做了父母之后还依然故我不做努力，而应该在做父母之前就已成为“最好的我”了，这样，父母的“教子”同自己的“做人”便联系在一起了。

潜教育的揭示，不仅对父母提出了更高的要求，而且对社会也提出了更高的要求。社会的日趋一体化让儿童也随之日趋公育化。对于孩子来说，社会上的任何一个角落都是他们的课堂，任何一个公民都是他们的师长，任何一次事件都是他们的课案，任何一种行为都是对他们的示范，任何一部影视都是对他们的教化，任何一种图书都是对他们的启发……因此必须提高全社会的这种育儿意识、父母意识、教育意识，这是改“天下父母”为“天下人”的第四层意思，也就是说全社会都在对孩子产生影响——不是好的影响就是坏的影响。因此社会上的每一个人都应该清醒地意识到自己对孩子们的责任。这样个人的修养与社会的要求又联系在一起了！

我以为此一词之改，正现了这几十年里家庭教育观念的进步，即由过去的做了父母之后才开始的补救教育，转变成做父母之前的预期教育；由过去的对孩子出生后一段时间的儿童教育，转变成对孩子整个一生的终生教育；由过去的重孩子重受教育者的“教”的教育，转变成重父母重教育者自身的“做”的教育；由过去的强调一家一户的显教育小教育，转变成强调整个社会参与的潜教育大教育……

在陶、陈二先生的时候，社会对家庭教育的要求还远不像今日这般迫切；而今天一对父母只有一个孩子，不仅孩子的教育是一次性的，而且父母的教育机会甚至都是一次性的。在陶、陈二先生的时候，仅仅只是孩子在流眼泪，父母尚不需要为孩子流眼泪；而今天不仅孩子更爱流眼泪了，而且父母甚至比孩子流的眼泪还多。在陶、陈二先生的时候，母亲尚在家专心相夫教子；而今天母亲们都离开家庭走上社会！再说现在社会竞争空前激烈，不仅孩子需要父母的帮助，而且父母更需要社会的帮助……

我们每一个人都曾为人子为人女，我们每一个人都会为人父为人母，现在就让我们面对这一人生与人类的第一等问题第一等学问既为孩子们也为自己做些什么吧！

愿天下人共读之，不仅仅是读这本书，甚至就不是读这本书——而是读父亲、母亲这样的大书，而是读做人、做高尚的人这样的大书。因此，不仅愿天下人共读之，更愿天下人共勉之、共行之！

上帝之所以先造出男人，并不是因为男人比女人优越，而是因为男人比女人好造，上帝先造出男人这个试验品后才去造女人。当上帝把女人造出来后，上帝造人的任务也就完成了：它把这一任务交给了女人！

母亲的工作正是上帝的工作！

——作者题记

导　论

江山是银，母亲是金

中国是最早开设学校的国家，尽管如此，他们的文明落后了。这是由于他们没有认识到妇女教育的必要。过去，中国人认为妇女不应受教育，因此，中国大多数妇女是文盲，也不进行家庭教育。受不到母亲教育的国民绝不能成为伟大的国民。

——［美］斯特娜夫人

0.1
我曾经对自己问个不休

一句话改变了一个人的命运

1986年年底，我在上海交大双学位班开始准备毕业论文。其时尼采热刚刚在大学校园里兴起，他的“超人”学说一时间赢得了无数青年学子的青睐，我也是这其中的发烧友之一。想到20世纪80年代以来一直不衰的“人性”话题，于是我决定写一篇《人性的批判》，一来可以作为一种学业任务交付，二来也想好好澄清自己的一些迷惑。

顺着这条思路，我的思维就慢慢地集中到了“超人”的体现者“天才”身上。因为在其时的我看来，“天才”既是人性个性发展中最完善的一部分人——他们的特质与才能是常人所不具有的，他们指示着人类发展的方向；同时又是人性共性发展中所最能显示出其不完善的一部分人——他们的缺点正是某种大众的痼疾，以至于就是连这些高度自觉的天才也无法挣脱！因此研究天才不仅具有最大的启发性，同时也具有最大的指导性。正是在这种思想的指导下，我开始了对“天才”的研究，我这些年所做的工作其实都可以看成是这种思想的延续。

确定目标之后，我开始捕捉一切有关“天才”“超人”“英雄”“圣杰”之类的信息，凡是这方面的书籍、文章我都摘录、复印，一本一本地检索这

“天才”既是人性个性发展中最完善的一部分人，同时又是人性共性发展中所最能显示出其不完善的一部分人。

方面的资料，《早期教育与天才》这本书就是这个时候从图书馆的书架上被翻看到的。由于有“天才”二字，我就顺便借了想看看作者对于“天才”是如何定义及认识的，以做自己写作时的批判和参考之用。

没想到晚上躺在宿舍里一翻，我的人生也随之翻开了新的一页。

这是一本极为传神的早期教育著作，作者日本教育家木村久一写得完全不像我们的教育书籍那样呆板，他通过一个个父亲、母亲教育自己孩子的具体事例，将儿童早期教育的重要性、迫切性和可行性淋漓尽致地呈现在读者面前，具有极强的可读性与震撼力。我的心慢慢地被它抓住了，接着被它绑架了，呼吸不出来，一种从未有过的巨大兴奋被搅动、压抑在心底！当我一口气将这本薄薄的小册子读到最后，竟然看到了“中国”两个字——这是一本日本人编写的欧美人育子的经验集，我始终是以一个旁观者的身份在看，就像走在异乡的土地上一样——竟然碰到了自己的同胞，那种喜悦是无法表达的，这就是录在最前面斯特娜夫人的那一段话。本以为是“他乡遇故知”，但却成了“老乡见老乡，两眼泪汪汪”，我的心一下子跌入了深谷！

由于该书的巨大震撼力，由于我们现实与之对照形成的巨大反差，也由于自己的经验被全部激活起来，从读完这段话时起，我就被完全俘虏了、吞没了。我知道我已经将自己全部交给了这一事业，我知道我不需要再去寻找了。我的心灵已经在这里剃度为僧了，我的生命已经在这里歃血为盟了！从此我的生命为它而歌而舞，而笑而泣，而怒而喜，而醉而痴！它为我的灵魂开光了，它让我的灵魂受洗了！在此之前我还不过是一支放在抽屉角落里躺着的蜡烛，还不过是一瓶倒在床底下落满尘灰的油盏，还不过是一个放在掉了漆色合不上门扇的柜橱上的灯座，它给了我火焰让我成了蜡烛，成了灯盏，成了自来火！我的生活从此有了目标，有了光亮，有了色彩，有了宗教！我感到有一种生命打开我沉重的躯壳，钻进了我的灵魂，我的肉体为它而张开了，而鲜活了，而奔腾了！我理解了灵魂的不灭，我理解了死亡的超度……总之，我新生了，我有福了，因为我获得了属于我自己同时也是属于我们这个世界的精神自我！

一本传神的早期教育著作，使我的人生翻开了新的一页。

一直到现在，我以为我都是以这种崭新的形式而活着。我觉得母亲、孩子、教育是我须臾不可离开的所在。也正是从这时起，我开始了我的教育探索！

我的生活故事

木村久一的这本书之所以如此强烈地震撼了我，是因为它深深地拨动了我的生活经历，它将我的那些已经沉入人生底层的经验又一次激活，从而让我又一次走回过去的自己。

我出生在三年自然灾害后的1963年，这是中国人口出生率较高的一年，刚刚从大灾之后走出的中国人重新充满了活力。我是家中的第一个孩子，也是第一个孙子与外孙。不仅如此，我出生的这一天正是中国传统的端午节，民间有五月五日午时出生的孩子大吉大贵的说法，虽说我非午时，但毕竟也有两个“五”字。另外还有一点也挺有意思，那就是如果按农历算，我同外祖父是同一天生日，而如果按阳历算，又同母亲同一天生日……这里对自己的出生多加笔墨，绝非其他用意，而是想以此证明我父母在我出生时的喜悦之情！

遗憾的是，在我出生后半年，母亲因为患病需要到外地住院治疗，无奈之中我便像那时很多孩子所曾经历过的那样，被寄养在外祖父家里，而且一养便是10年。

10年后，当我重新回到父母身边时，迎接我的再也不是60年代初的那种喜悦景象了。这时父亲作为“走资派”被打倒，家里的气氛比全国的气氛还沉闷。父母的工资还是同我出生时一样，但这时却要养活包括我在内的3个男孩子，生活水平降至最低。陡然增加了我这样一个费衣费鞋只会吃饭不会做事的“饭桶”，不仅经济更显紧张，而且原有的家庭秩序也被打乱了。

由于生活习惯相距较大，我无法能够立即入家随俗。更糟糕的是，我在外公外婆的宠爱乃至溺爱下，养成了类似当今独生子女们所特有的那种“以

我被俘虏了、吞没了。我的那些已经沉入人生底层的经验又一次被激活，从而让我又一次走回过去的自己。

自我为中心”，不仅不能看护下面的弟弟，而且还经常发生争斗，即使是面对父母也难改过去任性的坏习惯。我至今仍清楚地记得我被父亲“打服”了的那一次：父亲边打我边声辩，声辩的结果是被认为冒犯尊严后的更加残酷的殴打，殴打的结果是更加大声的声辩……

从此之后，我就在心灵深处对抗起这个家，对抗起父母，直至最终成为一个冷眼不语的甘地主义者！家——对我来说绝不是暖巢，决不是避风的港湾，而是地狱——一个令我恐惧的地狱！家的外面永远是美丽的，离家越远，这种美丽越是动人！

随着年岁的增长，这种敌对不仅没有消除，相反更加仇恨。我从一个无法无天的“孩子王”沦为家庭的出气筒，告别了我那短暂而美丽的玫瑰色的童年，开始了对于家、对于父母、对于生死的思索。我考大学最强烈的动因不是别的，而是要远远地离开这个家！我恨透了这个家，恨透了我的父母，我无时无刻不在寻找着这种发泄的途径，而这本书正好恰如其时地疏通了我被仇恨和痛苦淤积了的心灵，让我找到了一个理解这个世界、理解这个社会的窗口，找到了一个理解自己人生、理解自己成长的顾问，也找到了一个理解他人、理解人类不幸根源的瞭望塔！

这里需要特别说明的一点是，今天我已不再像过去那样理解这种不幸了。我的父母都是非常善良的公民，他们的党龄加起来都快一个世纪了，他们并不是有意要去伤害我这个儿子，只是他们当时无法去正确面对一个已分离了10年的各方面都与他们想象迥然不同的这个儿子。他们当时面对我的痛苦其实绝不亚于我面对他们的那种痛苦。这种痛苦其实是双方的，只不过对正在成长中的孩子影响更加深刻些罢了！随着我对这个问题研究的深入，我越来越理解他们当时做法的必然，越来越理解他们是无辜的，因为我们人类的历史直到今天都还是一个不知如何去做父母的历史，都还是一个不让人去做父母的历史，更何况是那样一个特定的历史时期！

尽管我最终理解了我的父母，理解了那个时代，但是我个人的理解并不等于整个社会都已理解，我个人的拯救并不等于整个类似的不幸都已拯救，

尽管我最终理解了我的父母，理解了那个时代，但是我个人的理解并不等于整个社会都已理解。

我个人的谅解也并不等于整个历史都已获得谅解！类似这样的悲剧即使是在今天仍然还在整个社会令人痛心地大量复演、继续、发生，而这就是我今天之所以拼出力量来做这件事的缘由！

又一个真实的悲剧

一些朋友看到我“拼出力量来做这件事”，也许会感到不可理解，认为是不是小题大做了。我理解这些朋友的想法。这种人生苦痛是不曾经历者所难以想象的，就连马丁·路德的研究者都认为他对其父母的憎恨是过分的，是事后过于丰富的想象，认为他幼年时挨的那点打骂在那个时代根本算不上什么，更何况这些没有此感受的朋友了。但是我要一千万次地重复：这种苦痛绝非是平常的，也绝非是可以容忍的，它对一个孩子的成长来说不仅是残酷的，而且还常常是毁灭性的。

我的身边曾发生过这样一个真实的悲剧。

一对众口称誉的医生夫妇，对寄养返归的儿子再也无法建立亲子感情，于是毒打成了孩子的家庭作业，稍不如意，气都出在这个可怜的孩子身上。孩子受不了这样的虐待，便偷了钱和粮票想逃回爱他的奶奶家，途中被发现送回后，父母不仅没有反思这么小的孩子为什么能够拿出这么大的勇气要回到奶奶身边，相反却认为这还了得，一阵更加残酷的毒打将孩子彻底地“打服”了，也让孩子对这个家彻底地绝望了！一个原本聪明可爱的孩子在家得不到温暖，只能到社会上去寻找，很自然同那些野孩子交上了朋友，也很自然地有了小偷小摸的坏行为，下乡做知青时也就常干一些偷鸡摸狗的事——不过也仅此而已，但这一切无疑更加重了父母对他的厌恶感。

知青返城后，他被安排在他父母任厂医的工厂里，除了工资由父母代领外，连家都不让他住，而只能住在离家很近的单身宿舍。他到了结婚年龄自然也得不到任何的关心，既没有多少零用钱，也没有一件像样的衣服，加之自己的劣迹，谈了几个女朋友都吹了……

一个原本聪明可爱的孩子在家得不到温暖，只能到社会上去寻找，很自然同那些野孩子交上了朋友。

事情到此都还很平常，日子仍然像往常一样平淡地过去，可积压在父母与孩子心里的怨恨都在接近极限。终于有一天，终于因为某一件事情这种仇恨爆发了，他趁父母不在家时（他始终惧怕他的父亲），发疯似的将家里的所有东西砸了一个稀巴烂，然后喝下农药自杀！在被送到厂医院抢救过来后，其父却用药欲置其于死地，再次被抢救过来后，医院加强了对其父的防范，可怎么能够防范得了在这里任职的其父呢！同样不胜折磨的其父下定了最后的决心，他趁护士不在的间隙用手术刀切断了自己孩子的股动脉，据说当时鲜血直溅到了天花板上，连抢救都来不及！其父在跳楼自杀时被同事死死抱住，他一面挣扎一面哭喊道："让我去死吧，我养了这么个不争气的儿子，还有什么脸活在世上，我对不起社会，我杀了他是为民除害……"

那个时候还没有什么法制观念，由于他的父母为人非常好，连年都是先进工作者，再加上他的儿子确有劣迹，最后给他父亲判了几年徒刑，缓期执行！

这个事件如果不是就发生在自己的身边，我想我是不会相信的。事实上我读木村久一这本书时最先想起的还不是我自己，而是这个可怜的小哥哥。木村久一的书是一株火苗，这个可怜的小哥哥的身世是一根串在我的人生经历上的烛芯，我的敏感与责任正是在它的燃烧之下才被最终唤起的！

重释夏斐事件

或许有人会说：可能是你少年时的创痛太深，因此你才如此过分纠缠乃至夸大这类事件对于人生与社会的影响，其实现实生活中这并不是个什么太大的问题呀？

现象也许正如这些朋友所感受到的那样，但现象下面所掩盖的本质并不常常与其一致。事实上相当多数乃至绝大多数的人生悲剧背后都有一个不正常的亲子关系，只不过人们没有注意到罢了。夏斐事件就是如此。

夏斐是一个很好的孩子，他聪明文静，学习成绩优秀，一直是学校的"三好"学生，任中队长和学习委员。从上学开始，他的语文、算术成绩一直

> 可怜的小哥哥的身世是一根串在我人生经历上的烛芯，我的敏感与责任正是在它的燃烧之下才被最终唤起的！

在95分以上，名列全班第一。就是三年级第二学期开始引进内地高难试卷，夏斐的分数虽然下降了，但在班里仍然名列前茅。

夏斐是个好孩子，那么夏母呢？夏母该是个恶毒的坏女人吧？

事实与人们想象的恰恰相反，我以为就是按照一个比较严格的标准，夏母也可以称得上是一个优秀的母亲。为了夏斐上学，夏母不惜辞去每月180多元收入的临时工作，从一个煤矿搬到镇上居住。为了孩子学习，她这个初中毕业的母亲当起了孩子的老师，小夏斐是在家中由母亲教完了一年级的全部课程后跳级去读二年级的。就是上学后，夏斐所学的课程也都是由母亲先在家里预习、讲解一遍才去听讲的，对孩子的辅导她从不厌烦也从不马虎。至于吃穿方面，她更是没怠慢过孩子：小夏斐不爱吃面食，她就一日三餐给他做米饭；小夏斐爱吃水果，虽然很贵，她也总是三斤两斤地买来给孩子一人吃，自己却舍不得吃一口。她从不让孩子干任何家务活，只希望他学习。即使是在孩子被毒打身亡后，夏母选择的仍然是“自杀”这一极端惨烈的方式来表示一个母亲对自己独生儿子万劫不复的歉疚……

但是，这样一个“优秀的母亲”在对待自己这样一个“优秀的独生子”时，却实在表现得太残酷了。例如孩子偶尔不能按时完成作业、做错了题、练习本不整洁、考试成绩低了或者出去玩一玩等，都会成为她毒打孩子的原因。1987年10月期中考试，由于题多量大，孩子成绩没有达到夏母规定的标准，夏母把他的腿都打肿了。夏斐上不了学，夏母就用自行车接送。夏斐的腿疼得迈不过教室的门槛，只能让同学们搀扶着才能进去；手肿得不能看书，只能用舌头一页页舔着翻……

夏母对孩子的最后一次毒打是1987年12月21日，当时期末考试小夏斐语文成绩是79分，算术是82分，都未达到夏母规定的标准。这次考试引进长沙的试卷，全班38人中，只有13人两门课全部及格，夏斐的成绩在班里还是名列前茅的，但孩子还是从以往的教训中预感到一场“暴风雨”的到来，于是第一次下定决心向母亲撒谎，说语文考了97.5分，算术98分（孩子被逼说谎）。母亲揭穿了谎言，接着是三个半小时的巴掌、拳头、竹棍、木板、

为了孩子的学习，她这个初中毕业的母亲当起了孩子的老师，小夏斐是在家中由母亲教完了一年级跳级去读二年级的。

木锉的毒打。

开始，小夏斐跪在地上，抱住母亲的腿使劲求饶。母亲不听，打得孩子满地乱跑。被剥光了衣服的孩子不时蹲缩在地上，双手抱头、抱胸、抱腿……他无法躲避如雨的棍棒。

终于，孩子不再求饶，因为他知道求饶不能解决问题，于是怒目相向，抓住并折断了母亲打来的竹棍。夏母说："我把你这小畜生身上的皮都戳烂！"孩子说："你不能再把我当畜生对待了！"这是一向温顺的孩子第一次也是最后一次反抗（孩子被逼反抗）。夏母气急败坏："你还敢顶嘴！"于是抡起木锉，朝孩子的头上打去……

夏斐事件发生后，舆论直指夏母，大有不将夏母绳之以法绝不罢休之势。母亲失去自己的独生子已经是件极其不幸的事了，可舆论还在浇油点火，直到夏母自杀身亡这个更大的悲剧出现才骇然了结。随着夏母的自杀，批评矛头才仓皇指向升学教育，认为是分数葬送了这一对母子。

但是，我在细读相关报道之后，发现人们所列举出的这些都不过是一些表因、近因、诱因，致使他们母子双亡的最根本原因乃在于他们母子感情的不融，乃在于小夏斐是两年前，也就是快 7 岁时才从江苏老家接到父母身边的，而这才是这个悲剧的主因！

因此说，夏母的残酷乃在于母子之间长期的隔离造成的。当孩子不能完全顺遂父母的意愿时，由于没有以往的亲情为之缓冲，由于亲子之间的性格差异没有得到充分的磨合，再加上外界的压力如孩子学习成绩下降等，原本的处罚就演变成了施虐，就演变成了折磨！这种折磨同那种亲子共同成长中的责打孩子在本质上是不同的，打一个极不恰当的比喻，那就是由自己从小养大的宠物如猫、狗等，主人偶尔也会在生气时踢上几脚；可面对跑进自己家园里吠叫的猫、狗，即使是极爱宠物的人也可能给它一顿棒打，尽管这猫这狗是别人家的宠物！

夏母在她的遗书上忏悔说："我后悔不该用打的方法教育他，望子成龙的心过切，对他学习、成长的要求过高……"我以为她真正应该后悔的是不该

夏斐事件发生后，舆论直指夏母，直到夏母自杀身亡这个更大的悲剧出现才骇然了结。

把孩子送到老家寄养了那么长的时间，真正应该后悔的是把孩子接回家后没有用足够的时间去融洽磨合亲子之间的感情，最后才应该是后悔“用打的方法”和“对他学习、成长的要求过高”！如果她与孩子一直在一起，她极可能会成为一个优秀的母亲，最起码她不会滥用“殴打”这种“融洽”感情的方式！但是没有任何一个人告诉过她正确的做法是什么！从这个角度说，夏斐何其不幸，夏母又何其不幸！

再也不能让这类悲剧重演了

或许又有人会说，找上三两个这样的例子并不难，什么样的事情找不到一串呢？我以为找这样的例子非但不是难不难的问题，而是太容易，容易到俯拾皆是，容易到成灾成难的地步。有这样经历的人起码以千万计，甚至能够同全国6000万残疾人数相比，而这才是这个问题的严重性所在。

武汉曾发生过一起震惊全国的案子——一个成绩优异的女中学生，因为外婆的唠叨影响了她的高考复习，便杀死了她的外婆。后来社会同情站在孩子一方，孩子得以参加高考并进入高校学习。令人意想不到的是，进入高校不久这个孩子也自杀了。当我听到她自杀的消息后，我的震惊是无可形容的：一个十几岁的女孩子要拿出何等的勇气来杀死自己的外婆，又是要拿出何等的勇气去杀死自己！原因是什么呢！是感情冷漠，是高考压力，是心理不健康……所有的分析文章都是到此为止，但都没有触及她儿时在奶奶家寄养到上学这个问题的本质！她的父母都是令人尊敬的，父亲还是一位党的高级干部，为了工作需要他们长期在外地工作，几乎没有和孩子共同生活过。在这个悲剧里，孩子是受害者，父母也是受害者，我们该同情的是孩子和父母这两方，该谴责的是那样一个不让人做父母的年代。

至于我身边不出名的这类例子就更多了。

一位朋友婚后生活不睦，熟识的人都劝他离婚，都说他妻子太差劲。我是一个婚姻神圣论者，当然是劝合不劝离了。我越是劝他，这位朋友越是罗

孩子是受害者，父母也是受害者，我们该同情的是孩子和父母这两方，该谴责的是那样一个不让人做父母的年代。

列出一条条“血淋淋”的事实，甚至连我都要被他说动也改口劝离了。就在这时，他的一条“极有力的理由”却引起了我的注意：“她就是对她自己的父母都瞒都抠。”“不过她对自己同事却很大方，这一点我也不得不说。”朋友马上接着补充说。于是我立即问他妻子小时候是否不在父母身边长大，朋友回答是10多岁才由奶奶处回到家里的。我问家里对她是否不好，他说她上了大学家里才对她好起来。我说这就对了。于是劝说他一定要尊重她的这段特殊经历，尊重由历史造成这种性格的事实。她是一个受过伤的人，你应该帮助她养伤，而不是再在她的伤口上撒一把盐。如果她爷爷奶奶还活着的话，你每月应该寄钱给老人以表示你们的感谢。你只有尊重了她的这段经历，你们的婚姻才会好起来。

我在写作本书的紧张时刻，一个春节前抽空到另一个城市处理一点事务，在列车上同对面的一个小青年聊了起来。当我得知他是武汉一所学校的在校大学生时，便问他怎么学校现在才放假，他回答说早就放假了。我说你离家只有一两百公里，车船都极方便，为什么现在临近年关才回家，他说想在学校里多玩一段时间……

听了这话如果是别人可能不会深究，但我马上意识到他又是我的一个相同经历者。有过大学生活经历的人都知道，大学一放寒假，不过三天便人走校空，这时的校园没有任何好玩的，就是食堂也是几个师傅轮流值班热些剩菜打发。于是我直截了当地问他：“你是否小时候由爷爷奶奶带大的，而你现在回自己父母的家？”他立即瞪大眼睛仿佛遇到了一个福尔摩斯一样：“你怎么知道的！”我说我同你有相同的经历，那些在大学放假后一直赖到最后才回家的学生，十有八九都是有这种童年经历的人。

就在我为本书进行最后修改从北京回武汉的列车上，百无聊赖地翻看一篇写湖南一位电台夜间谈心节目主持人自杀的长文。当我随意地读到最后，文章说这位主持人曾几次自杀未遂，就连他的母亲在一次回家时也说：“××怎么还没死？”他的父亲说得更干脆：“要死早点死。”当我看到这里时，我一下子意识到这又是一例“亲生后母现象”，于是立即从头细找“证据”，果然这

在大学放假后一直赖到最后才回家的学生，十有八九都是有这种童年经历的人。

位主持人小时候生活在北京，因为说得一口普通话，大学时就在校广播电台主持节目。文章虽没说他小时候不同父母生活在一起，但直觉却告诉我，他极有可能是从小没有与父母在一起共同生活，否则其父母绝不可能说出这样的话来！虽然记者认为是感情纠葛，是自我膨胀导致了一个当红主持人的毁灭，但我却认为该记者同样没有看出儿时寄养这个深层原因在这个悲剧中所扮演的决定性作用！

悲剧并不可怕，可怕的是不知道悲剧发生的原因，是不知道在今后如何去避免这类悲剧的发生，而这才是最可怕的！当我一次次看到这种悲剧的残酷与惨烈时，我的心都被一次次地刺痛了。这些都是和我一样有着相同遭遇的兄弟姐妹，生命之花甚至还没有来得及完全绽放就这样无情地凋落了，而且还背上了遭人唾弃的恶名，这是何等的不公平！要知道应该去受审、去服刑、去上绞刑架、去遭人唾弃的不应该是他们，甚至也不应该是他们的父母，而应该是整个一个不让人做父母的历史，而应该是整个一个教唆他们父母如此去做的人类社会！

随着研究的深入，我逐渐明白这类寄养问题仅仅是许许多多家庭问题中很小的一个部分，我逐渐明白所有的不幸和悲剧其实都可以追溯到家庭，追溯到童年的不良影响。正是因为这样，我才怀着如此宗教般的情感投身这一博大的事业。这些年来我像一个风餐露宿、形单影孤的采矿人，一层一层地刨土，一锹一锹地选采；又像是一个不被同情不被理解的受害者，在茫茫的学术荒原上赤手空拳地追缉着最后的元凶，一个一个地辨别，一点一点地取证。我饱尝了一个上诉者的所有血泪与悲伤，也品尝了一个孤胆英雄才能享有的那份神圣与庄严，而这本著作正可以看成是这种努力的一份真实、详细的思想记录。

摒弃母职的做法并不是制度造成的

面对这样的亲子关系问题，我首先想到的便是制度，是妇女翻身的原因，

> 寄养问题仅仅是许许多多家庭问题中的一部分，所有的不幸和悲剧其实都可以追溯到家庭，追溯到童年的不良影响。

妇女解放让女性都走上社会从而摒弃母职的做法就是一个非常好的说明。但是当我翻开国际共运史时，尤其是当我看到还没有变“修”的苏联在列宁领导下对母职的重视时，这种将问题归结到制度上的想法便显得幼稚乃至愚蠢可笑了。

在这方面给我印象最深的，是读斯大林女儿的《致友人的二十封信》，在这本书里这位红色公主是这样记录她儿时所受教育的：“我母亲的兴趣在别的一些事上——我们的教育和培养。她死的时候我才6岁半，可是我已经能念俄文、德文，也会写一些了。我已经会画画儿，捏泥塑，用剪刀胶水制作剪纸，已经识得乐谱，还会听着别人弹钢琴记下乐曲的谱子。我哥和我很幸运，母亲给我们找了极好的教师。”才6岁半就已经能念俄文、德文，就已识得乐谱记下乐谱，就是在我们今天也能算得上神童了。

那么是不是她母亲贵族出身，因为自己小时候受到了这种良好的家庭教育，她自己做母亲时也这样依葫芦画瓢，是习惯使然呢？否！我们知道斯大林出身于农民家庭，对于儿童教育并无太多关注。斯大林的妻子同样出身于农民家庭，小时候同样没有受过家庭教师的教育，不仅如此，甚至连良好的学校教育也没有受到：她十几岁就同斯大林结婚，快30岁时才进大学学习！她之所以有如此良好的家教意识，完全可以说是得益于他们那个社会重视母亲和孩子的风气！

也许有些朋友不同意这种说法，认为可能是最高领导人斯大林的特殊位置所致，事实的回答正相反：“那时所有苏维埃领导人的生活大体上都是这个样。谁也不贪图奢侈生活，不贪图财物，虽然他们都尽量给孩子以良好的教育。他们雇用革命前受过旧式训练的优秀家庭教师，主要是教孩子学德文。”

记得我第一次读到这些时，惊讶得目瞪口呆：“这不是典型的资产阶级生活方式吗？”家里请家庭教师，而且还都是“雇用革命前受过旧式训练的”资产阶级知识分子来教育，这究竟要把孩子培养成哪个阶级的接班人呢？因为在我的印象中，我们的无产阶级革命家不可能这样去做，相反是让孩子连大学也不上，甚至连中学也不上就到“人民群众”中去，去上劳动大学，去接

妇女翻身、妇女解放让女性都走上社会从而摒弃母职的做法就是一个非常好的说明。

受贫下中农的再教育，去广阔天地炼红心，去经风雨见世面……

给我带来更强理论冲击的是苏霍姆林斯基的《家长教育学》，他在这本书里甚至这样说：“行业、专业、工作，有数十种，上百种，许许多多：有的是修铁路，有的是盖房子，有的是种庄稼、给病人治病、缝衣服等，但是有一种包罗万象的、最复杂和最高尚的工作，对所有人来说都是一样的，而同时在每个家庭中又各自是独特的、不会重样的工作，那就是对人的养育和造就。”“应当在中学时代就给未来的父亲和母亲以教育学的知识。教育学应当成为对一切人都有用的学科，下面的话也可能对某些人来说好像是夸大其词：我认为，没有研究过教育学基本知识的青年公民不应当有成立家庭的权利。”

这是对家庭教育多么深刻而又精辟的认识！有这样的认识，那时苏维埃领导人在子女教育上的所作所为也就不难理解了。

我们很多人都曾听说过这样的传闻，那就是苏联政府曾大力奖励那些多生孩子的母亲，授予她们以勋章，因为他们人口少。后来我翻看资料时才知确有此事，只不过不仅仅是为了多生孩子，而更是为了做个好母亲。苏联曾设置了“母亲英雄”“母亲光荣”“母亲奖章”等多种荣誉性的称号，并且凡得到这些称号的母亲都能获得某种优待如优先分配住房等，到 1983 年，这种奖章已发出 14000 枚。如果多生了几个就能得到一枚，那么几十年时间只不过多生了这几万名孩子，效果也未必太寒碜了一些。作为一项坚持了几十年的长期政策，显然不是我们所理解的那种数量上的增加，而是要在整个社会倡导一种良好的母亲意识！

东欧国家也是如此

那么是否仅仅苏联这个“社会帝国主义”国家如此呢？回答仍是否定的，东欧的社会主义国家都是如此。

在一本我国翻译出版、由捷克学者编写的给女性青年的读物中，他们的学者是这样批评那些摒弃母职的女性：“我们当今世界，极其缺乏的是我们称

我们当今世界，极其缺乏的是我们称之为女人或者说是母亲的天性。母亲的作用在现代妇女的眼中急剧下降。

之为女人或者说是母亲的天性。今天的姑娘不把做母亲当成自己的基本使命，而有时甚至不想当母亲。对这种姑娘来说（由于她创造更多的物质财富和终日忙忙碌碌），教育孩子的事，她已力不从心了。解放运动的消极后果之一是，母亲的作用在现代妇女的眼中急剧下降。……那些对自己的生理使命持反对态度，竭尽全力要和男人并驾齐驱的女子，未必会感到自己一度有过真正的幸福。几乎所有主张男女平等的人都不能如愿以偿。”

就在这本书里，我们国家司空见惯的“家庭妇男”问题，他们却无限上纲，认为这不是一般小事。比如洗餐具，他们竟明确认为应该是妻子做的：“女人天生有一种巨大的耐心。除此之外，洗餐具这种琐事，虽然单调，看来又很简单，但它却要求女人的手所具有的那种对物体脆弱性的细致感和特殊敏感。”而“一个男人如果围着女人围裙站在洗衣机旁和马马虎虎地洗着脏茶杯和脏碟子，他的心情很快变坏，因为他有一种自我压抑感”。

这样的观点在我们听来绝不应该是社会主义的，这已经是典型的“大男子主义”了，甚至已经是在反对男女平等了。这样的言论如果在中国出现，虽不说一定会全民共诛之，那也一定会戴上一顶高帽子遭到彻底的批判！可这种观念却似乎是整个东欧的主导观念，中国女性缺乏母性乃至男性缺乏父性当不是由社会制度造成的！

中国传统似乎也极重视母教

既然不是制度，那么便是传统了，于是我又把眼光投向1949年以前。可是我在阅读新中国成立前受教育的人士在海外写的文章，或者新中国成立前学者们写的文章，发现我们民族似乎又是一个非常重视母亲与母教的民族。

例如旅美华人谢诗豪这样写道：“我深深地体会到：伟大的母教和母爱攸关人生、社会和国家民族的前途命运。先母在世时，每天学习读书。接受母亲的影响，我也每天发奋攻读。伟大母爱是爱河之源，但依经济学术语，家庭是微观Micro，而中华民族才是宏观Macro，包括全世界的中国人。”

伟大的母教和母爱攸关人生、社会和国家民族前途命运。

再如新中国成立前的复旦大学校长李登辉这样认为："尝观今日之妇女，受高等教育者固多，然徒知求知识之高深，崇尚趋时，冀能活动于社会，而忽于治家教子之道，欲求一永萦回于余脑海如吾母者，殊不多见，不知母德母教之影响于子女本身，及人类之将来者甚大，吾人实未容忽视。"

当我再把眼光放到更远的辛亥革命之前，竟然发现那个时候我们的先哲对母教的意义就已阐述得极其透彻。

梁启超在《倡设女学堂启》中开宗明义："上可相夫，下可教子，近可宜家，远可善种。妇道既昌，千室良善，岂不然哉？岂不然哉？"为此他为女学大声呐喊："故治天下之大本二：曰正人心，广人才。而二者之本，必自蒙养始。蒙养之本，必自母教始。母教之本，必自妇学始。故妇学实天下存亡强弱之大原也。""是故女学最盛者，其国最强，不战而屈人之兵，美是也。女学次盛者，其国次强，英、法、德、日本是也。女学衰，母教失，无业众，智民少，国之所存者幸矣，印度、波斯、土耳其是也。"

郑观应说得更加详细："襁褓之婴、孩提之童，亲母之日多，亲父之日少，亲母之性多，亲父之性少。由六七岁有知识，以迄十二三岁，天性未漓，私欲未开，母教之如种花莳果，灌溉栽培，先养其根本。教子女亦然，凡衣服、饮食、嬉戏、步趋、皆母得而引导焉、指授焉、勉励焉、节制焉。……使母之教而善，则其成立也易；母之教而不善，则其成立也难。孟母三迁厥居，以训其子，孟子遂成大贤。欧阳文忠公为一代文章大家，始其母以画荻教之。求之古人是其明证。"

更为难得与可喜的是，那个时候不仅有一大批有识之士振臂高呼，而且有一大批笃行之士躬身实践。自1898年中国第一所女学——经正女学在上海创学始，到辛亥革命前夕，办女学成为一种最高尚的事业，不少仁人志士毁家兴学，乃至以身殉学。这一时期仅上海除经正女学外，还有吴怀疚创办的务本女塾，蔡元培创办的爱国女学等，至于全国就更多了！

更为难得与可喜的是，那个时候不仅有一大批有识之士振臂高呼，而且有一大批笃行之士躬身实践。

“五四”也许是中国母教的一个转折点

既然维新时期女学就已如此轰轰烈烈：为什么半个多世纪后却消逝得如此干净彻底呢？当我回过头来再次细究中国近代史时，发现这一切似乎又是“五四”这场反传统运动使然。

最能代表“五四”这一时期女性叛逆形象的便是《玩偶之家》中的娜拉，而娜拉是理直气壮拒绝做母亲的，当她的丈夫提醒她做母亲的责任时，她的回答是：“这种话，我如今都不信了。我相信第一要紧的我是一个人，同你是一样的人。无论如何，我总得努力做一个人。”于是她撇下孩子离家出走了。正是在这种强大的新势力面前，刚刚建立起来的一点女学基础便纷纷土崩瓦解了，做母亲的教育更是被斥之为封建主义的“贤妻良母”教育而被全面禁毁。

因此，当许广平在生下海婴闹了许多笑话后才这样写道：“本来做女学生如果教授育儿法，在‘五四’之后的女青年是认为不大适合的。就算听过些儿童心理学，那是预备做教师用的，和养小孩不发生关系，因之我急时抱佛脚来看育儿法也来不及了。所以我想，结了婚的女性，总有做母亲的一天，最好还是有这样的研究所或指导所，对于小孩，那惠福真不浅呢！”

可就是这样的大实话，这一时代的人们却听不进去：“尤其令人痛心的一件事，就是从前高呼‘妇女解放’的女性战士们和一般妇女界的知识分子们，等到自身做了某某太太、某某夫人以后……忘却了本来的任务，抛弃了妇女大众，竟毫无羞耻地提倡什么‘新贤妻良母主义’来了。”

许广平还算好的，一位作者写了同她相同的感受：“在十数年前，女子所学之功课，大抵与男子所学者不同，如家政、烹饪、缝纫、女子修身，皆为女子之必修课。惟于今日男女同学之环境下，女子所学者，无一不与男子所习者同。于是凡女子所应具之知识，转致一无所知。”招来的却是一阵狗血喷头的臭骂，批评者说你让女子的必修课目是家政、烹饪、缝纫等，而男子的

> 结了婚的女性，总有做母亲的一天，最好还是有这样的研究所或指导所，对于小孩，那惠福真是不浅呢！

必修课呢，则是政治、哲学、经济等支配的学问，你这种意图显然是想把妇女退回到封建生活圈里的罪恶的企图，等等。

其实《玩偶之家》中的娜拉出走固然可以引起我们的兴趣，但是该剧中关于母亲素质对孩子的巨大影响更应该引起我们的注意才是，遗憾的是，我们却把它看成是骗子式的花言巧语，如海尔茂在还不知道娜拉偷偷干了借债这事前是这样认识这件事的：

> 海尔茂：你想，一个人干了那种亏心事就不能不成天撒谎、做假、欺骗。那种人就是当着他们最亲近的人——当着自己的老婆孩子——也不能不戴上一副假面具。娜拉，最可怕的是这种人在自己儿女身上发生的坏影响。
>
> 娜拉：为什么？
>
> 海尔茂：因为在那种撒谎欺骗的环境里，家庭生活全部沾染了毒气。孩子们呼吸的空气里都有罪恶的细菌。
>
> 娜拉：真的吗？
>
> 海尔茂：我的宝贝，我当了多少年律师，这一类事情见得太多了。年轻人犯罪的案子差不多都可以追溯到撒谎的母亲身上。
>
> 娜拉：为什么你只说母亲？
>
> 海尔茂：当然父亲的影响也一样，不过一般说都是受了母亲的影响。这一点凡是做律师的都知道……

如此精辟的见解不是出自一个教育家而是出自一个剧作家，这件事本身就说明了西方社会对母亲教育认识的深刻。可是在当时的中国，这种对母亲教育的认识如同爱因斯坦已经发现的相对论一样，全中国也没有几个人能够明了。

当然，中国的娜拉们之所以能够离家出走，并且能够一直坚持不再回家，另一个更重要的原因还在于我们对苏联的想象，以为苏联已经让妇女都从生

在那种撒谎欺骗的环境里，家庭生活全部沾染了毒气。孩子们呼吸的空气里都有罪恶的细菌。

育中家庭中解放出来了。正是这种美丽而错误的想象支撑了这些娜拉们。

对此，潘光旦等不断地呼吁以正视听："对于苏俄的儿童教育，大家也都在那里不断地称赞，但称赞的人未必都知道苏俄的底细，在苏俄，关于儿童教养所贴的标语、所喊的口号里，我们知道，就有这一类的话：

"'牛奶是牛吃的，人奶才是人吃的。'

"'天下没有一件东西敌得过母亲的爱。'列宁夫人就是喊这一类口号喊得最响的一个人。苏俄的托儿所，所谓 cre che，也和我们所想象的不同，这些托儿所是由女工人在工厂旁边临时设立的，在白天，女工人得按了时间，停了工作，跑出来喂奶，喂自己的奶，到了晚上，还得把自己的孩子抱回家去。"

但是没有人相信这一切！娜拉的示范以及对苏联妇女解放的错误想象让中国现代的女性完全抛弃了母职。

重评中国母亲史

为什么梁启超等一批干将没有将母亲教育提倡开来，相反却在五四运动中灰飞烟灭了呢？是梁启超等的维新力量弱小吗？是五四运动的革命力量强大吗？历史总是按照它的合力方向前进，当我把背景展开得更大更深时，发现五四运动还仅仅是个诱因！中国之所以选择了不要母亲，绝不是一时的意气，而是历史的必然，而是中国母教衰落的历史必然，而是中国否定母亲的历史必然。在看似尊重母亲的背后，是一股更加强大的否定母亲的心理在作祟。

说实话，中国并不是一个没有母教传统的国家——所有的文明古国都必然有母教作为支持——但是这种传统慢慢地衰灭了。在西周时有周室里的三母，在战国时有三迁的孟母，在晋时有退酢的陶母，在唐时有和丸的柳母，在宋时有画荻的欧母、刺字的岳母。但到明清之后，母亲的教育功能几乎丧失殆尽。这种丧失一方面是由于"女子无才便是德"，女性素质急剧下降，母

尊重母亲的背后，是一股更加强大的否定母亲的心理在作祟。

亲丧失了教育孩子的可能性。另一方面也是社会日益腐败，女性日益沦为玩物，母亲不成其为母亲而丧失了教育孩子的必要性。皇家皇族生子不由母亲亲自教养，而由奶子府等专业机构分派奶妈等，其目的不是减轻母亲负担，而是离间母子感情以免日后母后干政。富贵人家生子也由奶妈、丫环等抚养，而少奶奶们则是每天在牌桌上消磨时光。就连鲁迅出生的这样一个破落家庭还有一个长妈妈带养孩子，至于平民百姓养儿养女更如养猪养狗一样，从来只管生不管教了。

因此，明清之后，中国的母亲只有了生理上的而没有了教育上的功能，孩子也逐渐失去了幼学的传统，到了这时绝大多数孩子都是在没有接受任何教育的天生天养的状态下长大的，对母亲教育、儿童教育的重要性不仅失去了应有的认识，而且出现了许多不应该有的糊涂乃至错误的认识。

例如，即使是康有为的《大同书》，也将公养、公育、公怀视为他的理想："凡妇女生育之后，婴儿即拨入育婴院以育之，不必其母抚育。""凡婴儿三岁之后，移入此院以鞠之（公立怀幼院），不必其父母怀抱。"

再如，即使是像郭沫若这样的大学者，也对母亲、孩子发表了这样不慎重的看法："怀妊、分娩的那一联的工作，自然非母性不能。然而在分娩以后，儿女不必一定要仰仗母性的。就连哺乳也没有母性的一定的必需。……一个社会或一个国家，如真是上了理性的轨道，一切的施设都是以人为本位，我想儿童公育早就应该认真实行的。儿童公育不仅是解放了女性，而且救济了儿童。在公育上如是使用保姆，那一个人的母性更可以发挥成十个百个人的母性。"

因此从办女学开始到反对母性教育，不过十余年时间母性教育就销声匿迹，其原因就在于中国在其时根本就没有母亲教育生长的土壤，母性教育还没有让其意义展开就被打翻在地了。就是以今天的眼光来看，这种打倒也还有它的道理，因为当时的女学的确在相当大程度上还是传统的，也就是让女人去做妻子而不是做母亲。即使有一些相关的做母亲的内容，也不能说那时的人们就已经清醒地意识到母亲对家庭、国家、民族的极端重要性了，仍然

明清之后，中国的母亲只有了生理上的而没有了教育上的功能，孩子也逐渐失去了幼学的传统。

不过是先相夫后教子的准备罢了！如果这种母亲启蒙运动开展了几百年然后再来娜拉，那么中国社会面对娜拉时就要理智得多了。西方社会是对母性已有认识后才出现了娜拉，而中国是对母性还没有认识就去学娜拉，相差整整一个阶段！

因此，当时的女学，貌似为母，实则仍在为妻，因此“五四”才去打倒，“五四”打倒的本是为妻的女子教育，但是却连为母的女子教育也一起打倒了，不仅倒掉了洗澡水，而且连婴儿也一同倒掉了，而这一切又无不表明中国母亲教育的落后！

“文化大革命”是中国母教的一个典型切片

这种对母亲认识的欠缺，我们可以通过半个多世纪后的那场大运动看得更加清楚。

新中国成立伊始，中央就发出了全面向苏联学习的号召。1950 年 9 月，教育部发出通知，要求幼教工作者学习苏联的《幼儿园教养员工作指南》一书。1950~1956 年，教育部先后聘请了两位苏联幼儿教育专家来我国，系统讲授学前教育的全部专业课程，并以北京的一些幼儿园为基地全面推行苏联的幼儿园工作经验。1956 年，经过苏联专家指导的，由我国教育工作者自己编写的《幼儿教育工作指南》（以下简称《指南》），开始发至全国使用。

但是，随着 1958 年的到来，潜藏在我们传统中的忽视母亲职责的毒素发作了，刚刚发放不久的《指南》遭到批判，开始是将《指南》定为“资产阶级方向”“一面彻头彻尾，彻里彻外的大白旗”予以彻底否定，接着便是将其各章各个击破，什么“篡改党的教育方针”“反动的儿童中心主义”“资产阶级情调与资产阶级生活方式” “丑化劳动人民”等，不一而足。1961 年，主管全国幼儿园工作的教育部幼儿教育处被撤销，幼儿教育失去了全国统一的领导。1962 年，全国仅有的五所师范院校的学前教育专业相继停止招生……

西方社会是对母性已有认识后才出现了娜拉，而中国是对母性还没有认识就去学娜拉，相差整整一个阶段！

时间到了1966年，已经被糟蹋得不成样子的幼儿教育，还是被视为推行修正主义路线的典型而遭到了空前批判。在德育方面，政治口号、政治语录、政治批判取代了幼儿基本品质和性格的培养。在智育方面，批判智育第一，视知识教育为洪水猛兽，不玩智力游戏，将直观教具视为脱离实际。在体育方面，幼儿园体育工作的科学内容被全部加以抛弃。至于美育，就更被认为是坚持资产阶级教育内容了，音乐、美术等活动只能作为政治教育的工具被使用。就连最起码的生活制度、科学喂养、生活管理、卫生保健、安全保护以及基本动作训练等也一概被批判为资产阶级方向！幼儿吃饭使用的餐具简化到每人只用一只碗的程度，碗用来盛粥，花卷、包子、油条等都放在桌上用手抓着吃……

到了这时，中国已经没有母亲形象了，甚至也没有亲子关系这一说了。在文艺作品中，较早期的《白毛女》还是围绕杨白劳与喜儿这一对父女关系展开；《沙家浜》中的沙奶奶还有一个替新四军送情报的儿子沙四龙；《红灯记》中还有一个革命家庭。但到后来，则无论是《海港》《龙江颂》还是《杜鹃山》等，连家庭这一形式也没有了，剩下的只是一群大男大女旷男怨女的“革命行为”……

到了这时，中国儿童真的实现理想中的“公育”了，只不过这种“公育”是公生公牧家畜程度上的“繁育”罢了，只不过这种“公育”是中国历史上早已存在的天生天养的“饲育”罢了！即使是现在，很多父母仍然以那时为基础：我们那时不教不也成才了吗？真是谬种流布贻害无穷，正本清源的工作还艰苦着呢！

现代中国已无家庭教育可言

为什么我们骨髓里有这样一种儿童公育的理想呢？

原来在我们这样一个公私分明的传统中，大公无私、牺牲自我利益被看成是一种难得的好品德，而孩子又恰恰被划入最私的范畴，自然离他越远德

到了这时，中国儿童真的实现理想中的“公育”了，只不过这种“公育”是公生公牧家畜程度上的“繁育”罢了。

行越高了。因此一生下孩子就去开批判会不仅不会受到谴责，相反还会成为先进典型；孩子不成才甚至犯罪不仅不认为是自己的失职，相反还被当成一心扑在事业上的一个证明。电影《少年犯》中的女记者出色地完成了组织交给自己对少年犯们的调查任务，可自己的孩子在这期间也成了一个少年犯；《人到中年》中的陆文婷博得了人们广泛的同情，可是对那啃着又冷又硬的烧饼当饭吃的小儿子，对那希望妈妈替她扎条小辫也总不能如愿的女儿，人们却视为当然，甚至成为母亲工作刻苦的一种陪衬……

其实，儿女与其说是最私的，还不如说是最公的。说私，是因为孩子是父母身上掉下来的肉；说公，是因为孩子终将是独立的社会人，是社会的公民。孩子不成才不仅给父母添了心病，更是给社会添了负担；孩子成才也不仅是为父母争了光，更是为社会作出了贡献。因此，生儿育女从根本上来说不是私事而是公事，是为社会不是为自己。费孝通早就说过，生儿育女是利群不利己的，生育的风险、养育的花销，与父母从中的获得是不相配的。马卡连柯说得更加直率：“如果你打算生一个公民，而生了以后对他缺乏父母的爱，那么就请你们发发慈悲预先告诉社会，说你要想耍滑头。”

遗憾的是，我们直到现在还没有明白“孩子”对社会的意义。“爱孩子，那是母鸡也会的”，高尔基的这句话常常被我们一些人用来作为自己不进行家庭教育的挡箭牌，殊不知却完全弄错了高尔基的意思。高尔基并没有简单地否定母鸡式的爱，相反肯定了这种爱，认为这种爱不仅人类会有，连母鸡也会有，这仅仅是他的前半句话，仅仅是立了一个靶子，关键是紧随其后的“重要的是要教育孩子，而这却是一桩伟大的事业”，他强调更高一级的教育爱，而这才是母鸡所不可能有的。高尔基用母亲式的爱来反对母鸡式的爱，可我们却是用公鸡式的爱来反对母鸡式的爱！

将这种公鸡式教育体现得最真切的，莫过于现在出版的那些不忍卒读的所谓名人教子故事。把名人对孩子说的一句话、写的一封信、发的一通脾气等，都无限上纲到是在教子，打是教子，骂是教子，不管是教子，甚至教唆也是教子。孩子成才当然是教子，孩子不成才也是教子，因为孩子没按照父

生儿育女从根本上来说不是私事而是公事，是为社会不是为自己。

母说的去做，甚至孩子犯下弥天大罪的也是教子，因为孩子本性顽劣！所有这一切实在是对家教的亵渎。古代的教子是没有名姓的父母教出了杰出的子女，如孟母等，今天却是杰出的父母教出了没有多少能力，甚至是犯罪的子女；过去教子是以子女的成功为标准，现在却是以父母的成功乃至名声大小为取舍的标准，真是岂有此理！能带兵打胜仗的才是军事家，能治国安邦的才是政治家，能获得丰收的才是种田能手，能出绝活的才是能工巧匠，孩子没有被教育成才怎么能够说明他教子成功了呢？作为反面的例子还差不多！

至于其他的模糊认识就更多了。例如，对于小孩子，认为“不要紧逼读书，书呆子做官则必贪污误国”等。其实是否贪污误国与读书是没有必然联系的，怎么能够把贪污误国同读书画上等号呢？对于孩子的职业，认为“以自己的血汗挣饭吃，不要做空头的××家，一个诚实的车夫强于一个贪官污吏”。殊不知是诚实还是不诚实，是贪官污吏还是清官廉吏都在于父母的培养，能培养成一个包拯、一个海瑞、一个外交部长、一个财政部长，为什么不去培养，而偏要将他培养成一个车夫！能培养成一个诚实的人为什么偏要培养成一个贪污的人！诚实的人即使做了总统也是诚实的，贪污的人即使去做一个车夫也是贪污耍赖的！还有那些遗言之类：“子孙若如我，留钱做什么？子孙不如我，留钱做什么？”“贤而多财，则损其志；愚而多财，则益其过。”把孩子品行的好坏诿过于金钱，完完全全忽视了自己作为一个父母有教育好子孙正确使用钱财的职责与义务，真是莫名其妙！

因此，现在的中国事实上已无家庭教育可言！就是连这样的说法我以为还是有所保留的，因为家庭影响无时不在，不是给孩子好的影响，就是给孩子坏的影响，不给孩子以影响的家庭是不存在的。从这个角度说，现在中国的多数家庭给孩子的不仅不是好的家庭教育，相反却是不好的坏的家庭教育。尽管这并不是父母有意为之的。如果高尔基看到我们今天还如此理解他上面那段话，他一定会痛心疾首地告诉我们：爱孩子，那是母鸡也会的，除非是现在中国的一些人！

过去教子是以子女的成功为标准，现在却是以父母的成功乃至名声大小为取舍的标准，真是岂有此理！

人的不合格，本质在于母亲不合格

没有家庭教育的后果是什么呢？那就是整个社会道德、生活质量的下降。

早在20世纪60年代，周恩来就告诫干部子女不要做“八旗子弟”。80年代后，干部子女问题逐渐成为一大社会焦点问题，不仅群众意见大，就是中央领导同志也对此一再发表讲话。邓小平就曾要求领导干部，特别是高级干部，包括已经退休的，要“言教”“身教”好自己的家属，如果言教、身教作用不大，那么组织上就应该下手去管去教……

为什么不是干部本身的问题而是其子女的问题严重到了这种地步呢？原因在于这种“公育”最后还要落入“私情”的窠臼。甚至越是“公育”越是更深地陷入“私情”的窠臼。因为人们错误地把那些不管教孩子的干部认为是好干部，因此提升得更快，拥有的权力也更大，这些人可以过好亲属朋友关、金钱美人关，但是到了退休之际却难以过好子女这一关。一来没有得到良好家教的孩子，面对激烈的竞争，自然处于不利的位置，这时即使父母不徇私情严格要求，孩子也会瞒着父母利用父母的关系做出不该做的事。二来看到孩子处于不利位置，父母也会为过去的疏忽感到愧疚而生出一种补偿心理，许多不应该做的事情正是在这种心理的驱使下做出的。三来人到老年有一种自然的情感归属需要，正如青春前期有一个异性隔离期，男女同桌不仅不说话，而且桌上还有一道“三八线”，可到青春后期则进入寻偶期，这都是一种正常的心理需要。即使是对于刘备那样的大英雄，尚且还要顽固地将权力交给阿斗那样的大傻瓜，更何况其他各路英雄了！

但是，如果一个领导干部注意了教子，情况可能就大不一样。因为注意了教子，孩子的成长一般都比较健康，走上社会也就没有多少障碍，对父母也不会提出什么过分的要求，即使提出了，父母也不会随便满足。曾国藩之所以被视为“万世完人”，很重要的一点就在于他的孩子没有玷污他的清名，就在于他看到了教子的重要。大禹之所以三过家门而不入，并不是因为他公

没有家庭教育的后果是什么呢？那就是整个社会道德、生活质量的下降。

而忘私，公而忘教，而是因为家有贤妻，而是因为他清楚地知道孩子的成长，因此才放心地在外治水，他的儿子启成为一名贤君便是一个最好的例证。如果大禹治了水却没有治家，儿子成了桀纣，酒池肉林，苛政猛如洪水，大禹便不会如此受人尊敬了！现在人们却相反，没有治家却去治水，结果天灾未降，人祸却不息，想想我们历史上的那些灾难，哪一次不是人祸所致呢？

其实，干部子女问题还仅仅是冰山之一角，比干部子女问题要严重得多的是更加庞大的普通人家的子女问题，是整个中国人的素质问题。现在人们有一个错觉，以为只有干部子女才出现这些问题。这种看法是偏颇的，只不过某些干部子女胆大包天作案巨大影响恶劣，才导致人们对这一群体的错觉罢了。事实上，普通人家子女的问题更甚。

由于整个家教出了问题，父母的不合格导致了其后出生人口的整个不合格，导致整个人的不合格，这才是当代中国最可害怕的事情，这才是当代中国最为致命的问题。伪劣产品、治安恶化、道德滑坡、环境污染、生态危机等归根结底是人的不合格的副产品。一个不良的习惯让随手扔出的烟头烧掉了一个大兴安岭，一个心怀非分之想的业务员让广州白云机场上的三架波音飞机化为灰烬，一个到城市找工作的知识青年结束了一个帮助自己的著名作家（戴厚英）的生命……

铁门铁窗铁阳台，我们并不感到安全。您好对不起谢谢，我们并不感到亲切！一个国家如果科技文化不发达，那一定是他们的学校教育出了问题。如果社会风气不良好，则一定是他们的家庭教育出了问题！面对今日中国的诸多问题，我们必须要来一场全民族的家教大反思，如果没有这种反思，我们的民族就不可能有真正的腾飞！

父母的不合格导致了其后出生人口的整个不合格，导致整个人的不合格，这才是当代中国最可害怕的事情。

0.2
童年不应该是一个任父母打扮的小孩子

第三只眼睛看天才

为什么我们不去做父亲、母亲呢？为什么我们对哺育孩子持这样的态度呢？黑格尔说凡是现实的都是合理的，难道我们的这些做法也有合理的原因吗？于是我开始思索导致我们这样做的更深一层的因素。

这个因素是什么呢？原来是我们没有认识到早期教育对一个人成长的极端重要性，没有意识到早期教育事实上比任何时期的教育都更加重要，没有把孩子同成人区别开来。

在我们过去的思想中，有两种针锋相对的天才学说，一种是先天的遗传说，这一点最为传统强大，无论是中国古代的“生而知之”，还是近代传入中国的高尔顿的优生说，还是霍尔的“一两的遗传胜过一吨的教育”等，都不过是这种“龙生龙，凤生凤，老鼠的儿子会打洞”的不同版本。另一种是后天的勤奋说，这一点是我们当代中国社会的主流学说，强调天才出自勤奋，认为天才是一分的灵感和九十九分的汗水。对于前者我们认为是唯心主义，对于后者我们认为是唯物主义，这两种主义在我进行研究的当时就已了解，可谓两军对垒，泾渭分明。

可是，就是作为研究者的我来说，也不知道在近代西方还有关于天才的

我们没有认识到早期教育对一个人成长的极端重要性，没有意识到早期教育事实上比任何时期的教育都更加重要。

第三种观点，第三条路线，第三个阵营，那就是天才是由教育尤其是由早期教育培养出来的。木村久一的《早期教育与天才》就是这种观点的最好阐释，即天才既不是遗传的，否则为什么有狼孩；也不是勤奋所致，否则那些落后的农区该是天才满地；而是早期受到良好教育的缘故，是这种教育让先天遗传更加充分地发挥出来，是这种教育让后天勤奋更加有效。过去人们认识的错误在于忽视了早期教育，先天说当然不要早期教育，是天才生来就是天才，是笨蛋生来就是笨蛋；后天说也不要早期教育，因为童年是一个还不能自己把握的年龄，勤奋自然谈不上。这样早期教育便成了一个谁也不管的真空地带，大量的天才便在这种疏忽中荒芜凋零了！

照说对某一个问题有一种新观点这在社会科学领域中太平常了，完全没必要大惊小怪。但是这本书给我的绝不是一种新的观念，而是一种真理的力量，这种力量让我自己也成为他理论的一个证明。

老实说，我之所以能被木村久一磁化、俘虏，最开始的原因还不在于母亲。这本书全部都是谈早期教育的，都是谈父母对孩子进行早期教育的重要性的，说得更直白些，都是谈如何对孩子进行识字教育的，都是谈一个个父母苦心孤诣地教育他们的孩子，爱他们的孩子的，正是在这些优秀父母的对比下我才强烈地感到了自己的缺失，才最后被那样一句话凝固定格住了！我之所以能读到这最后一句话，并不是母亲教育、母亲作用在吸引我，而是早期教育的那种神奇效果吸引了我，而是人的童年对人的一生无可估量的重大影响吸引了我。

在今天，很多人已不再对此问题感到新鲜，很多父母已经看到了比这种论述还要紧迫的科学数据，但是对于当时的我来说，这无异于是一阵棒喝。不仅如此，我之所以能够立即服膺这种理论，是因为我自己的童年经验让我也成为这种理论的一个注释，它让我对一种久萦不去的问题茅塞顿开、豁然开朗。

我服膺这种理论，是因为我自己的童年经验让我也成为这种理论的一个注释。

我的一点早教体会

还在我四五岁时，在家颐养天年的外祖父就教我认字——外祖父在新中国成立前是一个名重一方的老私塾先生，写得一手好字，文史方面更是有着精湛的见解，现《续枞阳诗选》里还收入他的存诗数十首——因此没过多长时间我就认得了近千个汉字。认字不久，外祖父又让我学写字，会写字后又让我写日记！至今我仍记得用赭石调成的“红墨水”在老屋土地上写阿拉伯数字时，我写的“2”字最后收尾总是拖得很长，像一个浮游的鸭子；仍记得每次写完日记都要画一个圆圈，虽然让我画小一点，可我画得同字一样大，后来长大了才知道那是一个句号……

遗憾的是，当时大批判的风潮也波及了这个寂静的小山村，我也同表哥表姐一道举着毛主席像喊出了口号。在一片“革命无罪，造反有理”声中，我这个像当今独生子女一样溺爱长大的小外孙，居然也学着红卫兵小将那样向老外公喊出了“打倒老头子”，在家里造起反来，气得老外公吹胡子瞪眼睛！每到这时，平时慑于外公威严的一大家子人个个哈哈大笑，乐得看着这一对爷孙斗，外祖父自然也就再也不能教下去了。我的早教史就这样可怜地结束了，今日想来真是罪过！如果我能一直接受外祖父的教育，那该是我多大的造化呀！至今我还清楚地记得六七岁时偶然读梁启超《饮冰室文集》中《呵旁观者文》的那份新鲜与惊讶，因为第一次看到竟有人敢骂我们伟大的中国人……

由于较早识字、阅读，我的语文成绩一直很好，也许是幼年时的记日记和初中时父亲让我坚持记日记（这是我永远要感谢父亲的地方），我养成了一个喜欢动笔的习惯，这样我就有了一个可以自恃的地方，也有了一个在以后极为不利的环境里可以逃避的地方。如果不是语文成绩好，我就无法建立起学习上的信心；如果学习不好，说不定在学校里就因由家庭的冷漠而交上坏友走上邪路；即使不走邪路，也不可能考上大学。面对复读或待业的压力，

> 由于较早识字、阅读，我有了一个可以自恃的地方，也有了一个在以后极为不利的环境里可以逃避的地方。

父母的厌恶感更重……我真不敢设想此后该如何面对人生的长途！

即使语文较好，我也不是没有碰到困难。在那些艰难的日子里，我曾不止一次地想到结束自己的生命。之所以没有投入死亡的怀抱，是因为我还有所依恋，是因为我还感到自己存在的价值，然后再拿出面对死亡的勇气去面对我奋斗过程中的全部困难……

因此在读了木村久一的书后，我终于知道并相信是早教挽救了我。我之所以没有成为类似前面几位悲剧的主角，我之所以能够跳出这个怪圈，并不是因为我很特殊，而是因为我有了这么一点早教。有很多次我都已走到了自己生命的边缘，只不过在最后的刹那停止住了，我清楚地知道自己的所为，只是不清楚自己为什么最后停止了，而现在我终于明白这点可怜的早教对于我人生的意义！

回想自己走过的路程，我衷心地感到早期教育对人生的巨大影响。随着研究的深入，我也真心地感到早期识字对人生的巨大影响，早期经验对于人的成长来说真正是四两拨千斤，牵一发而动一生。

中国历史上有着辉煌的早期教育传统

早期识字教育既然如此重要，那就应该在全社会大力推行这种教育才是。正当我同木村久一一样为发现这一宝窟的咒语而欣喜若狂之时，正当我为推行这种教育埋首文献积极寻找方式方法之时，蓦然发现这早期识字在中国历史上根本说不上是什么新观念，我们的先人不仅早已这么做了，而且还做得非常之好！

那么，我们的先人是什么时候开始教孩子识字的呢？

在中国早期的一批文化典籍如《大戴礼记》等中都说“八岁而出就外舍”“束发而就大学”，也就是说 8 岁入小学，15 岁入大学。

但是这 8 岁主要是指正式上学，实际上家庭开蒙远比这早。明代以前的资料一时难以找到，但明代以后的文献是可以做此证明的。如明代《教子良

正当我为发现这一宝窟的咒语而欣喜若狂之时，蓦然发现我们的先人不仅早已这么做了，而且还做得非常之好！

规》言五六岁时就可以“识字第一，读书次之”，清代陆世仪的《论小学》认为“今之教子弟入小学者，决当自五六岁始”。至于清代唐彪的《父师善诱法》则说得更加具体：“生子至三四岁时，口角清楚，知识稍开，即用大小木板方寸许，四方者千块，漆好，朱书《千字文》，每块一字，盛以木匣，令其子每日识十字，或三五字（识字多者、或乳媪、或仆婢，量予奖赏，则终日引诱认字，胜于引诱戏骂矣）。复令其凑集成句读之，或聚或散，或乱或齐，听其顽耍，则识认是真，如资质聪慧者，百日可识完。再加以《三字经》《千家诗》等书，一年可识一两千字。然后从师入塾……”这就是说在从师入塾之前，家庭常常已经让孩子过了识字关。

这样看来，我们的先人教孩子识字一般在 3 至 8 岁之间，而且常常是由亲辈直接担任的。

关于由亲辈直接承担孩子识字责任这一点，我开始也不好理解：有学校，何必要父母教，此其一；父母教了，学校还要教，教了也白教，白教谁还教，此其二。后来终于知道，过去的情况同现在大不相同，家里请塾师，或将孩子送到学塾，由于只有几个学生，塾师能够因人因材施教，绝不会出现孩子已过了识字关，塾师还旷日持久教识字这一现象，此为教不是白教；又由于学塾规模小，相较之下学费显得昂贵，因此一般家庭多采取让孩子过识字关，甚至教到父母不能再教时，才将孩子送到学塾里去，这样即使从经济的角度来看，教也不是白教。

因此只要母亲有文化，她们常常教得很早，四五岁教孩子识字也许不很普遍，但却绝不会像我们今天这样让人感到不可思议。母亲有文化而不教自己孩子识字断句的，这样的例子几乎找不到，这就是为什么中国古代很多杰出人物多由母亲启蒙教育出来的缘故。

例如，白居易六七个月时，乳母就教他认“无”字“之”字，他虽然还不能说话，心里却已认得了，“后有问此二字者，虽百十其试，而指之不差”。

再如，蒋士铨 4 岁时，母亲就开始教他认字，认字的方法是用细竹丝，把它们按照点、横、撇、捺的位置分别组成不同的汉字，然后抱着孩子坐在

我们的先人教孩子识字一般在 3 至 8 岁之间，而且常常是由亲辈直接担任的。

膝盖上一个个地认。母亲生病，士铨遵母嘱便在旁边背诵诗书，诵声琅琅，争药鼎沸，而母病总能愈。

还有胡适2岁多就由父亲教他识字，不长时间他就认了近1000字。他从台湾父亲任职处回到老家安徽绩溪，“我号称5岁了，还不能跨一个七八寸高的门槛。但我母亲望我念书的心很切，故到家的时候，我才满3岁零几个月，就在我四叔父介如先生的学堂里读书了。我的身体太小，他们抱我坐在一只高凳子上面。我坐上了就爬不下来，还要别人抱下来。但我在学堂并不算最低级的学生，因为我进学堂之前已认得近1000字了，因为我的程度不算‘破蒙’的学生，故我不须念《三字经》《千字文》《百家姓》《神童诗》一类的书。”

连门槛都跨不过，连凳子都爬不上的3岁孩子，也没让塾师感到惊讶，而且不算“破蒙”，这在今天的教育制度里不啻天方夜谭。看到今日幼儿识字遇到如此大阻力，真可谓咄咄怪事！

更为可叹的是，在汉代一年的识字量就已达2000，在中国2000年的识字教学中，一年识字2000并能阅读已是一种定式，四五年就可以将十三经读完。宋代欧阳修曾有一个专门的统计：“立身以力学为先，力学以读书为本。今取《孝经》《论语》《孟子》六经，以字计之，《孝经》1930字，《论语》11705字，《孟子》34685字，《周易》24170字，《尚书》25700字，《诗》39234字，《礼记》11705字，《周礼》45806字，《春秋左传》196845字。止以中才为准，若日诵300字，不过4年半可毕。”

一个中等天赋的学生4年半要读47.9万字的经书，更别说还有庞大的注释了。想想我们现在小学五年级能达到什么程度？要知道现在学生七八岁入学并不比古人小，但质量差之何以千里计。更有甚者（我也是其中之一），皇皇数千年祖国识字的经验不去总结，更以西洋的拼音来辅助识字，识字居然越教越难，成为一道关口，真令天下士人齿寒！

为什么在过去就已经是不争的事实，在今天居然大遭批判呢？如上面说的儿童识字问题，为什么在过去还进行早期教育，在今天却视之如蝗呢？当

皇皇数千年祖国识字的经验不去总结，识字居然越教越难，成为一道关口，真令天下士人齿寒！

我面对这一问题进行思索时，发现有很多陈思陋想已经死死地限制了人们的思考，只有彻底清除这些思想障碍，我们才能对早期教育有一个正确的看法。于是我又开始了对这些错误认识的甄别与批判。

是先天还是后天

几乎所有的心理学家和教育学家都持这样的观点，那就是极聪明和极愚笨的都是少数，绝大多数的人智力水平都大致相当。为此他们中的一些人甚至还给出“天才”以比例，如高尔顿认为是人口中的0.02%，朱智贤认为是1%，任朱利认为是15%~20%……

其实这种划分仅仅是一种统计学意义上的划分，因此类似的统计如身高、体重等一样，都呈钟形的正态分布。只要你愿意，什么样的划分都无可指责，也就是说截止到任何百分比都完全是人为的事情。

遗憾的是，我们的专家把这种只具有相对意义的数据绝对化了，不仅闹出了笑话，还把这笑话当成是科学真理，以讹传讹，错上加错。最简单的驳例，也是最明显的事实，便是人才从来都不是以人均的比率出现的，这不仅可以从历史上的人才群体中看出，也可以从现实中很容易找到答案。

例如，如果以目前常见的3%来计算，中国13亿人中竟有3900万“天才”，是全世界犹太人总人口的2.5倍。即使以1%来计算，中国也应该有1300万“天才”。1300万是个什么概念呢？那就是把中国从1895年有高等院校到2000年所有的大学本、专科学生加起来还不够这个数，也就是如果以学历计，那么每一个中国大学生在世界范围内都是“天才”。但是如果以这种比例来计算美国，那么大约获得博士学位才能列入这一行列！同样是1%，不同的地域标准竟相差如此之巨！如果再按此比例计算诺贝尔奖获得者的分布国度，近700位中应该有中国科学家130多位才是，因为中国的人口是世界人口的1/5，天才科学家当然也应该占1/5即130多位，然而事实又是如何呢？

这种认识错在什么地方呢？那就是不同群体里的1%是不一样的，博士生

> 人才从来都不是以人均的比率出现的，这不仅可以从历史上的人才群体中看出，也可以从现实中很容易找到答案。

群体里的1%同文盲群体里的1%绝不是一回事！因此决定“天才”的不仅是这1%，还有比这更重要的该群体的文化素质。而不同群体的文化素质差异又是如何造成的呢？是先天的吗？这是种族优劣论，当然不足为取。既然不是先天的，那当然便是后天教育的环境差异所致了。

因此，上述划分尽管在统计学上有其道理可言，但在教育学上却给人们造成了极为恶劣的错觉，以为天才就是天生的，有些人天生在1%里面，更多的人天生在99%里面。人们面对这一比例无法有所作为，不仅没有反映出那些1%之所以为1%的原因在于后天的教育与学习，相反却掩盖了这一本质内容。我们今天随便找上一个正常人，在10万年前都是不可思议的天才，同样也都是10万年后的白痴。如果测量的IQ量表不变，那么超过130的人肯定会越来越多，不过几百年，所有的孩子都会达到“天才”一档的智商！这种划分的不足就在于没有看到古人和今人的进步，而仅仅是一个群体中的相对比例！

在今天，就是连人的体力、臂力、腿力、肩力，我们都已经知道不是天生的，而是后天锻炼的，因此无论是军队还是运动员都在不断地进行训练。可不知为什么还有那么多人却仍然相信智力是天生的！

是超常还是正常

这种认识造成的更大错误还在于掩盖了超常、正常与逊常的内在联系。那些智力超常的，事实上都是良好教育的结果，超常与一般常态儿童之间并没有一条不可逾越的鸿沟。一个人先天的优良遗传素质和后天的科学喂养对其健康成长固然重要，但这毕竟只是为孩子提供了发展的可能性，而后天的良好教育正是将发展的可能性变为现实。

弗洛姆曾说，可以用考察一粒种子成长的方法来考察一个人。他说一粒种子看起来是那么微小，那么平淡，以致你得使用显微镜才能看清它们，但就在这样的种子内蕴藏着巨大的生长潜力。如果你拿到一粒花种，把它抛到

不同群体的文化素质差异既然不是先天的，那当然便是后天教育的环境差异所致了。

露天的地里，踢些尘土将它覆盖，它很可能在一两周内发出芽来，再过些时候，它也许会开出一朵花来。可是，假如你仔细地观察就会看到，它有一朵暗淡色的小花，还有细小而未发育出来的叶子，也许上面还有昆虫在蛀食它。但是，如果你拿到同类的另一粒种子，将它种植在深度刚好适宜的土壤里，给它以适量的水分、阳光和营养，你会如期看到一株美丽的植物，其叶子葱绿苍翠，其花朵色彩娇艳，你会看到一株发展已接近它全部潜能的植物。

井深大用 1985 年日本筑波国际科技博览会上的一株西红柿，来证明弗洛姆“一株发展已接近它全部潜能的植物”说法的正确。这棵极普通的西红柿种子用“水耕法”培育起来后，枝叶竟伸展到了 14 平方米之大，结出的果实竟达 13000 个，而一般菜农种的西红柿每棵能结 100 个果实就已经不可思议了！

所以，弗洛姆和井深大都说道，我们都很像一棵发育极不充分的植物，我们中许多人从生到死，没有发挥我们每个人所具有的巨大潜能。

因此，我以为超常儿童这个词本身就代表“危机”，让人很容易联想到事故、不安全等，这个词给人们的心理暗示是限制，而不是发展。其实，这些孩子才应该是享受到良好教育的正常儿童，而那些所谓的正常儿童则是教育、环境缺失的逊常儿童，至于逊常儿童更是为环境、教育所摧残的儿童了。因此，我建议用新的更准确的语词来替代目前这个很容易引起歧义的语词，以指示社会教育发展的方向。

是天然还是自然

现在对抗早期教育的另一个“新”观念，就是“我想让孩子顺其自然”“我想让孩子自由发展”。持这种观点的父母大多素质较高，有些更是受过高等教育，在他们的意识深处，早期教育是违背自然的，而不管教孩子才是正确的，这些人的错误在于将“天然”当成“自然”了。

如果说一些家长持这种态度倒也罢了，遗憾的是，一些儿童专家也持这

对抗早期教育的另一个“新”观念，就是“我想让孩子顺其自然”。这些人的错误在于将“天然”当成“自然”了。

样的看法。一次，一位对孩子进行了早期教育的家长请冰心老人为孩子题词，老人看到孩子不堪重负，便题了“让孩子像野花一样生长”这类祝愿。老人的本意并非反对早教，而是反对揠苗助长，可是这样的题词到了一些专家手里，却成了反对早期教育的一种利器，认为应该“让孩子像野花一样成长”。

那么，什么是“像野花一样成长”呢？人又如何“像野花一样成长”呢？野花生命力旺盛、香气浓郁，看似漫不经心，实则这些人们所赞美的野花正是获得良好生长的野花，土壤、气候让它们比家花的生长条件还要优越！并不是所有的野花都有此幸运，更多的野花正是我们在前面如弗洛姆、井深大所说的那样，在漫漫戈壁、在茫茫雪域、在黄土高坡我们也能看到野花，但是谁曾歌吟过这种野花的美丽呢？个中道理，2000 多年前《伊索寓言》中的“种菜人”就已讲得清清楚楚了。

不过类似的口号我们的确曾提过，但仅仅是针对意志锻炼方面。如陈独秀借福泽谕吉之言而提出的“兽性主义”；如毛泽东年轻时提出的“野蛮其体魄，文明其精神”等都有其严格的界定。不加限定的“野花主义”有没有过呢？也有！在“文化大革命”中要“教育学大寨”，要“开门办学”，要“批师道尊严”，要“经风雨见世面”，总之是要不做温室里的花朵，要做野花。结果呢？我们成千万人成了这种理论与实践的受害者，国家和民族也为此付出了巨大的代价。转了一大圈之后才发现这种放手不管的“野花主义”同“野兽主义”“野人主义”如出一辙。按照这样的逻辑，孩子不仅不应该上幼儿园，连小学、中学、大学也不该上，只要给他吃喝，甚至连吃喝也不给，岂不更像“野花”那样吗？

其实，那些坚持“野花主义”的没有一个能坚持到底。一旦孩子面临“三考”，他们再也不会“顺其自然”了，他们这时常常要比其他父母还要专制，还要灭绝人性。很多悲剧都是在开始“顺其自然”地生长，而后却又不让孩子“顺其自然”地开花、结果，认为那样的花、果太小，从而“不顺自然”地让孩子开出符合自己规格的“鲜花”，结出符合自己满意的“硕果”所致。

很多悲剧都是在开始“顺其自然”地生长，而后却又不让孩子“顺其自然”地开花、结果，认为那样的花、果太小所致。

因此，家长在教育中应该持的是一种“自然”而非“天然”的态度。“自然”是孩子自己的本性，它需要教育的护持，而“天然”则是“自然”的一种极偶然的结果，是孩子的本性被外界环境塑造后的一种结果，甚至是在一种极不幸极恶劣条件下的结果。在过去，灵芝、珍珠被认为是稀世之珍，可现在人们却可以让它们成批地生长。如果说一次偶然的机会让菌种生长、让贝肉结石是“自然”的，为什么我们今天用注射菌种的方法就不是“自然”的呢？金刚石是自然界中最硬的，人造金刚石同样可以达到这样的硬度，何以在买玻璃刀时要问是“天然”的还是“合成”的呢？因为“天然”只具有解剖的、收藏的价值！

是晚成还是早成

对抗早期教育的第四种观点是“大器晚成”，早期教育是“早成”，因此不合“晚成”的思想。

老子的“大器晚成”，让人们一直以为大成就都是在年岁大的时候取得的。由于过分强调“晚成”，把“晚成”强调成了一个标准，反而掩盖了早期教育的功用而助长了人们的投机心理，认为玩他几年十几年乃至几十年也能一朝成名。殊不知这种成名的不能说没有，即使有也是臭名、恶名远远多于英名、清名的，就是这些臭名、恶名也不是在年岁大时“一蹴而得”的，同样也有一个漫长的发展过程。“大器”的确有“晚成”的，但绝大多数的“晚成”不过是“晚承”而已。将社会对他的最终承认误认为是他努力的开始是极不符合科学事实的，那些被人认为是“晚成者”的，只是他的早期努力没有引起人们的注意罢了。“晚成”其实是“晚承”，“晚成”其实是“终成”，但“晚成”绝不是“晚做”！

就拿我们最熟悉的苏老泉来说吧，《三字经》中有“苏老泉，二十七，始发愤，读书籍”。苏老泉即苏洵，的确是27岁始发愤的，但这是发愤读书，而不是这时才开始读书识字，可现在的人们往往误认为27岁才开始读书识

“大器”的确有“晚成”的，但绝大多数的“晚成”不过是“晚承”而已。

字，由此也可想见“晚成”这一陋识之顽固！

其实，苏洵的高祖苏祜，祖父苏杲，父亲苏序，这三代虽在仕籍方面不显，但却一直承继着书香门第的传统，均为蜀中名士。苏洵兄弟三人，两个哥哥苏澹、苏涣都中了进士，相比较而言，苏洵的学习的确只能给一个“游荡不学”的评语，因为他18岁进京参加进士考试无功而返。但从他的家世以及兄弟三人参加科举，两个哥哥都中进士这一点来看，他儿时的庭训一定极为出色。事实上苏洵自幼就“为人聪明，辩智过人”，而他27岁还能下决心发愤读书也说明他基础的良好，否则即使有决心也不会有信心。因此如果以为他27岁才开始识字读书那就大错特错了，他27岁时是大发愤，而不是才识字，大发愤的基础是在此以前就已奠定了的。以此看，几乎所有“晚成型”的人物，如达尔文、黑格尔、易卜生、摩尔根等无不如此！

孔子是40岁以后才开始发达，但他15岁便已立志学问了。孔子成就虽迟，但他对“大器早成”却深有认识，他不但说过“后生可畏”，而且还说过“四十五十而无闻焉，斯亦不足畏也矣”。我国心理学家张耀翔曾专门对此问题进行研究，其结论是：“40岁以前有相当成就，以后继续发展至更大进步，这是常有的事，这是宝刀不老，而非大器晚成。早年毫无表现，希望到了晚年，忽然蔚为大器，这是从来也没有过的事情。”此言甚是！

是先衰还是迟衰

对抗早期教育的第五种观点是老子的“其进锐者其退速”，认为人的智力像果实一样，那些早熟的必先衰。但事实同样并非如此。

神经生理学的研究表明，人脑的潜力几乎是无限的。美国科学家肯尼恩·博尔顿认为，如果在大脑的150亿个神经元中，每一个神经元即使只有“开、合”两种状态，那么，大脑容量也将会达到2的100亿次方，以每秒写出一个数字的速度计，就是写出这些数字也要用90年的时间。因此人脑不存在早期占用了后期便没空间这一问题。

“早年毫无表现，希望到了晚年，忽然蔚为大器，这是从来也没有过的事情。”此言甚是！

脑科学的研究也表明，大脑的发育是在生活环境和教育条件的影响下，在儿童主体与客体的相互作用过程中实现的。丰富多彩的教育环境可以促进大脑更好的发育，改变儿童早期的环境，可以让儿童大脑发展成为一个代谢活性高的更加健康更加卓越的大脑。不仅如此，人脑一旦发育成熟，那些没有来得及开发的神经元就很难充分利用了。因此要想挖掘大脑的潜力，只有在人刚一出生后到大脑成熟前的发育旺盛期进行早期教育。人的脑细胞越是使用，越是代谢旺盛，合成的化学物质也越多，大脑也就越灵。脑子开始积极工作的时间越早，延续使用的时间越长，它的细胞老化得越慢。大脑功能就像是电脑的硬件组装，一旦硬件定型了就决定了它的性能，因此不存在早熟先衰这个问题。

相反，对智力衰退的研究却表明，智力衰退的主要原因在于一个人在一生中，尤其是在儿童期的学习是否努力，以及跨进社会之后是否积极工作有关。越是努力积极地学习，越能延缓脑力的衰竭，早熟不仅不会带来先衰，而且还对延缓一个人的智力衰退有益。

许许多多的事例更是证明了这一点。例如，一项统计就表明，早慧科学家都是迟衰、多产的杰出科学家，他们对人类的贡献比一般科学家要大得多。前者每人一生平均做出 3. 9 项重大成果，而后者只有 2. 3 项，前者是后者的 1. 7 倍。伽利略 19 岁成名，一生做出了 7 项重大贡献；牛顿 23 岁成名，一生做出了 11 项重大贡献；高斯 17 岁成名，一生 9 项；波义耳 13 岁有建树，一生 4 项；爱因斯坦 26 岁成名，一生 5 项；海森堡 23 岁成名，一生 9 项；狄拉克 24 岁成名，一生 5 项……

是短寿还是长寿

对抗早期教育的第六种观点便是可怕的“天才短命，神童早夭”。

的确，这样的事例在历史上不乏其人，但能否就据此认为是一种普遍现象呢？统计学上的回答是否定的，下面就有这样的一组数据。

对抗早期教育的第六种观点便是可怕的“天才短命，神童早夭”。

数据一是有人曾对文艺复兴以来世界上最杰出的500名科学家、发明家和文学家进行了统计，结果他们的平均寿命是65岁，而当时一般人的平均寿命为51岁。

数据二是有人曾对16世纪以来欧美400名伟大人物，按文学家、哲学家、神学家、诗人和小说家等21种类型加以研究，他们中寿命最短的是诗人58岁，最长的是发明家79岁，400人的平均寿命是67.7岁，并且有65人即16%的人活到80岁以上。

数据三是有人曾对850个天才人物进行调查，其结果是不满60岁死去的有250人，80岁以上死去的有31人，60~80岁死去的约570人……

统计数据显示的结果是天才人物大多比较长寿！

也许有人认为上述统计并不能全面反映事实，因为天才大多是成年以后才做出成绩的，那些早夭的神童自然无法跻身于天才的行列。正如诺贝尔奖一样，固然做出获奖项目多为年轻时，但是要到以后很多年此项目才能获奖，而且这种奖还只能颁给活着的科学家，这样自然得出长寿的结论来！由于真正重大的成就极少早年做出，因此天才早夭也就不能在历史上找出统计……

这种反诘确有其道理，为此下面再提供几组数据，或许有助于澄清人们对这一问题的认识。

数据一是国外曾对549名天才儿童做了37种22000次的精密身体测量，结果表明这些儿童不仅在身高与体重上较优于常态儿童，而且在各种生理品质上也有此种趋势，例如，他们的握力、肺活量、臂部、腰部及肩部宽度都比常态儿童更为优……

数据二是心理学家推孟对1000余名天才儿童所做的研究，结果表明这些儿童比一般孩子能更好地自我调节和更为健康……

数据三是中国科大少年班的统计测量也表明他们明显优于常态儿童……

其实“神童并不早夭”这一点并没有什么可奇怪的，因为神童都是教育的结果，重视孩子教育的父母肯定会重视孩子的健康，能把孩子的智力开发好，就不可能对孩子更加有形、具体、重要的健康不加过问。再说社会是按

神童都是教育的结果，能把孩子的智力开发好，就不可能对孩子更加有形、具体、重要的健康不加过问。

人的能力给予报酬的，必要的经济条件是人长寿的一项基本保证，天才常常能获得更多的社会支持，寿命较长也就不足为怪了。即使退到动物物种的层次上，脑的发展也是有益于长寿的，起码趋利避害的反应比其他同类要快些！

因此，认为聪明的孩子是病态、弱小、不合群、不稳定、神经质、能力单一的看法，从根本上就是不正确的。事实表明，他们的体质好，高大、镇定、得人欢心并善于用脑，他们不仅在童年时能很好地调节自己，在成年以后也是如此！

是什么造就了伟大的人物

在基本澄清这些糊涂认识后，有些读者朋友可能会回过头来关心地询问：你在前面说要寻找一种早期识字的教育法，现在找到了吗？这才是惠及千家万户子孙后代的大实事啊！

这里我很高兴地告诉朋友们，这样的识字方法我已经从中国传统识字教育以及所能接触到的其他国家文字教育的比较中找到了，对于这种识字法的优越性，我甚至常在熟识的朋友面前自夸：给我一个两岁以上的孩子，一年之内我就可以让孩子脱盲。当然这种识字法还没有经过较大面积的试验，也没有经过科学鉴定，一定存在着不少的问题。但是在探索这种识字法的过程中，有一点让我坚信：只要我们大家共同努力，一定可以找到一种远远优于目前学校所采用的那种识字法，在幼儿园里就让孩子们顺利地通过识字关、阅读关绝不是一个很遥远的梦想！

这里之所以没有对我找到的识字法详加叙述，一方面当然是篇幅问题，另一方面也是因为我在研究中发现，提高孩子智力的道路其实有千万条，早期识字不过是其中的一条而已，美术、音乐、算术、外语，乃至手工制作都可以提高智力。杰出人物们尤其是杰出学者们之所以较多通过早期识字这条道路实现，是因为这种早期识字教育最简单、最可把握、最可控制，而其他途径一般人大多不好掌握的缘故。

只要我们大家共同努力，在幼儿园里就让孩子们顺利地通过识字关、阅读关绝不是一个很遥远的梦想！

因此，并不是早期识字教育有多重要，而是早期教育重要，早期识字教育的重要不过是早期教育重要的一种体现而已。关于早期教育的重要，这里谨援引布鲁姆的一项研究来说明。

为了探讨究竟是什么造就了杰出人物这个问题，布鲁姆领导了一个小组对美国120名最有成就的钢琴家、运动员、雕塑家、数学家等进行了5年的调查研究。研究人员走访了这些杰出人物的家庭和教师，希望了解他们是如何成长为出类拔萃的人物的。调查研究的结果是，这些人的父母几乎全都起了最关键的作用，孩子在很小的时候就让他们接触音乐、体育和学习，尽管这些父母的大多数本人并不是杰出的音乐家、运动员或学者。“我们本来预料会发现伟大的天才的故事，但是我们根本没有发现天生的伟大天才。这些人的母亲通常说，‘我们的其他孩子的天分倒比这些人高’。”正是因为这样，布鲁姆认为天资起的作用并不大，如果有适当的条件，绝大多数儿童几乎都是无所不能学会的。而这适当的条件就是早期教育！

让我们千百倍地把童年重视起来

随着研究的深入，我又进一步发现，其实还不是早期教育有什么神奇，而是人的童年太神奇了，早期教育的神奇仅仅是这种童年神奇的一种表现，而它更多的神奇我们还没有发现，这似乎更为问题的本质。下面两项就是如此。

敏感期。动物出生后都存在着对某一行为形成的时间期限，即在这一期限内不经学习就能在适当环境的刺激下对某一行为保持终生的能力，如果在这个时期缺少适当的环境刺激，这种行为便永不能产生。例如，刚孵化的小鹅把第一眼看到的“动”物当成妈妈，如果出生时看到母鹅，它就跟着母亲走；如果看到母鸡，它就把母鸡当成母亲；如果是玩具、风船、小球，它就会把这些当成母亲，而对真正的母亲不予理睬。过了这个时期，这种印刻就再也形成不起来了，并且已经形成的印刻影响非常巨大深刻。如把小鸡交给

不是早期教育有什么神奇，而是人的童年太神奇了。早期教育的神奇仅仅是这种童年神奇的一种表现。

鸭、小猫交给水獭抚养，小鸡和小猫都会习惯于水中生活；把猫和鼠从小一起饲养，这对天敌竟然和平共处，猫居然不再食鼠……

人的童年也是如此，也有敏感期，错过了敏感期，花上很大的力气也无法建立，人甚至会变成野人，变成狼孩……

再如遗觉像。就是一个人在短时间内形成异常鲜明的表象，并且可以对表象继续进行观察。如让一个小孩观察一幅充满细节的图画几十秒钟，把图拿走后，孩子仍能在摆图画的地方，看见这幅图画的形象，甚至能把这幅图的细节描述下来。很多艺术大师多有这种“特异功能”：达·芬奇十几岁的时候被大教堂的壁画所吸引，回家后将整个画面默画下来，不仅物象的轮廓比例、细节点缀酷似原作，甚至连色彩明暗差别也都非常逼真。莫扎特仅仅听过一遍“阿勒格利”这部九声部合唱曲，就在几天后的音乐会上自弹自唱起来……

正是由于童年的这些特性，我在拙作中大胆地提出了人的幼年存在着一个镜像期的假说，也就是存在着一个能像录像机、录音机一样全盘接受外界事物的时期，并且在这个时期形成对他今后影响极大的行为、思维范式。一旦形成了某种范式，他做人做事便都用这种方式去对待，以不变应万变。吕布杀丁原、董卓，是因为他见利忘义，曹操、刘备不留此人是看清了吕布的范式；诸葛亮之所以敢摆空城计，是因为司马懿深知他平生不曾弄险的范式，诸葛亮才反过来利用一次。

童年形成的范式对人的整个一生影响之大，是我这支拙笔所难描万一的，这里仅以我的一则感悟来状其影响之巨吧。

一次出外春游，看到遍山的竹林，朋友便告诉我插队时挖冬笋的乐趣。他说冬笋不是长在地上，而是埋在地下的，因此要挖。但茫茫竹海如何去挖呢？你得首先找一棵老竹子，那些竹竿已呈紫色的便是老竹子，只有这样的竹子才会长笋。找到这样的竹子后，你需要找它的主根，一根竹子都有一条主根，冬笋就像竹枝一样对称地长在主根上，有时一条根上能挖出五六个呢。那么如何找主根呢？这时你得看竹梢，竹梢向哪个方向弯，主根就在哪

童年形成的范式对人的整个一生影响之大，是我这支拙笔所难描万一的。

个方向……

当我听到这个冬笋经验后，心里不禁惊呼起来：就连植物，它的梢尖居然都是由根须决定的，早期环境实在太重要了！后来查看植物书籍，更是加深了这一认识：树根的长度一般等于树干的长度，树根的范围一般也同树冠的范围相同。后来请教种庄稼的老把式，更是懂得了“人误地一时，地误人一年”的科学道理。植物尚且如此，何况是人。这些年的读书、研究让我深信，孩子的教育诚如洛克所说，江河源头的水性很柔，用一点儿人力就可以导入他途，最后就流到了十分遥远的地方；又如魏征谏唐太宗时所说的那样，国君地位崇高，如有失误就像月食日食那样人所共见。孩子便是源头，差之毫厘，谬之千里；孩子便是总统，一个小小的细节都将像影响一个国家那样影响他的整个一生。

童年，童年的教育实在是太重要又太重要了！

孩子便是总统，一个小小的细节都将像影响一个国家那样影响他的整个一生。

0.3
自古英雄出少年

人的成长三棱锥说

需要指出的是，我们现在绝大部分研究还仅仅局限、停留在智力开发上，因此每过一段时间都会有这样或那样一阵小小的神童波澜出现。我也是在这一阶段停留了很久，才开始对这一问题提出怀疑与反思的，那就是早期教育可以出神童，可神童是否就一定能成为天才呢！这似乎就不得而知了，起码就木村久一所推崇的几位来看，除了卡尔·威特外，其他几位都没有成为天才，而西迪斯更是成为最著名的神童失败的例子。

那么，早期教育究竟在人的成长中扮演了什么角色呢？如果说它不起作用，显然不符合事实；如果说它能起决定性作用，为什么神童又不能都成为天才呢？早期教育在智力领域中的作用是明显的，但如果将其扩大到人生的其他方面来看，它的作用似乎又是有限的，否则神童不能成为天才又何以解释呢？

在人的整个成长过程中，究竟什么才是最重要的呢？于是我从对早期教育、对童年的研究里又抽身出来，投身到对天才的研究上来。

在对人的成长认识上，我们过去或是从伦理学的角度如仁、义、礼、智、信，或是从教育学的角度如德、才、学、识，或是从心理学的角度如知、情、

> 我们现在绝大部分研究还仅仅局限、停留在智力开发上，早期教育可以出神童，可神童是否就能成为天才呢！

意、行等加以分析概括，这些分析与概括都有其合理的地方，但共同的缺点是层次、主次不明。因此我在这些研究的基础上，提出了由智力、意志、品德、气概这四者构成的人的成长三棱锥说。

什么是人的成长三棱锥说呢？简而言之就是，人的成长是由智力、意志、品德、气概这四个主要方面构成的。智力是指一个人大脑的使用状况，意志是指兴趣、情感、性格等非智力方面的表现，这两者构成了一个人的基本素质，加上品德便构成一个人的社会素质，这三点构成一个平面。但这三者还不够，还不能决定一个人的综合素质，决定综合素质的是气概，这三者还需要在气概的统率下才能充分发挥作用，气概是高，这四者构成一个三棱锥体。因此在人的成长中，真正重要的不是其他，而是气概，气概是纲，纲举目张！

这四者中，位于首位的是气概，其次重要的是品德，它决定着气概的方向正确与否，并为气概的实现提供强大的社会支持，再次则是意志，它为气概的实现提供个体非智力方面的支持，最后才是智力，它仅仅提供工具性的帮助。智力在人的成长过程中充其量仅仅是四分天下有其一，因此，神童不都能成为天才也就很正常了，智力中心主义的局限也就一目了然了。

至于早期教育，是否就不重要了呢？否！它甚至比我们过去所认识到的还要重要，因为它对意志、品德、气概的发展都有着异乎寻常的重要意义，而我们过去只是认识到了智力方面的意义。但早期教育只有注意到这四个方面，才会有最好的效果！

下面仅是我对这四者关系的一个初步认识，虽然还很不成熟，但它的目的很明确，那就是力图超越智力上的神童层次，而进入更加广阔的创造领域上的天才层次。

智力商数：天才都是神童

虽然神童不一定都能成为天才，但天才却似乎无一例外都出身于神童。这是我对天才进行研究得出的第一个结论。

虽然神童不一定都能成为天才，但天才却似乎无一例外都出身于神童。这是我对天才进行研究得出的第一个结论。

在进行早期教育研究时，虽然我不断地受到“天才从神童开始”的刺激，但我一直不敢相信这个命题的正确。尽管我知道早在20世纪30年代，林传鼎先生对34个历史人物研究后就认为他们的智力在儿童时代都获得了突出的发展；也知道推孟对超常儿童数十年研究的结果证实了这样的看法；还知道高尔顿的天才出自遗传的学说，但我一直不敢真正相信！

让我最终形成、相信这一观点的，是我在看人民音乐出版社出版的《外国著名小提琴家辞典》和《外国著名钢琴家辞典》。由于多年养成看辞典的习惯，这两部辞典在翻看时也没有什么更深的用意，只是随便翻翻。可是当我看到这些著名天才演奏家几乎都是四五岁学琴、七八岁公开演出、十二三岁就已誉满天下时，我被深深地震撼了。尽管我研究儿童教育已有十多年，尽管我坚信神童出自早期教育，尽管我朦胧中认识到天才可能从神童开始，但还从来没有感受过这么多天才与神童合二为一的壮观，还从来没有想到这个最具天赋的艺术领域居然同早期教育关系如此密切！于是我一鼓作气对这些音乐家、文艺复兴时期的天才群体、犹太天才群体以及各类天才群体进行了颇具工程的分析，分析的结果让我确信那些有大成就者都是神童出身！

既然天才都是从神童开始，那么人们为什么没有注意到这个现象，甚至还将天才与神童对立起来，如××天才小时候是“笨蛋”“傻瓜”等？原来根不在其他，而在于人们理解、衡量神童的标准有异。

在阐述人的智力时，我以为斯皮尔曼的双因素论比较直观简洁。这种理论认为，人的智力是由一般因素和特殊因素组成，一般因素是指人的全部认识机能共有的能力，也就是基础因素，而特殊因素则是关于特殊机能的能力。

遗憾的是，斯皮尔曼像我们一般人一样，把基础因素的作用夸大了，认为它是天才与白痴相区别的标志，其实它仅仅是正常与白痴相区别的标志。再加上基础因素也即智商测试的不完善，那些心理学家认为是基础因素的，其实并不是基础因素，这样测试起来就不可能准确。因此科学界认为智商是测试不出天才的，在基础因素的智商测试面前，天才并不是神童。

但是，如果测试他们在今后发展领域里的特殊智商，和前面基础智商不

科学界认为智商是测试不出天才的，在基础因素的智商测试面前，天才并不是神童。

同的是，他们的特殊智商却是绝对领先的。仅以运动领域来说，科马内奇是体操神童，如果让她到篮球场上可能只有到场外捡球的分；刘易斯是短跑神童，如果用国际象棋来测量则可能连初级段位也不能取得；聂卫平是围棋神童，如果以拳击定胜负则只能被打得鼻青脸肿；邓亚萍是乒乓球神童，如果让她跳高也许连一个中学的校队也进入不了……体育运动尚且如此，更何况比这远为复杂的智力领域里了。

既然天才都是从神童开始的，为什么很多神童尤其是那些大神童最终却不能成为天才呢？我的回答有两点：其一，这些神童都是基础智商上的神童，他们没有非常偏重爱好方面的特殊智商，这样他们在进入专业领域便无多少优势可言，从而不能成为天才。其二，天才是经过层层淘汰后的结果，非常不易获得。天才之如神童，犹如果实之如花朵，并非所有的神童都能成为天才，正如并非所有的花朵都能结出果实一样。我们看那桃花、那梨花、那杏花绽放时是如何绚烂，可最后能结果实的不过百分之一二乃至千分之一二！所有的果实都曾是花，所有的天才都曾是神童！

因此，我同意心理学家柯科斯的话："成就最大的超常人物，在他们的儿童时代，几乎无一例外的都是超常儿童。"

意志商数：天才都是斗士

天才都是斗士！这是我对天才进行研究时得出的第二个结论。

与"天才都是神童"相比，人们对"天才都是斗士"也许要容易接受得多。因为道理极简单，伟大的创造都是人类先前所没有的，越是贡献巨大，人才付出的代价也就越是巨大，最后也只能是那些坚持不懈的顽强斗士才能取得胜利。因此所有的天才都是在与困难的艰苦搏斗中才最终将自己雕塑成天才的！

例如，火车通常被认为是斯蒂芬逊发明的，其实在他之前十多年，一个叫德莱维西克的英国老乡就先后造出了 4 辆蒸汽机车，并在伦敦等地进行表

天才都是斗士！这是我对天才进行研究时得出的第二个结论。

演和试验，只不过每次都由于不同的原因而失败了，不能投入实际使用。德莱维西克本来离成功已经不远了，却不堪承受失败的压力最终放弃了。斯蒂芬逊却不同，他忍受着社会的冷嘲热讽，不仅造出了蒸汽机车，筹办了机车制造厂，而且主持修建了历史上第一条铁路。只要想想我们今天建一条铁路的难度，就不难想象 180 多年前的斯蒂芬逊的意志是如何顽强了！

这样的例子非常多，轮船的发明者富尔顿也是如此。在他之前美国人约翰·菲奇就已经建成了一艘大型汽船，并且开辟了从费城到巴林顿的定期航线，只是因为出现赤字停航和投资者抽回资金使他自杀了。可富尔顿却最终坚持了下来直到成功。

一位传记作者是这样描述大科学家汤姆逊在铺设海底电缆最困难的日子里的心情：

> 有一天傍晚，总经理费尔特到海边散步。他远远望见，汤姆逊拄着拐杖，正凝视着大海，夕阳映照着他的全身，像一尊古铜色的雕像。
>
> “教授，您在想什么？”总经理走近时先打招呼。
>
> “海底电缆！”电气工程师仍然望着大海。
>
> “是啊，我们已经付出了 9 年的代价。”费尔特感慨地说。
>
> 汤姆逊转过脸来，情绪激动地答道：“费尔特先生，只要再造出一条电缆，我保证能够成功！”
>
> “您有把握吗？”
>
> “我相信大西洋阻挡不住人类的进步！”

灵感一分钟就可以有一打，但是从灵感到司马迁的《史记》、李时珍的《本草纲目》、曹雪芹的《红楼梦》则要付出巨大的劳动。鲁迅有一句话常被人们重复：世上本没有路，走的人多了，便有了路。既然走的人多了，就说明这地方本来就应该已经存在着一条路，只不过尚没有呈现罢了，不是你走就是他走，总之这里是会踩出一条路来的！这句话对一般的人是适用的，但

只要想想我们今天建一条铁路的难度，就不难想象 180 多年前的斯蒂芬逊的意志是如何顽强了！

却不适用于天才，因为天才所走过的路是无法重复的，是一般的人所不能所不敢走的。对于天才来说，这句话应该这样说：

其实地上真的没有路，当他走过了，地上仍然没有路！

而能终其一生如此奋斗的，不是斗士又是何人。

品德商数：天才都是圣徒

天才都是圣徒！这是我对天才进行研究时得出的第三个结论。

爱因斯坦曾说过："第一流人物对于时代和历史进程的意义，在其道德品质方面，也许比单纯的才智成就方面还要大。即使是后者，它们取决于品格的程度，也远远超过通常所认为的那样。"这段话可以作为上述命题的一个注释。

为什么天才都是圣徒呢？这是因为品德是协调人与人之间关系的，只有人与人之间发生联系才有道德问题出现，越是道德高尚，他获得的社会帮助就越多，所谓得道多助失道寡助是矣。越是有大成就者越是要有众人的帮助，这样他的势能才越大，他才能够成为天才。不仅组织类的天才如此，就是在纯粹个人领域里的杰出人物也无不如此，如曹雪芹等。一个庸俗之徒是不可能忍受那样艰苦的生活而去为人类创作这部巨著的，即使创作出了，也不可能达到那样的艺术、思想高度让后世学习、研究……

因此，中国古人对孩子不恐智不达，唯恐德不修。智不达不过他一个人受苦，而德不修则可能祸及九族。因此有楚将子发母的拒子入门，有赵括母的不徇私情，有陶侃母的割发待客等。那种智力发达却无法与人合作协调的人，无论是在过去还是在将来都是最为可怜的人，这样的人不可能成为一个伟大的人。

西乡隆盛，又号南洲，是日本明治维新时的大功臣，他有一句说得极好的话："既不要金钱又不要生命，既不要地位又不要名誉的男子最难对付，但若不是这样的男子，就不能和他共商国家大事。"据说有个西方雕塑家看到一

对于天才来说，这句话应该这样说：其实地上真的没有路，当他走过了，地上仍然没有路！

尊南洲的铜像后说："这尊像与他本人不像。"当人问及这位从未见南洲本人的雕塑家为什么时，他的回答是："数万青年为他献出了生命，这样的人眼角、嘴角理应露出慈祥。而这尊像却没有一点儿慈祥之意，只有坚强的一面，简直像一个恶棍，没有什么人会为这种人奉献生命的。"据后来一些见过南洲本人的老辈人讲，这尊铜像的确不像！

这里之所以引述这个小故事，目的就在于要说明品德与成就之间的正比例关系。

遗憾的是，现在对品德重视的人不是越来越多，而是越来越少了，品德教育等同于说教，说品德等于不合时宜。现在时兴的是"厚黑"，是脸厚心黑，认为大成就都是"厚黑"所致，实在是误国误民！

把曹操刘备的成功归于心黑脸厚，其实不过是不择手段的功利主义的一个新版本。

曹操从刺杀董卓、矫诏讨卓、到官渡之战、赤壁之战等，哪一次不是出生入死，九死而一生，怎一个"黑"字了得。说刘备脸厚，江山是哭出来的。历史上比刘备脸厚的人多了，为什么这些人没有能哭出一个江山来？从曹操的青梅煮酒，到对诸葛亮的知人善任，再到对马谡入木三分的审察，无不表明刘备的大智大勇，又怎么一个"厚"字了得！刘备的爱哭与曹操的爱笑一样，都是大英雄的真情流露。卡莱尔言"不曾在暗夜里哭泣的，不足以语人生"，伟大人物的品德正是在这种磨砺中才熠熠发出光华，让自己走进圣徒之列的！

气概商数：天才就是天才

天才就是天才！这是我对天才进行研究时得出的最重要的一个结论。

在进行天才研究时，有一个问题一直缠绕着我，那就是如果达尔文、马克思、孙中山、爱因斯坦、毛泽东等，如果不从事他们成功的这种事业，他们还会成为伟人吗？也就是说如果达尔文生长在其时的中国，或者当时英国

这尊像没有一点儿慈祥之意，只有坚强的一面，简直像一个恶棍，没有什么人会为这种人奉献生命的。

的生物学还没有，那么达尔文还能成为伟大的人物吗？如果不能，是什么原因？如果能，又是什么原因？

这个问题困扰了我很长时间，而我目前的看法是，如果达尔文少年以前这段时间的环境不变，那么他仍然会成为一个伟人。他这时可以不是一个伟大的生物学家，但一定可以成为一个与之相当的另一个领域里的伟大人物。

为什么会这么说呢？这是因为真正决定一个人成长高度的，既不是智力，也不是非智力，甚至也不是品德，而是气概！而气概通俗地说就是把自己归入第几流人物档次的自我期望。

我将人的精神发展分成这样几个阶段。3 岁之前是物与我的阶段，这个时候还是处于物我不分、不能自觉意识的阶段。3 至 7 岁是生与死的阶段，这个阶段物我已分，但却不懂得生死，即使知道所有的人都会死，仍坚信自己是一个长生不老的特例。7 至 14 岁是灵与肉的阶段，这个阶段已经知道自己会死，从而出现人生的第一次大危机，为了拯救、反抗这种危机，灵与肉开始搏斗，这个时候便产生气概，也就是说要回答自己将以什么样的形象展现在这个世界上，成为第几流的人物这个问题。气概越大，灵对肉的支配力量就越大，成就与贡献也就越大。这个时期尽管还是虚拟的，但对今后的发展极为重要。在此阶段之后便是图与践的阶段，也就是理想与实现。

现在人们的一个大错误，就是把气概与理想混为一谈了。

其实，孩子们最先养成的不是理想，而是气概，理想是在气概之上孵化出来的，理想只有在气概的支撑下才不会掉下来。最重要、最关键的不是最后的理想实现的显影阶段，而是在童年、少年气概形成时的感光阶段，这个感光阶段形成他人生的规模。这个时期他并没有具体的职业意识，但是他却有了明确的流品意识。也就是说他将来是否成为“××家”他并不清楚，但他却在潜意识中已经将自己的将来定位在是“一流的”还是“末流的”，是“杰出的”还是“平庸的”。理想是一个名词，而气概早在这个名词之前就已加上了限制性的定语。

因此，如果某个人的气概是“杰出的”，那么理想不过是在这“杰出的”

现在人们的一个大错误，就是把气概与理想混为一谈了。

后面填空，填上科学家、作家、艺术家之类的职业名称而已。理想仅仅是一个非常具体的职业，这种职业是在不断变化的，可以说连我们自己都不知道10年后该从事何种职业，更何况对于孩子们了。就以鲁迅为例来说吧，他首先是一个伟大的鲁迅，最后才是一个伟大的作家鲁迅。如果鲁迅没有选择文学，而是选择了军事、医学，那么他也会成为一个伟大的军事家或医学家。其之所以最后没有选择军事和医学，是因为这几项他的条件不好，不能达到与他气概相匹配的高度，他最终选择文学，是因为文学能让他的气概得以最好的显影！

因此，先有气概，后有理想的实现。每一个人都实现了自己的理想，只不过都是实现了与自己气概相匹配的理想！正因为这样，童年时的气概培养才显得如此重要。

关于这种气概的重要，我们在看人物传记时常常都会对传主幼年时的不同凡响留下极深刻的印象，这一点也可以反证气概对一个人最终成就的巨大影响。

例如，向秦代苛政挥出第一刀的陈胜，小时候穷得只能给人佣耕，可就是这样他在田间休息时还说“苟富贵，毋相忘”，面对一阵嘲笑，他的回答是“燕雀安知鸿鹄之志哉！”面对秦始皇的皇家车队，灭秦立下头功的少年项羽发出的是“彼可取而代也”，另一位少年刘邦“喟然太息”“大丈夫当如此也”。而少年张良则更是在博浪沙同刺客一道扔出了一个120斤的大铁锥！陈平家贫，只能去帮人做丧事办祭祀为生，人们赞扬他分送肉食时非常公平均匀，可陈平回答：就是给我天下来分，我也会像分这肉一样让你们满意。韩信也是家贫，母亲死了连安葬的钱都没有，可他却选了一高丘安葬了母亲，并说将来要让万户人家为其母守坟，司马迁壮游到淮阳时，“余视其母冢，良然”……

那么，这些风云人物的豪言壮语是否是常见的少年大话呢！否！气概同大话的区别在于它随时随地地洋溢出来，不仅在说话上，同样也表现在行动上。例如，刘邦正是因为“贺万钱”这一举动才打动吕公，从而将宝贝女儿吕雉嫁给他的；而韩信对给他饭吃的漂母说的也是“吾必有以重报母”，仿佛不是他在乞食，而是漂母在求他，在他身上投资，是他给漂母这样一个机会！

气概同大话的区别在于它随时随地地洋溢出来，不仅在说话上，同样也表现在行动上。

0.4
我们的教育犯了大错误

道德教育失误的根本原因在哪里

当我整理好人的成长三棱锥说之后，我陷入了更大的茫然：依照这样的成长学说，现在的教育似乎存在着极大的问题，因为智力、意志、品德、气概这四者之中，现行的教育仅仅对智力有所帮助，而对其他三项似乎毫无关注。是我的成长三棱锥说错了呢，还是现在的教育错了呢？我实在不敢设想教育错了的结果，只敢一遍一遍怀疑自己的假说。

真正让我下决心走进教育这座迷宫的是邓小平同志 1989 年说过的一句话：我们这 10 年最大的失误是教育，这里我主要是讲思想政治教育。这句话被广为引用，也曾引起过广泛的重视，并由此还采取了一系列措施，邓小平同志的这句话引起了我对教育的深深思索。

为什么我们总是陷入智能中心主义的陷阱，又为什么总是高喊道德教育而最终又难逃道德虚无主义的结局？其实我们在任何时候都没有说不抓道德教育，任何时候都没有说不抓思想品德教育，也任何时候都没有全面地提倡智能主义，即使是在人妖颠倒黑白不分的“文化大革命”时期，“分数第一”也是遭到无情批判的，可结果仍是全民族道德水平的大滑坡！

这一切究竟是怎么回事呢？我们在批判智能主义、道德虚无主义的同时，

为什么我们总是陷入智能中心主义的陷阱，又为什么总是高喊道德教育而最终又难逃道德虚无主义的结局？

是否也应该认真地反思一番，看看这看似偶然的背后是不是有某种必然的因素呢？

把镜头拉长就会发现，叹息道德下降的声音起码已经重复2000多年了，而且如果不出意外的话，再过几十年又会有一个权威的声音再来重复一次！

在中国第一个说出这种话的不是别人，正是圣人孔子。在20世纪70年代“批林批孔”时，孔子就被认为是个复辟派，是个今不如昔论者。在《论语》中他甚至赤裸裸地说“吾从周”。至孔子以下，叹息世态浇漓几成定律。宋代程颢说：“古人自幼学，耳目游处，所见皆善，至长而不见异物，故易以成就。今日自少，所见皆不善，才能言，便习秽恶，日日销铄，更有甚天理？”清代陆世仪说：“今则人心风俗，远不如古。”至于鲁迅笔下的叹息声更是民间的一种写照。

不仅中国如此，外国教育家也同样如此，日本教育家井深大就曾大声疾呼日本乃至人类不能无视智力以外的另一半品德的教育。

面对这些呼吁，难道我们的学校就没有采取措施吗？否！我们学校在这方面动的脑筋甚至远比在智力教育方面还多。我曾经是高校的一名德育教师，并且是一名怀着宗教般情感对待德育的一名教师，我愿作证学校在道德方面已尽了最大的努力。学校加强道德教育无外乎课内与课外两种途径，课内是增加学时，课外是加强校风建设。多开几个学时的伦理课并不能提高多少学生的道德水平，因为道德的实践性很强。校风建设也是如此，除了上课，学生能在学校里停留多少时间，又能遇到多少道德问题呢？

看来学校进行品德教育效果微弱的根本原因还不在于重视不重视，而在于可行与不可行。智力教育是“教”给孩子的，但品德教育是“教”不给孩子的，而只能“做”给孩子的。“诚恳待人”不是你让孩子认识这个词就能完成的，它是通过你的一言一行用“做”的方法“教”给孩子的，它反映的不是你对这个词的解释的结果，而是你为人的“做”的结果。因此，只有呼吁落实到父母、老师以及全社会每一个人都自觉地提高自己品德水平时，品德教育才会有大的进步！

叹息道德下降的声音已经重复2000多年了，而且如果不出意外的话，再过几十年又会有一个权威的声音再来重复一次！

因此，看起来我们忽视的是对孩子的另一半的教育，事实上我们忽视的是对作为教育者一方的人格修养的这一半的教育，忽视的是对孩子学习方法与过程的理解。看来教育本身真的存在着极深刻的问题，现行的教育真的存在着极大的危机！

人类教育的问题究竟出在什么地方

教育的问题究竟出在什么地方呢？我发现我们教育的目标并没有错，德、智、体、美、劳、群、爱，没有人提出过反对，说这些不对，但是面对这些不同的目标，我们却没有辅之以相应的方法，我们是用“教学”这唯一的方法去解决所有的教育问题的。目标并没有错，但方法上出错了。

为什么说方法出错了呢？这是因为我们所谓的教育规律都是从教育者，从智力教育的学科体系出发总结出来的，只注意了教育者一方，而没有注意被教育者一方。对于被教育者一方，我们没有去做更加认真的研究。被教育一方的本质是学习，如果我们不懂学习的原理，教育便无的放矢，便是为吃素的人准备了一桌烧烤，这倒的确是我们人类常做的傻事。当年我之所以写《新大学人》，就在于尽管我国有几百个高教研究室，却没有一个是专门研究大学生的，结果是大学生的本质都已改变，过去是大学员，现在是大学生，可我们还是用对待大学员的方法来对待新出现的大学生，怎么可能不出问题。连对学校的主体——学生都没有花力气去弄个明白，又如何能教育好他们！

对于教育也是如此。我们没有弄清学生学习的原理，相反却从教育者一方弄了一大堆教育原理，结果成了只有一半的教育。只重视教与学，而没有重视育与习。这种忽视是怎样的忽视呢？那就是教与学是显意识层次上的，育与习是潜意识层次上的。我们注意到的仅仅是显教育，也就是教与学，而没有注意到潜教育，也就是育与习，而且潜教育比显教育要重要得多。显教育仅仅是冰山之一角，潜教育则是其庞大的基座，虽然显教育的效果是明显的，但却是肤浅与有限的；潜教育效果是不明显的，但却是重要与无限的。

看起来我们忽视的是对孩子的另一半的教育，事实上我们忽视的是对作为教育者一方的人格修养的这一半的教育。

教育方法中的这种错误我们可以举体育的例子来说明。在体育中不说“教师”而说“教练”，为什么呢？因为关在教室里是培养不出世界冠军的，必须要在运动场上训练，只有训练才是提高运动成绩的好方法。虽然我们知道把学生关在教室里是教不会游泳的，但是我们却把孩子关在教室里教他们锻炼自己的意志、品德、气概……

这种方法又是从什么时候出错的呢？原来在古代教与学、育与习是统为一体的，没有像现在这样截然分开。孔子讲学、生活、周游都是同学生在一起，育的时间比教的时间还多。我们现在看《论语》，孔子的学生对智力上的问题问得很少，大多都是其他方面的问题。在古印度的古儒乃至文艺复兴时由著名艺术家执教的画坊，学生都是同老师生活在一起，在老师方面教与育一体，在学生方面学与习一体，因此教育目的与方法还不存在分离问题。

可是后来却不同了，在中国到西汉董仲舒时便“下帷讲论”，学生连老师的面都见不到，自然也就谈不到育了。到了近代，教与育的分离更加严重，现在更是成了教校与学校，而完全没有了育与习的位置了。教师只讲一些智力题目，只是一些试题的训练，不过是像驯兽一样训练大脑罢了。学校只抓住了教，把育全部放弃了，育的任务留给了家庭，而由于家庭又没有意识到这个问题，因此更重要的育与习便放任自流无所归依了。

因此，当前的教育破产不在其他，而在于育与习的不存，智能中心主义的最大症结也就在于此！

要高度重视潜教育：习育和化育

既然我们过去重视的是显教育，没有重视潜教育，而潜教育又比显教育重要得多，那么潜教育又该如何重视呢？在肯定了潜教育的存在及重要性之后，我又对潜教育进行了探索，并且费尽心机将潜教育又划分为更加具体的行为上的习育与精神上的化育。

那么什么是习育呢？我以为就是行为上的培育，就是从最微小、最普遍

当前的教育破产不在其他，而在于育与习的不存，智能中心主义的最大症结也就在于此！

的习惯慢慢过渡到最根深蒂固的习性。在知识教育还没有开始的时候，习育就已经在孩子身上实行了。说得更通俗一些，就是身教先于言教，身教重于言教，身教易于言教。身教是言教的基础，言教是身教的提炼、抽象与概括。

因此，如果习育这个基础没有打好，教育的效果便会大打折扣。一个养成利己范式的人是不能很好理解大公无私的，一个处处以自我为中心的人是很难体会谦让这种美德的。习育不好，则孩子整个一生的根基都动摇倾斜了。

习育可以说是一种后天的社会遗传，意志、品德都是靠这种习育来完成的，它最终形成一个人的行为范式，也就是为人处世的态度与程序。好的范式受益终生，坏的范式贻害无穷，所谓“一个人种下去的是行为，收获的是习惯；种下去习惯，收获的是性格；种下去性格，收获的是命运”便是一个写照。一旦范式不好再去改正是极其痛苦的，可惜的是，我们现在的教育都是这种再教育，因此我们才看到富兰克林、托尔斯泰等的自我修正的伟大。

那么，什么是化育呢？简单地说，化育就是人的精神上的培育，就是人的灵魂的建设。同习育一样，精神上的成长只能靠精神上的感化，而不是靠说教就能给予的。这就是宗教里的传教总是由那些品德卓越的传教士来完成而不是由其他方式来完成的一样。只有英雄才识英雄，只有英雄才能造就英雄。

马斯洛说人的需要是分层次的，其实人的精神境界也是分层次的，面对同一事件，不同的人有不同的处理方法。韩信之所以能忍受胯下之辱，是因为不与这些人一般见识。项羽要同刘邦捉对单挑，刘邦则曰：“吾宁斗智，不能斗力。”精神境界高的处理事件的方式相比较低的就会如尼采所说：即使我走错了，也是走在这些人的头上。对于牛顿来说，他即使在第一推动力上犯了错误，那也是一个别人想犯也犯不了的伟大的错误。杰出的人物都是由化育而成，都是境界高远所致。鲍叔牙之所以推崇管仲，是因为精神上的相知，后赵的石勒尽管不识一字，但却可以评论《汉书》，因为境界相合。

因此在气概、品德、意志、智力这四者之中，只有智力才是“教”的，其他都是“育”的，由此可知潜教育的重要。“教”可以培养出神童，但却

一个人种下去的是行为，收获的是习惯；种下去习惯，收获的是性格；种下去性格，收获的是命运。

培养不出天才；“教”可以培养出才子，但却培养不出大师；“教”可以培养出士兵，但却培养不出将帅；而只有“育”才能塑造一个完整的人生。

现在有不少创造学家在谈论左脑或右脑建设，这其实仍然是在显教育范围里打转转。比左脑、右脑更重要的，是内脑与外脑，也就是习性与神性的建设，左右脑不过是智力性、工具性的。内脑是动物性的，形成范式，习与智长；外脑是精神性的，形成灵魂，化与心成！

因此，显教育已到尽头，在新世纪的开始，潜教育的重要性正在显露，而潜教育的成功与否关键在于父母，只有父母、教师的习、化俱佳，才能有子女教育的成功，否则就不可能有习、化育的成功，就不可能有潜教育的成功，就不可能有气概、品德、意志、智力的成功，也就不可能有德、智、体、美、劳、群、爱等教育目标实施的成功。

我对情商等的看法

其实，除了智力以外，人们不断地变换名词强调智力以外品质的重要，如非智力等。现在更是有了一个时髦的名词——情商，与情商同时被炒出来的还有成商——成功商数，逆商——逆境商数等。万变不离其宗，这些都是智力之外的东西，正如一本情商书籍是这样定义情商的：它是良好的道德情操，是乐观幽默的品性，是面对并克服困难的勇气，是自我激励、持之以恒的韧性，是同情和关心他人的善良，是善于与人相处，把握自己和他人情感的能力等。简言之，它是人的情感和社会技能，是智力因素以外的一切内容……

对情商的重视，一方面反映出对人成长的研究的进步，另一方面也表明其落后，也就是说，对潜教育还没有引起足够的重视，并且遗憾的是，它仍仅仅只提出了问题，而没有提出解决问题的办法。

那么情商是如何培养的呢？正如我在前面所说，情商应该是通过潜教育培养的，也就是通过习育、化育培养出来，而不可能是通过说教，通过一两

比左脑、右脑更重要的，是内脑与外脑，也就是习性与神性的建设。

次训练、测验就能完成的，它是一个庞大的系统，而不是通过一两个细节的改变就能改变整个系统的。

决定一个人情商的不是学校，而是他的家庭，他的父母。政治家、军事家、企业家等组织类的天才都可以看成是情商最出色的人物，而这些人直到现在都认为是学校所不能培养的，因为这些人在学校里的成绩大多不好。这不好不是因为别的，而是学校是以知识为主，是以培养学者为目标，这就像一个足球学校里难以产生围棋冠军一样。

但是这些情商高的人的确又是培养出来的，而不是天上掉下来的，正如一本情商书籍中所说："智商是天生的，情商却是靠后天培养的。"一个显然的事实就是所有这类人物都是"孩子王"出身，而这些"孩子王"本身就需要其家庭的帮助。所有那些情商高的人，他的家庭或者他的监护人的家庭情商都很出色，具体表现在他的家庭在当地几乎都享有较高的威望，其父母在当地都是受到人们尊重的人，这种尊重本身就是一种非常必然的东西。

陶侃的母亲嫁给陶父时，陶父情商不高，陶母就织布换钱以让丈夫交往那些胜过自己的人。到儿子时，范逵来看陶侃，陶家赤贫，陶母剪掉头发换来酒肉让儿子待客，用床草来喂客人的马，正是因为这样，陶侃才能成为东晋的名将与名臣。

我们还知道毛泽东同他父亲是一对冤家对头，尽管如此，我们却不能否认他从父亲身上学到了不少东西。他的父亲善于经营，是一个成功的农民，因此他才能收购其兄弟的水田。当然其父不是一个完人，毛泽东父亲的精明与组织经营能力是毛泽东人生的重要启蒙及基础，毛泽东不满意于其父的狭隘，站在了其父的肩膀上。

现在谈论情商，只指出其重要，却没有谈到它的培养。即使谈到培养，也是极其皮毛的，它让人想起伊索说的一个寓言：猫羡慕人的生活，恳求维纳斯将自己变成人，维纳斯答应了它的请求，将它变成一个美丽的女人，并同王子相爱了。维纳斯想验证一下猫是否真的成了女人，就让一只老鼠从她面前经过，结果这个美丽的女人竟撇下王子向老鼠扑了过去，于是维纳斯又

情商是通过潜教育培养的，而不可能通过一两次训练、测验就能完成的，决定一个人情商的不是学校，而是他的家庭。

让它变回了猫。

技术性的培养不能说没有用，但仅仅是一种本质的伪装，真正的情商是取决于父母的情商的。要想孩子受人尊重，最好的培养途径就是父母自己受人尊重；要想孩子取得成功，最好的培养途径就是父母自己取得成功，然后用心体会成功的经验，并把这些经验传授给孩子。对于父母应该牢牢记住这样一条：你是不能教会孩子连你自己也不会的东西。你五音不全，孩子便不可能在你门下成为歌唱家；你不会装电视机，孩子便不可能由你教会组装电视机。同样的道理，你如果不受人欢迎与尊重，你是无法让自己的孩子受人欢迎与尊重的，除非你从自己做起，在塑造自己的同时塑造孩子！

技术性的培养不能说没有用，但仅仅是一种本质的伪装，真正的情商是取决于父母的情商的。

0.5
女人的名字叫母亲

既然潜教育对人的成长有如此大的作用，那么潜教育最好又是由谁来对孩子实施呢？回答当然是由家庭实施，是由父母实施。可是如果再在父母里面分出个主次，我发现最好的实施者又应该是母亲，甚至是唯有母亲才能承担。再深究下去又发现女性最大的社会责任，乃是去做一个优秀的母亲——这可是一个非常大的理论问题！为此我又进行了不算轻松的探索，从人类发展的历史、女性发展的历史，一直到女权运动发展的历史，涉及了尽可能多的学科，最后得出的结论是：女人的名字叫母亲，母亲能顶半边天！

这样的结论是否成立，我的理由如下。

从生物学的角度看：女人的名字的确叫母亲

从生物学上看，生物越高级，它各部分的分工越细致，对生殖的条件要求也就越高。就动物学来说，无脊椎动物是从无性生殖到有性生殖，从雌雄同体到雌雄异体，从无生殖系统到有生殖系统，从体外受精到体内受精，可以说是一个亲代生殖系统逐步进化完善的过程。

但到了脊椎动物，子代的繁殖系统逐渐完善，尤其是在爬行纲之后更能明显地看出这一点。在此之前，绝大多数脊椎动物都是体外受精体外发育。到爬行纲时，受精方式已经全部为体内受精，受精卵发育成的胚胎具有羊膜

女性最大的社会责任，乃是去做一个优秀的母亲。

结构。由于卵大，并且卵内有大量的卵黄能够提供胚胎发育的营养，因此幼体的发育比较完全，除身体较小外，其他与成体差别不大，因此能够很快适应环境，捕获食物或逃避敌害。这时不仅一些爬行类动物具有孵卵行为，而且已经有一些是卵胎生，也就是受精卵留在母体的输卵管内发育，直到胚胎发育成幼体时才产出。

到鸟纲时，动物的繁殖行为更趋复杂，一般都要经过占区、筑巢、孵卵、育雏这样几个阶段。不仅如此，孵出的鸟已经有早成与晚成的区别了。

到哺乳纲时，动物繁殖行为又进一步。除最原始的原兽亚纲还是卵生外，其他亚纲的哺乳动物都是胎生。胚胎的发育不仅全部在雌性动物的子宫里完成，而且仔兽出生后还由母兽提供乳汁……

纵观动物进化史，不仅子代的发育越来越完全——从仅携带遗传信息的受精卵到幼体发育完全的羊膜卵；而且雌性动物育雏的工作也越来越完备——从体外受精到卵胎生再到胎生。在无脊椎动物中，雌性动物仅仅提供一个卵细胞；到哺乳动物时不仅要提供子宫，而且还要提供由母体分泌出的乳汁。这样做的结果不仅提高了子代的存活率，而且也大大提高了子代的进化水平。

同其他动物相比，人类更是将雌性育雏工作推至极端，以至于可以说人类女性生来便是为生育服务的，这一点我们可以从女性的生理特征上看得极清楚。由于人所共知，这里就不再赘述了。

从生物学角度看女性的本质是母亲，从发育学的角度看，孩子的成长也是同母亲息息相关的，并且这种相关比生物学更加直接与重大。也就是说母亲对孩子的影响远远大于父亲，母亲的作用是父亲所不能相比的，在过去之所以没有承认女性的本质是母亲，是因为夸张了男性在生殖过程中的作用，说到底是一种大男子主义孤雄生殖心理的折射！关于这一点拙著第二章里有较详细的阐述。

在过去之所以没有承认女性的本质是母亲，说到底是一种大男子主义孤雄生殖心理的折射！

从优生学的角度看：女人的名字还是叫母亲

既然生物学、发育学都证明女性生来就是做母亲的，都证明女性对孩子的影响比男性更大，那么现实中有这样眼见为实的典型实例能够让人一见便服吗？照说这样的例子应该并不难找，比如同样一个父亲，不同的母亲生下的孩子应该不同；或者是同样一个母亲，不同的父亲生下的孩子在理论上的差距应该比前者小。可由于一般父母的差别不是太大，孩子的差距也就不太明显，再加上这方面的统计难找难做，真的做起来颇费力气。尽管如此，我还是从生理和精神这两个方面努力找到了一些自以为颇有说服力的证据！

老实说在寻找母亲比父亲对孩子生理影响大这一事实时，我着实想到了许多途径，如不同人种之间的通婚，生养出来的后代应该更多地类似母种而不是父种等，但都因为不好统计而作罢，最后我不得不想起了动物中的骡子。

骡子是马与驴交配的结果，马与驴的差别非常明显，我一直生活在南方，没有见过马和驴，因此我不知道骡子应该是谁生下来的。按道理骡子有马、驴各一半的血统，公马配母驴或母马配公驴都能生下相同的骡子，也就是说只要马与驴交配都能生骡。如果真能如此，可以说公母在生殖中的地位是相同的。但是由于二者差别较大，我的直觉告诉我，母马与母驴生下来的骡驹绝不应该是相同的，而且如果不出意外，骡子是由母马与公驴交配而成，因为母亲比父亲重要。

带着这个问题我在北京图书馆查阅了所能查到的所有资料，结果不仅证实了我的猜想，而且事实比理论还要神奇。

原来这两种交配都能生驹，但不同的母畜生下的小驹明显不同。骡子正是母马所生，因此又叫马骡，而母驴所生则是驴骡，也就是驶骒。骡一般都比其父亲高大，而驶骒大于母驴而接近公马，因此骡比驶骒要大要重，在外形上也一眼就能看出，在名称上也不相同。

这种不同还远不止这些，事实上从交配时就已存在了。马配马和公驴配

按道理骡子有马、驴各一半的血统，我的直觉告诉我，母马与母驴生下来的骡驹绝不应该是相同的。

母马受胎率最高，驴配驴次之，公马配母驴最低。即使受胎，母驴怀𫘝𫘨驹在怀孕与分娩中也远较母马危险，由于𫘝𫘨驹比驴驹要大，而且驴怀𫘝𫘨时羊膜较厚，分娩时不易自破，而羊水又比怀驴时多3~4倍，稍不注意就会让幼驹窒息或被羊水淹死，所以母驴怀𫘝𫘨时都要加以特别照料。

照说都是一样的血统，体格不一样可以不表，性情总该一样吧，同样不是。它们的生理、性格更多地类同它们的母畜。骡的长相同马相似，以至于常常难以分清，因此有“是骡子是马，拉出来溜溜”的谚语，而𫘝𫘨的长相与驴相似。驴没有马机灵，胆子也小，因此，𫘝𫘨不如骡机灵，如遇路障或涉水时比较胆小，骡则比较活泼，能自如地逾越路障或涉水。驴比马抗病性强，𫘝𫘨比骡的抗病性也强。就是在性欲反射方面，𫘝𫘨也偏爱追驴，骡也偏爱追马……

也许有人会说这种动物的例子好举，或者会说不能用动物的例子简单地类比人类。我不知道上面的例子是否有错，但我知道在动物学中确实存在一种“母体效应”，那就是幼驹出生时的体重是同母体成正比的。在中国历史上曾有过为了后代的高大而娶壮硕女性为妻最终如愿以偿的例子，在中国民间也有“父矮矮一个，娘矮矮一窝”之类的谚语，在拙著第三章中专门论述了“‘东亚病夫’的实质是‘东亚病母’”，这里我不想强调上述例子的正确性，而只认为骡的这一现象应该对人类有所提示。如果读者能从中汲取大自然对我们人类的启发，即使作者此例完全错误也算达到了目的！

母亲对孩子生理的影响也许可以从上面的骡子与𫘝𫘨身上看出，母亲比父亲对孩子精神影响更大又可以通过什么反映出来呢？这方面人才成长史上有一个极好的寡母现象恰可作为证明，那就是不论在中国历史上，还是在世界历史上都存在着这样一个极富启发意义的现象，那些被后世誉为良母、贤母、圣母的，几乎无一例外都是寡母！从孔母、孟母、陶母、柳母，到欧母、岳母等莫不如此。

不仅人们代代相传的这些良母、贤母、圣母都是寡母，而且历史上相当一部分有杰出成就者也都是由寡母抚养大的，如近现代中国的文化名人康有为、

在世界历史上存在着这样一个极富启发意义的现象，那些被后世誉为良母、贤母、圣母的，几乎无一例外都是寡母！

蔡元培、鲁迅、胡适、郭沫若、茅盾、丰子恺、冯友兰、聂耳、冼星海、郁达夫、老舍、傅雷、丁玲等，尽管他们的母亲没有上面那些名母那样家喻户晓。

相比较而言，人才成长史上几乎不存在单父现象（当然也不是绝对没有），照说单父无论哪个方面都比寡母强上许多，如经济条件、文化素质等，可为什么就是没有出现单父现象呢？我以为除了其他原因之外，强烈的母子一体感应该是孩子成才的最大动力！

从人才学的角度看：女人的名字更是叫母亲

有人说寡母现象太特殊，不能用特殊规律来说明普遍规律，即使能说明，那也只是母亲比父亲重要，而不能说明母亲素质不同对孩子有什么不同的影响。

那么有没有父亲相同而母亲不同，结果其所生的孩子成才大不相同的例子呢？

这方面我们中国倒有着极好的材料，那就是中国历史上是一妻多妾制，因此可以考查不同母亲对孩子的不同影响。

在中国历史上，男子可以娶妾，实行的是一夫多妻制。对于皇帝来说可以三宫六院，即使对于最普通的读书人来说也是“士有一妻二妾”，因此可以推知，在中国历史上由妾所生的庶出的孩子绝不会很少，这可以从中国帝王的皇子中窥见一斑。但极有启发意义的是，在中国人物辞典中，由妾生的所占比例极少，基本上都是妻生的。为什么会出现这种情况呢？除了中国的家族制度对嫡生的成长有利外，妻与妾素质的不同，也就是母亲素质的不同应该是孩子成才率不同的关键！

在《礼记·内则》上是这样定义妻和妾的：“聘则为妻，奔则为妾。”即妻是经过“父母之命，媒妁之言”，是按照规定的程序娶来的，而妾则是不经过媒人、父母直接跑过来的。妻和妾有些类似于中国古人的名与号。妻是名，是父母按族谱定下的，不容更改；妾则是号，是自己按自己意愿而定的。因此家中有妾，仍称未婚。而妾到后来则多是用钱买来的了。

妻与妾素质的不同，也就是母亲素质的不同应该是孩子成才率不同的关键！

由于是用钱买来的，她的来历大多无法查考，甚至连姓什么都不知道。而之所以买来，是因为面貌姣好的缘故，因此一直有“娶妻娶德，娶妾娶色”“吃菜吃油盐，娶妾娶容颜”之说。一个稍能生活的家庭是绝不会让女儿去做妾的，所谓“挑柴卖草，不给人家做小”“宁到山中变鸟，不在房中做小”等是矣。

蒋介石娶姚冶诚、陈洁如，都是风月场上的选择，因此连她们的家世直到现在还一直是个谜。蒋母是一个极卓越的女性，按道理她应该同蒋父合葬，事实上蒋父墓中也留了一穴，但由于蒋父先后娶过徐氏、孙氏，蒋母王氏若随夫葬便有妾嫌。因此再三嘱咐另葬，由此也可看出妾之地位的一斑。

因此中国历史上妻和妾基本素质的区别是极明显的。一个正规人家，对孩子的要求是相当严格的。程颐回忆幼年母亲对他的教育时说，他几岁时走路跌倒了，家人总是抢着去抱，而其母总是不许，教训他：“你如果慢慢地走，难道会跌倒吗？”中国历史上的女教更严，训练出来的女孩子习惯非常合乎礼节。而那些为妾的则不同了，据潘光旦研究，她们的家庭之所以穷困潦倒，大多不是因为时运不济，而是因为人谋不臧，例如挥霍、赌博、无能等，这些自然会烙在孩子身上。当这样家庭出身的女孩子又为人妾时，这种不好的社会遗传又传给了下一代，这样她的孩子成才自然很少。同样是一个父亲、一个家庭，母亲不同，孩子的成长大不相同！

当然，正如并非所有的“妻”都好一样，也并不是所有的“妾”都差。庶出的子女也有成才的，这多是由于个别妾的素质较高的缘故，而且常常是这些“妾”后来被扶正，成为继妻，如曹操的卞氏等。但从整体上看妾生的素质比妻生的孩子素质差。中国历史上有许多老夫少妻生出的孩子成才，如胡适等，但多是老夫少妻而不是老夫少妾，这些少妻同样是经过严格挑选明媒正娶的。从妻妾的素质不同到她们孩子成才率的不同，从中不难看出母亲素质的重要！

因此，我认为在孩子的成长上，母亲的作用要在90%以上。母亲是雌蕊、是土地、是先天、是内因，而父亲则只能在此基础上再同母亲及其他因素一起构成后天，构成外因！只要母亲稍有闪失，对孩子的损害与打击都将是毁灭性的！

我认为在孩子的成长上，母亲的作用要在90%以上。只要母亲稍有闪失，对孩子的损害与打击都将是毁灭性的！

0.6
推动世界的手是摇摇篮的手

“早逝现象”敲响中国母婴质量的警钟

20世纪80年代中期，中国知识界曾流行过这样一句顺口溜：老年人开祝寿会，中年人开追悼会，青年人开欢送会。中年人的早逝曾引起一次又一次的喟叹，也引发了一次又一次的讨论。几乎所有知识分子的学习榜样全是这些早逝的中年人：罗健夫47岁、蒋筑英42岁、陆家羲48岁、张广厚51岁、施光南50岁、路遥43岁……

遗憾的是几乎所有讨论得出的都是“脑体倒挂”“知识贬值”这些仅具新闻价值的结论，很少论及这批知识分子身体状况何以如此的问题本质，更少论及童年营养对人身体的绝对影响。这些早逝的中年人出生于20世纪三四十年代，正是国敝民穷的时候，他们的母亲为他们奠定的身体基础极差。很多报道都曾述及这些早逝者儿时的贫穷，并以此衬托其悲壮及命运的不公，殊不知正是这种贫穷才导致了他们的早逝。他们在那样艰苦的环境里一出生，预期寿命就已经注定这么长，他们的死严格说来并不能被说成是“早逝”！至于诅咒他们的病症更是没有意义，这就像电器到了使用寿命就会因各种故障报废一样，这种病或那种病都不过是一种淘汰的形式而已。

有些人总结说，中年人上有老下有小，中间还有事业，一根蜡烛两头烧，

他们在那样艰苦的环境里一出生，预期寿命就已经注定这么长，他们的死严格说来并不能被说成是“早逝”！

哪有不早逝的道理。其实那些开祝寿会的老年人何曾没有过类似的中年呢？同这些早逝的人相比，他们的命运丝毫不显得优越，且不说新中国成立前的动荡，就是新中国成立后的哪场运动少得了他们呢？可历经磨难的他们却似乎越活越年轻、越活越健康，如被批判了20余年的马寅初、刘海粟活了100岁，梁漱溟、冯友兰、夏衍活了95岁，俞平伯、钱端升活了90岁……要知道这些人可不是一般的“运动专家”，有些政治运动甚至就是以他们的大名命名的。

为什么这些老知识分子比中年知识分子经活呢？在我看来其原因同样是与他们儿时的健康基础有关。这些开祝寿会的老知识分子几乎没有一户不是出生于富裕之家的，否则怎么可以出国留学？他们的背后几乎都能拧出一串家庭背景来：钱钟书的夫人杨绛，原来就是鲁迅在《纪念刘和珍君》里提到的北京女子师范学校校长杨荫榆的侄女；冰心的父亲与黎元洪是北洋水师学堂的同班同学，她称黎元洪是黎伯伯；钱三强是钱玄同之子，过去的传记说钱玄同出身于一个破落的地主家庭，事实上钱玄同的大哥钱恂曾任多国公使，大嫂单士厘更是近代史上的大才女……

相对于“开追悼会”的中年人，“开欢送会”的年轻人健康状况更不容乐观。就整个亚洲地区来说，由于日本军国主义发动的侵略战争，成千上万的母亲和孩子备受磨难。因此20世纪30年代、40年代、50年代出生的中年人的生命无时无刻不笼罩在死亡的阴影之中。对于中国大陆来说，三年自然灾害更让60年代的青年也深陷在这种不祥的阴影之中。因此我们可以看到遍及大陆、台湾、香港及东南亚一带的早逝现象，邓丽君、黄家驹、陶金等一批演艺界青年演员的早逝证实了这种现象的不容忽视。大自然是一个天然的计划生育大师，它会恰到好处地调节人口的密度，而战争的可恶可恨不仅在于它的残酷，更在于它还要母亲和孩子去为它支付高额的利息。

因此在我看来，真正的中青年早逝问题还没有到来！

西谚说健康的精神寓于健康的身体之中，其实健康的身体又是寓于健康的母体之中。母亲身体好则孩子健，母亲身体不好则孩子弱，母亲的身体对

为什么这些老知识分子比中年知识分子经活呢？在我看来其原因同样是与他们儿时的健康基础有关。

孩子身体的影响是长期的终生的绝对的。

这些年独生子女重症患儿不断增多，同样反映了我们母亲身体的薄弱，因为母体是孩子身体的一个最重要的参数。母亲身体的隐患暂时还没有暴露出来，但却让孩子抢先了一步！

遗憾的是，我们人类直到现在还没有意识到母亲对孩子生理、心理如此重要的影响。现在的一些母亲根本就没有想到自己的身体是为孩子准备的，是只有孩子才有权动用的。因此便毫无顾忌地打胎，打了数胎后又去治不孕症，避孕药还没停够时间就怀孕，怀了孕就去做 B 超……这些女性根本就没想到要把一个健康、纯洁、不染纤尘的母体留给孩子，往往是母体已经被欲望、享乐蹂躏得不成样子时，才给可怜的孩子无奈地留出一角！面对这些新潮女性，我们甚至怀恋贞节的好处来，因为起码贞节为孩子保持了一个健康完整的母体！

母亲，只有母亲，才是创造历史的真正动力

当然，早逝这个问题很复杂，绝非是一两个因素就能涵盖的，这里之所以与母亲以及早期营养联系起来，是想说明母亲对孩子身体健康的巨大影响，是想说明母亲与孩子的关系是连体的，那种将两者分开来考虑的做法是不对的。现代基因工程研究表明，很多病症的确在娘肚子里就已经注定下来了！

孩子的生理尚且如此强烈地受到母亲的影响，心理就更是如此了。那些被送去劳教、被判处极刑的罪犯，其实社会更应该判处他们的父母以徒刑，从某种角度来说这些人是替他们的父母在受刑。将母亲的奶头咬下，这仅仅是一个孩子的惩罚，它不应该代替社会的惩罚，社会应该以教唆犯的罪名首先判处她的罪行。她是源头，没有她的怂恿，就不会有上断头台的孩子。

遗憾的是，我们根本没有意识到母亲的责任。我们母亲从不让别的同事冒犯一句，可却将孩子当成出气筒；我们母亲在商场多被盘问几句都被认为是侮辱，可在家里却天天训斥孩子；由于使用化妆品不当，或美容手术中的

这些年独生子女重症患儿不断增多，同样反映了我们母亲身体的薄弱。

小小失误，我们母亲不惜对簿公堂，可自己打麻将让不懂事的孩子被开水烫伤乃至毁容却无半点愧意；为了一丁点儿的损失便要索赔，可由于自己的不慎让孩子致畸、致聋，我们母亲却反过来怪罪孩子、歧视孩子，乃至抛弃孩子；一场很意外的事故，我们都要在偶然中寻找必然追究领导的责任，可对父母却无此说；一个冠军的成长，现在已经嘉奖到他的启蒙教练，可是却没有人想到最直接的功臣——他的母亲。连封建社会都还给那些培育出优秀子女的母亲以诰命之类的荣誉，可现在却连这点也没有了。

曾经有一个说法，钱学森值5个师。为什么说一个知识分子能抵5个师？因为他的内在价值，因为一群没有现代科技武装起来的士兵不要说在核战场上，就是在飞机、坦克下也是一堆烤肉而已。说钱学森只值一个人，那是指他的体力，他的体力甚至打不过阿里，但他的智力却抵得上5个师！

钱学森值5个师，那么孔子的母亲、孟子的母亲又值几个师呢？对于女性来说，她的体力抵不上一个男子，但是她在培养孩子方面却有着极重要的价值。她可以把孩子培养成孔子、孟子，培养成欧阳修、岳飞，培养成林肯、爱迪生，同时她也可以把孩子教唆成江洋大盗！母亲是下金蛋的鹅，她的价值在于金蛋，而不在于她的肉，将她等同于肉鹅是一个天大的错误！母亲的工作应该是带薪的工作，每个女性都应该在孩子出生的前后几年去像服兵役一样服母役，只有这样我们人类的前途才可能光明灿烂！否则便会像我们的今天和过去那样不断地陷入劫难与困境之中，因为人的生产是一切生产中最重要的生产！

现在那些年轻、年幼就患重病的，那些因为先天原因造成弱智的，那些因为早教缺失而人格不正常的孩子还没有去责怪他们的母亲，这些孩子的母亲也没有意识到自己应该负有的责任。的确，在这样一个不尊重母亲的世界里，母亲们当然可以理直气壮地宣称不承担任何责任，但这毕竟是一种悲哀！如果有一天我们的母亲面对孩子都能胆战心惊地自问：我能给孩子一个健壮的体魄吗？我能给孩子一个聪明的大脑吗？我能给孩子一个善良的心地吗？到那时才可以说是我们孩子真正的福音！到那时才可以说是我们这个世界的

母亲是下金蛋的鹅，她的价值在于金蛋，而不在于她的肉，将她等同于肉鹅是一个天大的错误！

真正福音！对于那些因为自己欠了一笔风流债却要让自己的孩子身背梅毒、艾滋病去偿还的母亲，孩子不仅应该喊出："为什么要生我？把我送回树上！把我送回子宫！"而且完全应该起诉，法院也完全应该判处她们徒刑！

1300多年前，陈子昂随建安王武攸宜征契丹，几番献计不成，登蓟北楼流涕而歌：前不见古人，后不见来者。念天地之悠悠，独怆然而涕下！在写作本书的几年中，我曾无数次地体味到这种心中无奈的凄凉，我之所以坚持着写完这本书，是因为我坚信总有一天人们会认识到这个问题的重要性，即使这一天还要等上1000年。

在这篇导论的最后，我谨录下《早期教育与天才》书中的最后一段，以表示我对木村久一先生，对该书的中文翻译者，对正在从事家庭教育研究与普及的各界人士，对古往今来千千万万辛勤培养自己孩子的母亲的深深敬意：

> 福禄培尔曾说："国民的命运，与其说是操在掌权者手中，倒不如说是握在母亲的手中。因此，我们必须努力启发母亲——人类的教育者。"遗憾的是，真正理解这一意义的人却很少。左右国民命运的是母亲的教育。堕落的母亲，正在把自己的子女送入牢狱和教养院。

我之所以坚持着写完这本书，是因为我坚信总有一天人们会认识到这个问题的重要性，即使这一天还要等上1000年。

历史与未来
母亲缔造光明

要不要我告诉你最英勇的
战斗在何时何地发生？
在世界的版图上，
你无法觅见它的踪影，
进行这场战斗的是人类的母亲。

——［美］乔·米勒

我之所以坚持着写完这本书，是因为我坚信总有一天人们会认识到这个问题的重要性，即使这一天还要等上1000年。

第一章

人类还没有学会走路

我们的公民不应该比鸟类和许多其他动物都不如，它们一生育就是一大群，不到生殖的年龄不结婚，维持着贞洁。但是到了适当的时候，雌雄就配合起来，相欢相爱，终身过着圣洁和天真的生活，牢守着它们的原来的合同。——真的，我们应该向他们（公民们）说，你们须比禽兽高明些。

——［古希腊］柏拉图

我之所以坚持着写完这本书，是因为我坚信总有一天人们会认识到这个问题的重要性，即使这一天还要等上1000年。

1.1
烛光里的母婴

达·芬奇：同一个灵魂支配着两个躯体——夸美纽斯：孩子从出生到6岁应当由母亲来教育——洛克：教育上的错误正和错配了药一样——卢梭：母不母，则子不子——乌申斯基：最初几年形成的性格将成为人的第二天性——马卡连柯：教育的基础主要是在5岁前奠定的——蒙台梭利：儿童头3年的发展可看作人的一生——井深大：教育真正重要的时期是无限接近零岁的时候——老威特：如果教育得法，大多数孩子都会成为非凡的人才——维纳：所有儿童早期的学习都是一个奇迹——穆勒：由于父母的教导，我开始的时间要比同代人早25年

问题的重要程度往往同它被忽视的程度成正比。人类社会的发展似乎永远存在并证明着这样一个悖论，母亲教育便是如此！

早在2000多年前，几乎是人类知识文明的肇始处，古希腊哲学家柏拉图就在他的《理想国》里开始阐述母亲的重要。之后，对母亲教育的研究与论述代有新论，不绝如缕。文艺复兴时更是掀起了一个高潮，这一时期的教育家们无不对母亲与儿童教育倾注了自己大量的心血。15世纪意大利教育家威尼斯就写出了《儿童教育论》，16世纪西班牙教育家比维斯写出了《基督教女子教育论》，北欧教育家伊拉斯谟也写出了《幼儿教育论》……

儿童出生后头3年的发展，在其程度和重要性上，超过儿童整个一生中的任何阶段……

不仅如此，其时许多人文主义大师也都阐述了他们对母亲与孩子教育的看法。法国思想家蒙田认为："人类科学最大的和最重要的困难就是儿童教育。"意大利艺术巨匠达·芬奇更是在他的《手稿》中精辟地指出："同一个灵魂支配着两个躯体……母亲的愿望对其腹内的胎儿不断产生影响……母亲的意志、希望、恐惧以及精神的痛苦对胎儿的严重影响，大大超过对母亲本身的影响，不少胎儿因此丧生。"

时间到了17世纪，杰出的捷克教育家夸美纽斯更进一步地认为，人的童年在人的个性发展和形成中具有巨大的作用，因此他号召所有的母亲要正确地培养和教导儿童，并且断言，人在长大以后的教育效果是由他在童年里是否进行了正确合理的与轻松愉快的教学与教育来决定的，孩子从出生到6岁应当由母亲来教育。为此他提出了母育学校的构想，并且还特地为这个时期的母亲和孩子编写出了相应的教材。

与此同时，英国著名思想家、哲学家、教育家洛克写出了早期教育的名著《教育漫话》，他在这本书里正确地指出："教育上的错误正和错配了药一样，第一次弄错了，绝不能借第二次第三次去补救，它们的影响是终身洗刷不掉的。""我们幼小时所得的印象，哪怕极微极小，小到几乎觉察不出，都有极重大极长久的影响。"

到了18世纪，法国著名思想家卢梭在《爱弥儿》这部教育著作中，以文学的形式阐述了他的自然教育思想。卢梭指出："最初的教育是最为重要的，而这最初的教育无可争辩地是属于妇女的事情：如果造物主要把这件事情交给男子，那他就会给男子以乳汁去哺育小孩。"针对当时母亲们轻视育儿这一头等责任的状况，他极为痛心地指出："母不母，则子不子。他们之间的义务是相互的，如果一方没有很好地尽她的义务，则对方也将不好好地尽他的义务。孩子知道了应该爱他的母亲，他才会爱她。如果血亲之情得不到习惯和母亲关心照料的加强，它在最初的几年中就会消失，孩子的心可以说在他还没有出生以前就死了。"

这个时期，西方教育家已经不满足于经验性描述性地论述这一问题了。

教育上的错误正和错配了药一样，第一次弄错了，绝不能借第二次第三次去补救，它们的影响是终身洗刷不掉的。

瑞士杰出的儿童教育家裴斯泰洛齐，在1774年对他一个3岁前的孩子，用日记法记下了大约一个月的观察记录，并发表了《母亲必读》。

进入19世纪，人类对孩子教育的关注逐渐成为教育领域中的一个最待开发的领地，教育家们不仅对儿童教育的重要性有了更进一步的阐明，而且对儿童教育的年龄也提出了越来越具体的设定。

俄国杰出的教育家乌申斯基指出："人的性格大都是在人一生的最初几年内形成的，而且在这几年内在人的性格中所形成的东西是很牢固的，它将成为人的第二天性。"

美国教育家阿诺德·格塞尔说得更具体："在学龄前阶段，大脑发育的速度非常快，6岁前，大脑的大部分几乎都成熟了……以后人的脑力、性格和心灵将永远不会再像形成学前发育阶段那样迅速发展了。我们永远不会再有这样的机会去奠定智力健康的基础了。"

中国著名教育家陶行知也认为："凡人生所需要的重要习惯、倾向、态度，多半可以在6岁以前培养成功。换句话说，6岁以前是人格陶冶最重要的时期，这个时期培养得好，以后只需顺势培养下去，自然成为社会优良分子；倘使培养不好，那么习惯成了不易改，倾向定了不易移，态度决了不易变。这些儿童升到学校里来，教师需费九牛二虎之力去纠正他们已成的坏习惯，坏倾向，坏态度，真是事倍功半。"

更多的教育家、科学家、作家根据自己的研究或体会，认为孩子的一切在5岁前就已形成并决定了。

俄罗斯伟大的思想家、文学家列夫·托尔斯泰以自己的亲身体会这样说道："我难道不是在那一时期里获得了我现在赖以生存的一切东西吗？那时我获得了如此多的东西，并且如此的迅速。在我一生的其余岁月中所获得的东西都及不上那时所获得的百分之一。从5岁的我到现在的我之间只是一步的路程。从新生儿到5岁之间则是巨大得骇人的距离，而从胎儿到新生儿之间却是无底的深渊。"

苏联教育家马卡连柯认为："教育的基础主要在5岁前奠定的。它占整个

> 人的性格大都是在人一生的最初几年内形成的，而且在这几年内在人的性格中所形成的东西是很牢固的，它将成为人的第二天性。

教育过程的90%。在这以后，还要继续进行。人的进一步成长，开花，结果，而你精心培植的花朵，在5岁以前就已绽蕾。”

但是，越来越多的教育家认为，孩子在3岁前的教育甚至已经决定了他的一切。

杰出的意大利儿童教育家蒙台梭利指出：“儿童出生后头3年的发展，在其程度和重要性上，超过儿童整个一生中的任何阶段……如果从生命的变化，生命的适应性和对外界的征服，以及所取得的成就来看，人的功能在0至3岁这一阶段实际上比3岁以后直到死亡的各个阶段的总和还要长，从这一点上来讲，我们可以把这3年看作是人的一生。”

法国著名儿童教育家洛朗斯·佩尔努说：“孩子3岁以后一直到青春期，在他的生活中，再也不会有像第一次微笑、说第一句话、迈第一步这样值得注意的事件发生了，再也不会有像智力显露和自我发现这样重要的情况出现了。他的主要品质已经形成，基础已经打好，只要对它们进行精雕细刻（如平衡）和加以发展（如智力）就成了。”

美国著名儿童心理学家，哈佛大学教育研究院教授伯顿·L. 怀特甚至断定：“如果一个3岁的幼儿在与学术上有益的各方面，如语言和解决问题的技能上迟开窍6个月或更多一些时间，那么他就不可能在以后的学业经历中获得成功。这个判断会有一些例外，但是‘开端与追踪’处境不利幼儿发展计划（美国旨在帮助贫困儿童补偿社会经济环境对他们的学习和社会成长所产生消极影响的教育补偿计划。——作者注）和其他补救计划的研究结果，都明确支持这个适合于美国多数儿童的意见。”

美国教育政策委员会1966年提供的报告指出，到6岁时，大部分孩子已经发展了他们成年后所有的智力的很大一部分，因此过去的那种将6岁视为正常入学年龄的做法已经过时，“所有的孩子自4岁始都应有公费入学的机会”。与此同时，他们还进一步强调：“生命最初的3年很可能比第四年或第五年更为关键。但是，关于这样小的孩子如何在家庭以外的环境加以教育，人们所知太少。因而帮助父母或未来的父母改进家庭生活方式的努力可能更

越来越多的教育家认为，孩子在3岁前的教育甚至已经决定了他的一切。

为实用。我们强烈倡导这种努力。”

可是，就是3岁开始进行教育的观点也同样被越来越多的教育家、科学家们所摈弃，他们提出了更加绝对的零岁教育。

杰出的日本儿童教育家木村久一，总结出儿童智力发展的递减规律：如果生下来就在理想的教育条件下培养，儿童可以发展自己智力的100%，但是，如果从5岁开始才进行教育，就是理想的教育，儿童也只能发展自己智力的80%；若从10岁开始教育，就只能发展自己智力的60%，也就是说，教育得越晚，儿童智力发展所受的阻力越大。

美国著名教育家本杰明·布卢姆和他的芝加哥大学同事所做的研究论文指出：人的智力呈现先快后慢的发展趋势。根据他们对17岁青少年所测得的智力来看，大约50%的智力发展是在胎儿期到4岁之际完成的；30%是在4至8岁时完成的，大约20%是在8至17岁时完成的。换言之，智力在人生的最初4年中的发展等于随后13年中的发展。或者说，到了8岁，不管孩子上什么学校，处于什么环境，他心智能力可受影响的余地，只有20%。

创造出“井深理论”，从而享誉世界教育界的日本儿童教育家、企业家井深大认为，过去的教育都是从孩子懂话的时候开始，但是这种教育已经迟了，因为在孩子会讲话之前，他就已经获得了比利用语言传授的知识更多的东西，因此，教育孩子的最好时机，“既不是‘到了上幼儿园的时候就太迟了’，也不是3岁。真正重要的时期是无限接近零岁的时候。至于妊娠期，更是有许多必须进一步研究的问题。”“如果存在着培育精神、性格或气质的时期，那么，这个时期就是在懂语言前这一段时期。”

科学的发展似乎总是比教育家的猜想与实践还要超前与迫切。在20世纪70年代，科学界还认为母亲的大脑和胎儿的大脑之间没有直接的神经纤维相连，因此，无论母亲的大脑受到什么样的刺激，对胎儿不会直接产生影响。

但是，到了20世纪80年代，科学就已经表明母亲与婴儿之间传递着一种与电信号完全不同的另一种信号，母亲一紧张，其内分泌就发生变化，通过脐带进入婴儿体内的血液成分的浓度也就发生变化，从而直接对胎儿的状况

如果存在着培育精神、性格或气质的时期，那么，这个时期就是在懂语言前这一段时期。

产生影响。

因此，胎教不再是一种无稽之谈，因此，世界上出现了第一所“胎儿大学”，因此，继“零岁教育”之后，又提出了“负一岁教育”“负两岁教育”……

那么，上面这些是否仅仅是教育家和科学家们的呓语呢？不是！事实比理论更加神奇。

德国著名神童小威特生下时并不称心，邻里都认为是个白痴。老威特在悲伤的同时并没有放弃教育，在他更加细心的教育下，这个傻儿子不过几年时间就变成了一个远近闻名的神童。八九岁时就已能够自由运用德语、法语、意大利语、拉丁语、英语和希腊语等 6 国语言，并且通晓动物学、植物学、物理学、化学，尤其擅长数学。9 岁那年入莱比锡大学，不到 14 岁就获得哲学博士学位，16 岁时又获得法学博士学位，最终成为但丁研究的权威 。

作为教育者的老威特是如何看待这件事的呢？他说：“即使是普通的孩子，只要教育得法，也会成为不平凡的人，这是爱尔维修的话。我在儿子没生下来之前就相信这一说法，并常常向别人宣传。”“我一向认为，如果教育得法，大多数孩子都会成为非凡的人才。由于我教育的结果，使我的孩子成了这样的青年 。”

或许有人认为老威特在吹牛或卖乖：孩子成才了，做父亲的当然可以往自己脸上贴金！如果有人存这样的想法，那么我们不妨再来看看几位早教的获益者自己是如何看待这一问题的。

杰出的数学家维纳是一位早教的获益者，他在自传《昔日神童》一书中以自己的亲身经历告诉人们：“要记住这一点：所有儿童早期的学习都是一个奇迹，即使我们后来认为是愚笨的孩子也是如此。当一个孩子开始讲话的时候，他已经开始学习他的第一外语。从出生到两岁这一段期间，是取得新知识的旺盛时期，这是在后期生活中无法比拟的，不管他是个天才或是个低能者都是如此。……就我而论，我开始认字看书的年龄，还不到其他许多儿童牙牙学语的年龄的 2 倍（维纳 3 岁半就已经开始看书。——作者注）。这是

所有儿童早期的学习都是一个奇迹，即使我们后来认为是愚笨的孩子也是如此。

事实。”

而另一位早教获益者，杰出的哲学家穆勒在他的自传中说得更加详细：“关于我接受教育过程中表面上最明显的一个特点，就是在我幼年时代，父亲尽极大努力授予我被认为属于高等教育的知识，这种知识在成人前是很少得到的（如果能得到的话）。实验的结果表明，实施这种教育并不困难，同时充分说明，让小学生接受一点点拉丁文和希腊文知识，用多年宝贵的光阴，这是多么值得惋惜的浪费啊！由于这种浪费许多教育改革家便产生错误的见解，要在普通教育中完全取消拉丁文和希腊文的课程。倘若我生来理解力特别敏锐，或者记忆非常强而精确，或者性格特别主动，精力特别旺盛，那么对我的试验可能不是结论性的；可是我所有的天赋并不在一般人之上而在其下，凡是我能做到的，无论哪个具有中等智力和健康体格的男孩和女孩肯定也能做到。如果说我学业上有所成就，应归功于父亲赐予我的早期教育，当然还有其他有利条件，公正地说，由于父亲的教导，我开始的时间要比同代人早25年。”

多么可怕又是多么神奇，仅仅是由于父亲的早期教育，一个人的开始时间竟比他的同代人要早25年！

仅仅是由于父亲的早期教育，一个人的开始时间竟比他的同代人要早25年！

1.2
没有太阳的天空

养牛、养鸟、养鱼、养花都要懂得专门的方法，那么养孩子呢——开一个小小的面食铺都要层层批准、督察，那么养孩子呢——买一件电器、家具、衣服都要跑遍全城，可又有谁为育子中的一个问题也如此做呢——我们的媒体每天都有大量的足球、股市消息，可是育儿呢——我们社会的每一角落都在电子显微镜下被高度重视起来，唯独只有母亲在被超速遗忘——把母亲往沼泽地里驱赶的现代社会——鸟要换毛、蛇要蜕皮、蟹要脱壳，母亲难道就不需要……

面对如此重要的人的童年，面对如此迫切的早期教育，我们的社会行动了吗？没有！我们的母亲行动了吗？同样也没有！

中国著名教育家陈鹤琴曾说：“栽花的人先要懂得栽花的方法，花才能养好；养蜂的人先要懂得养蜂的方法，蜂才能养好；育蚕的人，先要懂得育蚕的方法，蚕才能育得好，甚至养牛、养猪、养羊、养马、养鸟、养鱼，都先要懂得专门的方法，才可以养得好，难道养孩子，不懂得方法，可以养得好吗？可是一般人对于自己的孩子，反不如养蜂、养蚕、养牛、养猪看得重要。对于养孩子的方法，事先既毫无准备，事后又不加研究，好像孩子的价值不及一只猪，一只羊，这种情形，在我国到处都可以看见，真是一件奇怪的事。”

栽花的人先要懂得栽花的方法，花才能养好；难道养孩子，不懂得方法，可以养得好吗？

英国哲学家、教育家斯宾塞更是在一个半世纪前就已这样写道：“乡绅们在宴会散席之后，农民们在集市上或酒店里，除了谈论当前政局外，豢养动物是一个最普遍引起兴趣的话题。狩猎完毕走马回家的时候，人们的谈锋总是转到养马、遗传和对这个那个‘优点’的品评；在郊野一天，很难不谈谈养狗。佃户们从教堂出来路经田野，很自然地从评论牧师讲道转到评论天气、收成、牲畜，从这又讨论到各种饲料和它们的饲养价值。……可是在茶余酒后或其他类似的交际场合，谁听到有人谈到养育儿童的事？”

我的第一个专业学的是“工业与民用建筑”，读了之后才知道，一个报栏、一个厕所、一个花坛不过区区几千元钱，但却都要经过建筑师设计、工程师计算、会计师审核，然后得到上级部门批准才能建造。后来走上社会，又发现在家门口摆一个小小的杂货铺，开一个小小的面食馆，也都要让工商局注册、税务局登记、街道办同意、卫生防疫站许可、主管部门批准。甚至在西方国家，连做妓女都要领取执照。可是似乎唯独生养孩子不需要训练。社会只管你不生第二胎，至于你如何生第一胎，你是打了几次胎再生的，还是生了几次大病后再生的，社会却不去要求。至于你如何去养孩子，那更是另外的事情了！

在现代社会，什么都强调学习和考核。没有人敢不经过充分的练习就走上舞台去演奏钢琴，没有谁敢不经过考核就把汽车发动后开到市区，但是人类何曾出现过为了哺育孩子而去精心设置的育儿学校里去学习一番呢？我们社会对那些从事儿童工作的各种人员，如教师、医生、幼儿园里的营养师等都要进行专门而严格的训练，可是对在孩子生活及成长中担负最重要培养任务的人——母亲，却视而不见地没有给予任何专门的训练乃至最低程度上的提醒！

德国学者倍倍尔说：“所有的医生都认为，妇女教育最缺乏的，是她们担任母亲和儿童教育者的职责所必需的教育。‘要教士兵学会使用武器；要教手工业工人学会使用工具；任何官职人员都要培训；甚至僧侣也有时间修行。唯独妇女不能受到做母亲的严格教育。’年轻妇女，十个有九个在快要结婚的

社会只管你不生第二胎。至于你如何生第一胎，你是打了几次胎再生的，还是生了几次大病后再生的，社会却不去要求。

时候还根本不知道婚后怎样做母亲，自己的义务是什么。”

在今天，人类连手纸都研究到了分子的程度，但对孩子的养育却仍是如此的放任自流！

然而，比这些还要不可思议的事多着呢！为了他人权益不受侵犯，公众场合禁止吸烟，甚至禁止喧哗，但是一个母亲却可以不顾未来孩子这一“他人权益”，在医院这个“同谋犯”的帮助下不断地往乳房里填充硅胶，从而孩子一生下来就面临着“母乳危机”；为了公共场合的卫生，我们不慎吐了一口痰，撒了一泡尿，拉了一堆屎尚还要被罚款、批评，但是一个母亲却可以为了一时的痛快而将一个孩子漫不经心地生下来却不受任何谴责；我们不小心把隔壁人家的一棵树砍倒，一只鸡杀死，尚还要上门道歉，但是一个母亲将自己的胎儿、婴儿遗弃乃至溺死却若无其事；我们一个耳光把别人耳朵打聋，起码要赔偿乃至拘留，但是一个母亲用药不慎让孩子致聋不仅无人追究，相反母亲还一再怨责孩子……

社会如此，我们的母亲对孩子的漠视同样如此。

如果要买一台电器、一件家具，甚至是一件外衣，我们的母亲几乎要将一个城市跑遍，几乎要向所有懂行的人咨询遍，甚至要投书报刊请求指点。在过去商品紧俏的时候，为了一辆自行车，为了一块手表，为了一台黑白电视机，我们甚至要托人走关系。

但是，我们的母亲什么时候为了孩子的一个问题这样热心过呢？我们什么时候为了怀孕的时间去咨询医生，我们什么时候为了打胎能够听进长者一句忠告的话，我们什么时候想到要为即将到来的一个生命去打电话咨询、去购买一本书籍、去拜访一个教育成功的母亲呢？我们的报纸、广播、电视里开设了很多热线导购，可何曾看到热线家教的繁荣呢？

为此，苏联教育家苏霍姆林斯基曾非常痛心地说道：“我们每个人应当懂得，尊敬的父亲和母亲们，凡没有受过教育的人、不学无术的人、一知半解的人，就像安装了一个坏发动机的飞机起飞了一样，不仅自身毁灭，而且也给别人带来了牺牲。”

我们什么时候想到要为即将到来的一个生命去打电话咨询、去购买一本书籍、去拜访一个教育成功的母亲呢？

但不幸的是，社会却将母亲们向另外一个方向拉，去引诱母亲们上当，很多的生意经竟然直接提出要对准女人和孩子：时装令人眼花缭乱：编织、皮毛、草编、金属，是颓废还是文明；发型让人瞠目结舌：焗油、染发、摩丝，是效率还是浪费；护肤令人无所适从：增白、消斑、褪毛、除臭，是相信还是怀疑；美容让人啼笑皆非，割双眼皮、隆胸，甚至人造处女膜，是可笑还是可怜！

社会将眼光对准女人，但却从来不将眼光认真地朝向母亲，因为社会仿佛惧怕女性们去做母亲，因为好母亲都是一样的！好母亲不会为广告所蛊惑，因为她最聪明，因为她总是把钱用在最有益的地方。在一个崇尚母亲的国度，虚伪一定很少，因为母亲能一眼就可以看穿。在一个崇尚母亲的国度，诚实一定更多，当母亲用成熟的眼光为自己为孩子挑选东西的时候，她事实上是在进行极严格的内心检验。母亲的世界是一个博大、实在、雍容的爱和责任的世界，而不是一个虚荣、争夺、欺骗的恶的世界。

但是，商业广告不断地在母亲们的头顶上轰炸，男性的偏见和社会的恶习不断地将母亲们从一个个孩子的身边夺走，变成一个个生了孩子的“处女”，变成一个个轻佻的女郎，而最后这些安装了“坏发动机”的孩子，不仅毁灭了自身，也毁了社会，毁灭了母亲！

鲁迅说：“中国的孩子，只要生，不管他好不好，只要多，不管他才不才。生他的人，不负教他的责任。虽然‘人口众多’这一句话，很可以闭了眼睛自负，然而这许多人口，便只在尘土中辗转，小的时候，不把他当人，大了以后也做不了人。”其实又何止仅仅我们中国如此。

我们的电视、广播、报纸、杂志，每天都有大量的足球消息，都有围棋、象棋、桥牌讲座，都有马经、股市述评，可是我们何曾看到一个有深度的活泼的动人心弦的育儿讲座、育儿评论呢？即使是这一两年里应运而生的家教讲座，也是教科书式的，主讲人不要说是育儿高手，有的甚至是由连育儿经验也没有的年轻主持人替代！试想，让一个不懂围棋、足球的节目主持人去讲围棋、去讲足球的效果将会怎样呢？育儿是真枪实弹，是拿孩子一生的健

每天都有大量的足球消息、棋牌讲座，可是我们何曾看到一个有深度的活泼的动人心弦的育儿讲座、育儿评论呢？

康、幸福做靶标的实弹射击，可是我们何曾认真地对待过呢？我们有那么多的棋谱、牌谱，可是我们何曾有过像棋、牌那样的复盘复牌，把一个人的教育、成长复盘，看看其中的对与错、成功与失败呢？我们何曾有过类似菜谱、画谱、棋谱、牌谱那样的育儿谱呢？

由于从来不把教育孩子当成一件正事，由于从来不把母亲当成一种职业，所以我们今天才出现了那么多让人不可思议的怪事。

什么都有职称：高级（一级）作家、高级（一级）画家、高级（一级）演员、高级厨师、高级理发师、高级美容师、高级按摩师、高级调酒师、高级品酒师、高级政工师、高级……唯独育儿不需要职称；什么都是艺术：火花艺术、时装艺术、发型艺术、裸体艺术、悲剧艺术……唯独育儿不是艺术；什么都是文化：酒文化、烟文化、茶文化、赌文化、棋文化、死文化、鬼文化、火锅文化、菜篮子文化、米袋子文化……就是育儿不是文化；什么都可以办节：粽子节、汤圆节、石榴节、啤酒节、风筝节……就是育儿没有节；什么都可以评选十佳：十佳运动员，十大杰出青年，十佳少先队员、十佳民警、十佳公民……就是没有十佳母亲；什么都可以一本正经地比赛：钓鱼、下棋、打牌、选美、斗鸡、斗蟋蟀……就是育儿没有什么可比赛；什么都可以冠“名”：名丑、名怪、名偷、名妓、名……就是没有名母！什么都可以名“星”：影星、歌星、笑星、星级饭店、星级服务……就是母亲没有星！

在今天，什么发财致富的技术都在超速传播：种植庄稼、驾驶汽车、各种疑难杂症，各地电线杆上张贴的豆芽机、煤球机、人造变蛋等，可是要把自己的孩子培养成健康、聪明、活泼，有益于社会的真正人才的知识从哪里获取呢？

在今天，连三角内裤都被印上花花绿绿的商标奉为“名牌”，连地摊上的日用小商品都贴上了“优”……什么都在讲策划，什么都在讲包装，什么都在讲品牌，可是谁注意到了这个世界的本质，谁注意到了这个世界——母亲这个本质呢？

其实，我们的母亲并没有从这个星球上消失，她们经常出现在什么地方

我们有那么多的棋谱、牌谱，可是我们何曾有过类似菜谱、画谱、棋谱、牌谱那样的育儿谱呢？

呢？当她们的好儿女为社会的利益牺牲了的时候，她们出现在纪念的现场，可是她们的镜头我们是不喜欢的，因为她们总是抑制不住那种真情的流露，我们不喜欢看到一个母亲从心底里像乳汁一样流出来的泪水！而即使是这个时候，也是出现在需要煽动人们情绪的新闻里，除此之外，我们实在想象不出母亲的形象还曾出现在哪里：在饥荒里？在洪水中？在地震后？总之，母亲的泪水总是在流！

一个作家为了一个字可以花上几天的时间，甚至“两句三年得，一吟双泪流”，一个学者甚至要“板凳要坐十年冷”，一个学生甚至要“十年寒窗苦”，一个武士甚至要“十年磨一剑”，一个树农甚至要“十年树一木”，在这里“十年”，已经成为一个起码的年限，但是有谁想到为了一个孩子他应该也花上十天的时间呢？难道我们的孩子就如此不值父亲手里的书、文章、剑和树木吗？难道我们的孩子就如此不如母亲的一件衣裙、一只手表、一枚戒指吗？

19 世纪德国化学家李比希说过：“化学正在取得异常迅速的成就，而希望赶上它的化学家们则处于不断脱毛的状态。不适于飞翔的旧羽毛从翅膀上脱落下来，而代之以新生的羽毛，这样飞起来就更有力更轻快。”

可是，我们仔细地想一想，我们是用什么方法来教育自己孩子的呢？是从我们的父母那里学到的！我们的父母又是从哪里学习教育孩子的呢？是从我们的祖父母那里学到的！我们的祖父母又是从哪里学习教育孩子的呢？……于是，我们追溯到了我们的祖先——猿人！追溯到了类猿人！追溯到了大猩猩！

鸟要换毛，蛇要蜕皮，蟹要脱壳，我们的生活也都在更新换代：手表从机械式到电子式，电视从黑白到彩色，火车从蒸汽机车到磁浮列车，个人电脑从 286 到现在的平板电脑，思想从传统到后现代……母亲难道就不需要不断进化吗？

我们的一切似乎都如此现代，但我们的本质却还如此古老，我们终于发现我们陷入了一个误区，今天我们终于可以审视和批判这种文化了！

我们终于发现我们陷入了一个误区，今天我们终于可以审视和批判这种文化了！

1.3
教育：僧侣式的学校

当前的性知识普及是性教育还是性教唆——为父为母是人生最重要的课程——倍倍尔：违反自然的事情始于小学——苏霍姆林斯基：从中学生的脸上，我看到了孩子们的轻率态度——潘光旦：师范教育也是一样的不着边际——许广平：结了婚的女性，总有做母亲的一天，最好还是有这样的研究所或指导所——斯宾塞：面对现在的大学课程，我们的后人将会怀疑是某个僧院宗派的学校课程

对孩子的培育、人的培育这一问题采取完全忽视态度的，首推教育。

这些年随着大众传媒的过程性紊乱，青少年性犯罪成为全社会的一大问题。因此，在学校里对学生进行性教育的呼声甚嚣尘上。让学生正确对待性，对待月经和遗精，对待性器官、性兴奋、性快感，对待手淫、性幻想、性诱惑，对待性生理、性心理、性伦理……学生的性神秘面纱揭开了，于是学校里和社会上传来一阵阵欢呼。

但是，效果却绝不像我们开始预期的那样理想。过去封锁信息固然欠妥，但现在这样耀人眼目地大加刺激似乎更为有害。性行为的直接后果是什么？是孩子！可是我们有哪一种性教育的指向不是对着性器官，而是将学生引向学会正确运用这一人生的本能与权利，学会承担父亲母亲的责任感呢？如果性教育的目的不能增强学生对自己将来为父为母的责任感，那么性教育同诲

对孩子的培育、人的培育这一问题采取完全忽视态度的，首推教育。

淫又有什么区别呢？同性教唆又有什么区别呢？社会上难道还少了那些打着“性教育”的旗号而行诲淫之实的杂志、书刊、录像、图片展览了吗？学校里难道还少了那些坚守着自己的社会良心而避开这类“性教育”环节的老师了吗？在这样一个没有明确教育目的的敏感问题上，性教育怎么可能不步入歧途呢？

即使退一万步说，像很多文章为了宣传性教育的迫切性而渲染的一对大学生夫妇不知性生活为何物或者是将尿道当成阴道一类的黑色幽默属实，最后也因为这种性教育而不再发生类似的夫妻笑话，但是，谁能担保他们生下孩子后，不会又闹出让婴儿吃五香蚕豆、太阳锅巴的悲剧！面对同样无知的生育经验，人们在笑话的同时，难道不要再为那可怜的孩子再痛哭一次吗？

倍倍尔曾痛心地指出：“违反自然的事情始于小学。先是性别隔离，然后是颠倒黑白或者是不教授与人类性别有关的内容。在每个还算不错的学校也教授博物学：孩子们从中了解到鸟类下蛋，然后孵化；他们还知道，交配期从什么时候开始，公鸟和雌鸟必须共同筑巢、孵化和哺育雏鸟。此外，他们还了解到，哺乳动物胎生幼兽，他们听说了发情期和发情期中公兽追求母兽的搏斗；他们还知道一般产仔数，也许还知道母兽的怀孕时间。但是，人类自身的诞生和发展却裹在一层神秘的面纱之中，对此他们茫然不知。”

苏霍姆林斯基针对人类20世纪中学教育的这种现象，曾经深有感触地指出：假如一位教师把一个与八年级或九年级学生进行交谈教育的座谈会，用来专门谈论“年轻家庭中丈夫与妻子的关系”这个题目，那么这个教师就会被看作是一个怪人，“可是，当时与年轻人谈论这个题目，确实比讨论亚西利亚国王的陵墓和银河系的中心要重要得多”。

这位教育家用自己的亲身体会举例道，在高年级上课时，只要一谈到那些文学课里回避不了的、教学大纲规定要讲的爱情、结婚、生孩子，男女少年们的脸上就浮现出顽皮的笑意，孩子们开始窃窃私语……“在有关人的生活和对人的未来这个重要的问题上，我看到了孩子们的轻率态度。我认为比较理想的情况应是这样的：在谈到爱情、结婚、孩子、人（幼儿、儿童、少

如果性教育的目的不能增强学生对自己将来为父为母的责任感，那么性教育同诲淫又有什么区别呢？

年）的那一瞬间，应当产生这样的激情，就像看到有千年历史的艺术古迹时所感受到的一样。我们年纪较长的一代应当学会跟儿童们、少年们谈论这种伟大、美好的人类感情——爱情、结婚、生孩子、至死不渝的忠诚之情；谈论死的悲哀和内心的回忆。在我们未学会谈论、思考这些问题之前，我们是不会培养孩子具有高尚、纯洁的心灵和情感的。无知识、无礼貌的环境，早晚会变成孩子的眼泪和愁苦。”

如果说小学、初中里的孩子还小，在家庭方面的意识还很淡漠，这时如果进行这方面的教育，比重可以减轻一些的话，那么，对于高中学生来说，这应该是比任何一门课程都要重要得多的必修课，因为他们中的大部分将再也不能像过去那样系统地学习知识了，因此必须抢在他们生育之前，教育就要为生育——这一重要任务做好准备，但是，现实中的我们却一再无视这一人生最重要的课程！

我国著名社会学家潘光旦说：“现在高中和高中以上的所谓教育，只教人如何做一番社会事业，说得小一点，只教人如何找一种职业，再小一点，只教人学一套吃饭本领，并没有教人如何做父母，更没有教女子如何做母亲。师范教育也是一样的不着边际，它只教人如何做别人家的儿女的老师，没有教人如何做母亲，做自己的子女的老师。”

中学里的这种忽视已经是不可原谅的了，但是更不可原谅和不可思议的是，对于已经达到法定结婚生育年龄的大学生，我们的学校还好像忘记了这群人也是人，也要结婚生子一样，居然对此无动于衷，这实在是人类难解的谜中之谜了！

许广平在吃够了初为人母的苦头之后感慨道：“本来做女学生如果教授育儿法，在‘五四’以后的女青年是认为不大适合的。就算听过些儿童心理学，那是预备做教师用的，和养小孩不发生关系……因此我想，结了婚的女性，总有做母亲的一天，最好还是有这样的研究所或指导所，对于小孩，那惠福真不浅呢！”

面对这种不幸，100多年前斯宾塞就这样痛心地指出：“如果由于特别的

师范教育也是一样的不着边际，它只教人如何做别人家的儿女的老师，没有教人如何做母亲，做自己的子女的老师。

机会，我们除了一堆学校课本和某些大学考卷之外，什么也没留给那遥远的将来；我们可以想象到那时期的考古学者，当他在从那里面找不着任何东西指出学习者有可能做父母时，会感到怎样的迷惑。我们可以揣测他会下这样的结论：'这一定是他们那些不结婚的人的课程。我从这中间看出对许多事情作了仔细的准备，尤其是对阅读一些早已不存在的国家和同时存在的国家的书籍（从此似乎可看出他的本国语文中只有很少值得读的东西）；可是关于带孩子的事一点儿也找不到。他们不至于那么荒唐来完全忽略这个最严重责任的全部训练。显然，这是他们某个僧院宗派的学校课程。

"说正经话，子女的生与死，善与恶，都在于父母怎样教养他们，可是对于今后要做父母的人在教养儿童方面连一个字的教导都没有，这难道不是一件怪事吗？把新一代的命运放在缺乏理智的习俗、冲动、幻想中去碰机会，再加上一些不懂事的乳母的建议和奶奶们的带成见的劝告，难道不是荒谬绝伦吗？如果一个商人毫无算术和簿记的知识就开始经商，我们会说那是瞎干而眼看他要得惨痛的后果。或者一个人如果没学解剖学，就开业进行外科手术，我们也会为他的胆大包天感到惊讶，而可怜他的病人。可是一般父母从来未考虑过那些在身体、道德、智慧方面应该指导他们的原则就开始教养儿童这个艰巨任务，却并没有引起对他们的惊讶，也没引起对受害者的怜悯。"

对照今天我们学校的情形，斯宾塞的话仿佛就是昨天说的。

我们的校园里可以有各种各样的社团，有各种各样的协会，有各种各样的兴趣小组，有各种各样的特别的非正式的群体，可是，什么时候有过一个如何胜任亲职的组织成立呢？

我们的学生可以欢呼一个杀敌英雄、一个考古学者；可以欢呼一个流行歌手、一个夺得奖牌的运动员；可以欢呼一个自己一辈子可能也不会去做去学的记忆冠军，一个养了别人不曾养过那么多牲口的专业户。但是，何曾去欢迎一个自己明年、后年就要面临的生育这个实际问题的优秀母亲来做一场报告呢？

我们的学校像中药铺、像百货公司那样开出了数千门重要或无甚重要的

> 把新一代的命运放在缺乏理智的习俗、冲动、幻想中去碰机会，难道不是荒谬绝伦吗？

课程：桥牌、围棋、UFO 探索，为了一个符号的错误不惜将学生开除回家，为了一个实验动作的规范要让学生练习上一个星期，为了一个投篮的姿势要让一个农科学生苦恼一个学期，可是，什么时候去为他们开一门“家长教育学”或“亲职教育学”的选修课呢？

我们的人文教授摇头晃脑地向学生考证着《红楼梦》里的大观园在哪里，杜牧的杏花村到底是哪个，诸葛亮的故里究竟在什么地方，“天下第一泉”“钓鱼台”究竟有多少？我们的师范学生总是被谆谆告之要献身教育培养人类，可是却从来没有一个教授告诉他们：教育学生应从教育自己的孩子开始！

我们的学生可以有各种各样的理想：作家、诗人、科学家、工程师、政治家、总经理……但是谁都不曾去想自己首先应该去做一个称职合格的父母；我们的学生可以整天谈论拳击、球赛、歌会，但却从来不会去谈论生育孩子这样永恒的话题；我们的学生可以将音乐、体育的意义阐述得十分透彻，但对流产会摧毁一个人的身体竟毫无所知；我们的学生可以对星球、黑洞、红学、太阳黑子如数家珍，但对马上就要亲手服侍的婴儿特性一无所知，我们的学生可以选修几十门还没有考试就已经过时的课程，但却从来不曾有人对他讲起这一生命中最最重要的一课！

我们的女学生更是可怜，她们仿佛生育与己无关一样掩耳盗铃自欺欺人。她们把时间花在打扮上，花在购物上，花在追星上，可就是不愿花在了解孩子的生长上；她们有许多爱好：听歌、看电影、旅游、运动、收藏各式各样的小艺术品，可就是回避她们将来躲避不了的抚养孩子这一主职；她们跻身于一项又一项时髦的比赛，唱歌、舞蹈、选美，可就是不想沉下心来筹划为这个世界生养培养出一个伟人……

总有一天，我们的后人将以不解和嘲讽的眼光，来审视当今教育这一显而易见的残缺！

我们的女学生，跻身于一项又一项时髦的比赛，可就是不想沉下心来筹划为这个世界生养培养出一个伟人。

1.4
爱情：美丽得不可饶恕的罪行

是情爱，还是爱情——爱情必须让孩子这个第三者插足——并非谁都有权生育，正如并非谁都有权赖在航天飞机里声言要做宇航员一样——不关心孩子的爱情与同性恋、黄昏恋、太监恋有何两样——父母是火箭，孩子是箭头上的卫星，爱情是一次长长的宇航，而不是一个巨大的炮仗——我们都还不懂爱情

离开了学校，孩子长成了大人，在性力的驱使下，开始寻找爱情，但是，呈现在他们面前的是怎样的爱情规范呢？

在所有的关于爱情的定义里，恩格斯的概括无疑是极有代表性与权威性的："现代的性爱，同单纯的性欲，同古代的爱，是根本不同的。第一，它是以所爱者的互爱为前提的；在这方面，妇女处于同男子平等的地位，而在古代爱的时代，绝不是一向都征求妇女同意的。第二，性爱常常达到这样强烈和持久的程度，如果不能结合和彼此分离，对双方来说即使不是一个最大的不幸，也是一个大不幸；仅仅为了能彼此结合，双方甘冒很大的危险，直至拿生命孤注一掷，而这种事情在古代充其量只是在通奸的场合才会发生。最后，对于性交关系的评价，产生了一种新的道德标准，不仅要问：它是结婚的还是私通的，而且要问：是不是由于爱情，由于相互的爱而发生的。"

但是，即使是这样的爱情定义，我认为还是不够的。满足一己的欲望，

现代的性爱，是以所爱者的互爱为前提的，而在古代爱的时代，绝不是一向都征求妇女同意的。

那是性爱，那是兽欲；满足两人的欲望，那是情爱，是情欲，而爱情是要产生孩子的，是要以婚姻的形式固定下来，是要对社会对未来负责任的。相对于“父母之命、媒妁之言 ”的封建婚姻，相对于金钱、地位的虚伪的婚姻，男女双方情投意合的情爱是人类的一大进步，美满的婚姻必须以美满的情爱作为底色来描画，没有情爱的家庭不过是动物的苟合而已。但是，仅有两人的情爱是不够的，婚姻应该以情爱始爱情终，它应该是在两人共同的生命之上生发出对社会的一种责任感，它应该给未来的孩子留出位置，让孩子这个第三者插足，只有这样我们才能说他们之间产生了一种真正的爱情。

可是，我们直到现在一直没有领会爱情这个最本质的核心，我们有过太多一爱遮目，不见孩子这座泰山的情爱式的伪爱情了，因此两人尽可以卿卿我我，尽可以花前月下，尽可以地久天长，尽可以天昏地暗。社会越是歌颂赞扬的“纯真的爱情”，越是对孩子不加关心的伪爱情；越是只知道你我两人的情爱，越是忽视了孩子的假爱情。

顾城杀妻自绝这一悲剧曾引起社会的很大震惊，在悲剧发生前曾有记者同他们夫妇通话，记者问谢烨为什么把两人的独子小木耳送给当地的毛利人，谢烨回答说：“生这个孩子是意外。我们 1983 年结婚，顾城一直没有具备当父亲的条件和思想准备。儿子出世后，一度我们夫妻关系很紧张，最可笑的是顾城也像个孩子需要人照顾，他认为儿子抢走了我对他的爱。我们之间为这个孩子产生了不少摩擦。后来他企图自绝。在他与孩子之间，我必须作出选择，只好把孩子寄养在别人家，他心情也慢慢好转。”

为了丈夫，为了对方，不惜将自己的亲生孩子送给别人，这可以说两性间的情爱已臻于极端，但是却绝不能误认为这是爱情的极致。一直到现在，我们人类重复这类悲剧实在太多了，我们一直没从这噩梦中惊醒过来。

在 20 世纪初教育家们为了迁就人类的错误提出了儿童公育，以让社会去抚养那些只愿生孩子不愿抚养孩子或没有时间抚养孩子的人。但在 21 世纪到来后，我们再也不能继续这样的犯罪了，我们应该提出这样响亮的口号，让那些不愿带孩子不愿抚养孩子的人，让那些不愿尽最低义务的人不再去生孩

仅有两人的情爱是不够的。婚姻应该以情爱始爱情终，应该给未来的孩子留出位置，让孩子这个第三者插足。

子，让那些没受到训练的人不再去制造受害者！在生育这一领域，正如在科学这一领域，航天这一领域一样，并不是每一个人都有权利去闯进电子加速器的实验室，并不是每一个人都可以赖在航天飞机里不出来声言要做一次宇航员，生育比任何一项事业都要庄严伟大得多，只有经过严格训练的人才可以享受到这一权利。

但是，我们人类的“爱情”实在是太幼稚可笑了，我们的年轻人在一起谈情说爱居然不去关心这一最重要的问题，否则便似乎“不纯洁”。我们现在人类歌颂的爱情仿佛是同性之间的同性恋一样，仿佛是一对进入暮年丧失了生育能力的黄昏恋一样，仿佛是一对已经做过绝育手术的人恋爱一样！说得更难听一点仿佛是遭受宫刑的人的太监恋一样，这种极不正常的观念居然可以统治这么多聪明人的大脑！

我们在这里不去指责顾城，因为顾城的所为正是这种观念的自然演绎，谢烨将孩子送给了毛利人是极为正确的，否则小木耳可能成为他那人类最富情感的诗人父亲最先伤害的对象！人类震惊于这一事件，但却不知正是他们亲手制造了这一事件，并且还将一代一代更加惨烈地制造下去！

我们的后人将以十分不解和蔑视的眼光来看待现在的这一切，来看待现在的所谓“爱情”之花开放的婚礼，因为这“婚礼”不过是一个性工厂的开业典礼，因为这“结婚证”不过是一个性工厂的营业执照！人类几千年的进步不过是将一个个强奸似的家庭，改造成一个个妓院似的家庭，而全然没有注意到这个工厂生产的全是伪劣产品！

而事实上，“结婚证”不应该是性工厂的开业执照，它应该是所有程序检查合格然后发出的允许火箭升空的最后许可、最后命令，“结婚”也不是性营业的开始，而是接受点火后的新的腾飞、新的创造、新的考验！男女的结合仅仅是火箭的组装完成，而爱情、婚姻的最重要目的是将火箭头上的孩子——是将男女孕育出的孩子，升上预定的轨道。父母是火箭，而孩子则是箭头上装载的卫星，爱情应该是这样一个完整的过程！是一次长长的宇宙航行，而不是一声巨大的爆炸！可现在人们仅仅将它理解成前面的一半，甚至

“结婚证”不应该是性工厂的开业执照，而应该是所有程序检查合格然后发出的允许火箭升空的最后许可、最后命令。

连这一半也没有理解，而把爱情歪曲成将自己喜欢的异性弄到手——我们的那些谈论爱情的书籍不都是这样的骗术汇编吗？这样本来是一次次壮丽的卫星升空，变成了一次次令人悲伤的空中爆炸，一个个被“爱情”装饰得锃亮辉煌的家庭，变成了一个个价值昂贵的巨型炮仗！

因此，婚礼应该极为崇高庄严，它是男女双方从人类前辈手中接过战旗的誓师会，是冲锋陷阵九死不回在漫长战争中赢得孩子的誓师会！我们的新郎和新娘应该像战士那样向整个人类表示他们的决心和信心，应该像面对最高指挥官那样面对尚未出世的孩子宣誓他们的保证和胜利！可是，我们的婚礼从来就不是去为赢得这场战争，甚至是为预祝他们在这场战争中大败而归的，而我们的孩子则成了这场战争的俘虏，甚至成了这场战争中一个炮灰式的烈士！

我们现在的人类也奢谈“爱情就是奉献”，但是，这种“奉献”不过是一种更加巧妙的索取而已，是一种嫖客式的“奉献”，这种“奉献”为的是更好更多的索取。但是如果将自己献给了孩子，这种奉献自己并不能得到报答，这种给予只是为感激地球曾给自己生命的一种礼物留下，那么这种情感便是爱情，这种行为便是奉献了，环顾四周，这种“爱情就是奉献”的真正实行者究竟有几个呢？

苏霍姆林斯基曾研究了200个年轻家庭离婚的案例，其中有189个离婚案件的原因是由于彼此婚后不善于培植复杂、微妙的感情，“他们不知道婚后要天天生活在一起，生活在一个屋子里，这不是幸福幽会的短暂的几小时，而是终身；这是一部巨大的无可比拟的创作，是精神劳动，是一种毅力”。这些人的结合不能说没有情爱，但他们却始终不懂爱情，他们以为像情人幽会那样过生活，他们完全没有想象到生养孩子需要付出巨大的劳动，他们最终不愿承担这种劳动，但是却把问题留给了社会。

现在，我们的人类已经以法律的形式规定，近亲或一些遗传疾病患者不能结婚，尽管这些相爱的人不能结下婚姻的良缘，但却都理智地接受了这种科学的裁定，对于这些人，我们应该向他们致以人类的敬礼。他们可能一辈

这不是幸福幽会的短暂的几小时，而是终身；这是一部巨大的无可比拟的创作，是精神劳动，是一种毅力。

子不能品尝亲手抚养自己孩子的欢乐，但是他们从做出这一决定时起，整个心灵便充溢了一种真正博大的爱情，他们是幸福的！

可是我们人类仅仅只注意到了这种生理上的遗传缺陷，完全忽视了一个人精神上的基因变异更具危害性。在一个充满自私、卑俗、猥琐的家庭里是不可能培养出一个士气高昂的人的。这些人尽管生理健全，但是却缺乏最起码的责任心，他们的孩子生理上也许很健全，但精神上却被他们亲手制造的一次次精神车祸致残，成为精神不协调者，成为反社会性的人格，成为罪犯，这些人像繁殖苍蝇老鼠一样在地球上为我们人类繁殖精神残疾者。人类中曾有很多人为消除这种残酷的不幸做过努力，但是最终却被这些蝗虫似的反对者打倒在地，在今天我们必须再来一次人类自身的彻底革命，才能摒弃这些精神低能儿的产生，而要做到这些，首先就需要彻底地抛弃这种虚幻的绝育式爱情的存在与繁殖！

在一个猥琐的家庭里是不可能培养出一个士气高昂的人的。他们的孩子被他们亲手制造的一次次精神车祸致残。

1.5
分娩：以诞生为名义的屠宰

孩子是对父母欢乐的惩罚——邓肯：人们常常说西班牙的宗教裁判如何可怕，可是没有一个生过孩子的女人会怕它——“无痛分娩”不应该是现在还在谈论的理想——为什么不能采用更自然的体位来分娩呢——“丈夫伴娩”天经地义——“爱婴医院”有多少真正把母亲、孩子放在第一位——如果让我们重新从母亲的产道里爬出来一次，我们也会被吓得大哭起来的

在我们畅快一时的快感里，人类的种子在子宫的沃壤里播下了，“孩子是对父母欢乐的惩罚”，十月怀胎，现在就要分娩了，那么我们为这个新成员准备了什么礼物呢？

我们先来看一看母亲，看一看这位人类文明的缔造者是怎样在痛苦的扭打中将孩子挣扎下来的。

《邓肯自传》里清楚地为我们提供了一个产妇的经历：

“一天下午，我们坐着喝茶的时候，我觉得仿佛有人在我背部中央猛击了一下，接着就觉得疼痛难忍，好像有人把手钻伸进我的脊椎，想要把它撬开。从那时起，折磨人的痛苦就开始了，似乎我这个可怜的牺牲品落到了一个威力极大，又毫不怜悯的行刑吏手中。刚熬过一个冲击，下一个冲击马上袭来。人们常常说西班牙的宗教裁判如何可怕，可是没有一个生过孩子的女人会怕

人们常常说西班牙的宗教裁判如何可怕，可是没有一个生过孩子的女人会怕它。

它，因为与生孩子相比，宗教裁判也就只是无害的游戏了。看不见的可怕的妖魔，毫不留情地、残暴地、不肯松手地把我紧紧地抓住，并且不断发作，一阵又一阵撕裂我的骨头和筋肉……

“这种无法形容的可怕状态持续了两天两夜。第三天早晨，这位荒唐的医生拿来一对大产钳，不用任何麻药，就完成了屠宰任务。我设想，除了被火车碾压以外，恐怕再也没有什么能和我受到的痛苦相比的了，如果不能设法让妇女解除完全无用的这种剧痛，那就不必侈谈什么妇女运动或者女权运动了。我坚持接生手术应该像其他手术一样，做到无痛，可以忍受……

“是的，我没有因为生孩子而死掉。是的，我没有死，从拉肢刑具上及时解救下来的可怜的牺牲品也没有死……但是直到今天，当我想起忍受的痛苦，想到由于科学难以言状的自私和盲目，由于他们允许本来可以纠正的残暴现象存在，无数妇女依然受苦如故，承受牺牲，我真是义愤填膺，不寒而栗。”

关于分娩的痛苦，许多女性的笔下都有最真实的描述。

一位女作家经过二十七八个小时的阵痛后开始分娩：“钳子由医生的手，把小的头拔出来，如同在地母的怀抱中拔去一棵大树。这像那树根一条条抓住地母的神经，从彼此的神经中切断开来的难受。”

而另一位女作家则这样写道：“分娩的时候，那16小时阵痛曾经折磨得我死去活来。那种痛苦绝不是男人可以承受的。即使是女人，即使是耐力、韧性比男人强10倍的女人，即使是深爱着腹中胎儿即将做母亲的女人，若没有缔造之神暗中帮助，也是很难挺过来的……而我当时，如果身边有一只手枪，我也可能会抓过来对准自己扣动扳机的。”

我曾出入过各种场合，但产院里的号叫同农村原始屠宰场里的号叫如出一辙：它让人毛骨悚然地想起我国古时候一种被称为“腰斩”的酷刑，这种酷刑是将犯人一刀从腰处而不是从脖子处斩断，因此一分为二的身体被斩断后抽搐不止，嘴里还不断地发出泣绝人寰的惨叫……而分娩中的母亲便同被判这种酷刑的犯人一样惨不忍睹，所不同的是，前者给人一种阴森可怕的恐怖，而后者却给局外人以一种在我看来难以理喻的喜悦——因为预兆着一个

产院里的号叫同农村原始屠宰场里的号叫如出一辙：它让人毛骨悚然地想起我国古时候一种被称为“腰斩”的酷刑。

新生命便麻木了人们对这种痛苦的同情，进而更以为这是天经地义——这实在让人不可思议。

正如邓肯在遭受这种痛苦后所说的那样："认为还是必须迫使任何女人忍受这种可怕折磨的看法，真是旷古奇闻，是不文明的野蛮表现。这种情况必须予以矫正，必须予以制止。现代科学这么发达，无痛分娩应是理所当然，但却不能做到，这实在荒唐，正如医生不上麻药就动盲肠手术一样无可原谅！一般妇女得有多么毫不圣洁的耐性，或者说，得失去多少理智，才能在那一瞬间忍受这种对她的残暴的宰割啊！""在采取这一措施的道路上横亘着多少愚蠢的迷信啊！人们是多么漫不为意，毫无同情之心，如同犯罪一般！当然可以回答说，不是所有的妇女都受折磨到这种地步的。是的，印第安人、农民或者非洲的黑人生孩子，是没有我这么痛苦受罪。但是，妇女的文明程度越高，这种痛苦的挣扎越是可怕，越是没有必要。为了文明的妇女，必须找出一种文明方法制止这种恐怖。"

其实，无痛分娩绝不应该是我们现在还在谈论的理想，它应该是人类早已实现了的现实。这种不幸与痛苦人类必须立即制止，在卫星上天的今天，这样的问题难道也能允许作为不能解决的问题存在吗？

有些人这时可能会指责我的天真，但是我坚持认为这种折磨必须立即停止。这里我不得不以自己极有限的经验来作点说明：我的妻子生产时，岳母在一旁按传统的经验以按摩来止痛，但却无益于事。面对妻子越来越剧烈的阵痛，医生在回答我"哪有生孩子不痛的道理"后，允许我采取"自以为是"的方法来止痛，我以呼吸法将妻子催眠，结果我的妻子是在几乎无痛的睡眠状态下很快完成分娩的！后来我翻看有关书籍，发现无痛分娩有很多种方法：呼吸法、催眠法、药物法、针灸法……后来我更是在旧书摊上淘到了一本 1952 年天津《进步日报》出版印行、由刘民英主编的《无痛分娩法》一书，发现早在 1952 年第一军医大学临床学院就已成功地推行了由苏联介绍进来的"无痛分娩法"了，我实在弄不懂为什么这样给妇女带来福音的分娩法竟在后来消失得这样不留痕迹。

无痛分娩绝不应该是我们现在还在谈论的理想，而应该是人类早已实现了的现实。

其实，不要说“无痛分娩”这样的“理想”了，就是远比这低得多、也容易解决得多的其他要求，母亲们也不敢奢望。就拿分娩时的手术台和分娩姿势来说吧，这种手术台是为母亲制造的吗？这种躺在上面双脚分开的仰卧是为了母亲的方便吗？这种仰卧分腿只有女性在遭暴力时才会出现，其他时候绝不会采用这种姿势！很多女性即使是做妇科检查，只要一上这种手术台也惊恐万分。就是男性，如果采用这种方式进行体检，也一定会招致抗议的，更别说女性了。大自然将人的排泄器官安排在消化系统的最底部，将生殖出口安排在最底部，其目的便是接受自然规律的支配，而躺着分娩时，产道成了一条向上的曲线直接对着天花板，她必须用劲才能使胎儿顺着这条曲线诞生出来，这是一种多么不自然的体位呀，如果我们用这种方式排便，绝大部分人是不可能接受的。为什么不能采用坐式、蹲式等更自然的体位来分娩呢？这种分娩台，这种分娩姿势与其说是为母亲为孩子设计的，倒不如说是为医生设计、为医院设计的更合适！

这还仅仅是分娩台与分娩姿势，而它与分娩时的冷酷与虐待相比又不知要“人道”得多少倍了。

当产母阵痛到一定的时候，一台冷酷的手术车便开始发布一道不可抗拒的命令，几个穿“制服”的行刑吏便开始执行命令，不管这时你痛得如何死去活来，不管这时你如何抓紧亲人的手臂，不管这时你如何害怕被推进那间白屋子，你都被不可抗拒地推向那个你从不知晓的恐怖的地方，你都在一步一步远离给你生命给你力量的亲人的臂膀，你都在一秒一秒地走向生命的极点，而随着背后的一道门响，你同这个世界的所有联系都被割断了，你把自己交给了命运！接着，你像死囚一样在还没有发动完全就被推进行刑的手术室，剥下裤子，为了加快产程而给予点滴注射、会阴切开、没有麻醉的缝合，而孩子则像母亲身上割下的肿瘤一样，所不同的只是他（她）被送进婴儿室而不是送进切片化验室……

这哪里是生命诞生的地方，简直是生命终止的最后场所！

因此，我曾为丈夫伴娩询问过妇产医生：为什么分娩时不允许丈夫在身

这还仅仅是分娩台与分娩姿势，而它与分娩时的冷酷与虐待相比又不知要“人道”得多少倍了。

边？她们的回答是：其他的手术都不允许非医务人员在场。我言生产并不是生病，而是自然现象。她们的回答是丈夫在场会妨碍手术，并说在可能出现意外时丈夫会失去理智……丈夫伴娩即使不从产母心理镇定的角度来考虑也应该是天经地义的，因为孩子是两个人的作品，而现在却把丈夫赶到了产房门外。由于没有监督，我们人类医院的接生条件和水平一直得不到较快的提高，而我们的男子由于没有这种设身处地的体验，也失去了一次很好的受教育的机会。本来，我们的父亲应该站在孩子的出生处，笑容满面地向孩子作自我介绍，可现在我们的孩子却要在人群里去不断地寻找自己的父亲！

即使不让丈夫伴娩，最起码也应该预先让产母能到分娩室熟悉整个的分娩程序与环境，以做到心中有数！我们乘火车，乘务员尚还介绍服务项目；乘坐飞机，空姐都要一次次示范氧气罩的使用方法；我们买一件极简单的电器，都有操作说明，都有专业人员示范；连高考都可以让考生去看考场！可分娩什么时候能让产母心中有数呢？什么时候能让产母充满信心地走上铺满鲜花的诞生台，而不是惊慌失措地被冷漠无情的面孔推向一个她从未去过的秘密森严的地方呢？

有一个产母直到第二产程开始都还顺利，由于助产士准备工作没有做好，在破水后慌张地命令产母“哈气！哈气！”丈二和尚摸不着头脑的产母被这一叫，吓得立即宫缩减弱，致使几个小时后分娩才完成。事后这位产母回顾道：“突然叫我‘哈气！哈气！’我不知道发生了什么事情，想是难产了，十分害怕，不知怎么的，顿时就变得疲乏无力。”有多少事故正是由于这种准备不充分而造成的呢？据统计全球爱婴医院已近1万家，但是有多少是真正地把母亲把婴儿放在第一位呢？

然而这还不算残酷，我们的孩子比母亲还要糟糕，母亲可以哭喊，可以批评，甚至还可以起诉，但孩子却无法行使这些权利。

我们为产母做得很少，殊不知为孩子做得就更少了，只要看看我们孩子出生时的惨况就可见一斑了。

当我们的孩子来到这个世界时，他第一眼看到的是什么呢？是母亲淋漓

什么时候能让产母充满信心地走上铺满鲜花的诞生台，而不是惊慌失措地被推向一个她从未去过的秘密森严的地方呢？

的鲜血，是周围冷漠陌生的面孔，是苍白肃穆的墙壁，是刺眼无情的无影灯光。他第一次听到的是什么呢？是母亲凄惨的嘶喊，是手术器械发出的威严冰冷的响声，是周围像对待一件无关紧要的事发生那样的对话。他第一次闻到是什么呢？是鲜血的腥气，是产房消毒时的来苏水味，是那种令人窒息的气息。他第一次触到的是什么呢？是被产钳从产道里无情地拉出，然后像小鸡那样倒提过来被狠狠地在屁股上打了几掌，接着又被一件不是很柔软的布巾包裹起来，捆绑起来……

我们的孩子一出生就像犯了弥天大罪一样，就被这个世界审问、绑架、囚禁，试想这样的遭遇我们的孩子怎么会不悲伤地哭出声来呢？本来孩子的第一声“啼哭”是不应该用“啼哭”这一感情词，而应该是用“啼叫”“啼声”这类中性词，之所以如此，是因为这太可怕了，这种可怕以至于我们作为一个旁观者也不能不动用那已经麻木不仁的神经来怜悯孩子所遭受的灾难，面对这种残酷，就是让我们重新从母亲的产道里再爬出来一次，我们也会被吓得大哭起来的！

对孩子最不公正的是强行分娩，不管孩子在母胎里发育如何，只要到了产期便人工催产，认为这样做可以避免由于预产期测算不准、突然临盆等给母子带来的损害，并且认为这种分娩对初产妇 6 小时 15 分即可结束，比听其自然的分娩方式减少时间一半以上……

人类的效率病荒唐地蔓延到了生育！其实，胎儿与胎儿各不相同，预产期仅是一个参数，尽管在预产期里每一个孩子都不是早产，但是胎儿在母胎里有他自己的程序，提前或推迟都是自然法则的作用。但是医院和母亲却从不为孩子着想，而仅仅从自己的方便出发进行催产。人类已经发明了试管婴儿、发明了人工授精，如果将来科学发现有一种类似过去“典妻”的形式，在动物子宫里的“典胎”，我们的社会和母亲也会去做的，至于孩子的痛苦与幸福则是另外一回事了！

人类的冷漠、暴力、战争在分娩时就已埋伏下了，看到母亲、孩子们如此遭受强暴，我们就自然不会对人类的战争、暴力、压迫、剥削感到奇怪，

> 如果将来科学发现有一种类似过去“典妻”的形式，在动物子宫里的“典胎”，我们的社会和母亲也会去做的。

就自然不会对任何不幸与悲哀感到奇怪，就自然不会对任何灾难与苦痛感到奇怪！

孩子是人类的源头，让我们去保护这源头吧！

保护母亲与孩子，就是保护我们民族的源头，就是保护我们人类的源头，就是保护我们自己良心与意义的源头。

保护母亲与孩子，就是保护我们民族的源头，就是保护我们人类的源头，就是保护我们自己良心与意义的源头。

1.6
养育：培养乎，饲养乎

母乳喂养竟成为问题，其他动物绝不理解——奶瓶喂大的我们同牛孩、羊孩又有何区别——如果有一天一个疯子发明了一种让孩子同牛、羊睡在一起的“新理论”，我们的母亲可能真的会这样做——我们比那些把人类孩子喂养大的母兽更高贵吗——“沙袋育儿”与更高级的“沙袋”——“爱小狗甚过爱小儿”的女郎——这种不重视孩子的恶习，让即使是科学家、教育家对自己孩子的养育也停留在饲养阶段

在母亲死里逃生终于取得这场艰难的胜利后，按理总该珍惜这份来之不易的胜利果实了吧，但是令人啼笑皆非的竟是糟蹋这个来之不易的孩子！

母乳喂养本是所有动物都如此的天经地义的母职，但是我们人类却不如此。“高贵”的母亲是不授乳的。在中国历史上，皇宫里设有专门的“奶子府”给宫妃们生下的孩子喂奶。在西方历史上也是如此，18 世纪俄国教育家拉吉舍夫就在《从彼得堡到莫斯科的旅行》著作中抨击当时俄国贵族妇女将孩子交给奶娘而不给婴儿授乳的现象，而当时俄国贵族却是效法法国贵族的。

母乳喂养竟然成为一个社会问题，到了大力宣传的地步，而不愿母乳喂养的新潮女性竟然是为了自己的身材，为了自己的乳房这一对肉疙瘩的坚挺，这种事情除了人类能理解并允许外，说给其他的动物听是绝对被看成是疯子

不愿母乳喂养的新潮女性竟然是为了自己乳房这一对肉疙瘩的坚挺，这种事情说给其他动物听是绝对被看成疯子的。

的。买椟还珠何止是古人的笑话，难道不也正是今天那些新潮母亲的悲哀。

我们的母亲为了自己省事，为了自己的体形，不惜不给孩子喂自己的奶，却去喂牛奶、羊奶，有很多母亲甚至连这种泡奶粉的事情都不愿做，而将它全权委托给什么也不懂的小保姆，如果请不到保姆便一味地怨责孩子。我们的母亲事实上都盼望着家里有一头奶牛、一头奶羊，在孩子饿时就直接让他就着牛、羊的乳头喝个饱。尽管现在的母亲装模作样地用奶瓶喂养，其实同吃牛奶、羊奶、猪奶长大的牛孩、羊孩、猪孩又有什么区别呢？如果有一天一个疯子发明了一种让孩子同牛、羊睡在一起的“新理论”，我们的母亲可能真的会将孩子送到牛栏、羊圈里，谁能说人类母亲的骨子里不正盼望着这种“新理论”的出现呢？

然而，比这更加不可思议的事多着呢！居然有些丧尽天良的母亲将自己的孩子像丢弃垃圾一样丢弃，甚至像溺死鸽子那样让刚生下的孩子在马桶里溺死！一个生命，一个自己生养的生命，被自己的母亲活活虐死，这样的事情都干得出来，这个世界上还有什么缺德透顶的事干不出来，还有什么卑鄙无耻的事让人不可理解，面对世界上每天都在发生的这一例例惨剧，我们人类还有什么脸面说自己是万物之灵呢？

与人类虐待自己孩子相比照，不由得让我们想到那些人类曾发现过的几十例猴孩、狼孩、豹孩、熊孩，一只顽猴、一只恶狼、一只劣豹、一只笨熊，竟然能用自己的奶汁去喂养不是自己同类的孩子，这只有那种最具广博母性的天使般的动物才能做到。对于这些母兽来说，它完全可以像人类吃掉它们的孩子那样吃掉这些食物，它有什么理由去抚养追杀它们的敌人的孩子呢？或许是婴儿的纯真感动了那些平素吃肉不眨眼的野兽，让它顿生怜悯之心；或许是母性的通性，让它不忍心伤害这样弱小的生命；或许就是为了抗议人类，它才不辞劳苦地担负起了抚养的责任！因此，无论母兽基于何种本能去喂养这些异类的婴儿，面对这一圣迹我们人类难道不会从中感受到那种强烈的激动和教育吗？要知道，相当多的兽孩不是被母兽叼走的，而是这些地方有弃婴的恶俗从而被母兽们抚养大的。

无论母兽基于何种本能去喂养这些异类的婴儿，面对这一圣迹我们人类难道不会从中感受到那种强烈的激动和教育吗？

因此，当我看到人类装模作样为“解救”这些兽孩，而将哺育他成长的母亲般、朋友般的母兽打死时，心里总有一种难言的滋味。不错，这种做法对我们来说是一种“解救”，但对这些曾被人类抛弃了的兽孩来说，又何尝不是一种新的灾难呢？我们打死了那些曾拼命保护过他的母亲般的母兽，我们毁灭了他那温暖和谐的世界，我们为什么就不能将他和母兽一同捕捉从而让这母兽享受我们人类对它的尊敬与感激呢？

人类历史上曾有一些会算算术的马、狗等动物被马戏团带到各地展览、表演，所到之处都被人类欢呼为是最聪明的动物。如果这些马、狗被人认为是最聪明的动物，那么，这些把人类孩子养大的母兽难道不是最博爱的动物吗？难道不更应该受到我们的尊敬和礼待吗？我们有什么理由有什么资格有什么脸面将这些可敬的母兽处死！我们又有什么理由处死了它还要诬陷说它叼走了一个人类的孩子，而不是抚养了一个人类的孩子呢！我们还有什么理由去指责兽的残忍而回避人类丢弃孩子的堕落呢？

人类遗弃孩子，能说比兽高贵吗？而母兽却能抚养人类的弃婴，又能说它没有佛性吗？当这些可怜的兽孩被发现时，人们总会引起一阵骚动，人们从中得到的仅是那种自私、浅薄的好奇心的变态满足，但却从未反思过自己的过失和冷漠。人们看到的不过是一个由人变成的猴子、狼，而从不会想到自己正是让孩子变成猴子、狼的一名凶手，一名主犯。人们从来没有想到那善良的母兽的悲惨遭遇，从来没有想到那个母兽可能就是童话里被老巫婆的魔法变了形的王子或公主，我们有什么理由还不尽快地改正我们的错误，从而不再发生这种悲剧呢？

母乳喂养、弃婴还仅仅是人类育儿问题中的极小一部分。

在我国东北地区一些家庭，至今还流行着捆绑婴儿的习惯。孩子出世之后，就被紧紧绑在一块洗衣板大小的木板上，四肢、躯体一动都不能动，不管孩子怎样哭闹和挣扎也都无济于事，只有在更换尿布时，孩子才能伸伸胳膊伸伸腿，完了之后又重新绑扎……其目的竟天真地是为了让孩子能有一个笔直的身板！

人类遗弃孩子，能说比兽高贵吗？而母兽却能抚养人类的弃婴，又能说它没有佛性吗？

而在我国山东、河北的一些地区，直到现在仍有一种“沙袋育儿”的传统，即把出生不久的孩子放入一个盛有细沙土的衣袋里喂养，以沙土代替尿布，一天换一次，平时孩子就仰卧在沙袋里，每天除去按时给他喂奶外，既不抱他也不管他，而且还尽量减少对他的任何刺激和感官训练，也不允许别人去逗引孩子，同他玩耍。经过一段时间的喂养，孩子变得不哭不闹十分老实、安静，这种喂养有的在一年左右，有的长达两年以上，最后脱去沙袋，稍加训练便可学会走路……

这种养育方式对母亲来说当然既方便又省力，但是给孩子造成的身心恶劣影响却是在母亲视线之外的事，这种“沙袋育儿”同“活埋”孩子的幼年又有什么区别呢？

这种“绑架”“活埋”在发达地区、发达国家尽管形式不一，但照样存在，只不过不是用木板、沙子，而代之以更“高级”一些的木板、沙子罢了。直到现在，把孩子包在蜡烛包里的养育方法仍在盛行，可是我们有多少人奋起指责呢？直到现在，我们的小学、中学不顾孩子的心理兴趣，强行满堂灌的做法不也同样如此吗？

更为可悲的是，“爱小狗甚过爱小儿”的女郎却一直在人群里趾高气扬，她们饲养小猫小狗甚至比自己的孩子还要精心。一方面对着伸过来脏兮兮小手的乞丐一毛不拔躲之如蝗，一方面却又假惺惺装得温柔似水。她们不觉得自己是怎样的一个大猩猩，而旁人也羡慕地误以为是高级人类而心向往之。

这种不重视孩子的恶习，让即使是科学家、教育家对自己孩子的养育也都仍停留在饲养阶段。因为哪怕你的牛、羊甚至是做实验用的小白鼠养得好都可以评为劳动模范，可如果你的孩子养得好，人们简直就差一步要予以谴责了！因为你儿女情长，因为你被家庭圈住了，而那些孩子成为罪犯的反而表明他一心扑在工作上，孩子的犯罪反而成了一个人一心为公的标志，而如果是一个好母亲在评先进时，甚至人们连想都不会去想她对社会做出的贡献，更不用说去投票赞成了！在今天，教养孩子居然要拿出同社会搏斗的勇气，这就是我们人类目前的现实！

这种不重视孩子的恶习，让即使是科学家、教育家对自己孩子的养育也都仍停留在饲养阶段。

1.7
成功：用孩子抵押来的勋章

> 既然不关心孩子，何以又要制造孩子——假如主要的没有了，其他的又有什么用——不重视孩子是一种年龄上的假象，正如小学时不重视异性同学一样——权力越大，为孩子徇私舞弊的可能与代价也越大——在这些年的一些大案要案中，孩子犯法后长辈大义灭亲的少，包庇袒护的多，这不是一时的现象，而是人类的痼疾——我们是孩子的生命之舵，孩子是我们的生命之锚

人类不仅不重视对孩子的教育，甚至在内心深处还敌视对孩子的教育。如果你为所谓的社会事业而放弃对孩子教育，社会不仅不会责怪你，相反却还对这种愚昧与残忍表示出极大的尊敬，甚至将你的形象拔高，把你树为公而忘私的典型而成为世人学习的楷模，将你的“事迹”大加赞扬并广为传颂，甚至将它们写进文章中以让更多的人效法！

有太多这类文章、著作以赞赏的口吻叙述一个科学家、政治家、企业家之类为事业而不顾孩子了。

一本给大学生学习的品德教科书中是这样描写美国一位科学家的：“对科学的狂热使他的妻子受了极大的苦楚，两个儿子在对他的科学成就表示敬意的同时，也掺杂一种因冷漠而产生的敌意。××××曾说过，他的实验室是他的孩子，而他那失去父爱的孩子们能不如此嫉妒、怨恨吗？然而，正是科学家

人类不仅不重视对孩子的教育，甚至在内心深处还敌视对孩子的教育。

这种巨大的热情，才使他能走向成功，成为科学泰斗!”既然如此不关心孩子，那又为什么要生下孩子呢？这符合一个科学家的道德规范吗？在马上就要做父母的大学生中进行这样宣传的目的究竟何在呢？

一份声誉很好、由老同志创办的政论杂志，是这样报道一位全国杰出青年的：“×××和千千万万个有家室的人一样，是个父亲。自打1976年，他的儿子××一出世，他也像其他千千万万个做父亲的人一样，渴望着听到一声：‘爸爸’。如今××已长到17岁了，可×××却从没听过儿子叫一声爸爸。”从小就亲子分离，将孩子留给奶奶，寄养在姑姑家，一别就是十来年的结果是：“多少年来，他的学习没人抓过，学习成绩始终上不去，考试不及格，留级，一次次地降临到他的身上。”

苏霍姆林斯基曾举一个拖拉机手的例子。他是一位值得尊敬的勤劳勇敢的好人，正被授予勋章，报纸上也经常登载他的照片，他的儿子在学校里表现不好，老师约请他到学校，但他从未去过。他很忙，不是出席集体农庄委员会的会议，就是到区里去交流经验，要不就是去集体农庄检查竞赛合同了。一次，他的儿子把一个女孩打伤了，老师请他到学校来，他却说：“我以为什么大事呢……我现在没工夫去学校，我要去参加突击手代表会。”晚上，他终于被老师请到了学校，回家后他没有批评孩子的过错，只把儿子痛打一顿，他为什么发怒呢？是对孩子错误的教训吗？是教育方法粗暴吗？都不是，原来是：“往后不要再把我叫到学校里。”

这样的现象在我们日常生活中太多了，一些人看似一心扑在工作上，事实上要么是一些被社会蒙蔽的，要么是一些内心残酷的人，其实他们对孩子不闻不问仅仅是一种年龄上、心理上的假象，而当他们进入下一个年龄心理段时，孩子便兀然成为生命的最重要部分，这时的觉醒已经迟了。

同样是苏霍姆林斯基，他为我们又讲述了这样一个故事。这是一位很有成绩的父亲写给他的一封信：“授给我勋章时，所有的人都向我祝贺，家里也很高兴。连12岁的儿子五年级的小学生也来向我祝贺了。之后他从家里出走了……这几天对我来说真是不得了。我反复思量我所做过的事以及怎么生活

既然如此不关心孩子，那又为什么要生下孩子呢？这符合一个科学家的道德规范吗？

的。于是得出结论：不是儿子错了，而是我。我不知道他全部心灵以何为寄托。我唯一的功劳好像就只是生了他……任何儿时的欢乐都没有带给他。只要儿子在学校里有什么功课不及格，我就把他痛打一顿。儿子特别恨我。你看，现在我站在十字路口：假若最主要的没有了，那勋章、荣誉、同志的尊敬对我来说还有什么用呢？”

我曾有一位老师，年近六旬了还在准备外语到国外做访问学者，当他看到自己孩子不争气时，痛苦万分地对我说：“我这一大把年纪还有什么好学的呢？还不都是为了孩子，看到孩子这样，觉得人生真没有意义。年轻时不觉得，但现在才知道孩子事实上是人生最重要的一件事，他不仅关系一个家庭，更多的是关系整个社会，我每天为孩子跑工作，其实更多的是给社会添麻烦。当孩子成才，各个单位争着要时，我做父亲的并不是因为有人求我而高兴，而是我为社会作出了贡献高兴。”

有很多人并不是天生冷漠，有的甚至是古道热肠，但是对孩子却如同寇仇，这并不是他们的本性所致，而是社会的偏见所致，是社会鼓励他们、怂恿他们、教唆他们远离孩子教坏孩子的，这实在是我们这个社会这个世界的一个最大的不幸。但是我们又如何抗拒得了人生的规律呢？当我们开始觉得孩子重要时，孩子已经毁灭了，我们的人生也即将跟着毁灭了。

我们在进入青春期前，有一个男女隔离期，当我们同异性同学坐在同一张桌子上时，我们甚至会用刀刻上一条印痕做楚河汉界，井水不犯河水，可是当我们到高中时，到大学时，到大龄青年时，我们却巴不得能有这样的机会。在过去无意地让异性碰到一下便会认为是莫大的侮辱，而到现在甚至千方百计地去制造这种接触，那些儿时将男女分得最清楚的人，往往会成为结婚最早的人，我们不会认为奇怪，因为这是人的生理心理使然。

对于孩子同样如此，正如古语所言：“人能捐百万钱嫁女，而不肯捐十万钱教子；宁尽一生之力求利，不肯辍半生之功读书；宁竭货财以媚权贵，不肯舍些微以济贫乏。此天下之通感也。”又正如《红楼梦》里的《好了歌》所唱的：“世人都晓神仙好，只有儿孙忘不了。”年轻时我们不知道孩子的重

年轻时我们不知道孩子的重要，而年老知道孩子重要时，我们却永远地失去了孩子。

要，而年老知道孩子重要时，我们却永远地失去了孩子，可是社会什么时候去告诉过人们该怎样做呢？我们的一切不都是盲人瞎马夜半临池吗？

但是，正如小时候疏离异性，到青春期追求异性一样，即使孩子已经完全毁灭了，做父母的仍然会有这种心理需求，于是便运用各种手段去为孩子谋利益，很多在年轻时貌似对孩子不顾以显示自己一心为公的人，到年老时常成了最自私的人，因为孩子这时候会逼着他徇私，因为这时候他有这个能力徇私，很多伟人身后出了不肖之子，多是由于这种原因造成的。

刘备可以说是中国的大英雄了，张飞失徐州欲自杀时，刘备抱住他说："兄弟如手足，妻子如衣服。衣服破，尚可缝；手足断，安可续？"何等情意！当赵子龙单骑救主，将阿斗递于刘备时，刘备却将阿斗掷于地上说："为汝这孺子，几损我一员大将。"何等义气！他在荆州因未有嗣以罗侯寇氏之子为养子，名之曰"封"，后甘夫人生下一子，又名曰："禅"，以"封禅"为儿子命名，大有秦皇"二世三世至千万世，传之无穷"之势，何等气概！刘封除了不是刘备亲生之外，各方条件无不比阿斗强上许多，《三国志》言他"有武艺，气力过人……所在战克"。

但是当刘备年老时，他想的却是他过去不曾用心关注过的亲生儿子，他想的却是如何巧妙安稳地让亲生儿子坐上帝位！以刘备的察人之深，他其实深知刘禅是一个扶不起的阿斗，可就是这样一个绝顶聪明满口忠义的刘备，却还是要立阿斗为太子。即使这样，刘封对其义父仍忠心耿耿，孟达降魏后劝他叛蜀以保性命，他丝毫不为所动。然而事实却如孟达所料，刘备为了能让阿斗无忧无虑地做上皇帝，竟罗织罪名逼其自裁，难怪刘封临死之前叹道：恨不用孟达之言！

而这个阿斗的表现又是如何呢？当邓艾攻到成都时，他双绑着手率领文武百官出城投降。东迁洛阳后，司马昭以蜀乐宴请蜀汉故臣，大臣皆为之感怆，独阿斗喜笑自若，司马昭看后说："人之无情，怎么到了这种地步，就是诸葛亮在，也不能辅之长久，何况姜维？"他日司马昭问他："想不想家？"阿斗却说："此间乐，不思蜀。"可就是这样一个现世的宝贝，刘备在《遗诏敕

当刘备年老时，他想的却是他过去不曾用心关注过的亲生儿子，他想的却是如何巧妙安稳地让亲生儿子坐上帝位！

后主》中居然说："丞相叹卿智量甚大，增修过于所望。审能如此，吾复何忧？"临死之前还上演了一幕托孤闹剧！秦二世胡亥尚还知道"丞相误邪？谓鹿为马"；南唐后主李煜也有"问君能有几多愁？恰似一江春水向东流"，可刘禅只有"乐不思蜀"！结果不仅毁了刘备的一世英名，也毁了五虎上将奋斗一生好不容易得来的江山社稷！这是多么大的徇私舞弊！但是我们什么时候会认为这是愚昧透顶的事呢？

司马光曾深有体会地说，人到老年，想得最多的便是子孙的事了，都想为子孙谋些利益，为的是让子孙生活得更好。但是，真正处理好这件事的却极少，因为给子孙积攒下的土地、房产、粮食、金银财宝，他们总嫌不够，企图让子孙后代总也吃不完花不尽，但结果却往往是几十年辛苦省吃俭用好不容易积下的财产，时间不长就被子孙挥霍殆尽，这时子孙不仅不念其前辈的好处，反而讥笑他们太傻，不知道自己享受。尚得不到财产时，便去偷，不能偷时就去借债挥霍，等老人死后得到财产再去还债。有的为了早一点得到财产，盼着老人早死，更有甚者，甚至加害。司马光痛心地说，只知为子孙积攒财产而不知教育子孙的父母，最终把自己也害了，这样的事情我们在生活中不是随时都能看到吗？

人类深陷以事业定才能的泥淖久矣，只要你有事业，那么你便有一切，便是完人，便是英雄！在过往的历史里，成功的人往往不是好父亲，好母亲，我们有许多名人教子的故事，但是我们却没有看到几个被教育出来的有作为的孩子，相反，败家子却层出不穷。秦始皇英雄一世，却为胡亥葬送；隋文帝一世功勋，最后却死在逆子杨广的刀下；清朝的八旗子弟更是这方面的典型代表。在这些年的一些大案要案中，常常是那些权高位重的人的孩子在犯法，而犯法后大义灭亲的少，包庇袒护的多，这不是一时的现象，而是人类的痼疾。

其实，为官和教育子女非但不相矛盾，相反却是相辅相成的，教育子女便是教育自己，能够严格教育孩子的，一定不会贪赃枉法。因为凡是教育孩子的人，都希望孩子走正路！孩子的确有时候是最自私的，连对最亲密的孩

为官和教育子女是相辅相成的，教育子女便是教育自己，能够严格教育孩子的，一定不会贪赃枉法。

子都严格要求，我们便不知道他还去犯法的理由了。因此，我们不难看到那些严格教育孩子的官员几乎都是好官员。司马光67岁任宰相，但他对孩子说：“你们不得依仗我的声势，让人们痛恨你，否则祸患便起了。”曾国藩之所以被奉为“万世完人”，也在于他过人一筹的眼光。如果连教育子女这样的大问题都视而不见，那么何谈去解决大问题呢？而如果连关系自己身前身后的子女都不去关注，又谈何去建功立业呢？可是人类这种顾尾不顾头的现象久矣。

当我们走到医院里时，会感到健康的重要；当我们走到殡仪馆时，会感到生命的重要；当我们看到罪恶时，会感到良心的重要；当我们看到一片瓦砾的废墟时，会感到和平的重要；当我们走到繁华的街市时，会感到金钱的重要；当我们坐在计算机前时，会感到科技的重要；可是，这个世界在什么时候会及时地提醒我们孩子重要呢？没有，从来没有，而这些没有人关心的孩子长大了又怎么可能让这个世界感到欢欣呢？我们是孩子的生命之舵，孩子是我们的生命之锚！可是，什么时候我们才能明白这个比1+1=2还要浅显的道理呢？

我们是孩子的生命之舵，孩子是我们的生命之锚！什么时候我们才能明白这个比1+1=2还要浅显的道理呢？

原理与假说
人皆可为尧舜

整个社会必须要关心儿童，注意到儿童的重要性……社会所犯的最大罪过就是浪费了它应该花在儿童身上的金钱，毁灭了儿童，也毁灭了社会本身。

——［意］玛丽亚·蒙台梭利

我们是孩子的生命之舵，孩子是我们的生命之锚！什么时候我们才能明白这个比 1+1=2 还要浅显的道理呢？

第二章

智本能：人生只有一次机会

我难道不是在那一时期里获得了我现在赖以生存的一切东西吗？那时我获得了如此多的东西，并且如此的迅速。在我一生的其余岁月中所获得的东西都及不上那时所获得的百分之一。从5岁的我到现在的我之间只是一步的路程。从新生儿到5岁之间则是巨大得骇人的距离，而从胎儿到新生儿之间却是无底的深渊。

——［俄］列夫·托尔斯泰

我们是孩子的生命之舵，孩子是我们的生命之锚！什么时候我们才能明白这个比1+1=2还要浅显的道理呢？

2.1
人脑是万物的灵长

灵魂究竟住在什么地方——人脑才是思维的器官——颅相说：人的各种精神特质都在颅骨的外形上反映出来——脑重说：脑重与人的智能成正比——比重说：脑重与体重之比才能衡量聪明与否——沟回说：沟回决定人的智能——突触说：突触的众寡决定智能的高下

在远古时代，我们的先民由于种种条件的限制而无法理解自己身体的结构和机能，因此对自己的记忆、思维、想象、睡眠、觉醒以及做梦等生理和心理现象缺乏正确认识，认为有一种特殊的东西——灵魂在起作用：灵魂在人出生时就居住在身体里面，控制着人的各种活动，睡眠时灵魂就暂时走出人体，做梦便是灵魂走出人体外的云游，灵魂回来时人就觉醒了，而人死时灵魂便永远离开了人体。

开始他们认为灵魂可能是气息，因为他们看到人生时有呼吸，死时呼吸就停止了。接着他们又慢慢发现灵魂可能是心脏，或者住在心脏，因为当心脏停止跳动时，呼吸也就没有了。直到最后他们才发现灵魂同大脑的关系，这时灵魂也就被更进一步地认识为智能并被智能所代替！

古代的中国人、印度人和埃及人都没有认识到大脑和智能之间的关系，相反却认为心脏是决定人的智慧乃至人的本性的中枢或核心，只有古希腊人首先猜想到了脑在某种程度上可能同智能存在关系。

我们的先民认为，灵魂居住在人的身体里面，控制着人的各种活动。

希波克拉底根据医疗实践的观察，提出脑是精神活动的器官，认为人的一切感觉和情感都是由脑产生的：“由于脑，我们思维，理解，看见，听见，知道丑和美，善和恶，适意和不适意。”柏拉图认为推理的功能是在头部，脑能记录经验和印象；亚里士多德则认为精神以某种方式与心脏联系，而脑是用于冷却血液的。

在他们之后，赫罗菲勒斯提出了人的许多高级运动是和脑表面褶皱有关这个天才般的猜想，可惜正像卢克莱修对原子的天才猜想一样，他的结论沉睡了2000多年！

直到19世纪初，随着对脑的解剖结构的逐渐认识，生理学家开始对大脑进行切除与刺激的研究。德国生理学家弗朗茨·哥尔发现，脑的某些区域受到损伤，就会失去一些特殊功能。他通过研究不同类型的脑损伤，对脑的每个部位的特殊功能进行定位，并仔细地画出了脑的表面图，由此便产生了颅相学说。

这种颅相学说认为：人的各种精神特质都在脑子里占有一定的位置，而脑的某一部分发达与否都会在颅骨的外形上反映出来，因而可以通过检查颅骨来判定人的智力和品性等特征。例如，他看到聪明人的额部隆起，就把这个部位定为“智慧”；看到某些小偷的耳前上方有一处较为突起，就把这个部位定为“贪得”等。由于解释荒谬，充满了迷信色彩，自然遭到科学界的反对，但也因此促使了科学家们对大脑进行更深入的研究。

接着，人类学家、生物学家猜测脑重可能与人的智能成正比，认为动物越发展、越进化，它们的大脑和神经系统的发展就越好；动物越高等，脑就越重、越大。因为这种脑组织上的进化和发展是为了让动物更好地适应千变万化的环境……

例如，哺乳类动物的鼠、猫、狗、猴的脑要比人的脑小得多轻得多；人类发展史也告诉人们，大约70万年前的南方古猿的脑重为500克，50万年前的爪哇猿人的脑重为900克；孩子小时脑子小，因此比不上脑子大的成人聪明；一些有智力障碍的人，死后的解剖结果也告诉人们他们的大脑要比正常

由于脑，我们思维，理解，看见，听见，知道丑和美，善和恶，适意和不适意。

的大脑轻……

但是，科学家们很快发现智能与脑重仅仅是问题的一个方面。因为鲸的脑重为9200克，象的脑重为4200克，远远超过人类男子平均脑重的1350克~1400克、女子平均脑重的1200克~1250克；而距今大约10万年以前的尼安德特人的脑重也高于现代人为1500克，显然都不能认为它们比现代人聪明！

再说，人类自身个体的事实也同样说明了以脑重衡量智力的不恰当性。同样都是举世瞩目的大文学家，屠格涅夫的脑重有2012克，席勒的脑重为1580克，但丁的脑重为1420克，夏目漱石的脑重为1400克，而法朗士的脑重只有1017克，如果依脑重衡量其成就，岂不是同以身高、以相貌、以衣服衡量其才华一样滑稽不堪吗？

显然，用脑重去判断人的聪明才智的高低不可能得出令人信服的结论！

于是，科学家们又设想出以脑重与体重之比来作为衡量聪明与否的新方法来，但其结果也很快被否定。因为照此指标衡量，黑猩猩的比值最高为1/20，其次是鸟为1/34，鼠居第三为1/36，而人却落在它们之后为1/38……

那么，在生物的进化中究竟是什么因素让大脑决定智能的发展水平呢？通过研究，科学家们又更深入一步地提出，是大脑里的沟回决定人的智能！

在解剖过程中，科学家们发现人的大脑有许多沟裂，将大脑分成许多部位，因此其表面很不平整；而当他们把鼠、兔的脑打开时，却发现它们的脑非常平整，猴脑虽然也有沟回，但无法同人脑相比。沟回的出现是动物高度发展的一个标志。生物学家甚至将沟回的有无作为划分脑的发展水平的标准：有沟回的称为回脑，无沟回的称为无回脑。高等哺乳动物便是有回脑，低等哺乳动物则是无回脑。

但是这种沟回说又遇到了挑战！当人们打开海豚的大脑时，发现海豚脑上的沟回比人脑还要多得多。尽管海豚的确聪明，但无论如何还要靠人训练

显然，用脑重去判断人的聪明才智的高低不可能得出令人信服的结论！

才能表演出那些令人难忘的节目……

人类对事物的认识总是这样呈螺旋似状态前进，一个猜想被否定了，另一个猜想又被提出，这样一步一步地将问题的研究引向深入！

在上述“颅相说”“脑重说”“比重说”“沟回说”的基础上，目前，科学家们又提出了更深入细致一层的“突触说”。即认为是大脑神经细胞的突触众寡决定了一个人的智能高低！

现代脑科学研究发现，大脑皮层是由许许多多的神经细胞组成的，这些神经细胞又叫神经元。神经元就像一棵小树，分枝状的树冠部分有许多树状突起，叫作“树突”。树突像灌木丛那样围绕着细胞体，树突的表面积很大，约占神经元总表面积的80%。而长长的树干和树根，叫作“轴突”，又称“神经纤维”，它们的末端分布于其他组织中，形成各种神经末梢。轴突细而长，一个神经元上有一条，根据有无髓鞘，轴突又分为有髓鞘纤维和无髓鞘纤维。髓鞘类似于我们日常见到的电线外面的绝缘橡皮，也是起绝缘作用，以便可以让神经冲动在纤维中传递。

神经元与神经元之间并不是互相联结的，而是像平行线那样中间隔着一条间隙。神经元与神经元之间相邻接的部位叫“突触”，人们之所以能学习，靠的正是这些微小但却庞大众多的突触的传递！

那么，在这个层面里人类是如何进行思维的呢？

科学实验已经发现，人在思维时，信息的主要表现为神经冲动，神经冲动从一个神经元经过突触，传到另一个神经元，这时候，前一个神经元释放出一种化学物质——神经递质，作用于后一个神经元，使下一个神经元产生新的神经冲动，像接力赛似的把信息传递过去，突触越多，传递信息的能力越强，脑细胞之间建立网络范围就越大，通路就越多，脑的机能就越发达，人的智能也就越高……

这就是目前人类对大脑认识的“突触说”。

应该说人类对大脑的研究才刚刚起步，其历史也不过100余年。随着时间的推移，必将有一批又一批关于脑科学的最新研究成果出现。我们说人类

突触越多，传递信息的能力越强，脑细胞之间建立网络范围就越大，脑的机能就越发达，人的智能也就越高。

对脑的研究绝不能等同于对心脏、肝、阑尾等人体其他器官的研究，对这些器官的研究不过是为人类治疗其疾病提供根据，而人类对大脑的研究则是为了探讨是什么决定人的智能，人类该采取什么措施才能变得更聪明。而对于我们更多的人来说，大脑是如何工作的那是科学家们的事，而我们则只想知道怎样做才能使我们自己更聪明！

大脑是如何工作的那是科学家们的事，而我们则只想知道怎样做才能使我们自己更聪明！

2.2
人脑是分两次诞生的

神经元是由什么决定的——母胎内的营养决定神经元数量，出生后的营养决定神经元体积——动物大脑出生时就已基本成熟，人的大脑出生后还在继续生长——大脑与环境的互动才让大脑聪明——人脑的第一次诞生让人成为动物，第二次诞生才让人成为人

既然人的智能是由神经元以及神经元上的突触众寡决定的，那么神经元又是由什么决定的呢？

神经元虽然也是细胞，但是它同人体内所有其他类型的细胞都不相同，因为它们不能自我繁殖。人体内其他器官的细胞是不断更新的，有的几年更新一次，有的则是几个星期甚至几天更新一次，如皮肤细胞20天，白细胞9天，血小板只有4天……但是人出生时的神经元一直到老都是固定不变的，也就是说人在3个月龄胎儿期的神经元数目同人在80岁时的神经元数目是一样的，尽管有些神经生理学家认为神经元的分裂可以持续到出生后6个月，也有一些人认为20岁以后每天神经元都要死掉几千到几十万个不等，但都一致认为神经元不能再生，而且是在经过一段极短的时期后其数目停止增长。

现代科学证实，神经元大约在妊娠8周开始激增，在这段时间里脑的发育极快，在约一个月的时间里，增长了数十亿个神经细胞，这个时期的神经细胞又被称为神经母细胞，最后这些神经母细胞逐步发展成为神经元，每个

人脑的第一次诞生让人成为动物，第二次诞生才让人成为人。

神经母细胞发展成为一个神经元。因此，这段时间形成的神经母细胞的数量就决定了神经元的数量。

对于这个时期的神经元数量来说，营养具有极其重要的作用。在母胎中大脑进行这一次数量激增时，如果母体从食物中吸取的营养不足的话，那么胎儿就会直接从母体身上吸取所要的营养，以免大脑遭到营养不良的危害。如果母体仍然不能供给必要的氨基酸、蛋白质、维生素和氧气等，那么胎儿的其他器官将让位于大脑。只要有可能，有机体将千方百计地确保大脑得到充足的营养。母体和胎体的能量及各种营养物质首先供应脑的发育，其次才是其他器官，即这个时期母胎中胎儿的大脑受到被称为“脑节”的保护！

这样经过十月怀胎，婴儿终于诞生了。如果是一个仔兽的话，不用多长时间它就可以自由行动了，因为它的大脑在胎儿期就已经成熟了。但是人类的婴儿却不同，婴儿是带着一个极不成熟的大脑来到这个世界的，他的大脑注定还要经过所有动物都不曾有过的新的飞跃。

这样造物就给了人类一个空前的大机会——让胎儿在母胎外生长，给人脑一次第二次诞生的机会。

在神经元的数量激增时，由于在母胎中无法获得足够的条件长大成熟，因此它只增加数量。因为这些神经元如果长大到像动物那样成熟，那么胎儿的头将绝不是出生时的10厘米左右的直径，而是要大得多，这样势必给分娩造成极大的危险和困难。因为胎儿的头每增大一分，它给分娩带来的难度将增添十分！

这样，婴儿出生后，最先得到发展的仍然是大脑。这个时期神经元的本身体积开始增大，皮层加厚，在出生后10周到2岁这段时间，相对于胎儿期第一次脑激增，也就是神经元数量的激增，这时进行大脑的第二次激增，也就是神经元本身的增大。这时每个神经元开始向各个方向生出许多极细的突触，同数以万计的其他神经元相互联系的增多导致脑的迅速生长。出生时胎儿平均脑重是350克，仅为成人的25%，但仅仅6个月后，它就已达到成人的50%，在2岁半时达到75%，5岁时达到90%，而到这个时候，人的大脑

婴儿出生后，最先得到发展的仍然是大脑。这时进行大脑的第二次激增，也就是神经元本身的增大。

的主要部分已经发育成熟。

关于婴儿出生后大脑得到优先发展，我们还可以从出生后人体各部分的形状和比例的变化中看出。婴儿出生时头占25%，而其余部分均匀地分为躯干和腿。婴儿一落地，头已经达到成人头大小的60%以上。之后头仍是重点发展部位，当头的发展得到保证时，其次是躯干的生长，然后是腿和手臂开始生长。头先于颈发育，颈先于躯干发育，最后是腿的发展，这种发展顺序被称为首尾发展方向。

在生长速度上按首尾发展方向，在身体长度上是按近远发展方向进行，就是从中央部分向外周部分发展。如躯干和肩先发展，然后是手臂；上臂比前臂先形成，前臂又比手先形成。

与此同时，婴儿的感觉运动行为的发展也是从头到脚，从中央到外周。吃奶是新生儿最早的最有组织的行为，其次是控制眼睛运动、让头保持平衡、控制躯干，能坐和爬……

事实上，在婴幼儿期是复演了一次胎儿的成长，在这个时期营养仍极为重要，即如果在生命的头两年里出现营养不足，那么脑的发展就会受到严重损害，这时脑的容量就较小，神经胶质细胞就会减少，髓鞘形成就会少，酶的浓度也就低……

那么，是否让婴儿在母胎外安静地把神经元长大，就算顺利地完成了第二次诞生呢？

否！不需要太多外界环境的激励，仅凭动物体自身的遗传机制就让神经元发育、成熟，进而构成一个完整的大脑，这仍然没有超越动物大脑发育的层次与阶段。

在动物进化的过程中，无脊椎动物是没有大脑的。到低等脊椎动物时，大脑还基本上是神经管前端的膨大。但是到脊椎动物时，随着进化水平的不断提高，动物大脑的进步非常显著。例如，圆口类的大脑还仅为嗅球构成，两栖类时已经出现了旧皮质，而爬行类时新皮质已经出现，到哺乳类时大脑半球的体积已经超过了整个脑的其他部分，尤其是经过新皮质的发育，让它

是否让婴儿在母胎外安静地把神经元长大，就算顺利地完成了第二次诞生呢？回答是否定的！

在脑的演化过程中，更是获得了支配与统治的地位……

尽管到哺乳类时动物已经获得了一个发育良好的大脑，但是这些大脑还都是一次性完成的，也就是说大部分脑的物质在出生时就已经被占据。本能的机制，即遗传所传递的行为方式在脑中已巩固下来，因此这些动物大脑的发育、成熟，比之于身体的发育、成熟要快得多。如兔出生后 14 天大脑就已成熟，鼠是 15 天，猫是 75 天等，甚至有些动物一出生大脑就已基本成熟。这样外界环境对它们的可施影响就很小。即使是一些动物如灵长类的猩猩等大脑可塑性较大，但由于大脑本身的限制，仍然不能完成较高的思维活动，而呈现出大脑的一次性特征。

可是人却不一样。在长期的生物进化与劳动实践中，人脑不仅同高等哺乳类动物一样携带了全部的遗传密码，而且更难能可贵的是它具有极大的可塑性，也就是说人在出生时大脑的大部分还是空白，还要在出生后继续形成。人脑物质体的形成、发育仅仅是它的第一次诞生，人脑的成熟及其高质更重要的是取决于大脑与环境互动过程中的第二次诞生。人脑是在接受外界各种信息的刺激与锻炼中才变得成熟和聪明起来的，没有丰富的环境信息刺激，就没有一个健康聪明的大脑！如果人类也像其他动物那样，在黑暗而缺少刺激的母胎内让大脑生长成熟以后再出生的话，那么人类充其量还不过是脱了毛的大猩猩而已。

因此，仅仅让婴儿将神经元长大还不是第二次诞生，出生后脑重的增加、脑组织的成熟不过是一种惯性而已，这时仍是一种动物层次上的大脑增长，所表现的也不过是一种动物性而已。人脑的第二次诞生不仅是神经元体积的增大与成熟，更是它质量的提高，也就是在与环境的互动过程中突触的增多。只有这时才产生人的智慧！因此第二次诞生的意义比第一次要重大得多，第一次让人成为动物，第二次才让人成为人！

人脑的第二次诞生不仅是神经元体积的增大与成熟，更是它质量的提高，因此第二次诞生的意义比第一次要重大得多。

2.3
第二次诞生更重要

环境刺激对于动物大脑发育有着不可小觑的力量——幼年期的激励甚至可以改变大脑的化学功能——丹尼斯：极少量的感觉激励对婴儿都能产生很大的成效——早期环境促进大脑发育的原因所在——只要自幼饲养，不论多么凶猛的动物都可以被驯养得很好——驯服植物也是一样，越迟越难见效

人在出生时大脑的大部分还是空白，还要在出生后继续形成，还要经过第二次诞生，也就是在接受外界各种信息的刺激下人脑才能最终变得聪明和完善。早期外界信息的刺激不仅对人脑的完善有着异乎寻常的重要意义，而且就是对可塑性较小的动物大脑的发育也有着不可小觑的力量。

在对狗、猫、鼠、猴等数千次的动物实验中，科学家们发现，如果在动物的幼年期给予激励，那么比起那些未受激励的同类来则成长得更快也更机灵些。如果有两只小鼠，一只出自较为迟钝的血系，另一只同龄小鼠则出自较为机灵些的血系，人们在幼年期给前者以额外的激励而不给后者，那么，那只生来迟钝的小鼠会比后面那只生来机灵的小鼠活动能力更强。不仅如此，给予激励是在断乳期之前还是之后，对受试动物的影响也很显著，得到激励更多更早的动物显得更为机灵。

例如，海莫维赤曾用两组在遗传学上完全相同的幼鼠进行对比实验。甲

人在出生时大脑的大部分还是空白，还要在出生后继续形成，还要经过第二次诞生。

组幼鼠生长在密闭的笼子里，活动受到很大限制，知觉刺激也很有限。乙组幼鼠生长在富于刺激的气氛中，笼子有走廊和能够探索的地方，环境是自由的。两组幼鼠长大以后进行学习能力测验，结果是，甲组的错误几乎比乙组多一倍（233∶132）。由此可见早期环境的贫乏单调和丰富多彩，对后来认识能力也就是大脑功能的影响。

为了更加详细地了解早期环境对大脑发育的影响，克雷赤等又做了这样一个实验。

他们把一群同胎雄鼠任意分成两组。甲组养在接受优良刺激的环境里，生活在光线充足周围热闹的笼子里；乙组养在极端寂寞的环境里，单独监禁在暗淡安静的笼子里，不受训练，实验者也不理它们，它们也不接触别的老鼠。甲乙两组虽然处于不同的环境，但是在实验的全过程，两组都给同样的标准食物，不受限制。长大到105天后的解剖结果显示，它们的大脑组织居然也有明显的不同。

在丰富多彩环境中的甲组比对比的乙组，大脑组织的发育有许多优越的地方。首先，大脑皮层大些、深些、重些，神经胶质细胞数目增多；其次，神经细胞体和核大一些，供应皮层血液的血管粗一些；第三，多刺激的甲组的脑有更有效的酵素系统……总之，早期受到激励的甲组，大脑在生理学和生化学方面具备了更好使的条件。

克雷赤的这个实验说明了什么呢？那就是早期的激励不仅可以使老鼠变得更机灵，而且甚至还能改变大脑的化学功能！

上面这个结论对动物来说具有普遍的意义吗？科学实验的结果显示是肯定的，而且越早对动物大脑的影响越大。

例如，刚生下来的幼猫是睁不开眼睛看不清楚动物体的，但是却能透光。通常要到第十天才能睁开眼睛看清东西。如果在这可以透光但还睁不开眼睛的10天内，用手术把幼猫的眼皮缝上，让光一点儿都透不进去。9天以后，再拆线把眼睛打开，结果这只猫就成了盲猫，而不能区别物体的形状和颜色了。

> 实验说明早期的激励不仅可以使老鼠变得更机灵，而且甚至还能改变大脑的化学功能！

这时如果再用电子显微镜观察这样的猫脑，就会看到其大脑皮层视觉区和相关部位的突触数量比正常猫脑大为减少。

如果是出生后立即做这种手术，两三天后拆线，那么幼猫也会变成不完全的盲猫。但如果是在幼猫已经睁开眼睛之后再做手术，那么幼猫则不会变成盲猫了。

这说明猫眼必须在早期接受光的刺激才能发育成长。如果在它的敏感期里接受光的刺激，发育的基础已经打好，再做这种手术就不会成为盲猫了。

动物如此，人也如此吗？

美国心理学家丹尼斯对德黑兰三所孤儿院的研究也许能回答这个问题。

在第一所孤儿院里，大多数孩子进来时都不足一个月大，婴儿们几乎一直睡在单独的摇篮里，4名收入很低的护士看护着住在一间房里的32名婴儿。这些婴儿仰卧在软垫上，在他们自己学会坐起或翻身之前，很少能有活动的机会。当婴儿们终于自己学会坐起来后，为了防止他们从窄窄的摇篮里掉下来，护士们就把他们放在地板的地毯上……

当这些孩子长到3岁，就被转到与此相似的第二所孤儿院。在这个孤儿院里，丹尼斯发现，在1岁到2岁之间的孩子中，能自己坐起的还不到一半，会走路的则没有一个——而正常家庭抚养的孩子，在9个月大的时候就已经会自己坐起了。这些孩子中，只有1/6能在地上爬动。在这所孤儿院的2岁孩子中，只有不到一半的孩子能够扶着别的东西站起来，不到10%的孩子会自己走路。而3岁孩子中，虽然大部分都学会了自己站起，但只有15%学会了自己走路。

第三所孤儿院同上述两所恰成鲜明对比。这里的婴儿大部分原先也被送入第一所孤儿院，后来因为他们比其他孩子显得迟钝，才被转移到这里。可是在这里他们却健康成长了。因为护士们努力用母亲的方式照顾他们，孩子们同护士有了更多的接触。他们被抱着喂食，有时把他们扶着坐起来，给他们玩具玩……

结果，这些被认为是智力迟钝的孩子，在一两岁之间，比那些被认为是

用母亲的方式照顾，结果这些被认为是智力迟钝的孩子，比那些被认为是正常孩子能力的进步还要快些。

正常孩子能力的进步还要快些。大部分 1 岁的孩子都会自己坐起，有几个还会自己走路；所有 2 岁大的孩子都能坐起来、爬动或者扶着椅子或大人的手走路。

在随后对黎巴嫩贝鲁特一家孤儿院的研究中，丹尼斯做了一项实验。参加实验的弃婴年龄从 7 个月到 1 岁不等，其中没有一个婴儿能够自己坐起。实验就是每天把他们抱离他们的摇篮，到旁边的小屋子里待 1 小时。在那儿他们可以靠坐在低椅上，或泡沫橡皮垫上，还给他们各种各样的东西玩耍，如鲜花、纸袋、彩色海绵块、彩色塑料碟等，但没有大人陪他们玩儿。

可是所有婴儿都很快学会自己坐起来，尽管有些孩子要慢一些，大家都很高兴一起玩这些东西。就因为这每天 1 小时的感觉激励，这些婴儿活动能力进步的速度竟 4 倍于平均水平。因此丹尼斯指出，在婴儿的发展过程里，甚至极少量的感觉激励都能产生很大的成效。由此也不难想见，如果一个孩子从出生之日起就能受到不断的环境激励，这种效果又将会是何等巨大了！

为什么早期的环境激励能促进动物和人类的大脑发生这样巨大的变化呢？目前的解释是这样的。

首先，外界的刺激使神经末梢肥大，突触也变大，因而与相邻的下一个细胞膜接触的面积就增大，这样神经冲动到达后给下一个细胞的影响就相应地增大。

其次，外界刺激使神经末梢分支、末梢数量增加，突触的数量增加，这样可以和更多的细胞建立联系。

再次，外界刺激时突触上的囊泡数量增多，因而传递神经冲动的化学物质的量也增多，对下一个神经细胞的作用也加大。

最后，外界刺激时细胞体变大，神经纤维变粗，和其他神经细胞的接触面加大，因而可以较多地影响周围的神经细胞。

其实，根本不需要用这些枯燥的科学实验来加以证明，现实生活中的经验早已告诉人们，无论是对于动物还是植物，它们的早期环境对它们今后的影响都是极其巨大的。

现实生活中的经验早已告诉人们，无论是对于动物还是植物，它们的早期环境对它们今后的影响都是极其巨大的。

例如，不论多么凶猛的动物，只要是自幼饲养的，总有可能饲养得很温驯或相当温驯，尽管成年发情或老年变态时会发生某种变化。但是从野外捕捉到的成年猛兽，却是很难达到驯化目的的。著名动物学家、现代动物园的创始人海京伯在他的自传中就曾这样写道："食肉类猛兽无例外的只要是幼年捕获而且合理对待，全都可以驯化成为玩畜。除非把它们激怒，所谓野性是不会爆发的。对野兽做驯服工作，敢说我比任何人都更有经验。……然而，捉到的成年野兽，怎样处理都很难，根本不可能把它驯化到幼兽很容易达到的程度。对捕到的成年兽，至多只能做一番表面驯化罢了。"

再如植物。

从事植物育种的人都知道，要驯服一种植物，如让它受到耐寒的锻炼，那么就必须抓紧种子出苗后的最初几天，错过了这个早期，越迟驯化就越难见效了。

植物个体是这样，植物品种也是如此。老的野生品种最难于风土驯化。其次是变种，变种之中也是产生不久的种间杂种比较容易驯化，变异范围也比较大。杂种幼苗早期是可塑的，适应能力最强。

植物的嫁接更是如此。嫁接时既要考虑个体发育是早期还是晚期，也要考虑树种是老的还是新的，一般用来做接穗的品种都是起源久远、性质稳定、不易改变的品种，相反，砧木则要采用个体发育能力还比较弱的幼龄种。

动物、植物尚且如此，早期环境对人成长发育的影响我们也就不难想象了！

动物、植物尚且如此，早期环境对人成长发育的影响我们也就不难想象了！

2.4 智慧是人脑与环境的嫁接

敏感期和印刻现象的发现——小鸡小鸭为什么认人作母——把初生的小鸡小猫交给鸭和水獭，小鸡小猫居然习惯于水中生活——为什么有些孩子真的“连青菜也咬不动”——从另一个角度理解孩子的反抗期——一个原始部落的孩子为什么能够成为一个现代人种学家

对于大脑来说，既然外界环境刺激促使其发展，那么是不是只要刺激的量相等，效果就相同了呢？也许有些人会生出这样的想法。但是，这种认识是不对的，不同的环境对脑的影响会产生不同的效果，能说明这一点的最好例子，便是动物和人身上都存在的敏感期了。

1873年斯皮尔顿发现，刚出生的早熟鸟类的雏鸟存在一种接近和跟随运动物体的倾向，并且发现这种倾向非常可靠。他认为这种跟随反应是一种先天倾向，在机能上对生存是有利的。他为了证实自己的看法，把刚孵出的小鸭、小鹅戴上头罩，经过一段时间将头罩取下，这时它们就追随所能看到的运动着的第一个物体。可惜人们没有在此基础上再做深入的研究。

直到1937年，奥地利科学家劳伦茨对此重新发生兴趣，他在观察小灰天鹅破壳出生时发现，小灰天鹅第一眼看见什么动物就把什么动物当成妈妈。如果出生时老天鹅在跟前，它就跟着老天鹅走；如果是母鸡，它就跟着母鸡走；而如果孵出时看到的是劳伦茨就认劳伦茨为妈妈了，于是会跟着劳伦茨

不同的环境对脑的影响会产生不同的效果，能说明这一点的最好例子，便是动物和人身上都存在的敏感期了。

而不跟着它们真正的妈妈。劳伦茨去什么地方，一群摇摇摆摆的小天鹅就在身后跟到什么地方；他下水游泳，小天鹅也跳进水里，并且亲亲热热地啄着他的头发和胡子……

后来，他又发现，如果这些孵出来的动物看到的是活动的鸡鸭玩具、风船、小球等，也会跟着这些东西走；一定的声音也能引起这种现象。例如，他在小天鹅破壳而出之前，对着这些蛋喊“来，来”，小天鹅出来后就会跟着他的喊声一摇一摆地跑来，而不追随真正的母亲……

这是一次奇妙的发现，劳伦茨把这种令人感到兴奋的现象称之为印刻现象。通过研究，他进一步发现。印刻现象与普通学习是不同的，其不同点在于：其一，它是只限于在出生后一个短暂的特定时间才能形成，超过了这一期限就不能形成了，也就是说它存在着一个敏感期。其二，印刻的效果是持久的，印刻现象一经形成就不再改变，具有一种不可逆性，而不像学习那样常会遗忘等。其三，印刻现象的形成不需要食物等的强化，一次就可形成。其四，各种动物的印刻有不同的敏感期，例如，小鸟“母亲印刻”的敏感期是破壳后的10~16小时，30小时以后，“母亲印刻”就建立不起来了。小狗的“母亲印刻”是3~7周，错过了这个时期，这种行为就得不到发展了……

印刻现象的存在，一方面说明了动物本身具有的这一特性对学习、能力发展的巨大意义；另一方面，它也说明了环境对动物的巨大影响。

拿劳伦茨实验用的小天鹅来说。如果它认了老天鹅为妈妈，那么它可以发育出一个良好正常的天鹅。但是，假如小天鹅认了母鸡为妈妈，那么情况是否还是一样呢？母鸡不会下水，小天鹅游泳的能力是否会消失；母鸡不会飞翔，小天鹅飞翔的能力是否会消失？苏联科学家恰尔科夫斯基曾把初孵的小鸡交给鸭、初生的猫仔交给水獭抚养，结果表明小鸡和小猫都习惯于水中生活……由此可见，环境对动物习性影响的巨大。

再如，敏感期是一个时期，如小鸡母亲印刻的敏感期是在出生后的4天之内，那么在第一天开启这个敏感期和在最后时刻开启这个敏感期，对小鸡今后行为的影响是否是一样的呢？我们猜想可能不是。可以设想，如果小鸡

刚出生的动物追随所看到的运动着的第一个物体，这就是印刻现象。

的某一与母鸡关系的敏感期在出生后的两天之前，那么，第四天认母这一关系便无法确定了！

还有，当完成第一个敏感期时，下一个相关的敏感期便接着到来。应该说它开启的不是另一个特性的敏感期，而是相关一群特性的敏感期群。敏感期越往后其界限越长，原因就在于敏感期不是互相孤立的而是相互联系的，是可以以敏感期推动敏感期的。敏感期可以被诱发推动，正如小鸡能够被诱发游泳一样。

例如，怀胎的母鼠收集纸片和其他的材料筑巢，幼鼠出世后，母鼠便小心翼翼地用嘴把它们衔到窝里去。普通的老鼠都会建巢筑穴和用嘴搬运，这种情况甚至可以发生在完全隔离状况下成长起来的老鼠身上。这说明老鼠的这种行为模式是通过基因遗传获得的，无须特殊的学习和经验。

但是如果小老鼠出生后，将它饲养在完全隔绝的环境中，不让它们摆弄和搬运任何东西，这样当这些老鼠怀胎时，即使有了可资利用的材料，它们也不会建造通常的窝，也不像往常一样衔运幼鼠。它们把材料撒在笼子里，也将幼鼠到处搬运，在搬运过程中还常常伤害了幼鼠，但从不设法将幼鼠集中于某个巢穴之中。因此，即使是对于建筑巢穴和衔运幼鼠这些一般特征，如果在老鼠的敏感期内没有建立不断摆弄东西的敏感，那么其后的行为也就不复存在了。

因此，尽管初生幼鹅总是跟随着母鹅，怀胎的母鼠总是为其幼鼠建巢筑穴，那是因为它们是按普通习性成长起来的，这种模式不是固有的。研究结果已经表明，几乎所有的行为模式都是可以通过经验和学习加以改变的。生物学知识告诉我们，在相应的环境里，敏感期链打开后，会相应出现同另一环境里完全不同特性的敏感期，正所谓“橘生淮南为橘，生淮北则为枳”的现象。

植物、动物尚且如此，人就更是如此了。

例如，随着独生子女政策的推行，我们家庭对独生子女的照顾越来越细致，独生子女也越来越娇气，以至于有些人批评说：“连豆腐都咬不动。”虽

敏感期不是互相孤立的，是可以以敏感期推动敏感期的。敏感期可以被诱发推动，正如小鸡能够被诱发游泳一样。

然这是个比喻，但是孩子咀嚼能力的确大为下降，有些孩子连老一点儿的青菜也咬不断吞不下去，不少家长甚至为此十分苦恼。

原因究竟出在什么地方呢？有研究人员的报告说是因为错过了咀嚼固体食物敏感期的缘故：在这个时期不给他固体食物，他以后就会拒绝咀嚼，而这一敏感期大约在6个月的时候。虽然不同婴孩之间这一敏感期时间也许不一样，但研究人员提供了两个线索以帮助母亲判断此敏感期是否到来：一个是在他刚刚停止“婴儿舌拒反应”——如果你把食物放在他舌尖上，他不再把这食物推出口外——的时候；另一个就是在孩子开始伸手抓东西后一个月左右的时候。

再如，孩子两岁时有一个反抗期，他必须把玩具放到原位，必须把毯子方方正正地铺好，必须把灯先灭了，然后再讲一个故事才肯睡觉，否则他会一直纠缠下去。这是为什么呢？幼儿教育家认为这是到了孩子建立秩序概念敏感期的时候了。在这一时期，孩子正在发育的大脑正试图对观察加以归纳，从感性中形成概念，得出结论。而这就是为什么这个年龄的孩子对常规和仪式如此注重在意的原因，因为它给予孩子一种秩序和延续的感觉。懂得这一道理后，母亲就可利用这一特殊时期教会孩子守规矩，并帮助孩子养成良好的生活习惯。

尽管这些都是人成长过程中所要经历的敏感期，但是，人的敏感期绝不仅仅如此被动！植物、动物的这一现象可以解释成是为了适应环境，而对于人来说，则完全可以说人的智慧是大脑与环境的嫁接。

由于人脑是与环境共同创造的，是与环境嫁接的结果，有什么样的环境，婴儿就会成为什么样的人，把婴儿放在什么环境里，婴儿就会成为什么样的人，因此我们就可以很好地解释狼孩等一系列令人百思不得其解的问题。

到目前为止，关于“兽孩”的记载约有40起，其中以狼孩居多占一半以上，其次是熊孩、猴孩、豹孩等。这些由野兽抚育大的孩子，他们完全不通人性，狼养大的只会狼嚎，吃生肉喝生水；猴养大的只会爬树摘果，翻腾跳跃……虽然有的后来被人训练，试图恢复其人性，但效果很差。原因在什么

错过咀嚼固体食物的敏感期，孩子就会拒绝咀嚼。

地方呢？原来这些成为兽孩的孩子，大多是在 3 岁之前就被野兽叼养，他们的大脑在最关键的成长期与野兽的环境嫁接在一起了，这样才最终完全成为脱离人类习性的兽孩。

相反，如果是一个 10 岁的孩子，我们很难相信他最终会变成兽孩的。日本人横井庄一，在第二次世界大战中逃进深山，穴居 28 年之久，1972 年被发现后曾有人断言，他再也不能过人类的生活了。但事实是只经过短短的 81 天，横井就完全恢复和适应了人类生活，并在当年结了婚。

最能说明人脑可塑性的例子是将一个原始部落的孩子教育成一个语言学家了。

这个事件发生在巴拉圭一个现代人难以走进的地区，这里生活着一个爪亚基尔人部落，这个部落同距今 4 万年前生活在地球上的克罗马奴人时期一样，生活方式极其原始，经常迁居去寻觅他们的主要食物——野生蜜蜂的蜂蜜。部落躲避其他的人，语言也极不发达。

1938 年，法国人种志学家维而拉尔前去考察，希望更详细地了解爪亚基尔人，结果没有成功。部落刚一察觉到考察团就立刻离开了，但是在爪亚基尔人仓促留下的驻营地里，考察团找到了一个两岁的小姑娘。维而拉尔把她领回法国，并由他的母亲抚养，20 年后，姑娘在自身发展方面已同欧洲妇女没有什么区别了，最后她也成为一个人种学家，并能讲数国语言：法语、西班牙语、葡萄牙语……

这样看来，人在胎儿期还可以说所有的胎儿都是平等的，但一出生，孩子便不平等了：在英国出生的便是英国人，在塞浦路斯出生的便是塞浦路斯人；在东方出生的是东方人，在西方出生的是西方人；近水则知鱼性，近山则识鸟音。的确，头三年对一个人的影响比以后所有时间对一个人的影响还要重大得多。

最能说明人脑可塑性的例子是将一个原始部落的孩子教育成一个语言学家了。

2.5
人是早产3年的动物

人是生理上早产1年的动物?!——神奇的“乌干达婴儿”——人早产的不是身体而是大脑——3岁前同胎儿并没有多少区别，只不过是由母亲的胎儿变成环境的胎儿——3岁前智商测试不准是正常的——野生儿的研究也表明人是早产3年的动物——3岁前完全可以健脑

瑞士生物学家波特曼从动物的发生、发展角度阐述了他的思想。

波特曼认为，刚生下来的动物具有“就巢性”和“离巢性”的特点。那些身体结构简单、大脑不发达的动物妊娠时间短，一胎产仔多，生出的幼仔软弱无力，即具有“就巢性”；与此相反，那些身体结构复杂，大脑发达的动物，妊娠时间长，一胎仅产一两仔，刚出生的幼仔较健壮，其形状和举止已与双亲十分相似，即具有“离巢性”。刚出生的灵长类动物具有“离巢性”的特点：幼仔眼睛能够睁开，感觉器官也非常发达，从出生的第一天起就能进行各种运动。猴和类人猿的幼仔会依靠自己的力量紧紧抱住母亲的身体而几乎毫不妨碍母亲的捕食和移动。

但是，人类的婴儿则不同。其他幼小灵长类动物的身体比例与其双亲相差无几，而人类的婴儿这时头部特别大，脑髓重量比成年类人猿还重。在出生后第一年，大脑发育特别快，要想使人类的幼儿像其他哺乳类幼仔那样强

错过了智本能的敏感期，人就不能获得最佳发展。

壮，就需要把人类现在的妊娠期再延长一年，从这个意义是说，人类是生理上早产的动物……

波特曼从人同动物幼仔的现象对比中，认为人是“生理上早产1年”的动物，这种对比和发现是极有意义的。但是，他却没有从中找到导致这种现象发生的真正原因，那就是并不是由于人类婴儿生理上的早产引起的，恰恰相反，人类婴儿的生理是相当成熟的，早产的仅仅是他的大脑！

我们对婴儿一直有这样一种错误认识，即误认为婴儿的身体是极不完善的。他虽然有腿，但却不会走；他虽然有手，但却不会拿；他虽然有嘴巴，但却不会说话；因此，才显得如此软弱。其实，婴儿真正软弱的不是身体，而是大脑，是由于大脑发育的不完善才无法调动身体，而其他动物出生后，之所以能在极短的时间内同成年动物一起活动，原因盖出于它有一个已经成熟到和成年动物差不多的大脑！

其实，婴儿的生理绝不像我们所想象的那样糟糕。婴儿一出生，他就具有觅食反射、吸吮反射、握持反射、拥抱反射、踏步反射和交叉伸腿反射等100多种神经系统的反射，这些神经系统的反射几乎包括了所有其他动物出生时的功能，也就是说婴儿的这些功能同动物相比丝毫不会逊色。

例如，小袋鼠生下来时不到1英寸长，眼睛也还不会睁开，由于它大脑发育较好，虽然也不过具备人类婴儿的那些神经系统的反射特征，但是却可以在出生后自己设法找到母亲的育儿袋口，爬进去找到奶头，吸附在奶头上开始吮奶生长。而这一点人类的婴儿其实也完全可以做到，仅婴儿的握持反射中的握力就达3千克以上，刚出生的婴儿握住绳圈，可以吊起自己的身体。

关于婴儿身体的完备性，我们还可以从“乌干达婴儿”中看得一清二楚。

乌干达的母亲们直到分娩以前，往往还在从事日常劳动，她们还沿袭着极为古老的生育传统。临产时，她们自己找到一个地方独自像动物那样分娩，偶尔也请产婆协助。大约一个小时以后，她就带着刚生下的婴儿和做母亲的喜悦向亲戚们展览她们的成果，而出生的婴儿也赤裸裸地放在挂在母亲胸前的吊袋里，像小袋鼠那样甚至连睡觉也不离开母亲。由于和母亲贴在一起，

乌干达的母亲们直到分娩以前，往往还在从事日常劳动，她们还沿袭着极为古老的生育传统。

婴儿想吃奶时就吃奶，母亲同婴儿由于仅仅隔了一层布，因此也能随时感觉到婴儿的要求，并及时予以满足。

这样出生和抚养的乌干达婴儿，是迄今为止人们所能看到的世界上最为奇特的婴儿。这些婴儿出生48小时以后，只凭着前臂的支撑，就能够直坐起来，而且脊背直伸，脖子挺住，眼睛的焦点也很稳定，这些孩子睡眠量极少，长时间地醒着。根据对300名生下6至7周的婴儿进行调查，他们全部都能很好地爬行，自己会坐，还能在镜子面前长时间地观看自己，而其他各国的婴儿要到6个月时才能表现出这种能力来！

所以，在生理上婴儿绝不是早产的，而早产的是他的大脑！

婴儿的大脑事实上是胎儿大脑发育的继续，它同胎儿的大脑事实上并没有实质的区别。例如，人对胎儿期尽管有感受，但是却不能有意识地回忆。人在婴儿期也是如此，人们对自己的这段时间的经历同样回忆不起，就像回忆不起胎儿期一样。这个人类奇特的现象，表明人生的前3年仍是环境的胎儿，同胎儿并没有多少区别。

智商测验也能很好地证明人脑早产3年的推测。现代科学认为，人的智力是恒定不变的，智商测验正是由此应运而生。由于认为人类的智力是不变的，因此在过去相当长的时间里都普遍认为，不管一个人受什么样的教育，在何种环境中生活，他的智力不会受到改变，从而，那些促使孩子加速发展的做法是不必要的，因为智商水平是比较稳定的。

但是，专家们也发现，这种测验对年龄大的人来说或许是稳定的，对于越是年龄小的孩子，其准确性越是值得怀疑。例如，一项对152个孩子从1岁零9个月到18岁期间的智商进行多次测试，其中有两位的智商增加了70分和79分。对学龄期的孩子测试也表明这样，至于对学龄前孩子更是如此，如2岁孩子的智商值和他5岁时的智商之间，只有很少的联系；而同十几岁时，几乎就没有什么联系了。

为什么对于越小的孩子，智商改变的幅度越大呢？有些人认为是智商测试本身不完善，也有一些人认为对婴幼儿设计的智商测试，其测试重点在于

婴儿的大脑事实上是胎儿大脑发育的继续，它同胎儿的大脑事实上并没有实质的区别。

婴幼儿的运动能力，而这与随后的智力并不一定有直接关系……

但是，这种智商值的变化，为什么就不是说明了孩子实际智力的变化呢？对于 3 岁前的孩子，应该说他的智力还没有发展起来，就如去测试胎儿的智商一样，怎么可能得出比较准确的数值呢？

对野生儿的研究结果也能说明，人的大脑不仅是早产的，而且这种早产还是有时间限制的，那就是 3 年。超过了 3 年，人的大脑基本发育成熟，可塑性大为减少。越是年幼，大脑的可塑性越强，以至于能强到变成兽脑的地步。

1940 年，美国人类学家津格在其《野人及其在极端孤立的环境中生活的事例》中，把野生儿分成 3 类。

第一类是被刚生育不久而又失去了幼仔的野兽或其他动物，从正在哺乳的母亲那里叼去、喂奶长大的野生儿。

这一类最著名的例子便是印度的狼孩。当她们被发现时，大的卡玛拉约 8 岁，小的阿玛拉约 1 岁半。牧师辛格把她们带回来，并试图对她们进行教育。开始时她们用四肢跑，夜里作狼嚎，表现出十足的狼性。一年后，年幼的阿玛拉患病死去，但卡玛拉活到了 17 岁。在这 9 年时间里，她基本上摆脱了狼的习性，但焦急时还是用四肢爬行。卡玛拉没有能够真正掌握语言，她只学会了 50 个词汇。

第二类是被人遗弃、迷入荒原或森林，靠自己的力量独自一人生存下来的年龄稍大一点儿的野生儿。

这一类最著名的例子是法国南部阿威龙发现的野生儿。捕获时十一二岁，据推断他至少是在四五岁，甚至更早的时候就已进入了森林。发现后经神经病学家皮耐尔检查，认为这个野孩子的行为和精神状态如同白痴。例如，他的视线极不稳定，不能凝视任何对象，对音乐和无论多大的噪声都没有反应，发音器官处于全哑状态……但是经过 6 年多的教育，孩子的各种感觉机能接近正常，经过心理测定认为达到了 6 岁儿童的平均智能。

第三类是被丧失人性地关起来，在极端恶劣的与社会隔绝的环境中活下

越是年幼，大脑的可塑性越强，以至于能强到变成兽脑的地步。

来的孩子。虽然同前面两类有些不同，但是由于从小处于隔离状态，因此也可以看成是野生儿。

这一类最著名的例子是巴登大公国的王子卡斯巴·豪瑟。他出生后不久就在一次宫廷事件中被掉包换出关了起来，开始他由一个性格忧郁的女人抚养，还算受到了正常的教育，但三四岁以后就被关进一个黑暗、狭窄的地下室里，每天由一个男看管随便扔给他点食物和水。虽然他从未看清楚这个人的面貌，但这个人曾教他说过几句话，甚至还教他写过字。他 17 岁被放出来时智力还如同幼儿，但在收养他的道默教授的耐心教育下，他开始学习书写、会话、算术等，甚至还在人们的帮助下开始写过去生活的回忆录，遗憾的是 5 年后遭暗杀身亡。死后解剖的结果是，他的脑袋比一般人要小，但小脑发展得特别大，大脑皮层的视觉区也发展得比较充分……

为什么相似的经历，结果却不相同呢？心理学家格塞尔曾对这 3 类野生儿的智力发展进程进行了一个比较，认为：

由于卡玛拉从小脱离了人类社会，在狼窝里度过了大脑发育最关键的 8 年，尽管回到人类社会较早，并在 9 年的人类社会生活中经过人类文明的教育逐渐恢复了人性，但大脑的发育受到了严重限制，因此至死智力也只有三四岁儿童的水平。

阿威龙的野生儿虽然没有受到野兽生活的影响，但也同样生活在与世隔绝的环境里，他在四五岁之前就已脱离人类生活，十一二岁才回到人类社会，经过 6 年多的教育和训练，智力达到了 6 岁儿童的水平，直到 40 岁病故。

卡斯巴·豪瑟在三四岁以前的生活基本上还是正常的，关押期间还同一个人接触，甚至学过简单的会话和写字等。虽然再回到人类社会较晚，已经 17 岁了，但一旦回到人类社会中来，再加上良好的教育和训练，智力和心理状态很快就基本上恢复了正常。

野生儿的事实及研究充分表明，在人的一生中，出生以后的头几年是形成正常个性和心理机能最重要的时期，此时脑的正常发育，特别是周围环境的影响，决定了他今后心理发展的方向。它事实上仍然处于胎儿期，从母亲

为什么相似的经历，结果却不相同呢？原因在于早年与社会的接触程度不一样。

的胎儿变成环境的胎儿，如同试管婴儿一样不过是换了一个环境，最后还是将受精卵植入子宫里一样。由于人脑如更高级的电脑，它有着强大的兼容能力，这样植入狼的环境子宫就成了狼孩，植入了熊的环境子宫就变成了熊孩……

但是，一旦过了这3年，人脑就从环境子宫里分娩出来了，这时的大脑就已基本成熟而不再会发生大的变化了。这就是为什么卡斯巴·豪瑟、横井庄一等能够很快适应人类生活，而卡玛拉等不能适应人类生活的根本所在！

由于人脑是早产3年的，因此，在这3年里完全可以进行健脑，也就是说，如果大脑在母胎里没有获得良好发育的话，那么也可以后天补救。如斜视和立体盲者，如果在3岁前矫正，其立体感就可恢复，而超过此年龄，婴儿将成为永久性的立体盲者；再如聋儿如果在一岁前发现，给他们安上助听器，他们就能正常地学会语言发音，但是过了3岁，他们学习发音就会变得十分困难；还有苯丙酮尿症，如果早期发现，用食物就可以治疗好，但是如果时间被耽误，那么孩子的大脑将受到永久的损害。

人脑如更高级的电脑，它有着强大的兼容能力，这样植入狼的环境子宫就成了狼孩。

2.6
3岁前为何不能记忆

马克·吐温真的能记得满月时的事情吗——田中角荣的一次濒死体验——几位音乐家对胎儿记忆的体会——潘菲尔德：人的大脑像一台高保真的摄像机——海伦·凯勒的感觉可靠吗——阿德勒：人的最初记忆代表了他醒世意识的觉醒

波特曼从出生后幼仔的对比中提出“人是生理上早产1年的动物”，或许有人会问，你又是从哪个方面提出“人是早产3年的动物”的呢？是从幼儿大脑同动物大脑的直观比较中得出的吗？如果是，那么又是以什么做标准的呢？

我以为大脑的成熟与否，可以简单地从记忆方面加以衡量，当大脑真正能够起作用时，它必能全脑加以协调。而现在的事实是，几乎所有的成年人，都无法回忆起自己3岁之前的事情，这是个极有意义的现象。它表明人脑在3岁前还没有整合成一个功能强劲的“万物灵长”。

在很多名人的自传中，有的传主认为自己可以记得3岁前甚至是周岁前的事情。如马克·吐温就这样写道：“多少年来，我一直相信，记得我出生后6周，便伺候过祖父喝柠檬威士忌甜酒……”白居易在晚年自述中也言六七月时，乳母弄于屏下，有指“之”字“无”字示之，白虽口未能言，心却已默识，后有问此二字者，虽百十其试，而指之不差……

大脑的成熟与否，可以简单地从记忆方面加以衡量，当大脑真正能够起作用时，它必能全脑加以协调。

我国心理学家张耀翔在20世纪20年代曾特地为此做过一次实验，在被试的106人中，无一人能记1岁以内的事情，能记1岁至2岁时事情的仅1人，而最多的是三四岁，也有人连8岁之前的事情也记不起来。而一些人认为自己能记得儿时的情景，事实上都是由家人转告的，人们一般很容易将这种传达当成自己的记忆，就像在梦里不以为是梦一样。

例如，马克·吐温在自传里就写了自己这样的感受："我总记得小弟弟亨利生了才一星期，便闯进了门外一堆柴火里面。我还记得这样一类的事，可真了不起，而且30年来，一直坚信这种幻觉，认为自己确实记住了这件事，那就越加了不起了——因为理所当然，根本没发生过这样的事，他这样小，根本不会走路嘛。我要是能认真想一想，便不会在记忆里把这样荒唐的事留得这么久。"因此，心理学上认为人的记忆一般是在3岁之后。

那么，是不是3岁之前没有记忆呢？

回答是否定的！

不少例子表明，人3岁前的记忆在特殊的环境里可以得到再现。比如那些遭遇大祸如沉溺深水或从高处坠落而又奇迹般地幸免于难的人，都曾有一种濒死的体验，这些生还的人后来都坚持说：在他们丧失意识之前，他们的整个一生闪现在他的面前，而且这种闪现不是一生中的某些重要事件的片段，而是他整个的一生。这种体验，各种年龄、各个种族的人都曾报告过。

日本前首相田中角荣在第二次世界大战中，曾在死亡线上挣扎过，那时幼儿时代的往事像走马灯一样在眼前掠过。母亲曾带他去寺庙，庙前站着一个和尚，就连和尚的表情、服装、语言他都记得清清楚楚。后来他问母亲，那是多大时候的事，母亲告诉他，那时他才2岁……

法国女作家尚达尔·莎娃芙的经历更神奇。她是在1943年1月15日"二战"中的一次轰炸中出生的，她来到人间时，轰炸便夺去了她的父亲、母亲和姑母的生命，被一个十分喜爱她的人收养。但是从8岁起她开始唠叨两件怪事，一是毫不留情地对母亲说："你不是我母亲，不是。"因为"我觉得许多地方与她不一致"，这使得她的养母痛苦万分；另一件事是，每两三年她便

> 是不是3岁之前没有记忆呢？回答是否定的！不少例子表明，人3岁前的记忆在特殊的环境里可以得到再现。

重复一次这些话："我从死神那里来，我被杀害过，见过死神。"更令她百思不得其解的是，她曾梦见过生母去世前的情景，梦见人们许多年后才告诉她的情况，因此她一直怀念着生母，"养母仍健在，但她一直妒忌我的生母。父亲也不例外。对生母的内在感情，必须时时加以控制，没有人能理解我对没有见过，也不认识的母亲所拥有的爱。养父母常喃喃自语：'她怎么会爱她呢？'是啊，这种爱从何处而来？"而她对此的解释是："在我降生前，这种爱的种子已播种在潜意识、肉体与记忆之中。现在，胚胎和胎儿生命的研究被世人瞩目。对生母虽了解不多，但也可以起曝光作用。"

另外在其他一些条件下也可以再现 3 岁前的记忆，例如在催眠状态下，催眠师暗示你现在是 1 岁，你就会用 1 岁时的语言讲话，做出 1 岁孩子的举动；而在服用迷幻剂的人中，有很多也能再现婴幼儿时的情景……

随着对胎教研究的重视与深入，现代科学甚至认为胎儿就已经有记忆能力了，很多现象如果不用这种方法似乎也解释不通。

日本企业家、科学家、儿童教育家井深大曾亲自接受过苏联著名提琴家列昂尼德·科根的咨询。科根曾在一次音乐会上演奏苏联作曲家的新乐曲，据说，他在妻子的伴奏下曾短期间练过那支乐曲。当时，他的妻子临近产期，不久生了一个男孩。这个孩子长到 4 岁时学会了拉提琴。有一天，他却突然开始奏出了一支从来没有人教过他的乐曲旋律，这正是那次音乐会上演奏的乐曲。这支乐曲仅在那次音乐会上演奏过一次，后来再也没有演奏过，也没有灌制成唱片，他的孩子理应没有听过这支曲子……

关于这种经验绝非偶尔的一两起，加拿大安大略省汉密尔顿交响乐团指挥博利顿·布罗特在回答记者"你是怎样对音乐发生兴趣"时说："也许听起来有些奇怪，但的确在我出生之前音乐就已经是我的一部分了。还是在我年轻的时候，当我发觉自己有异常的天才时，我感到疑惑不解。初次登台就可以不看乐谱指挥，大提琴的旋律不断地浮现在脑海里，而且不翻乐谱，就能准确地知道下面的旋律。有一天，当母亲正在拉奏大提琴的时候，我向她诉说了此事。由于脑海里总是清晰地浮现出大提琴的旋律，所以，引起了母亲

在催眠状态下，催眠师暗示你现在是 1 岁，你就会用 1 内岁时的语言讲话，做出 1 岁孩子的举动。

的兴趣。当母亲问我脑海里浮现出什么曲子时，谜被解开了。原来，我初次指挥的那支曲子，就是我还在母亲腹内时她经常拉奏的那支曲子。”钢琴家阿尔特·鲁宾斯坦、小提琴家耶胡迪·梅纽因等也都曾这样说过。

对人的记忆的研究作出最大突破的要数加拿大科学家潘菲尔德了。在20世纪50年代，他在给癫痫患者施行病灶皮层的局部手术摘除时，在病人保持清醒的条件下，用微电刺激皮层的不同部位，然后询问病人的主观感觉，发现刺激颞叶皮层时，病人出现听觉或视觉幻象。当刺激某一部位时，病人头脑中涌现出以往经历中的听觉形象的记忆，说听到了音乐，像收音机；反复刺激同一部位时，病人也都听到管弦乐队演奏同一支曲子，病人出院后，还真的找到了那首曲谱。又如当刺激另一病人颞叶某部位时，病人说见到了过去去过的街头景色、亲人，说看见了小蝴蝶，还用手去抓。刺激颞叶表面引起的复杂而明确的视觉、听觉表象，符合患者以往生活中的真实事件。在给猿做同样实验时，猿显然像把一件东西抓在手里，然后再看看手中的东西似的……

潘菲尔德的实验证实，人的大脑像一台高保真的摄像机，他把出生以来的，甚至出生以前的所有经历都记录在磁带上！

既然3岁之前保留有记忆，而这记忆又回忆不出，是不是这种记忆都是一些无用的信息呢？

回答同样是否定的。

现代心理学的研究表明，3岁前儿童的记忆之所以不能永久保持而出现“幼年健忘”，一方面是因为3岁前儿童大脑皮质细胞的反应性高，他们往往容易识记所观察到的对象的全部细节。另一方面也是因为3岁前儿童脑皮质的各个区域还没有完全成熟，儿童识记的材料促使了大脑的发育，而发育的脑区的结构又控制了先发育的脑区，妨碍了原先记忆的东西，使人不能回忆起更早发生的事情。

但是这种记忆绝不是可有可无的，它是构成大脑以后思维能力的基础。正如我们都知道数学中方根的意思，可是我们都忘了方根的算法，需要时便

谜被解开了。原来，我初次指挥的那支曲子，就是我还在母亲腹内时她经常拉奏的那支曲子。

去查方根表。当我们会算方根时，才有了方根表，可是习惯方根表后，我们便忘了方根的算法，但是能说方根的算法不重要吗？3 岁前的记忆便如这方根的算法！

事实是否真的如此呢？对此能做最好回答的应该是海伦·凯勒。

当海伦·凯勒 22 岁出版《我的一生》时，绝大多数评论家都认为这本书写得很好，但也有一些评论家却对此大加怀疑："她的所有知识都是道听途说的不可靠知识；她的那些感觉，大都是别人的感觉；她写的事情，超出了她的认识能力，并需要由已证实了每个字的正确性的人来做保证。"

为了回答社会上的不理解，莎莉文小姐告诉说，海伦拥有不依赖他人的判断而认识事物的方法，当她写纽约地铁"像巨兽张开大口"时，她证明凯勒曾画过一只狮子的嘴，因而表明凯勒感觉的正确性。在一个马戏团动物园里，凯勒曾同一只熊握过手，抚摩过一只豹，还让一条蛇盘在她的身上。

凯勒自己是这样回答的："我始终感到我在使用身体的 5 种感官，这就是我的生活如此充实和完整的缘由。"她说她使用"看""听见""看见"这些词时很自然，仿佛她正用身体的所有的感官来看和听。

凯勒自己的感受极有意义，为什么她 1 岁半以后盲、聋、哑了，但她还能如此自然地用身体的所有感官来看和听呢？原因正在于她 1 岁半之前是一个正常的孩子，那时她看到、听到的信息都储存在她的大脑中，是这一年半的经验拯救了凯勒的一生！无论是哈嗒·侯赛因，还是布莱尔，他们都不是先天盲者，正是因为是以后成为盲人的，他们才有可能将过去的经验与身体的其他器官协调起来，从而突破这种对自己的限制。

关于儿时记忆的重要，很多杰出人物都有极其生动的感受。例如冯·卡门，由于父亲不让他做乘法游戏，他长大后，其他的运算形式都可以用其他语言，但是唯有乘法则必须用母语匈牙利语……

因此，3 岁之前的记忆应该是人生的基础，而绝不是无用的信息，那么，我们又为什么不能回忆起来呢？唯一的可能与解释是大脑的整机功能这时还没有协调好。

凯勒自己是这样回答的："我始终感到我在使用身体的 5 种感官，这就是我的生活如此充实和完整的缘由。"

美国明尼苏达大学的马里恩·珀尔马特曾对儿童记忆做过研究，她让孩子们看到一批10个到20个玩具，然后将玩具藏起来，看孩子们能说出几个玩具的名称。她发现，3岁的孩子一般只能回想出两个。但孩子们入学以后，回忆能力开始提高，以后几年持续上升。对于更小的孩子她还注意到这个现象，就是你若问孩子在托儿所或幼儿园里干了些什么，孩子们多回答："没干什么呀。"但过了一会儿，他们却可能把这一天的事一件一件地讲出来，因此，她认为问题在于孩子们还不懂得记住事情的方法，他们还没有觉察到自己的记忆好不好！

但是，我以为这个结论是不能完全让人信服的，孩子在3岁前记忆的事物之所以难回忆出来，关键并不在于他们不懂得方法，而在于这时大脑的整机功能还没有协调好，在于他们还没有从母子的社会性一体中分娩出来。

其实，某种事物要进入孩子的心中，那么就必须和孩子发生一定的关系，而要形成记忆，就要让卷进事物之中的"自己"能在短时间内以第三者的身份"回头看"，并具有借助语言来表述和再现事物的能力，因此，幼儿的记忆是同"自己"的意识密不可分的。

虽然从和母体分离的那一瞬间起，孩子就作为独立的个体开始发展，但是，进行这种精神活动的"自己"最初是和周围社会融为一体的，随着人我关系的发展，才逐渐模模糊糊地显现出来。孩子确立"自己"的过程，也就是他认识他人的过程。

精神分析学家阿德勒也曾对人的最初记忆发生兴趣，他认为发现个人生活风格起源的方法之一是要求个人对能回忆起的最初往事进行描述。他认为："'偶然的记忆'是不会存在的。个人从自己碰到的数以千计的印记中选择记忆的仅是与他所处的情境中最有联系、然而是模糊的事情，因而他所记忆的事情代表了'他的身世'。为了警告与安慰自己，为了使自己致力于奋斗目标，为了用过去的经验培养自己用一种经受考验的行为风格来迎接未来，他常常对自己多次复述这个身世。"

因此，可以说人的最初记忆代表了他的醒世意识的清晰，也就是说他开

3岁前记忆的事物之所以难以回忆出来，在于这时大脑的整机功能还没有协调好。

始意识到自己是一个独立的存在了。阿德勒自己的最初记忆是关于5岁时所患的疾病以及他当医生的决定。他对100多名医生询问了他们的最初记忆，其中大部分都是与严重疾病或家庭成员的死亡有关。这种重大事件似乎有些类似母亲分娩时的阵痛一样。

到了3岁开始出现人的社会性分娩，这时孩子开始知道昨天的自己、今天的自己、明天的自己，都是同一个自己；开始懂得自己不是融合于周围环境之中时隐时现的存在，而是一个一贯行动着的主体。我们用现在的“自己”的眼光来看那时的“自己”，总觉得今非昔比。其实，今天的“自己”和儿时的“自己”不会全然不同，因为精神活动是具有连续性的，“自己”正是在3岁时从薄雾般的周围社会中分化出来开始起步的。

因此，如果从出生后的行动比较而认为“人是早产1年的动物”的话，那么，从更本质的大脑，从人的成长过程来看，人的确应该是早产3年的动物。这种早产给人类带来了极大的可塑性，而3岁才有记忆，正是这一事实的最好证明！

可以说人的最初记忆代表了他的醒世意识的清晰，也就是说他开始意识到自己是一个独立的存在了。

2. 7
人生的头三年是在组装大脑

人生的头三年是大脑配线时期——组装差的大脑难以有好效果——留级不能缩短286大脑与586大脑之间的差距——只有深刻的记忆敏感才有深刻的创造力——本田的“摩托车狂”和卡帕布兰卡的处女局——记忆也是儿时训练而非遗传的结果

为什么在3岁以下的智商测试无甚意义，或者说变化太大，那是因为这个阶段孩子的大脑还处在组装阶段，只有在组装好之后，你才能说组装的是小汽车还是拖拉机，是高层建筑还是平顶瓦房，是黑白电视机还是彩色电视机，是台式机还是笔记本电脑，而在组装完成之前，你是无法断定的，因为这个决定权掌握在组装者——母亲的手里。

井深大曾将人脑的头三年同电脑的组装作比较，认为人生的头三年是大脑的组装配线工作。开始，脑细胞纯粹是自然状态，因此不能发挥作用。从大脑的显微镜照片上可以看出，婴儿出生以后，随着时间的推移和智力的发展，逐渐出现连接着细胞与细胞之间的桥梁一样的突触，只有众多的细胞互相拉起手来，才能处理外界的信息，才能表现出头脑的特有作用，井深大认为这和电脑的晶体管是一个原理，每个单独的晶体管没有任何作用，只有把它们用配线连接起来，才能发挥电脑的机能。

这些脑细胞的连接，即电脑的晶体管和晶体管之间的配线迅速形成的时

3岁以下的智商测试无甚意义，因为这个阶段孩子的大脑还处在组装阶段，这个决定权掌握在组装者——母亲的手里。

期，正好相当于0~3岁这一时期，而且其配线工程的70%~80%都在3岁以前完成，随着大脑配线的形成，脑的重量也在增加。半岁时，婴儿的脑重是出生时的两倍，3岁时可增加至成人的80%。

将从外界捕捉来的刺激加以图案化和记忆，这些最基本最重要的信息处理能力是在3岁以前成形的。如果3岁以前形成的主机部分质量差，那么3岁以后任凭怎么训练“使用方法”也无济于事。正如一台淘汰电脑，配以版本很低的软件，其操作方法再巧妙，也不会得到好的效果。

但是这并不是说，3岁以后孩子的大脑就不发育了，事实上思考、意志、创造、情操等高层次的东西是在3岁以后完成的，从3岁以后，大脑其他部分的“配线”也告开始，4岁以后开始“配线”的是大脑前侧的额叶，3岁以前形成的则是大脑后侧的“配线”。3岁以前和3岁以后的区别，如果用电脑来比喻，3岁前的则相当于机械的主体部分，3岁后的则是软件部分，即操纵主机的部分。

当我们理解孩子的大脑、人的大脑是组装的之后，我们就可以很清楚地理解很多问题。

比如，让孩子留级是不少学习成绩差的孩子家长常常采用的办法。但是通过这种办法最终让孩子好起来的似乎极少，为什么会是这样的结果呢？原因在于父母在让孩子留级时的前提是值得怀疑的，这个前提便是我的孩子和其他的孩子一样聪明，孩子之所以学习不好，是因为基础没有打好跟不上这一班。他们认为放在后一个班次便能解决这一问题，而事实上不久学习成绩又跟不上，因此许多父母后悔说不该将孩子留级，因为孩子对学过的东西不愿再学，把习惯养坏了。

其实孩子的真实情况这些父母根本没有想到，你的孩子学习能力本身就比其他的孩子差，别的孩子大脑是小汽车，而你的孩子大脑则是拖拉机，你是将拖拉机同小汽车放在一起赛跑。拖拉机和那些小汽车一起赛跑，不多久自然就被远远地甩下了，可是你没想到车子本身的问题，而只想到是驾驶的问题，于是放弃同这个级次的比赛。留一级，转到同下一批的小汽车比赛。

将从外界捕捉来的刺激加以图案化和记忆，这些最基本最重要的信息处理能力是在3岁以前成形的。

尽管这时下一批的小汽车还没有启动，你就已经跑了很远的距离，你似乎可以是优胜者了，但是事实却不然，后面的小汽车越来越近，最终超你而去，而你又只好留级，最终成为社会的落伍者……

如果你也是小汽车，你充其量同你同龄的人拉下一段距离，而同整个社会不会拉下距离，但是你如果是拖拉机，那么你则同整个社会拉下距离，从这个角度来看，你的孩子其实相当于弱智，怎么可以同正常甚至超常的孩子并肩齐跑呢？

只有到了一而再再而三地出现这种现象，你才终于猜想可能是这种实质性的区别，这时你才会说，自己的孩子“先天”就比别的孩子差，其实你却始终没有懂得，这“先天”就是人生的头三年，这人生的头三年便是造成孩子终生遗憾的“先天”，所谓“先天”的概念竟然只是这“三年”的概念。

再如，我们常常发现我们身旁的一些人“笨”，这种“笨脑袋”常像漏斗脑袋一样，说了很多遍的东西仍然记不下来，而这种遗忘又不是那种天才似的因为某一方面的痴迷而导致的其他方面的遗忘，而完全是一种带有弱智式的“笨”，这种情况的造成也正是儿时没有注意大脑组装的结果。

但是，这三年还不仅仅是配线，是组装主机，而且还是与功能开发软件配置紧密相连的，也就是说大脑的组装是与功能开发同时进行的。

进行功能开发的典型表现便是形成记忆敏感，敏感期便是这种记忆印刻的一种特殊表现形式。除此之外，我们更多的还是通过眼、耳、鼻、舌、皮肤这些感觉器官向大脑输送信息。这些信息有的轻微，有的沉重。沉重的信息慢慢形成结核，只要遇到类似信息，这种结核便如同吸铁石一样将其吸附在一起，这样就形成了记忆敏感。

这种记忆敏感年龄越小越容易形成，越大就越难形成，因为这时的大脑已经被挤占充满，即使是一件新鲜事件，大脑也会将其归入旧类。正所谓“猎人进山只见禽兽，药农进山只见药草”，之所以有这种不同的看法，就在于儿时形成的这种不同的记忆敏感。

当记忆敏感形成后，与之相关的事情便不知不觉地吸收了。随着信息接

孩子“先天”比别人差，其实这“先天”就是人生的头三年，这人生的头三年便是造成孩子终生遗憾的“先天”。

收量的增加，大脑筛选信息的能力也在增强，这些记忆的东西在大脑的潜意识里不断进行发酵、配套，最终变成创造力。只有深刻的记忆敏感才有深刻的创造力，那些有伟大创造力的人，只在记忆敏感的领域表现出来，而在其他领域有的甚至还极为糟糕。拿破仑、达尔文、普希金、爱迪生、爱因斯坦、邓肯、丘吉尔、毕加索等都是如此。

日本本田公司的创始人本田宗一郎曾这样回答他喜爱摩托车的原因："过去没有电动马达，碾米的时候只好用石油发动机，记得我很小的时候，我家附近有个碾房，我对叭叭作响的发动机很感兴趣，让祖父背着我去看。据说祖父一不带我去我就发脾气，哭声惊动四邻，弄得祖父没办法，就整天背我去看。到了后来，发动机的响声我觉得像摇篮曲一样动听，排出的油臭使我感到无比的亲切和依恋。这中间也许潜藏着后来使我成为'摩托车狂'的原因。"

世界棋坛著名国际象棋天才、古巴选手卡帕布兰卡，曾这样记述他4岁初学下棋时的一段传奇经历："……第三天，我仍在一旁观棋，我的父亲当时还是一个未入门的棋手，把他的马从一个白格移到另一个白格……他后来赢了，但我说他耍了诡计，并指给他看他错在哪里。父亲反唇相讥道：'你懂什么！'我说：'我可以赢你。''你吹牛，'父亲说，'你连棋子应该放在哪里都不知道。'于是我便同父亲杀了一盘，结果我赢了，这就是我的处女局。"

应该说人在4岁前的记忆是很难回忆得十分准确的，卡帕布兰卡说他只用了3天时间看大人下棋就把他父亲杀败了，也许并不十分可信，但是尽管如此，我猜想他的父亲一定是个国际象棋的热烈爱好者，正是在这种不知不觉的习育下，他不仅了解了棋子活动的特点，掌握了弈棋的正确法则，甚至形成了这样的直觉：马每跳一步，棋格的颜色一定会起变化。

纵览古今，几乎所有杰出人物都有着这种良好的记忆敏感。拿破仑是一个学习很差的学生，但是却是一个天才的组织家，他的记忆敏感在于人际组织，他有句名言："没有记忆力的脑袋，等于没有警卫的要塞。"传说他能记住自己部下所有军人的面容和姓名，并且比任何人都能清楚地记住正在战斗

纵览古今，几乎所有杰出人物都有着这种良好的记忆敏感。

的部队的移动和位置。但就是这样一位天才，他除数学外的几乎所有课程都很差，拿破仑的所作所为正应了这样一句格言：什么地方没有兴趣，什么地方就没有记忆！

正如植物的根具有趋肥性一样，当人的大脑中形成这种记忆敏感后，在无意识中就会大量吸收这方面的信息，从而形成更为突出的直觉。几乎所有杰出人物，他们的成功不只来自刻苦的钻研，还来自他们对此项内容极其良好的直觉，正如卡帕布兰卡直觉到马每跳一步棋格的颜色一定会起变化一样，而这种直觉同他幼年期所受的训练极其有关。这种直觉在体育上常用球感、水感、棋感来表示，那些有良好直觉的运动员是最好的运动员，是最可能取得好成绩的运动员。

值得一提的是，我在看人物传记时发现，那些经过早期识字的人物，记忆力通常都较好甚至极好。例如，沈从文 4 岁时由母亲教识字，他后来自语说他“记忆力从小又似乎特别好”。再如茅盾也是很小由母亲教识字的，据说后来连《红楼梦》都能背诵。历史上的例子就更多了，苏东坡从小由程夫人教育，长大后连《汉书》等也能背诵。而那些历史上记忆力不好的名人，儿时大多没有进行文字教育，致使他们后来读书颇感吃力。如达尔文，他说背诵功课很容易办到，“可是，这种强记的东西，一过了 48 小时，就已经遗忘干净了”。这可能是同形成符号敏感有关，马里恩·珀尔马特认为入学之后记忆能力提高，是因为孩子学到了这种记忆技巧的缘故，如果记忆必须通过训练而不是天生的话，那么对幼儿的记忆训练也许是非常必要的，而我在某种程度上已经相信记忆是儿时训练而非先天遗传的了。

如果记忆必须通过训练而不是天生的话，那么对幼儿的记忆训练也许是非常必要的。

2.8 婴孩的一年等于十年

婴孩的一天绝不是绝对时间意义上的一天——儿童的学习存在着递减法则——“三岁看大，七岁看老”对在哪里——儿童头几年获得的特性像痘疤一样附时而长——孩子就是总统，牵一发而动整个一生

由于人是早出生3年的动物，因此，对于人的早期来说，婴孩的一天绝不是绝对时间意义上的一天，而是几倍甚至几十倍于绝对时间意义上的一天。可是我们做母亲的觉得孩子还小，来日方长，即使浪费几天也没有什么关系，只要以后抓紧，很快便会补救过来的，因此对孩子放任不管。这种意识极为普遍也极为错误，许多人的前程是在这种麻痹大意里被母亲的双手葬送的。

为什么对于孩子的时间不能以“天”这个绝对数量来计算呢？因为这种貌似公正的计算方式实质上是不公正的一种计算方式。如果要以一天24小时这个绝对时间计算，那么一天的效果必须是一样的，例如，每天吃三餐，每天洗一个澡，每天睡8小时觉，由于效果一样，因此可以用绝对时间来计算。

但是，对以后生活有重大影响的生命头几年，由于每一天的产出不一样，因此是不能以绝对时间概念来衡量的。

例如阅读，如果迟学会阅读几年，它对生活的影响将绝不是几年，被同龄人拉下的人生距离也绝不是几年。由于今天的一个工作日，为以后创造了

对以后生活有重大影响的生命头几年，由于每一天的产出不一样，因此是不能以绝对时间概念来衡量的。

无数个工作日，那么，这一天就不是一般意义上的一天。

因此，孩子的时间不是以“天”这个绝对时间来计算的，而应该是以增加的量这个相对数来计算的，但这个增加的量却是呈递减的，有一个边际效应递减规律存在。因此要逼迫母亲为孩子争取这段时间。

关于这个边际效应递减规律，有很多教育专家都论述过。

木村久一说，儿童的可能能力是有着递减法则的，生来具备100度可能能力的孩子，如果从一生下来就给他进行理想的教育，那么就可以成为一个具备100度能力的成人；如果从5岁开始教育，即使教育得非常出色，也只能成为具备80度能力的成人；而如果从10岁开始教育的话，教育得再好，也只能达到具备60度能力的成人，教育开始得越晚，儿童能力的实现就越少。

阿诺德·格塞尔、本杰明·布卢姆等对此都有十分精辟的论述。

早期教育之所以如此重要，正在于这种边际效应递减规律，而不是随时间递增的规律。这如同两个人在一起比赛跑步，第一天甲领先了乙10千米，第二天乙并不能追上甲，相反，第二天甲又领先了乙5千米，两天相加是领先15千米。虽然乙尽了最大努力，但能力比甲弱，这样相差的距离越来越大，这就是为什么留级的学生看似比同龄人只差一年，但实际上却可能相差五六年的原因所在，这也就是在小学、中学、大学是同班同学，但几十年后相聚差距极大的原因所在！

我们每个人都有到食堂买饭的经验。下课或下班铃一响，便朝食堂飞跑，原因并不是跑步节约多少时间，而是提前1分钟就可以节约10分钟排队的时间，早期教育正是节约这排队的时间而不是路上的时间。孩子的能力就如同这排队一样是递减的，早一天开发，就如同早站在队里，而迟一天开发，那么前面就挤满了一堆人，而我们母亲都以为是以一天天这样的步速来打饭的，从而让孩子在后面慢慢悠悠，而到了食堂排在最后时则悔之晚矣！

按照这样的算式，第N天时，他的生命的增加量便是1/N，由于增加量越来越小，因此，对于一个老人来说，他便会感到时间过得越来越快，人进

这就是为什么留级的学生看似比同龄人只差一年，但实际上却可能相差五六年的原因所在。

入50岁以后，这种时间过得快的感觉自己就能明显地感觉到。而在童年时，时间似乎过得最慢，对于孩子来说，出生后的第二天相对于第一天，他的生命便延长了一倍，相当于一个80岁的老人延长到160岁，这就是为什么孩子每天都有变化，每天我们都能看到变化的原因。

孩子的时间关系，不仅有着上面这些显而易见的关系，可能还有更本质更重要的方面，那就是说同样是24小时的绝对时间，儿童同老人的实际享受是不一样的，即所谓“洞中方七日，世上已千年”……

这在某种程度上已是爱因斯坦的相对论了，是由不同的惯性系造成的，但是我现在的猜想可能是这种不同的惯性系同时存在于一个人的身上，并且会发生某种转换如心理转换等，如果这个猜想有些合理，那么人类对儿童的认识将大大前进一步，而对儿童时期的重视将大大加强。

由于这种时间观念，我们可以提出孩子的1年相当于成人10年的论点，并且认为这种10年还具有某种对应关系。

长期以来，世界各国一直有着这样的谚语：“三岁看大，七岁看老。”现在分析起来确有道理，由于孩子1岁相当于成人10岁，因此，3岁可以看到他30岁，7岁可以看到他70岁，这样当然可以是“三岁看大，七岁看老了”。

但是，这些都还不足以表达这种来自生活里的智慧，这些谚语的更精妙之处，还在于它涵盖了相应年龄段的对应之处。事实上人生以10年为周期重演放大他生命最初的几年，也就是说10岁、20岁、30岁分别是1岁、2岁、3岁的展开放大。

真的如此吗？对于1岁孩子来说，他主要是发展他的生物本能，主要是动作发展，而孩子10岁之前也正是如此，主要是孩子动作发育，如果婴孩1岁发育正常，那么这种正常可以保持到10岁。据美国芝加哥大学的一份研究报告，在孩子生命最初，他对世界的了解是通过他全部的5种感官获得的，也就是视觉、听觉、触觉、味觉和嗅觉。如果环境中有许多的游戏、玩具或其他物体能给孩子摆弄，就会有助于他感知的成长。在吃饭、玩耍以及一天的其他活动中，孩子与大人广泛接触的经历，也具有同样的作用。

由于这种时间观念，我们可以提出孩子的1年相当于成人10年的论点，并且认为这种10年还具有某种对应关系。

该报告还特别声明，感知发展对于小学期间学习的顺利有很大的关系。那些在这方面享有过充分发展机会的孩子，与别的孩子在学习上有明显的差别。

在孩子2岁时，孩子的主要任务是接受并学会思考，也就是接受这个世界已有的一切。因此，在2岁时，语言技巧是发展的一个目标。孩子的语言能力，在很大程度上，取决于在他生命最初所接触的成人的表现。随着人运用语言机能的发展，人开始学会把自己的感情和意愿注入语言，人开始比较、区分和表达抽象的意思，把语言作为思考的工具。

如果婴孩2岁发育正常，那么这种正常可以保持到20岁。

对于3岁孩子来说，人已经要独立地表现自己了，这个时候有了他人生的第一个反抗母亲而显示自己存在的反抗期，如果婴孩3岁发育正常，那么这种正常可以保持到30岁！对于小学来说，它给孩子的是认识这个世界的基础，就如孩子1岁时的感知一样；对于中学来说，它给孩子的是认识这个世界的工具，告诉人这个世界如何认识，正如2岁时的语言能力一样；而30岁以后则是用这种语言去在这个世界上行动了。

为什么能够这样以小见大以微知著呢？原因就在于儿童发育具有这样几点重要特性，简而言之就是儿童各种基本特征的发育不是在单位时间内以同等速度进行的；其次是发育的最快时期是人生最早的几年，从那以后发育变得越来越慢，进入青春期后才又开始加速。这样一些特征在儿童期一年的发展程度，相当于在其他发育阶段8~10年的发展程度，甚至更大。第三是在成长速度最快的岁月里，儿童受环境的影响也最大，而这种生活经历对以后的发展有着至关重要的影响！

现代心理学研究成果表明，儿童4岁以前的智力发展程度相当于其后13年的智力发育程度；8岁时的词汇量就已达到一半，另一半需要在今后18年中才能掌握；18岁时所掌握的知识和技能，有将近一半是他9岁前就已掌握了的。如果假定人类发育在18至20岁之间就全部完成，那么根据布鲁姆的有关知识综合法，发育过半的年龄是：身高2岁半，智力4岁，词汇8岁，男

儿童各种基本特征的发育不是在单位时间内以同等速度进行的；发育的最快时期是人生最早的几年。

孩的进取心3岁，女孩的依赖性4岁，学习成绩9岁……

儿童的这种全息特性在某种程度上同痘疤一样简单。有很多女士，皮肤白皙，光彩四溢，但是夏天穿无袖衫裙时，儿时留下的痘疤非常刺眼，乍一看以为像痘疤长大了，事实上是因为身体长大了，痘疤不过跟着胳膊等比例放大而已，这种特性不仅身体有，而且心理上同样也有，这种对应也许正是如此！

其实，有时候婴孩的1年还不仅等于10年，在很大程度上甚至影响人的一生。洛克说得好："我们幼小时所得的印象，哪怕极微极小，小到几乎觉察不出，都有极重大极长久的影响，正如江河的源泉一样，水性很柔，一点点人力便可以把它导入他途，使河流的方向根本改变；从根源上这么引导一下，河流就有不同的趋向，最后就流到十分遥远的地方去了。"

因此，孩子就像总统一样，只要稍微发生一些偏差，它将直接影响到人的整个一生，正如像总统影响全国一样。孩子不像大人，大人犯了一个错误可能就是一个，而孩子却可能受其一辈子影响，这是我们不得不重视孩子教育的原因。

孩子就像总统一样，只要稍微发生一些偏差，它将直接影响到人的整个一生，正如像总统影响全国一样。

2.9
智力阉割：近乎残酷的事实

孩子的大脑指示着教育机会上正在流逝的时间——不可迷信“成熟优势说”——“瞎玩”与“有准备的环境”——孩子是怎样学会认钟的——并非什么都要让孩子自己去摸索——“文化大革命”不重视基础教育的教训是残酷的——今天该是我们深刻反思的时候了

我们人类到目前为止，最大的浪费不是官僚主义，最大的罪恶不是战争，最大的不幸不是仇恨，而是对人类智力的阉割，对儿童智力的阉割。我们人类实际上一直在干着将男人阉割，然后再呼唤男人；将树木砍伐，然后再呼唤森林；将环境污染，然后再呼唤治理一类的蠢事！

潘非尔德作为一个脑科医生说得好：“人脑是一个活生生的、不断成长的器官，但它受到自身功能发育的无情规律所制约，没有人能够改变这一点，即便是教育者或是精神病医生。对于一个孩子的大脑，人们可以拟出一个功能发育的时间表，人们完全可以说，孩子身上有一个先天的生物钟，它指示着教育机会上正在流逝的时间。”

如前所述，人的大脑是一个不断走向成熟的器官。当幼儿大脑主管语言的部位受到损伤因而失语之后，几个月后，它就可以在大脑的其他部位创造出一个新的言语中心。但是，如果是一个成人大脑的重要部位受伤，他要创造一个新的言语区域就极其困难，他的大脑皮层已经“受约束”，他的大脑已

孩子身上有一个先天的生物钟，它指示着教育机会上正在流逝的时间。

经不再拥有先前的那种弹性了。

对儿童智力造成阉割的最主要原因来自“智力是天生的，遗传的，固定不变的”这种观念，这种观念让人们认为人的意志、有目的的行为、知觉、感情、基本的感觉运动能力等都是不需要经过任何训练就能自然地产生出来的，因此只需要到时候进行训练就可以了，而教育的目的就是这种训练，这方面的典型理论便是“成熟优势”了。

这种理论认为发展是一个过程，在这个过程中，身体内部已经具备了的天生的结构会自然而然地显露出来，外来的推动对这种结构是不会产生本质上的影响的。

这种理论的倡导者格塞尔为此还做了不少实验。实验之一是训练一个出生46周的婴儿登阶梯，结果6周以后这个婴儿就能以26秒的速度登上阶梯，而未受到训练的另一同卵双生子则需要45秒，仅就这一点看，阶梯训练效果是明显的。以后对没有经过训练的那个孩子只进行了两周的训练，结果他很快赶上了第一个孩子，到了第二周以后竟超过了第一个孩子，因此很显然，成熟比练习更为重要。

不仅如此，格塞尔等还在其他方面，如打球技能、语言学习等各个方面进行了同样的试验，并得出类似的结果。既然发展排斥外来的作用，教育和学习便无益于孩子了，因此早期教育没有任何作用，最好什么也不做。这样，人们的印象再加上“科学”的论证更加固了人们对儿童智力阉割的做法。

在这种错误思想支配下，人们对孩子的早期教育便无所作为而只能消极等待了。因此人们相信学龄前幼儿没有教育和学习的可能性，现在的学校教育制度正是建立在这一指导思想上的，在涉及婴幼儿智力开发时，这种等待主义的观点便更是顽强了！

比如，在国外和国内都有这样的现象，就是对进入小学之前就学会阅读的孩子进行研究时都发现，这些孩子很少出自较高层次的家庭，有相当一部分阅读能力超前的孩子都出自极普通的家庭，究其原因在于较高知识层次的家长熟知这类人类以往的理论，并且认为阅读只能由训练有素的老师来教，

在这种错误思想支配下，人们对孩子的早期教育便无所作为而只能消极等待了。

家长不应该参与这一过程，而不那么了解这些传统观念的家庭则高高兴兴地帮助孩子学习识字、读书……

因此，更多家庭面对孩子的童年都采取一种放任的态度，那就是让孩子——玩！

其实，玩也是一种学习，而且是一种主动积极的学习，但既然是学习，就存在不断进步的问题，这就如同教学一样。所谓让孩子玩，正确的说法是让孩子在不知不觉中学。同样是搭积木，开始是让孩子训练手的灵巧性，在稍大之后可以告诉每一块积木的作用，一个5岁的孩子和一个3岁的孩子在搭积木时不应该是一个层次上的，但现在孩子却多是如此，这就如同孩子在上课，而老师每天只让孩子念同样的课文。同样是玩琴，一个孩子在玩中不仅学会了弹琴的技术，还领会了音乐的美；而另一个孩子则只会胡乱按键。同样是玩，效果却大不一样。我们的孩子就是交给了一个没有教学计划的母亲，这就是我们常常听到的"瞎玩"！

因此，孩子的玩不应该是"瞎玩"，至少不应该全部是"瞎玩"，而应该是有目的的"玩"，是"睁着眼睛的玩"！既然有目的，那就不是纯粹的"玩"——可能很多人都会这样说，其实这种"有目的的玩"是一种"有准备的环境"，也就是说对于孩子来说是玩，但这种玩的环境是母亲精心准备的，玩的眼睛不是长在孩子的头上，而是长在母亲的头上！

比如认动物，哪怕孩子还是一两岁，母亲如果先在图册上让孩子认识什么是老虎，什么是狮子，然后再去动物园，这种玩同没有任何知识准备的玩，效果是不同的，这种玩能让孩子思维向深层次发展。如果孩子已上小学，这时他会把虎、豹等归入猫科，把豺、狼等归入犬科；这时他会知道什么是食肉动物，什么是食草动物。这种玩同那种到了"六一"儿童节或孩子生日时随意地去一次动物园效果肯定是不同的，通过这种玩，他不仅能加深对事物的理解，而且能养成一种良好的学习习惯，就是在干一件事之前，或干一件事之后，需要认真地准备或总结一番，这样他将来做事时便会非常理智、清醒。

> 孩子的玩不应该是"瞎玩"，至少不应该全部是"瞎玩"，而应该是有目的的"玩"，是"睁着眼睛的玩"！

再如让孩子认时间、认钟，这也是每一个孩子都要经历的。如果母亲对孩子讲了一遍原理就要求孩子会认钟，这便是教学，孩子认钟时便是一种负担，而不是玩儿。但如果母亲是通过半年甚至一年的时间让孩子学会认钟，孩子就会是在玩中学会了。

一般都是这样教孩子认钟的，在开始让孩子先学认时针，孩子会很快学会，甚至当时就已掌握。但教认分针时就较难了，因为要让孩子理解一小格是 1 分钟，一大格是 5 分钟。通常是先让孩子认识 5 分钟累加的方法，这样刚会算术的孩子开始会算得很慢，但母亲可以在一旁帮助他，等他会算这种累加时，便可以让他掌握更简便的方法：每两格是 10 分钟，分针到 6 字时说 30 分钟，还可以用“×点差多少分”来表达，接着再告诉他“刻”是什么意思！

到了这时，钟的认识他就基本掌握了，孩子每天都在玩，但孩子每天都在提高。通过会认时间，他又感到掌握时间的意义，比如他这时知道动画片是几点几分开始对他的意义，知道幼儿园上课下课的意义……这样的积极反馈便让他感到越学越有意思！

遗憾的是，母亲很少如此做，甚至“不知道什么时候孩子学会了认钟”，孩子自己慢慢学会认钟多是年龄稍大时。很多家庭的钟是罗马字母，这很不利于孩子认时间，对于孩子认钟来说，最糟的是罗马字母，其次是只标 3、6、9、12 的不完全标注，最好的是不仅有 12 小时，还有 24 小时的标注。

或许有人会问：不教孩子认钟，孩子不也自然学会了吗，提前让孩子会认钟又有多大意义呢？再说孩子慢慢摸索规律从而自己学会了认钟，这种学习过程不比那种由母亲教的过程更有意义吗？

这里需要说明的是，母亲教的过程并不是孩子被动接受的过程，同样是孩子动脑筋后才掌握的，孩子自己学会认钟也不是没人教的结果，只是这种教母亲没注意到罢了！至于具体到提前认钟这一学习过程有多大的意义我们不好说，但有一点是肯定的，那就是如果什么事情都让孩子自己慢慢摸索，那么人类肯定还在含毛茹血的阶段，今天的学校也没有它存在的理由！而且更重要的是，一旦错过这一时期，有许多东西也许是永远掌握不了的。

母亲教的过程并不是孩子被动接受的过程，同样是孩子动脑筋后才掌握的。

关于这一点，我们是用沉重的代价换取的，上山下乡的很多知青因为耽误青春的大好时光从而遗恨终生。就是我们这些没有上山下乡的人也因为小学、初中的耽误而暴露出基础的不扎实，以至于面对人类创造的优秀文化而表现出强烈的历史自卑感。就拿我自己来说吧，直到这次才稍有系统地看了中国史书，而这其实是十几岁就应该完成的知识积累。当年钱伟长考大学时，考卷上就有二十史的作者、注者是谁这样的题目，苏步青中学时能背《左传》……对中国古籍的熟悉，可能当今全国也找不到一个可同那时的大学生比肩的了，而即使今天我们勉强补上了这一课，其效果也远不会有儿时学习的效果好。

正如同体育运动一样，几乎所有优秀运动员无不是小时候打下的基础。我们从来没有看到一个中年人因为刻苦锻炼而能出最好成绩的，从来没有看到一个棋手是退休后才取得佳绩的，体力如此，智力也是如此。伯顿·L. 怀特说："如果一个3岁的幼儿在学术上有关的各方面，如语言和解决问题的技能上迟开窍6个月或更多一些时间，那么他就不可能在以后的学业经历中获得成功。"话虽说得绝对了一些，但他的意思却是明白的，那就是要重视早期教育，切忌对儿童的智力阉割。

尽管中国历史上非常重视这种最佳期，如武术中强调"童子功"，戏曲中强调"幼功"等，但是没有上升到一个普遍重视的高度，而且即使这种"童子功""幼功"在近现代还招致挞伐，儿童智力阉割日重一日，今天该是我们好好反思的时候了！

儿童智力阉割日重一日，今天该是我们好好反思的时候了！

2.10
我们现在所有的教育都是再教育

我们严重低估了孩子学习的能力——童子功：必须做与如何做——教育中的可持续发展问题——巴甫洛夫：破坏一种动型是痛苦的——铃木镇一：坏习惯无法改掉只能超越——马卡连柯：再教育需要更大的力量

诺贝尔奖获得者比德尔指出："我们的教育体系错过了大好良机，因为人们忽视了孩子发育中最敏感最能接受的时期，我们严重低估了孩子学习的能力。问题是我们没有倾听。我认为我们必须立即倾听孩子们的要求，这是至关重要的。"

由于我们大大低估了婴幼儿的学习能力，因此我们是在孩子已经养成不好的习惯之后再去教育，我们人类所有的教育都是再教育。

我在前面论证中国文化衰落时用了戏曲演员作为例证，对现当代戏曲大师的文化素质存疑；但另一方面我也在思考，为什么经常听到一些老戏迷叹息今不如昔，甚至一些戏曲同行也有这样的感叹。这些卓有成绩的戏曲表演家之所以能被社会承认，必有它内在的理由。现在的一些青年演员之所以难遂人意，除了文化上的原因外，肯定还有其他因素，这些其他因素里很重要的一项便是幼工。

在《梅兰芳舞台生活四十年》里，梅兰芳是这样回忆他儿时学戏的："一

我们大大低估了婴幼儿的学习能力，我们是在孩子已经养成不好的习惯之后再去教育，我们所有的教育都是再教育。

早起来，5点钟（老师）就带我到城根空旷的地方，遛弯喊嗓。吃过午饭另外请的一位吊嗓子的先生就来了，吊完嗓子再练身段，学唱腔；晚上念本子。一整天除了吃饭、睡觉以外，都有工作。”

在梅氏学戏时，舞台上的演员要踩着跷表演，这种跷工就很不简单，“冬天在冰地里，踩着跷，打把子，跑圆场，起先一不留神，就摔跤。可是踩着跷在冰上跑惯，不踩跷到了台上，就觉得轻松容易……”这还是最容易的，至于学武行的更是不知要吃多少苦头。

这种训练的结果如何呢？梅兰芳说：“我练跷工的时候，常常会脚上起泡，当时颇以为苦。觉得我的老师，不应该把这种严厉的课程，加到一个十几岁的小孩子身上。在这种强制执行的状态之下，心中未免有些反感。但是到了今天，我已经是将近60岁的人，还能够演‘醉酒’‘穆柯寨’‘虹霓兰’一类的刀马旦的戏，就不能不想到当年教师对我严格执行这种基本训练的好处。”

过去的京剧教育有一些不好的做法，如“学戏便是打戏”“不打不成才”等。我们要把必须做与如何做分开。童子功是必须做的，但可以用更好的方式来进行，因为一旦错过了这一时期，很多技巧便无法掌握。这或许就是当今一些年轻演员文化知识高于旧时、但功底欠佳而难以超越的原因吧。不少新派人物看到西方儿童的自由教育，常常一味对传统的京剧教育进行批判，其实批判的应是其方式方法，而不是其强调练童子功的本身！

现在世界各国政府都在注意“可持续发展”问题，任何一项决策如果不是可持续发展的，无论它的近期效果如何显著都是不可取的，都是“吃祖先的饭，砸子孙的碗”，都是短视的。其实我们目前每个人早期所受的那点可怜的教育也是如此，也是不可持续发展的，绝大多数都是限制了我们今后的发展。

比如练过英文打字的人都知道，在无人指导的情况下，总是经常使用自己感到最顺手的指头，这种方法在开始学习时比标准打法甚至还要快。但是不用多久这种方法就显出它的不足，这种方法不可能取得最好的成绩，相反

我们目前每个人早期所受的那点可怜的教育也是如此，也是不可持续发展的，绝大多数都是限制了我们今后的发展。

到一定的速度后，它便制约着打字速度的提高。

标准打法因为规定了每个手指在字盘上承担的字母，开始时可能很慢，渐渐地速度就快了，用这种方法学习的人，能够用同样的节奏打各种频率的字，而且越打越快，用错误方法就不可能达到这种熟练水平。因此错误的方法是不可持续的。

在某种技术上如此，在人生其他问题上也如此，往往都是让孩子自己随心所欲而走上不可持续发展的胡同，然后再寻找解决的办法，有的或许会痛改前非，有的则继续发展，幻想能闯出新路而最终越陷越深。

比如人生很重要的一项品质就是“完成的能力”，这是所有天才最突出的品质，苏联数学家克雷洛夫曾极有见地地指出：“在任何实际事业中，思想只占 2%~5%，其余的 95%~98%是实行。”任何一个有所成就的人都是这方面的模范，并且很小的时候都已表现出来，一些杰出人物儿时的“痴愚”正是这种品质的折射。

但是现实中太多那种半途而废的人了，我常感叹“即使给这些人 300 年的寿命，也难跻身于一流人物的队伍中”，何以如此呢？这多是由于小时候家长在这方面没有严格要求，从而养成做事不认真、一遇困难便绕道而行的习惯与定式。这些孩子长大后不断地选择新领域，不断地改换门庭，只要达到一定的高度便难以再上台阶，因此总是表现出普通的能力。其实做任何事情，其原理都是相通的，最困难的地方正是最有价值的地方，突破了这个极点便是一种新境界。遗憾的是，我们养成了这种半途而废的习惯，再想学到那种殚精竭虑的苦斗就难上加难了！但是我们却没有一个地方去让孩子学会这种能力，除了母亲、父亲具备这种素质以外！

一旦养成不好的习惯再去改正，就不是件容易的事了。俄国教育家沃多索娃指出，在儿童教育中，主要的是要培养有良好的道德习惯。但不好的是，没有从摇篮时期起就开始对儿童进行教育，教育往往是从学龄期开始，而在这个时期许多坏习惯已经扎下了根，由于这时神经系统的可塑性小，由于这时的头脑不大起作用，而且已经指向了某个方向，所以要改掉这些坏习惯就

教育往往是从学龄期开始，而在这个时期许多坏习惯已经扎下了根。

愈加困难。

巴甫洛夫从生理学的角度阐述这一问题，认为儿童习惯和需要的形成，是以儿童大脑里某种固定的神经联系系统为前提，这是大脑高级部分的动型。破坏这种动型，对于一个人常常会体验到一种痛苦；动型的基础愈牢固，人在破坏这种动型时所受的痛苦也愈大。如果我们企图改变儿童的习惯，破坏儿童所习惯了的行动，以及用新的行动去代替其旧的行动，就常常遭到儿童的反抗。

几乎每一个教育家都碰到并注意到这样的问题。

铃木镇一认为要改掉坏的习惯是不可能的，唯一能做的便是培养正确的习惯以超越它。他举例说，很多孩子把音符 1、2、3、4 的半音 4（Fa）拉高，这是因为已经按高半音的“4”训练的结果。要把这个已经高半音的“4”恢复到原来像白纸一样是不可能的，因为那是已经死了的东西，是不可能改变的。怎么办呢？那就是让他们学会一个新的、正确的“4”的音。

那个错误的“4”音，如果是听过 5000 次后掌握的话，那么就让他们把正确的“4”音听上 6000 遍、7000 遍。这样做即便一开始不起作用，但用不了多久与原先掌握的错误的发音相比，听了 6000 遍以后养成的正确发音的力量，作为能力就占了上风，这样，新的能力养成了。

如果孩子染上了坏习惯，为了杜绝它，就要培养起良好的习惯。假如那个恶习是在现实生活经过 100 次的反复形成的话，那么相反的，良好的习惯，就要反复训练 150 次、200 次，这样孩子养成了新的能力，恶习就自然消失了。

对再教育有更深体会的当数马卡连柯，他的最富创造性的 15 年时间是在为流浪儿童和少年违法者组织工学团中度过的，他这样说：“儿童将成为怎样的一个人，主要决定于你们在他 5 岁以前把他造就成一种什么样子。假如你们在 5 岁以前没有按照需要的那样去进行教育，那么，以后就得去进行‘再教育’。”

可这种“再教育”是相当困难的：“如果你们不能够合理地教育自己的儿

儿童将成为怎样的一个人，主要决定于你们在他 5 岁以前把他造就成一种什么样子。

童，如果你们稍有疏失，对儿童关心不够，或者有时候偷懒起来，放松了对儿童的教育，那时候，要加以改造和矫正，就必须下许多功夫了……再教育需要更大的力量、更多的知识、更大的忍耐……这样的工作即使获得完全的成功，对父母也会造成经常的苦痛，会使他们伤尽脑筋，又往往能损害父母的性格。”“有的父母根本做不好‘再教育’工作，只好把孩子送到工学团去；有的工学团对这样的儿童也没有什么办法，到社会上，这些儿童仍然不能变成社会真正需要的人。”

从这些教育家的论述中，我们可以看出再教育的困难，我们很多的教育家都是在做这种再教育的工作，甚至与其说他们是教育家，不如说他们是再教育家！

我们很多的教育家都是在做这种再教育的工作，甚至与其说他们是教育家，不如说他们是再教育家！

第三章

大规律：天才何以成为天才

天才是与我们仅隔一步之遥的人。

——［日］芥川龙之介

我们很多的教育家都是在做这种再教育的工作，甚至与其说他们是教育家，不如说他们是再教育家！

3.1
一生之计在于童

博兰霓：人的创造来源于两种意识：集中意识和支援意识——列夫·托尔斯泰《安娜·卡列尼娜》的开头与汉密尔顿“四元数”的解决——爱迪生与阿普顿：支援意识是长期经验积累的结果——鲁迅弃医从文的根本原因在于此领域其支援意识最优越——杰出人物在校学习成绩不好，大多是集中意识与最优意识的错位所致——杰出人物都是让自己体验得到全部燃烧的人

现代心理学的一个非常重要的特点就是强调潜意识的重要，无论人的任何活动，潜意识都扮演了极重要的角色，对于知识也是如此。

博兰霓的知识论认为，人的创造来源于两种意识，即“集中意识”和“支援意识”。“集中意识”是指我们在思想的时候总是有一个集中的兴趣或意图；“支援意识”是指我们在思想的时候，都受我们在潜移默化中所受教育的影响。博兰霓认为一个人在思想的时候，虽然他必须采用“集中意识”，但实际上集中意识后面的根据是他过去在成长过程当中一些经过潜移默化所得到的东西，也就是说真正的创造源泉是来自个人心中无法表面化的支援意识。

例如，《安娜·卡列尼娜》这部小说的内容和情节，列夫·托尔斯泰早已构思好了，就是苦于找不到一个好的开头，才一直没有动笔。1873 年一

真正的创造源泉是来自个人心中无法表面化的支援意识。

个春天的晚上，托尔斯泰仍然没有头绪。这时他随意地走进大儿子赛尔该的屋子里，看到大儿子正在读普希金的《别尔金小说集》给他的老姑母听。托尔斯泰就拿起这本书随便翻了一下，当看到后面一章的第一句："在节日的前夕客人们开始到了"时，他高兴地喊了起来："真好！就应当这样开头。别的人开头一定要描写客人如何，屋子如何，可是他马上跳到动作上去了。"于是他立即走进书房，坐下来写了这篇小说的头一句："奥布浪斯基家里一切都乱了。"

再如，英国数学家汉密尔顿曾这样叙述他发现对代数具有重要意义的"四元数"的经过："明天是四元数的第十五个生日。1843 年 10 月 16 日，当我和妻子步行去都柏林的途中，来到布劳汉桥的时候，它们就来到人世间，或者说出生了，发育成熟了。这就是说，此时此地我感到思想的电路接通了，而从中落下的火花就是 I · J · K 之间的基本方程，恰恰就是我以后使用它们的那个样子。我当场拿出笔记本，把它们记录下来。要是没有这一时刻，我感到本来也许还得花上至少 10 年（也许 15 年）的劳动。但是当时已经完全可以说，一个问题就在那个时刻解决了，智力该缓口气了。它已经缠住我至少 15 年了。"

托尔斯泰对小说开头的着笔，汉密尔顿对四元数的思考都是集中意识，但是如何尽快获得解答却不是主观能够预定的，它要靠过去获得的大量信息资料在潜意识里的不断编码筛选的支援意识加工才可以。支援意识越强，集中意识获得解决就越快越好，反之则越慢越差。

那么，这种支援意识是如何获得的呢？

博兰霓认为，它只能在接触或师侍丰富、具体而亲切的事例或师长的过程得来。

例如，一个想做演奏家的人，在他的集中意识中无论多么努力，无论学会了多少种演奏技巧，研究了多少名家传记，听了多少名家的演奏会或唱片，他还是不能变成大家。但一朝被一位音乐大师收为门生，经常跟他一起练琴，偶尔会被这位大师相当武断地改正一下姿势或手法，因为艺术大师也常常只

这种支援意识只能在接触或师侍丰富、具体而亲切的事例或师长的过程得来。

知如何“做”，却不知道何以要这么做！这样日久天长，潜移默化之中他便渐渐形成了一种无法明说的支援意识，心中产生了如何拉琴才对劲的感觉，最后甚至可能超过大师，自成一家而青出于蓝。

博兰霓认为这种支援意识对人的思想影响是很大的，这种很大的影响可以找到许多例证。例如，众所周知科学家是追求客观真理的人，他们遵守共同的科学法则，思想风格应该一致才对，但事实却并不如此。不同学派的科学家对于追求真理的兴趣和想法有许多不同，在剑桥大学受训与在巴黎大学受训，常有鲜明的不同，虽然他们服膺共同的定律，有共同的语言、共同的基本训练，但他们的兴趣、探讨的途径以及在工作时如何发挥他们的本领，都与他们的学派有极大关系，这是因为科学家的思想工作实际上是带有强烈的个性色彩的，对这一问题之所以这样思考而不那样思考，在说不清楚的背后完全是由不同的文化背景即支援意识决定的。想出来的结果要加以证明的时候，科学家必须采用共同的语言，如数学等，但真正的原动力是相当“主观”的东西。

为什么人们都没注意到这个问题呢？这是因为他在想问题的时候，他的注意力集中在问题的本身，而不是集中在他如何思考这件事上，实际上，他之所以或肯定或否认，或偏激或缓和，都是由他过去所接受的团体、教育的过程中渐渐形成自己的习惯所致。

把人的思想划分为“集中意识”与“支援意识”是一个进步，但是这种进步还不够大，还比较浅近。事实上支援意识并不仅仅就同大师产生的一点接触所造成的，而是从他一出生便已形成的所有经验的积累，近期的影响不过更加明显而已，而人的所有选择其实都是潜意识的产物，都是过去经验积累的产物。

比如爱迪生。

众所周知，爱迪生是自学成才的，连小学也只念了 3 个月，在数学方面应该不会深入到什么程度，但事实却不是如此。当毕业于普林斯顿大学数学系、之后又到德国深造过一年的阿普顿来到爱迪生公司时，也曾自恃自己的

事实上支援意识并不仅仅就同大师产生的一点接触所造成的，而是从他一出生便已形成的所有经验的积累。

数学知识小看过爱迪生一阵。可在工作中一接触，就发现爱迪生演算起来又快又准，精通得很。阿普顿应用高等数学求得的一些答案，只要有一点儿不对头的地方，他略一过目，马上就能指出来。不仅如此，在计算方法的具体运用上，阿普顿更是自叹弗如。

一次，爱迪生在发明电灯当中，把一只玻璃泡交给阿普顿，让他算算它的容积是多少。阿普顿拿着这个梨儿似的小灯泡，琢磨了好一阵子，找来一根皮尺，上上下下量了又量，再按照式样画好一张草图，注明各种尺寸，然后列出一道道算式……过了好长一段时间，爱迪生问他算好了没有，他擦了擦汗说："还没有，正算到一半。""正算到一半？"爱迪生有些奇怪。当他看到密密麻麻的计算纸足有一小叠时，忍不住笑了笑说："还是用这个方法算吧，"说着便拿起玻璃泡，倒满了水交给他："去把这些水倒进量杯里，看看它的体积，就是咱们需要的答案。"

面对着同样的"集中意识"，阿普顿首先想到的是算式，而爱迪生首先想到的是如何尽快获得所需要的答案，这是因为阿普顿是数学系毕业的，习惯于算式，而爱迪生是搞发明的，习惯于操作。这种"支援意识"的不同不是短时间里形成的，而是过去长期经验、训练的结果。

再比如鲁迅。

鲁迅 1898 年入南京江南水师学堂，这是一所培养军事人才的学校，鲁迅儿时没有这方面的经验，因此第二年初就离开了这所学堂进入路矿学堂。路矿学堂毕业后该如何选择呢？照说该去做工程师，可鲁迅也说自己既不配做半个水兵，也不配去开矿。于是到了日本，这时他选择了医学，为什么学医呢？这是因为他对医学有更深切的体会，在他父亲病重时，他几乎每日都要往返于当铺和药店之间，把家中仅有的财物当成钱给父亲买药，有时还要去捉一对"原配"的蟋蟀来做药引，但是父亲最终还是为庸医所误而离开了人世。

为什么鲁迅最终没有学医而从文了呢？这是因为鲁迅尽管对医学比对军事、矿业有较多体验，但相对于文学来说，医学并不能让他游刃有余，医学

面对着同样的"集中意识"，阿普顿首先想到的是算式，而爱迪生首先想到的是如何尽快获得所需要的答案。

并不是他擅长的。文学才是他最擅长的。鲁迅的“天赋”在文学方面，何以见得呢？有许广平的回忆为证。

许广平在回忆鲁迅时曾经这样写道：“他的记忆力和他一生的做人很有关系，有时他不自觉其记忆力的特殊而感慨于别人的容易忘记。他自己承认，小时候在家里读书，先生给他限定功课，譬如叫他背四行书罢（旧式私塾的唯一的教授法是背诵），他立刻背了，一切的课业都办妥了，他在那里玩，先生看看不对，再加四行，十六行、三十行，……半本书、一本书，以后就每每整本的书责令他背诵，他还是很快地做完了，还是在那里玩，原因是他看过一两遍就背得一字不差。后来先生弄得没有法子，听说终于辞职了。”

鲁迅的记忆力是否在其他方面也如此呢？不是，因为他在路矿学堂毕业时是第三名，平均成绩是十分制的八点陆厘多。在日本仙台医专的成绩更差，在一年级的142人中，鲁迅为第68名，平均分数为65.5分，最需要记忆的解剖学仅59.3分，而与文学关系最密切的伦理学高为83分，高出平均分近20分之多。正是因为这样鲁迅刚读二年级不久就到东京从事文学了。

人们都知道鲁迅是在看到日俄战争中中国人的麻木才弃医从文的，其实这不过是一个契机、一个诱因、一个借口，更重要的是他找到了发挥自己长处的地方，找到了自己与这个世界的交合点，他找到了自己支援意识最优越的领域……

这样看来，“集中意识”和“支援意识”还仅仅是思考某一问题时的两种意识，在人的经验中还应该有一个“最优意识”，也就是最优的支援意识，只有当“集中意识”是在“最优意识”的范围中时，“集中意识”才能获得最好的解决。正如鲁迅的“最优意识”是在文学而不在医学，更不在矿学、兵学一样！

当“集中意识”同自己的“最优意识”并不一致时，这时就不能获得最好的“支援意识”，这时的“集中意识”解决起来就很费力，有时甚至极为

只有当“集中意识”是在“最优意识”的范围中时，“集中意识”才能获得最好的解决。

费力，而这正是那些杰出人物在校学习成绩不好的重要原因。

长期以来，人们一直对那些杰出人物在校成绩不好感到不解，认为他们是笨蛋，认为他们的智力有问题，把在校学习成绩同智力上的聪明与否画上等号，这种做法当然是错误的。其错误之处就在于学校的课程是“集中意识”，而这些杰出人物的“最优意识”并不在此，从而出现错位，这样自然成绩不好。

例如植物学先驱林耐，曾在某大学预科学习，成绩很差，以至校长给他父亲写信说：“您的孩子似乎不适合从事学问研究，不如及早退学，学点手艺才是上策。”当他预科毕业要考大学时，学校给他发的毕业证书上写着：“学校的学生如庭园里的小树，即使是无大希望者也可能在某地开花结果。我仅抱着这样一种期望送该生进入大学。”这一切都足以说明林耐的学习成绩之糟糕。

那么这样一个成绩不好的学生又是如何成为植物学先驱的呢？

原来林耐的父亲是一个乡村牧师，他在牧师庭园里开了一个园圃，这个园圃在当时的瑞典被认为是植物种类最丰富多彩的园圃之一。正是在这里，林耐深深地喜爱上了植物，聚集储存了大量的植物学知识在自己的潜意识里，形成了极为丰厚的植物意识。这样 20 岁之前他在省府上小学和中学时，几乎忽视了这个主要是神学预科学校的大部分课程，而仅仅对属于国际科学语言的拉丁课和自然课感兴趣，这样一来他的学习成绩怎么可能会好呢？

但是，别的科目成绩不好并不能说明问题，在他的最优意识的植物学中他就像换了一个人。当时教他自然课的是罗特曼医生，对他的看法同其他老师恰恰相反，认为林耐是个天才。在罗特曼的指导下，林耐初步地了解了科学的世界，熟悉了图尔耐福特的植物分类学和维兰德关于植物有性别的思想。正是因为这样，当林耐的“集中意识”同“最优意识”合为一体时，他的天才就开始放射光芒了。23 岁他就开始发表关于植物学方面的论文，大学三年级就接受委托讲授植物学了，28 岁获得博士学位，同年就出版了他的划时代

学校的课程是“集中意识”，而这些杰出人物的“最优意识”并不在此，从而出现错位，这样自然成绩不好。

著作《自然系统》。

作为现代舞蹈之母的邓肯，学校成绩也极差，10岁的时候就辍学了。她曾这样回忆她的学校生活："我记得我在班上，一会儿被认为聪明得令人惊异，是班上最拔尖的；一会儿又成了倒数第一，蠢得不可救药。这完全听凭我是否乐意了，看我是不是屑于费点劲去背熟要我们背熟的功课。说真的，我对于它讲的是什么，一点儿都不了解。不管我在班上是拔尖的还是倒数第一，上课对我来说都是乏味讨厌的。我不时看钟，好不容易挨到3点就自由了。"

邓肯的母亲是位音乐家，靠教音乐谋生。每天晚上，母亲都坐在钢琴旁，一弹就是几个钟头，完全沉浸于音乐和诗歌之中。以至于似乎把孩子们都忘了，起床睡觉都没有固定的时间，生活也没有任何约束。

正因为这样，邓肯才这样说："我真正的教育是在晚上受到的。那就是母亲给我们弹贝多芬、舒曼、舒伯特、莫扎特、肖邦的曲子，或者给我们朗诵莎士比亚、雪莱、济慈或者彭斯的作品。这是我们非常高兴的时刻。母亲朗诵的诗篇大部分是背诵出来的。"

这里需要说明的一点是，邓肯虽然不适应学校制度，但却是一个非常爱学习的人。离开学校之后，她说自己成为非常好读书的人。尽管图书馆很远，但还是跑着步、跳着舞地到那里。那时她读了狄更斯、萨克雷、莎士比亚的全部著作，还读了无数小说，有好有坏，有精华，也有糟粕——贪婪得什么都读，往往坐在白天搜集来的蜡烛头的亮光下通宵读书，直到黎明。那时她还写过一部小说，编过一份报纸，所有社论、本地新闻、短篇小说，都是她一个人写的，并且每天还坚持记日记。

这种"集中意识"与"最优意识"错位的典型表现便是考试，不考试时还反映不出这种错位，大家还彼此彼此，一旦考试则不足之处毕露无遗。因此很多杰出人物对这种非自己优势项目的考试简直深恶痛绝。

爱因斯坦是一个不擅长考试的学生，为此他在《自述》中曾这样写道："人们为了考试，不论愿意与否，都得把有用无用的废物统统塞进自己的脑

"集中意识"与"最优意识"错位的典型表现便是考试，很多杰出人物对这种非自己优势项目的考试简直深恶痛绝。

袋。这种考试使我如此畏缩不前，以致在我通过最后的考试以后有整整一年对科学问题的任何思考都感到扫兴。”

日本发明家加滕与五郎对自己参加高考的感受更是到了恐怖的地步：“就这三次考试，使我感到头脑有些不正常。有两三年的时间，我的头脑变得几乎不能思考问题。直到二三十年后，我还做着因那次考试而伤脑筋的梦。硬背死记很多东西，对于头脑是非常有害的，它会完全消灭思考能力，而且对身体健康也不好。我想，这不只是我一个人的经验。”

即使是成绩很好的学生，对考试都会有一种恐惧感，因为总有自己不擅长的。文科好的怕理科，理科好的怕外语，外语好的又怕体育！学校成绩之所以不能反映那些有专长学生的实际水平，是因为它用一种尺度去衡量所有的学生，这就像用跳高去衡量运动员一样，那些举重、射击、拳击、游泳等运动员等可能都在不及格之列；又如用吊环去衡量运动员一样，那些跳伞、赛车、相扑、球类等运动员也都可能惨遭淘汰，因为这些都不是他们的优势项目！对于运动员尚且不能用这种单一标准去衡量，更何况千变万化的智力领域了！

卡莱尔曾说伟大的人物是火种，而他那个时代是一堆干柴，他一旦点燃那堆干柴，那堆干柴就会围绕着他熊熊燃烧，发出像他一样的火焰。其实伟大的人物并不是生来就是火种，而是经验积累起一堆干柴，然后自燃而又燃烧这个世界的，那些杰出的人物都是让自己的全部体验都能得到燃烧的人，而平庸的人则是无法能让自己彻底燃烧的人。

幼儿园的创始人福禄培尔出生9个月母亲就去世了，以后在他冷酷无情的继母和严厉的父亲抚养下成长，度过了困苦、孤独的童年。长大后他并没有什么特殊，他在大学里学习建筑学、测量学等，他的理想是成为一名建筑师。

可是一次偶然的机会，他遇到了裴斯泰洛齐的一个学生，这个学生的一席话激起了他全部生活的经验，让他忆起了童年的遭遇，让他意识到了母爱的可贵，让他认识到家庭的重要。因此福禄培尔这样写道：“我以前不自

那些杰出的人物都是让自己的全部体验都能得到燃烧的人，而平庸的人则是无法能让自己彻底燃烧的人。

觉，但是现在好像发现了长期向往的东西，长时期想到的美中不足的东西，终于发现了我生涯的活动舞台，我好像水中的鱼、空中的鸟一样幸福。”

其实，只要我们仔细地研究那些杰出人物的传记，都能发现这些人很小的时候就已经有了萌芽。孔子很小时就不喜嬉闹而愿意玩祭祖的游戏；拿破仑儿时不愿听从大人的话，但却总是一个深孚众望的孩子王；达尔文尽管对文法、诗歌不感兴趣，可对植物从小就表现出强烈的爱好；爱迪生无法在学校接受教育，可其好奇心却日甚一日……伟人的成长都可以追溯到童年，追溯到童年的经验，而这童年的经验对日后的“支援意识”优势区域的形成有着极大的影响。人总是在这种影响下寻找自己最擅长的方法、领域表现自己的价值，因此，儿时的经验绝非是不重要的，相反是最重要的！

我曾经向一位种田的老把式讨教：为什么会有抢收抢种的“双抢”？“抢种”还好理解，为什么谷物成熟了还要“抢收”，是不是只有抢收了才能空出田地来抢种？

老把式笑着告诉我不全是这个原因，因为即使这块地不再种上庄稼也要抢收。像水稻，一旦过了时间就非常容易“掉穗”，甚至连割都无法割，碰一下穗子就断了，稻粒就掉了，而在这个时间之前，稻子怎么割也不会“掉穗”。这个时间转化非常快，往往是昨天还不掉穗，今天就掉穗了，如果还不抢收的话，损失就更大了，因此农谚有“九成熟，十成收；十成熟，九成收”。

被老把式这么一解释，我真的感到了那种“双抢”的紧张，全然不像自己过去想象的那样简单！于是又问他为什么要“抢种”？

老把式回答说“抢种”就更重要了。比如荞麦，“双抢”过后必须立即种上，因为荞麦必须在霜前收获，在霜前还不能收获，那么这一季就白辛苦了。一来天气一冷荞麦无法成熟，如果霜再一打，荞麦的穗子更是颗颗落地。所以种田非常重视农时，二十四个节气，一个节气半个月，一般不能超过一个节气，误了农时就会“人误地一时，地误人一年”！

伟人的成长都可以追溯到童年，人总是在这种影响下寻找自己最擅长的方法、领域表现自己的价值。

当听到这句话时，我的心里豁然一亮，这难道不也正是儿童教育重要性的一个写照吗？“母误子一轮，便误子一生”，可能这一轮 12 年还不能表现这种教育的迫切，也许更是“母误子半轮，便误子一生”，母亲耽误孩子 6 年，就会耽误孩子一生，这真是一日之计在于晨，一年之计在于春，一生之计在于童了！

母亲耽误孩子 6 年，就会耽误孩子一生，这真是一日之计在于晨，一年之计在于春，一生之计在于童了！

3.2
自古英雄出少年

大凡有大成就者，其童年大多都有特殊表现——“大器晚成”导致人们对早期教育的忽视与对抗——“大器晚成”绝不是“大器晚做”，达尔文等都不是“晚做”的典型——摩尔根、苏老泉等也不是“晚做”的典型——“大器晚成”应该是“大器晚承”“大器终成”——大器是由小器、中器一步步成长起来的，割断大器的成才过程，只会助长人们的投机心理

因此，人生的早期对人的一生影响极大，大凡有成就者，其童年大多都有某种特殊的表现：文学家者多已对读书听故事兴趣极浓；艺术家者多对所痴迷的艺术有所偏爱；军事家者或许学习成绩一塌糊涂，但对打架斗殴却表现出一种发于内心的热衷；政治家者对统御人心多已有了不少实践……因此，自古英雄出少年。

在世界历史上，亚历山大大帝18岁佐其父腓力二世统一希腊，20岁时继承王位，22岁远征亚洲，32岁完成他的征服；汉尼拔22岁为迦太基军队统帅，31岁时组织指挥了历史上著名的坎尼会战，大败罗马军；恺撒不到而立之年就已成为声威卓著的政治家；拿破仑26岁为法军首领，30岁时第一次执政，35岁时为法兰西皇帝兼军队统帅；瑞典王“查理十二”，17岁时率军击败俄、波、丹麦联军，18岁时征服丹麦……

人生的早期对人的一生影响极大，大凡有成就者，其童年大多都有某种特殊的表现。

在中国历史上同样如此，项羽起兵为西楚霸王，霍去病为骠骑将军，李世民起兵反隋都是 18 岁；三国时，孙策 20 岁率军渡江建立东吴政权，周瑜 33 岁大破曹操于赤壁，诸葛亮出山时不过 26 岁；李自成 23 岁起义，30 岁立为闯王；中国共产党的将领也都极为年轻。

这些还是在需要经验、资历的社会领域，在其他纯知识领域更是如此。

普希金和雪莱都是 21 岁分别写成长诗《普斯兰和柳德米拉》和《麦布女王》；狄更斯和席勒也不过是 24 岁就分别发表了《匹克威克外传》和《阴谋与爱情》；歌德 25 岁发表《少年维特之烦恼》；伏尼契也于同样年龄写成《牛虻》；果戈理 26 岁写成《钦差大臣》，32 岁完成《死魂灵》；拜伦 29 岁出版第一本诗集《懒散的时刻》……

中国也同样如此，屈原 21 岁写出《橘颂》，23 岁写出《离骚》；陆机 20 岁写出《文赋》；刘勰 30 岁写出《文心雕龙》；近代的鲁迅 23 岁写出《自题小像》；郭沫若 29 岁出版了我国新诗的奠基作《女神》；曹禺 24 岁写出话剧《雷雨》；艾青 33 岁写出《大堰河——我的保姆》……

在艺术领域更是如此。美国小提琴家梅纽因 7 岁就参加旧金山交响乐队的演出，21 岁时就被誉为“成熟的艺术家”；莫扎特 4 岁就已作曲，6 岁就开始举行音乐演奏会；贝多芬曾以“莫扎特第二”的姿态 6 岁时举行了音乐演奏会；门德尔松 9 岁公开演奏，12 岁即能创作，被誉为“19 世纪的莫扎特”；肖邦第一次开演奏会仅 8 岁，从此之后一致被认为是神童；钢琴之王李斯特 9 岁开演奏会，被呼之为“莫扎特第二”。

在科学领域也是如此：伽利略 17 岁发现钟摆原理；伽罗华 17 岁创立了群论；爱迪生 21 岁取得了第一项专利；牛顿 23 岁创立微积分；海森堡 24 岁建立了量子力学；爱因斯坦 26 岁完成狭义相对论……

有人对 1500~1960 年全世界 1249 名杰出科学家和 1928 项重大科研成果进行过统计，发现科学创造的最佳年龄区是在 25~45 岁，最佳峰值年龄在 37 岁左右。在对诺贝尔奖部分获得者的统计中，物理学家的平均年龄为 35 岁，化学家的平均年龄为 39 岁，这些仅仅还是做出重大贡献时的年龄，事实上在

这些还是在需要经验、资历的社会领域，在其他纯知识领域更是如此。

他们才能显示时其年龄比这还要小得多。

但遗憾的是，我们一方面在高呼“自古英雄出少年”，另一方面却又在不断地重复“大器晚成”这样的安慰，而我们对“大器晚成”的理解又多是“大器晚做”，这是极为错误的！在所有“大器晚成”型的伟人中，找不到一个是“大器晚做”的。

人们最熟知的“晚成”是达尔文，达尔文生平著作达 14 厚册，是 45 岁才出版的。1859 年 11 月 24 日在伦敦初版《物种起源》时，他已 50 岁，但是他 22 岁就离家登上“贝格尔号”作环球旅行，考察动、植物，18 岁时就写成了两篇生物学论文：一篇是讲述他发现一种被人们认为是“卵”的东西，实际上是一种幼虫；另一篇则相反，他发现一种被人们认为是幼虫的东西，实际上是卵囊。如果再追究下去，他很小的时候就对“自然史，尤其是对于收集工作方面，逐渐发生了浓厚的兴味。我尝试给植物规定名称，还去收集各种各样的玩物：贝壳，火漆封印，免资印纸，钱币和矿石。我想要成为一个研究分类的自然科学家、古玩收藏家或者守财奴，这种欲望已经十分强烈，而且确实是天生的……”

黑格尔也是人们最熟悉的例子，他 37 岁发表《精神现象学》而让他一举成名，但是对于这样一本名著，绝不可能是一时心血来潮一蹴而就的。易卜生也是人们熟知的一个，他的《玩偶之家》在他 51 岁才享誉世界，但是这位被称为“近代戏剧之父”的人“天生就对诗歌、绘画很感兴趣”，21 岁时就自费出版了一个戏剧集。虽然随着人们对他们了解的加深，达尔文、黑格尔、易卜生等已经不再被认为是“晚做”甚至是“晚成”的了，但是“大器晚做”的思想在我们的意识深处仍然没有消除，仍然根深蒂固，总是不时地会有新的面孔来代替已被推翻的偶像。现在人们常提的“大器晚做”的例子便是基因学说的奠基人——美国遗传学家摩尔根，因为他的基因学说是在49~60 岁完成的，67 岁才获得诺贝尔奖，似乎是一个地地道道的“大器晚成”乃至“晚做”的典型……

可是只要我们去读一读他的传记，甚至只要去看一看他的简历，这些所

“大器晚做”的思想在我们的意识深处仍然没有消除，仍然根深蒂固。

谓的证明都将成为反证——不仅不是“晚成”，相反却是“早成”的典型！

摩尔根是查尔顿·摩尔根和其前妻艾伦·霍华德的儿子，父母双方都是名门望族。童年时代他就花费了很多时光，拿着捕蝴蝶的采虫网漫游了以农业为主的肯塔基州的山村田野。有一次他和堂兄弟俩解剖猫，觉醒的猫发起怒来，从桌子上跳下去逃掉了。10 岁的时候他就将房顶上的阁楼要了下来，刷上油漆，糊上墙纸，作为他放置标本的场所。搜集来的标本有剥制的鸟、鸟卵、蝴蝶、化石、石头和其他在野外留心找到的东西，并且他都细心地加上标签。所有这些活动，都使摩尔根十分爱好并熟悉了博物学，他毕生都保持了对博物学的爱好，以至于在哥伦比亚大学任教时，别人不能鉴定的标本，最后要找到他这个遗传学的教授！由此可以看出他早年所受教育的良好。

摩尔根的学业状况又是如何呢？同样是无可挑剔的。他 14 岁就进入肯塔基州立学院的预科部，学习了两年之后转入该学院的本科，20 岁时以最优异的成绩获得了动物学学士学位，24 岁就获得了博士学位。

学业无可挑剔，事业更是一帆风顺。摩尔根 34 岁就出任美国遗传学会和美国形态学会会长，43 岁出任美国博物学会会长，44 岁出任美国实验动物学和实验医学学协会长，53 岁当选英国皇家学会会员，61 岁更是担任了美国科学院院长，64 岁又任美国科学促进学会会长……

虽然摩尔根 67 岁才获得诺贝尔奖，但他在获奖之前早就大器已成！即使是面对诺贝尔奖，这次也是第三次提名，前两次分别为 53 岁和 64 岁。

有人可能对这些外国名人不感兴趣，他们会提出“大器晚做”的中国代表——苏洵，也即苏老泉。在《三字经》中就有“苏老泉，二十七，始发愤，读书籍”。事实也不是像人们所想象的那样，他 27 岁才开始读书。

苏洵的高祖苏祜，祖父苏杲，父亲苏序，这三代虽在仕籍方面不显，但一直承继着苏家书香门第的传统，均为蜀中名士。如苏序，曾巩在《赠职方员外郎苏君墓志铭》中说他的诗“多至千余首”。苏洵有两个哥哥苏澹、苏涣都中了进士，苏洵自幼“为人聪明，辩智过人”“吾后渐长，亦稍知读书，学句读，属对声律”。18 岁就进京参加了进士考试，只不过无功而返罢了。不久

摩尔根的学业无可挑剔，事业更是一帆风顺。

即同眉山首富程文应之女结婚，从结婚到27岁大发愤这段时间不再参加进士考试。

从现在的研究成果来看，苏洵27岁大发愤之前也并非有意整日“游荡不学”，而是要承担一家人生活的重担。在这段时间，他的父亲苏序已年过六旬，而且一贯不理家事。母亲史氏夫人在苏洵24岁时已去世。大哥苏澹是一位读书人，身体似乎也不太好，在苏洵29岁时就死去了。二哥苏涣在外做官，一家人的生活重担很自然地落到了苏洵的肩上。

但是，苏洵儿时打下的学习基础应该是极良好的，经过这么长时间生活的浸泡，他终于在25岁时有了思想上的苏醒。他在《上欧阳内翰第一书》中说：“洵少不喜学，生二十五岁始知读书，从士君子游。”到27岁时，更是对妻子程氏夫人说：“吾自视，今犹可学。”一般人在27岁时早已不想在学问上功名上去奋斗一番了，而他却颇自信地说“今犹可学”，由此也可想见他儿时绝不是一个在诗文方面毫无敏感的孩子。一年以后，苏洵即满怀信心地再次进京举进士，虽然不中，却也从中看出苏洵不凡的气概。37岁时第三次进京举制策，仍然不中。但是苏洵并没被失败所吓倒，相反却屡败屡战，屡败屡勇，终成一代大家。

纵观苏洵的求学与成功，我们可以看出，他的18岁初举进士不中，也许是“少不喜学”所致；29岁再举进士不中，是因为苏洵不长于“声律记问”之学，而考官又只知道以“声律记问”之学量人，苏洵屡试不中也就很自然了。37岁三举制科不中，苏洵豪放的个性表现出来了，他不再像当时的读书人老死科举那样，相反认为“此不足为学也”，绝意于功名，而发愤于学术，烧掉了为应付科举考试而作的数百篇文章，闭门读书七八年，遍读圣贤文章而后胸中豁然以明。正是这样的良好基础再加上后来的发愤苦学，才让他一步一步登上其时文章的最高境界。如果我们认为他27岁才识字发蒙，那么就大错特错了，就连《三字经》也说是“发愤”而非“识字”。

孔子是40岁以后才开始活跃的，但是他15岁便有志于学了，到了30岁已有了规模，40岁时已不惑。孔子的成就虽迟，但他对大器早成却深有认识，

苏洵儿时打下的学习基础应该是极良好的，经过这么长时间生活的浸泡，终于在25岁时有了思想上的苏醒。

他说“后生可畏”，又说“四十五十而无闻焉，斯亦不足畏也矣”。

还有一次，孔子的老朋友原壤叉开两腿坐着接待孔子，孔子生气地用手杖敲着他的腿说：“你小时候不讲孝悌，长大了没有什么成就，老了还不快死掉。真是个害人的人！”清代的张履祥说这三句话自是相因，小时候不讲孝悌，不懂礼貌，不好好学习，到长大时必然没有什么成就；长大时没有成就，到老时还不死掉就是个害人的人，既有负其初心，则必败于其末路矣。

我国早期心理学家张耀翔言：“40岁以前有相当成就，以后继续发展至更大进步，这是常有的事，这是宝刀不老，而非大器晚成。早年毫无表现，希望到了晚年，忽然蔚为大器，这是从来也没有过的事情。”

那么为什么有“大器晚成”这一说呢？究其原因不外乎两点，其一是人们将“成”字理解偏了，将成名同成功视为一体。其实成名固然有时同成功同时，但更多的是成名比成功要迟，甚至要迟得多，从这个方面说，“大器晚成”应为“大器晚承”。

法国的罗曼·罗兰堪称这一类的典型。

罗曼·罗兰48岁才获得认可，但却是一次性的世界性的认可，可谓“大器晚成”了。但是远在此之前，让他成为我们这一个世纪领袖人物的那些著作实际上都已经完成：10个剧本，名人传以及《约翰·克利斯朵夫》前八卷……

不仅如此，罗曼·罗兰在中学时就立下了“不创作，毋宁死”的誓言，而在他23岁时，他在罗马同70岁的玛尔维达·封·梅森堡相识，梅森堡就在其时她的《一个理想主义者的回忆录》一书中，满腔热忱、毫无保留地推崇他前途无量：“但是，和这位青年（指罗曼·罗兰——作者注）相识，不仅仅在音乐方面给我带来了巨大喜悦。要知道，在垂暮之年，最大的满足，莫过于在青年的心灵中发现和你一样向理想、向更高目标的突进，对低级庸俗趣味的蔑视，为个性自由而斗争时所表现出来的勇敢精神……多亏这位青年来临，两年来我得以同他进行最高水平的精神交流……如上所述，不仅仅是这位年轻朋友的音乐天赋给我带来了我早已失去的快乐，而且，他也深信自

罗曼·罗兰48岁才获得认可，但是远在此之前，让他成为我们这一个世纪领袖人物的那些著作实际上都已经完成。

己在其他一切精神领域所具有的才能，力求取得充分的发展。通过这样不断地激励，我又获得了思想的青春和对一切美好事物的诗歌的强烈兴趣。在这最后的一个领域，即在诗歌方面，我也逐渐发现这位青年的创作天赋。令我惊奇的是，这方面的证据竟是他的一篇剧作。”“这位年轻诗人的道德力量，有可能使法兰西艺术再次复兴。”

再拿上面的摩尔根来说，他也同罗曼·罗兰一样，还在学生时代就已被威尔逊教授认定为前途无量，从而充当他的保护神了。

在1932年第六届国际遗传学会议上，威尔逊曾向聚会的代表们讲了这样一段话：“我不是遗传学家，过去也不曾是遗传学家。只是马马虎虎地被人认为是个遗传学家。所以，如果我暂且吹嘘一下自己在遗传学这个领域中的还没有受到过表扬的功绩，大家将会感到吃惊吧！那功绩就是远在40年前即1900年孟德尔业绩复活之前，我就发现了这位新的非常优秀的孟德尔式人物，就认识到这位人物是如何的出类拔萃。他就是众所周知的本届遗传会议的名誉主席——托马斯·亨特·摩尔根。”

其次是人们将“晚”字理解偏了，将“终成”理解成了“晚成”，将最终的成功同他开始的努力割裂了。尽管大器们的确常常晚成，但他的努力却很早就已开始，在这方面“晚成”应该是“终成”，因为它与“早始”是对应的。

套用一个人所共知的年表，司马迁的《史记》、宋应星的《天工开物》历时18年；司马光的《资治通鉴》19年；达尔文的《物种起源》22年；法布尔的《昆虫记》、李时珍的《本草纲目》30年；谈迁的《国榷》37年；马克思的《资本论》、摩尔根的《古代社会》40年；歌德的《浮士德》前后有60年……

固然，这些著作是“晚成”，但却是“早始”的，是到了晚年才最终完成，绝非我们平常意义上的“晚成”。

对“大器晚成”理解褊狭的还在于“大器”，以为“大器”才会晚成，而这种“大器”又是一鸣惊人式的、曹雪芹式的，殊不知这种“大器”是由

尽管大器们的确常常晚成，但他的努力却很早就已开始，“晚成”应该是“终成”，因为它与“早始”是对应的。

“小器”不断地累积而成的。

邓小平是在年近80时才在中国政坛发出一生最耀眼的光芒，才最终成为一位世界级的政治家的，但是这“大器”却是由“小器”“中器”一步步发展而来的。就邓小平来说，大的起伏就有三起三落，而每一次站起来都更加有力，他曾戏说如果世界上有政治家的奥林匹克金牌的话，他能获得。

不断地由“小器”“中器”发展到“大器”是几乎所有的“大器”成长的普遍过程，由于不断进步，到了人生后期成果比先前更为壮观，这是大器们的最常见的现象。

有不少人割断成才的前后过程，认为“大器晚做”的天才多得出人意料：夏目漱石迈出作家的第一步时是40岁，富冈铁斋作为画家出名时为50岁，摩西从一个牧羊人到成为统率民众的预言者时为80岁，因此怂恿人们放松儿童教育。如果说从勉励的角度鼓励那些没有抓住大好时机的人努力尚可理解，但如果认为玩他几十年也能一朝成名，则只会助长人们的投机心理，且最终也是绝不可能兑现的谬论！

玩他几十年也能一朝成名，这种看法只会助长人们的投机心理，而且最终也是绝不可能兑现的谬论！

3.3
识社会者为俊杰

为什么天才总是与早逝、疯癫联系在一起——孔融、祢衡、杨修为什么结局相同——王勃在27岁溺死之前已死过两次——阮籍“时无英雄，使竖子成名”反映了那些高才者的不良心态——一个让冯·卡门耿耿于怀的钢琴神童——郭子仪为什么能够富贵寿考、禄荣终始——“智可及，愚不可及”的荀攸值得学习

人是思维的动物。孩子从小在一个近于完美的环境中长大，接受的是现实所能给予的最理想的教育，应该说对宇宙逻辑的理解一代比一代深刻。

但是，宇宙逻辑是一种绝对性的，而我们人的生存是一种相对性的，因此仅有对这种宇宙逻辑精神的理解是不够的，它还必须是一种基于现有条件下的理解，也就是说这种宇宙逻辑对于具体的人来说，他必须同社会、自然条件相协调与相结合，否则这种精神在人身上的体现就会遭致社会与自然的阻碍，天才的早夭正是这种阻碍的一种结果。

直到现在，人们的思想意识中，天才仍然同早夭相连，因此人们在对孩子进行早期教育时仍然疑虑重重，害怕孩子经过早期教育后，将来长大了会出现各种意外，尽管他们可能说不出具体理由，但毕竟可以数出这样的一些人来：李贺、王勃只活了27岁，舒伯特31岁，贾谊33岁，莫扎特35岁，拜伦36岁，肖邦、帕斯卡39岁，莫泊桑43岁，凡·高47岁……

直到现在，人们的思想意识中，天才仍然同早夭相连，因此人们在对孩子进行早期教育时仍然疑虑重重。

为什么这些天才寿命不长呢？难道真与现在一般人所解释的那样与他们的才情无关吗？其实并非如此。

孔融是中国历史上著名的神童，他是孔子的第二十世孙，在当时声名极高，为最大的名士，但后却为曹操所杀。所杀原因是孔融除了汉主以外，一概都是他批判谩骂的对象，无论是外戚、宦官，还是豪族、军阀；无论是何进、董卓、袁绍，还是曹操。建安二年，曹操为了打击名门豪族，想杀一门四世三公的杨彪，孔融挺身为杨彪辩护；建安十二年，曹操为了平定边镇之乱，北征乌桓，他又写信嘲笑；曹操因想统一中国连年用兵，致使粮食短缺，于是下令禁止造酒，他又加以嘲谑与反对，成为反对势力的代言人，于是到了建安十三年，便被曹操所杀。

再如祢衡也是。对于当时的名流他一概表示轻蔑，只与孔融、杨修友好，常言："大儿孔文举（融），小儿杨德祖（修）；余子碌碌，莫足数也。"由于孔融的称誉，曹操想见他，他不仅不肯去见，相反还屡发狂言。即便如此曹操仍想用他，听说他善于击鼓，于是就让他做鼓吏，没想到他后来竟登曹操的营门破口谩骂，演出了一出"击鼓骂曹"的活剧来，曹操对此极为生气："祢衡竖子，孤杀之犹雀鼠耳。"但仍不愿伤害他，把他送给了刘表。刘表非常尊重他，可他却一再侮慢刘表，刘表不得已又把他转送给江夏太守黄祖，黄祖也是一个性情暴躁的人，但待他却极善，没想到他又如此，终于被黄祖所杀。

与他们一起的杨修后来也被曹操所杀，一般认为他替曹植出谋划策，引起曹操对他的疑虑；又因他是曹操的政敌袁术之甥才致如此。但明李贽认为，曹植与杨修为知己好友，"植既数与修书，无所避忌，修亦每于操前驰骋聪明，则修之不善韬晦，自宜取败。修与祢正平（衡）、孔北海（融）俱相知，俱是一流人，故俱败"。我以为李贽的见解极是。

三国时期，群雄逐鹿，英雄辈出，在这个时候如果说自己是被社会埋没了的话，即使自己不负全责，也该负相当大的责任，像南阳一布衣的孔明尚能成为辅佐刘备的军师，何况这些连曹操也敬重几分的京城名士，为何就不

三国时期，英雄辈出，在这个时候如果说自己是被社会埋没了的话，即使自己不负全责，也该负相当大的责任。

能找到一个发挥自己才华的位置呢?

这样的例子在历史上不可胜数。

大家都知道王勃是溺水而死,其实他在此之前已死过两次。一次是他不到20岁被授予朝散郎时,看到各王府聚会以斗鸡为戏,便玩世不恭地写了篇《檄英王鸡》,高宗为此大怒,险些将他杀了,最后将他赶出沛王府。第二次是他藏匿犯有死罪的官奴,因担心走漏风声便又把他杀了。后来事情败露当斩,恰逢朝廷大赦才免了死罪。

王勃的两个哥哥王勔、王勮也极聪慧,他们三人曾被誉为“王氏三珠树”,后来因为与綦连耀谋反,王勔、王勮以及其弟王助皆坐诛,这样一门才子,便个个雨打风吹花落了!

早在2000多年前,孔子到老子处问学,老子就对孔子说:“聪明深察而近于死者,好议人者也。博辨广大危其身者,发人之恶者也。”也就是说聪明的人易遭杀身之祸,因为他好评论人。博学善辩的人易危害自身,因为他好揭发别人的痛处。因此宋儒程颐更是说人生有三大不幸:少年登高科,一不幸;仗着父兄的势力做了能捞实惠的官,二不幸;有高才,能文章,则是第三个不幸了!

为何这些才华出众者常常被杀被戮呢?原因在于他们在自己所驰骋的领域独步风云,无人能比,因此常常错误地认为自己在其他领域也是如此。

阮籍来到楚汉相争最激烈的广武山,叹道:“时无英雄,使竖子成名。”这句话典型地反映了那些高才者的心态,当年项羽的亚父范增在鸿门宴后叹息:“竖子,不足与谋!”应该说是有足够的资格,而对于那些从来没有置身于政治、军事之中的人来说,说这样的话似乎不知天之高地之厚了。对于孔融来说,尽管你可以是文学天才,但你不一定是政治天才,你不能以自己的文学天才而傲视他人而唯我独尊,你可以有自己的政治理想,但这种理想不是靠嘲讽来实现的。今日看来,曹操代表的是新兴进步的力量,而孔融祈求汉室重振的愿望是不切实际的,我们并不是鼓励苟且偷生地生活,夏完淳17岁就义,邹容20岁死于狱中,谭嗣同、李大钊血沃中华,他们的死是他们一

才华出众者常被杀被戮,原因在于他们在自己所驰骋的领域独步风云,因此常常错误地认为自己在其他领域也是如此。

生最光辉的篇章，但完全没有必要在自己不懂的领域指手画脚充当内行。

中国向来有一种观念，即“学而优则仕”，认为文章写得好便能做官，便能做好官，便能做大官。但现实却是“隔行如隔山”，能写第一流文章并非能做第一流的商人，并非能做第一流的武将，甚至并非能做第一流的谋士，因此“高才而无贵仕”。怎么办呢？于是便认为自己怀才不遇，于是便恃才傲物，其实这种以自己的狂态来表明自己的才学实在是传统文化上的一谬，“祢衡不遇，赵壹无禄”，应当在自己身上找症结才是。

导致高才者不能同社会协调的另一个原因，是从小没有让他们对社会建立起一个正确的看法，这一点对于那些被鲜花供奉成长起来的神童来说更是如此，因为社会以一种极其特殊的面目呈现在他们的面前，而当他们不得不面对真实的世界时便无所适从窘态百出。

尼里基·哈齐是匈牙利一个著名的钢琴神童，有个心理学家还专门为他写过一本书。“二战”时哈齐流落到美国，被迫在一家大餐厅里做个钢琴伴奏员。著名科学家冯·卡门对这位老乡的处境非常同情，觉得他在美国需要有个显显身手的机会，于是同妹妹一起决定帮他一把，于是就把南加州的一大批艺术家和音乐会代理人请来听听他的演奏。为了达到这个目的，冯·卡门把主意打到了科学泰斗爱因斯坦身上：举办一个欢迎爱因斯坦的宴会。这样就可以把南加州有名的音乐会代理人都请来赴宴，一方面让他们见见这位科学大师，另一方面也可以聆听爱因斯坦拉的小提琴……

“不用说，到时候他们纷纷赶来了。那天晚上，正如我们预计的那样，大家请哈齐弹了几首曲子。不料在这个当口，爱因斯坦夫人突然心血来潮，要她丈夫拉小提琴和哈齐合奏，大家对这个主意感到非常高兴。没想到这一下竟触怒了哈齐，他大声嚷道：‘我从来不为任何人伴奏！’说罢就真掼纱帽不弹了。我们期望美国音乐界重视哈齐的计划就此成了泡影。而爱因斯坦却兴致勃勃，照拉不误。结果，所有来客都向他表示热烈祝贺，而把布达佩斯的神童忘记得一干二净。”

直到数十年之后，冯·卡门对这件事仍然耿耿于怀，他在自己的口述自

导致高才者不能同社会协调的另一个原因，是从小没有让他们对社会建立起一个正确的看法。

传中说道："我看，那位傲慢无礼的匈牙利朋友是大错特错了。其后几年，一位真正的钢琴大师凯瑟索斯和爱因斯坦合奏就丝毫没有感到屈尊。加州理工学院的地震专家古腾堡教授也常为爱因斯坦作钢琴伴奏。"

相反，我们再来看看历史上那些人生最为成功的人士，就会发现他们无不深谙社会法则而谨慎从事。在中国民间有着广泛影响的郭子仪就是这样。

郭子仪于唐王朝的功绩是巨大的，唐王朝对他也非常重视，肃宗时封他为王，代宗时将其像画于凌烟阁，德宗时尊他为尚父，八子七婿，皆贵显朝廷。但是如果从历史的视野来看，各朝各代其实都有自己的功臣重将，郭子仪同这些人相比也就没有什么更加特别的了。郭子仪之所以有别他们，就在于历史上的有功之臣或因"功高震主"或因"权大遭忌"很少有好下场，而他虽然也屡遭谗言，但却"富贵寿考，繁衍安泰，禄荣终始"，活到了85岁的高寿，做到了"权倾天下而朝不忌，功盖一世而上不疑，侈穷人欲而议者不之贬"。

为什么郭子仪能够如此呢？除了他的大智大勇，时时处处以国家大局为重以外，他对别人的尊重应该是他取得人生成功的一大因素。平时他见客人时，姬妾都不回避，可是一次御史大夫卢杞登门问疾，他马上屏退所有女眷，独自伏在桌上等候接待。过后家人问他为什么，他说："卢杞这个人很有才干，但面丑而心胸狭窄，半个脸是青的，你们女辈见了一定要笑，他会记恨在心，一旦得志则我族将灭了！"后来卢杞果然做了宰相，凡是过去看不起，得罪过他的，一律不能免掉杀身抄家的命运，而只有郭子仪一家他一直非常敬重。还有一次，郭子仪正宴宾客时，听说朝命已任杨绾为宰相，而杨绾性情清俭简约，郭子仪当场就把宴宾客声乐减去五分之四……

苏轼是一个少年得志的天才人物，中年以后的仕途并不顺畅，这当然与那些高才者的通病有关。庆幸的是他写了不少人物评论，这些评论甚至可以看成是那些高才者的自我反思，无论是《范增论》《贾谊论》《晁错论》，还是《留侯论》都是如此！

例如，他在《留侯论》中是这样重新诠释"圯上老人"的，他说张良圯

历史上那些人生最为成功的人士，无不深谙社会法则而谨慎从事。

上受书历来被传得神乎其神，其实可能是一个隐居的君子早已注意了他并出来考验他，老人的意思也不在于给他一本《黄石公兵法》，而是要让张良养成忍耐的气度。苏轼说暴秦其时正盛，读书人就是坐在家里也常无缘无故地遭到杀戮，而张良忍不住心中的愤怒，想靠一个人的力量，妄想雇个刺客就能改变局势，不要说这种想法是不现实的，就是自己的生命也处于极度危险之中。张良有着盖世的才能，不去考虑像伊尹、太公那样治世，却去做出像荆轲、聂政那样的暗杀下策，在死亡的边沿企图侥幸成功，这是圯上老人深深替他惋惜的呀！也许张良在寻找刺客的时候，这位老人就已注意到他了，老人认为张良才能有余勇气可嘉，就是担心他的气量不够，所以才深折其少年的刚锐之气，让他忍小愤而成就大的事业。因此当张良能够耐着性子给老人穿好鞋子之后，老人才高兴地说："孺子可教矣！"

苏轼的见解极是，非处同等高度不能如此辨圯下老人之苦心，《留侯论》当是他针对自己的弱点有感而发才写成的。

曹操对他的军师荀攸曾有极高的评价，认为他："外愚内智，外怯内勇，外弱内强，不伐善，无施劳，智可及，愚不可及，虽颜子，宁武不能过也。"荀攸为曹操出了无数计谋，但从不居功自傲，而和他同时代的那些人"智可及，愚不可及"，这也许正是那些感叹"时无英雄，使竖子成名"不能最终成就大事业的一个最重要的原因吧！

让张良忍小愤而成就大的事业，是"圯上老人"的良苦用心。

3.4
身体是革命的本钱

贾岛的“苦吟”代表了天才刻苦的一个方面——天才数学家拉玛努真何以只活了33岁——鲁迅如果不嗜烟，他的寿命一定更长——“开夜车”是一种极不合算的做法——“中年早逝”的背后是没有真正重视知识分子的身体状况——知识分子的身体素质应该是国家可持续发展战略中的一项最宝贵的资源

任何一个人要想取得成绩，必然要付出代价，而天才的脱颖而出，常常是付出了常人数倍的精力，这种付出又常常是以牺牲自己的身体为代价来换取的。分析那些早逝的天才，我们可以看到他们所从事的事业大多集中在极端个人化的领域，如音乐、诗歌、绘画等。这些极端个人化的专业，常常让他们不知疲倦地精心创作，同时也使他们凭借的身体这部机器在一点点地销蚀，直到最后完全断裂。

唐代诗人贾岛寿为56岁，在1000年前当不为早逝，但他的“苦吟”颇能代表这些天才的一个侧面。

无论是外出、居家、睡觉或吃饭，贾岛都苦吟不辍。一次，他骑着瘦驴打着破伞走在大街上，看到秋风正厉，黄叶可扫，于是吟出“落叶满长安”，便用力思索对句，当想到“秋风吹渭水”时竟旁若无人喜不自胜，冒犯了京兆尹刘栖楚，结果被关了一夜。另一次因思考“鸟宿池中树，僧推月下门”

唐代诗人贾岛寿为56岁，在1000年前当不为早逝，但他的“苦吟”颇能代表这些天才的一个侧面。

句中是用“推”字还是用“敲”字而撞到韩愈的马队，幸运的是这次不仅没有被关起来，还同这位大文宗结为布衣之交。贾岛虽还俗并考取了进士，但他一生以诗文为友，过着贫困相加饥寒交迫的生活，他曾题诗曰：“二句三年得，一吟双泪流。知音如不赏，归卧故山秋。”每到除夕之夜，他一定要把一年来所作之诗放在几案上焚香再拜，曰：“此吾终年苦心也。”其死时身无分文，只有病驴一头，古琴一张。

这种“苦吟式”的生活，在近代随着社会的发展，劳心与劳力的分离，更有加剧的趋势。在古时候心与力常常合一，一般家庭还不能闭门经年读书，还需要参加劳动，即使家庭富有，在那个冷兵器时代，骑马射箭也是人生的必修课，所以元代辛文房才说，陈琳、阮瑀等人，太平时就互相唱和，征战时则披挂上阵，战马驰骋，以盾牌为砚，勒铭于山头，他们才写出那些气势不凡的作品，因此我们看到项羽、刘邦、岳飞等一代战将都有诗词留诸后世，而曹操、颜真卿、辛弃疾等一代文人也都有指挥若定的沙场点兵令后人可圈可点。

但是近几百年来，社会生产的发展让人们有可能脱离直接的体力劳动，这就给那些视研究为生命的天才带来身体早衰的可能，因为直接的体力劳动对营养的要求非常明显，在食物充足的条件下，营养不良很少发生。但是在脑力劳动中，研究者往往忽视自身的营养摄取，久而久之身体就会毁于由体弱而引起的各种疾病之中。印度天才数学家拉玛努真之所以33岁就离开了他心爱的数学，一方面固然是儿时贫困，身体基础没有打好；另一方面也是因为他是一个绝对奉行素食主义的婆罗门教徒所致。他在获得大数学家哈代的帮助前往英国剑桥大学研究期间，总是自己弄饭吃，并常常因为做饭麻烦和沉迷于研究忘记吃饭，致使他的身体越来越弱，患上当时无法医治的肺病。在他生命的最后一年里，他坚决拒绝就医，而仍然抓住笔记本争分夺秒地进行数学研究……

身体虚弱本来就是营养不良和机体失调造成的，这已经比较严重了，可是还常常得不到当事人的高度重视。这时如果还有诸多不良的嗜好如嗜酒、

在脑力劳动中，研究者往往忽视自身的营养摄取，久而久之身体就会毁于由体弱而引起的各种疾病之中。

嗜烟、嗜欲等，便更加重了身体的负担，从而过早地导致生命结束。

例如，鲁迅死于肺病，现在我们知道吸烟同肺病的关系，而鲁迅的吸烟是有名的。许广平曾有专门的一篇文章《鲁迅先生的香烟》，文章的开头便是："凡是和鲁迅先生见面比较多的人，大约第一个印象就是他手里面总有一支烟拿着，每每和客人谈笑，必定烟雾弥漫。如果自己不是吸烟的，离开之后，被烟熏着过的衣衫，也还留有一些气味，这就是见过鲁迅先生之后的一个确实证据。"

鲁迅嗜烟之深，即使是现在瘾君子里的"大烟枪"也难以相比。早年在北京，他抽起烟来一支接一支，根本不用点火。一天过后，只要看看地上的烟灰、烟头的多少，就可以看出他上一天在家时间的多少。就是到了晚年，他每天还要抽50支左右，越忙越是手不离烟，而且每次都是吸到手拿不住时才丢掉，这样的结果自然大大损害了健康。如果鲁迅没有此种嗜好，我们相信他的寿命一定会长得多，至少不会在55岁就离开这片还需要他战斗的土地。

相反，如果看看那些享寿的天才，我们就会发现，他们多与自然生活取得了较好的协调。

玻尔年轻的时候就对科学痴迷，经常晚上一两点钟还不肯结束试验，一味埋头研究而不懂得休息和锻炼。他的父亲认为这绝不是可喜的，认为作为一个要想毕生献身于科学事业的人，必须懂得休息、娱乐和锻炼。因此，父亲找他深谈了几次，一定要他改变这样的生活方式，并且告诉他：如果继续这样做将失去健康，而失去健康则意味着失去工作的权利！

再如康德。他幼年时身体非常虚弱，右肩高，个子也矮，看起来像个发育不良的人，但是他清楚地意识到如果身体不好则将一事无成，因此为了锻炼身体，他在哥尼斯堡大学教学期间，每晚10点上床，清晨5点起床，每日讲课，与师生谈话，吃饭散步的时间都有严格的规定，连续30年准确无误，海涅曾戏谑地说："我已经不相信城里大教堂的自鸣钟能胜过它的市民康德了。"

享寿的天才，多与自然生活取得了较好的协调。

人的身体犹如一台机器，是否善于保养对它的性能和寿命都有至关重要的影响。我们常常因为急事需要借同事的自行车，一骑上去就知道车主是否会保养，那些不会保养的不是龙头歪了，就是闸不灵；不是铃不响，就是胎没气。总之一骑上去就知道：同样的车子，善不善于保养，对车子寿命的影响是非常大的。人的身体又何尝不是这样！

因此，天才因为身体原因而早逝并不是必然的，这些人大多没有注意到这个问题，在儿童时没有养成良好的生活习惯，久而久之便力不从心殒失而去。

保持身体健康的最大因素在于生活有规律。同康德一样，那些长寿者几乎全部都是有规律者，我们实在难以想象一个 90 多岁的人是一个生活没有规律的人。可是我们显然对此注意不够，有时甚至有意鼓励它的反面即没有规律，其典型便是对“开夜车”的赞美。

在现在的年轻人中，几乎找不到几个不开夜车的人；在现在的文艺、科技人才中，也几乎找不到几个不开夜车的人。开夜车成了一种平常，甚至成了一种刻苦和成功的象征。政治家中有毛泽东、周恩来的夜间工作习惯，作家中有路遥的“早晨从中午开始”；古人中有孙敬悬梁，有苏秦刺股，有车胤囊萤，有孙康映雪；现代生活中有开始于 10 点以后的夜生活，爱迪生发明的电灯似乎正在消弭白天和黑夜的界限。

但是人的生活规律却不是一项发明就能改变的，我们的身体结构是在数百万年的“日出而作，日落而息”的节律中形成的。例如，人的体温在下午 2～4 时这段时间最高，在后半夜 2～4 时最低，这个差异，不论怎么习惯于夜间工作的人都没有两样。再如社会正常生活仍是日生活而不是夜生活，学校上课、单位上班的时间仍是日课日班，习惯于夜间工作的便不得不经常急刹车以适应社会生活的需要，而这种无规律的急刹车对身体的损害更是巨大。

对于这种危害，我自己有着切身的体会。也许是受悬梁刺股刻苦勤奋的影响，也许是读中学时远离家人独处一室的便利，养成了晚上开夜车的习惯，并且一日重于一日。中学有早读课，学校有专门的值日老师抓迟到者，可却

保持身体健康的最大因素在于生活有规律。同康德一样，那些长寿者几乎全部都是有规律者。

很难抓到我，原因不在其他，而是我常常迟到整整一堂课以上。读大学时，宿舍有6名同学，可他们戏称只有5名，因为早上一醒来，一个成绩最好的早已到教室读书去了，而晚上他们睡着后还不见我回来，因此“常住人口”总是5名。参加工作后，尤其是在写作《新大学人》时，更是日夜颠倒，深夜三四点才是大脑的兴奋期，早上吃完早饭后才去睡觉，下午三四点中才开始醒来，有时甚至下午妻子下班后才醒来。对于我来说，早晨甚至不是从中午开始，而是从下午乃至傍晚开始！依仗着自己年轻体健，信奉“只要是从事自己感兴趣的工作，工作多长时间都不影响健康”，一味“勤奋”，结果心脏开始不予合作，才只有二十几岁，居然就时时感到心脏的存在，以至于熟悉的朋友见面第一句话就是：“最近心脏怎么样？”而我的体会是，一旦身体材料超过弹性变化范围，成了塑性变化，再想恢复就很难了，最好的做法就是防患于未然，将“夜车”改为“早车”才是！

“中年早逝”曾经是中国知识界的一个沉重话题，它表明，在很长一个时期，社会和个人都没有意识到身体不仅是属于个人的，更是属于国家的，因此漠视对身体健康的关注，甚至把对身体健康的重视看成是资产阶级的腐朽意识加以批判。为改变中国社会100多年来的被动落后，而让整个民族都处于一种“战时状态”，无异于为了金蛋而杀下金蛋的母鸡，效果适得其反。

因此，科研中提倡一种和平心态极为重要，它应该纳入国家可持续发展战略规划中来：知识分子的身体素质应该是国家最宝贵的一种资源！

科研中提倡一种和平心态极为重要。因为，知识分子的身体素质应该是国家最宝贵的一种资源！

3.5
让孩子过一个幸福的百岁人生

培养幸福的人应该是教育的最高准则——幸福不是寿限、不是事功，这些仅仅是其一个部分——幸福不是从外部去看，而是自我的感受——立德才是幸福人生的保证——早期教育不仅仅是智力教育，而是立言、立功、立德这三者合一的教育，是保证人生幸福的教育——林肯：只有在他成为殉道者倒下之后，全世界才发现他是一位英雄

尽管人类历史上的天才群星灿烂，但是能被后人誉为幸福的天才则少之又少。要么横空出世，叱咤风云，但却盛年而逝；要么学富五车，才高八斗，却为社会不容……极少看到既有寿限又有盛誉的伟人。难道这几者不可兼得吗？否！尽管幸福的天才少之又少，但却绝非不见，这些天才把自然、社会、精神这三者很好地统一在一起，从而达到了人生的高度圆满。而那些不幸的天才正是没有将这几者统一起来，因此我们说，能把自然、社会、精神这三者良好统一起来的人便是幸福的人。

对于教育来说，培养幸福的人应该是教育的最高准则！

那么，什么是幸福呢？

在过去人们认为是寿限。

“你是做一个百岁的猪呢，还是做一个不长寿的人？”很早就已经有人提

对于教育来说，培养幸福的人应该是教育的最高准则！

出这样的命题了，显然也没有人愿意去做一个长寿的猪。但是，寿限尽管不是幸福的全部，但却是幸福的一个重要部分，现代社会的预期寿命常作为生活质量的一项重要指标，而各国古代帝王也无不使出浑身的解数祈求长命百岁。

既然不是寿限，那么是事功吗？

美国物理学家戴森年轻时只是死读书而不注意安排生活，他的母亲告诉他，在急于成为数学家时，不要失去人的本性："有朝一日你成了伟大的数学家，但却发现从未有过时间去交朋友，你将后悔莫及，如果你没有妻子和儿女同你一起分享成功的喜悦，那么，即使证明了黎曼假设，又有什么好处呢？"

戴森的母亲认为不是事功，还有比事功更加重要的东西，但是太多人把事功作为幸福的唯一标志了。

把事功作为幸福的典型做法就是以智力为主的早期教育。现在越来越多的人相信早期智力教育对成才的重要影响，因此像驯兽一样对孩子进行智力训练，全然不管孩子自己的意愿。

铃木镇一在教孩子小提琴时经常会碰到母亲问这类问题："我的孩子能成才吗？"而所谓"能成才吗？"意味着如果成不了才就算白费劲了，如果能成才就让他试试看，这种有所企图的教育态度实际上反映了家长的一种自私贪婪的心理，因此铃木非常正确地指出："你的孩子不是要变成了不起的人物，而是要成为一个（品格）高尚的人，成为一个具有更加美好心灵的人——当家长的只要在这方面多关心，不就足够了吗？一个人如果能受到良好的教育，就可以开创出光明的前途；一个人如果所受教育不得法，那么孩子就会步入歧途断送前程。我认为，必须培养出心灵高尚的人，而这和是否成名成家（出人头地）是不相关的。"

这里要指出的是，这种对孩子进行的智力教育，相对于过去那种"饲养孩子"是一种很大的进步，相对于那种以寿限来衡量人生的价值观也是一个很大的进步，但是这种进步是不够的，它仅仅是站在社会的立场来看待，而

现在越来越多的人相信早期智力教育对成才的重要影响，因此像驯兽一样对孩子进行智力训练，全然不管孩子自己的意愿。

不是站在人的立场来看待。

莫扎特是成功的，但却绝不幸福，他的父亲逝世以后，他便过着乞丐般的生活，35 岁便早逝了。帕斯卡是成功的，但却绝不幸福，他自己也说："我 18 岁起没有一天不苦恼。"约翰·罗斯金是成功的，但却绝不幸福，他自己概括说："一般来说，我所接受的教育是错误的，是一件不幸的事情。"

日本教育家黑田实郎对此曾评论说："艺术或学术的天才们，在父母的期待下接受了极端的天才教育，结果变得伟大。但是，许多人也因此而遭受灾祸，身心健康受到损害，使终生不幸。"

这些天才对人类作出了巨大的贡献，但其本身却是不幸福的，之所以如此，是人类在注意智力的同时忽视了更本质的精神的培养。

因此，井深大说："20 年过去了，社会发生了变化。我强烈地感到，迄今的教育仅把教育焦点集中在智力方面，只追求了'一半的教育'，而忘却了培养精神或树人的'另一半的教育'，如果从早期开始进行智力教育，肯定会培养出英才或秀才。但是，我发现，如果从增强智力的目的出发进行'幼儿教育'则是错误的。总之，最重要之处，并非培养以知识为中心的智力，而应以培养精神、培养品德开始。我要再三强调的是，要把忘却了的'另一半教育'置于首位，而可以把智力教育放在第二位。"

人类曾经把长寿作为幸福，后来发现长寿并不是幸福的全部，而仅仅是其一个方面，于是又认为事功是幸福。现在又发现事功同幸福是不同的，事功是从外部去看，而幸福是自我的感受。因此，幸福应该是人对自己的肯定，对自己的满意，对自己的祝福。它并不排斥长寿与事功，而是将两者完整地统一起来，这对人是一种更高更完美的要求。能这样做的人，是一个能最大限度发挥自己潜能的人，是一个社会和自己都满意的人。

中国古代一直有一个"三不朽"说，即立言、立功、立德，立言是最低层次的，而立德则是最高的要求。

但是今天我们的父母对品德的误解太深，认为品德是损己利人，认为品德都是社会的一种宣传，认为品德是英雄劳模才具有的，因此出现许多令人

今天我们的父母对品德的误解太深，认为品德是损己利人，认为品德都是社会的一种宣传。

痛心的做法。如有的孩子学孔融让梨，在幼儿园里拣小的水果拿，却遭到母亲的怒斥，认为孩子没用，一样的交钱，为什么我要拿小的，让孩子从小养成一种霸道作风，以为这是力量的表现，并认为那些杰出人物无不是因这种霸道才登上高坛的。殊不知一个人如果不学会谦让，就不可能有人同他合作，他也就不可能获得大的发展，政治家、军事家、企业家之所以能领导千军万马，不仅靠勇气，更靠品质，是品质将成千上万的人吸引到他的周围。

吴起是中国历史上著名的军事家，尽管其人品历来为人们所褒贬不一，但是他对于自己的士兵却照顾得无微不至。他为大将总是与待遇最差的士兵同衣食，卧不设席，行不骑马，亲自背送粮食，与士卒分劳苦。正是因为这样，将士一心，无往不胜。一次一个士兵生了毒疮，吴起作为大将竟然亲自为他吮出脓血。当这位士兵的母亲听到这一消息后，大哭不已，人们问她：你的孩子是个小兵，将军亲自为他吮疮，你还哭什么？其母说，我倒不是为这件事哭，过去吴公也曾吮过孩子的父亲，结果其父义无反顾战死沙场。今天吴公又吮其子，我就不知孩子将死在什么地方了，于是才哭！

子发的母亲拒绝打了胜仗的儿子入门，因为士兵们因粮食紧张只能吃点豆粒，而作为大将的儿子却还在享受酒肉饭食。母亲告诉孩子，越王勾践攻打吴王夫差的时候，有人献上一坛美酒，勾践却把酒倒在大江的上游，然后自己和士兵们一起喝下游的水，酒味虽然没有了，但部队的战斗力却提高了五倍。后来又有人献给他一袋粮食，他又把它赏赐给每一个战士，虽然少得连咽喉都过不了，但战斗力却提高了十倍。你怎么能够这样呢？

赵括的母亲之所以反对赵王任命自己的孩子为大将，原因也是在于赵括不能同其父赵奢那样与士卒同苦同乐。

相反那些勇武一时专横霸道的大将，几乎没有一人能够逃脱饮下死于非命这杯自酿苦酒的命运。“力拔山兮气盖世”的项羽最后是众叛亲离乌江自刎；“马中赤兔，人中吕布”的吕奉先结果是为部下所擒命丧白门楼；“于百万军中，取上将之首，如探囊取物”的猛张飞更惨——被自己的末将刺死于帐中，死了个不明不白……

如有的孩子学孔融让梨，在幼儿园里拣小的水果拿，却遭到母亲的怒斥，认为孩子没用。

艾森豪威尔 10 岁的时候，父母让他的两个哥哥在圣诞节前去远足，但坚决不同意他去。于是他愤怒极了，冲到外面，捏紧拳头在苹果树上猛击，他一面哭一面打，直到双拳血肉模糊，最后让父亲将他拖回家，又恨又怒的他倒在床上大哭了一个小时，母亲艾达进来给他涂上止痛药，扎上绷带，等他平静后对他说："能控制自己感情的人要比能拿下一座城市的人更伟大。"她告诫他，发怒是自我毁伤，是毫无用处的，需要好好克服。艾森豪威尔在 76 岁时写道："我一直回想起那一次谈话，把它看作是我一生中最珍贵的时刻之一。"

那么立德是否会阻碍事功呢？恰恰相反，立德是以立言、立功为基础，绝不是空头道德家，立德会让事功达到最大限度，这是因为立德能够为人提供最大的动力。

进入立德这种境界，人会对这个世界抱一种感恩的心理：因为有千千万万人的创造，才会有我今日的一切；是因为有千千万万年的历史；才让我经历了这个大千世界。每一个黎明，都会感谢上苍又多给了自己一天的创造，每一个夜晚，都会感到一种慰藉的满足。每一天都是以欣喜的心情经过，每一件事情都是以宗教的态度对待，他就不会为任何外界的诱惑所干扰，因此他一定会创造出最大的事功。对于立德来说，成才仅是结果，而决非目的。

到了这种境界，便如老子所说"圣人无积。既以为人，己愈有；既以与人，己愈多。故天之道，利而不害；人之道，为而弗争"，也就是不需要私积什么金钱与财产，只想去帮助别人，只想去给予别人，而自己却在帮助与给予中更加富有，这样只有利而无害，你只管去做而不用去考虑获得，获得是自然的事。

有了这种幸福观，莫扎特也许不会潦倒，帕斯卡也许不会早逝，尼采也许不会疯狂。他们会像马斯洛所选出的自我实现的爱因斯坦一样幸福地度过一生！

这样，早期教育不再是智力教育，而是这三者合一的教育，是保证人生幸福的教育，让人都有一个幸福的人生，都有一个如马克思赞颂林肯那样的

> 早期教育不再是智力教育，而是这三者合一的教育，是保证人生幸福的教育。

一个幸福圆满的人生：

“这是一个不会被困难所吓倒，不会被成功所迷惑的人，他不屈不挠地迈向自己的伟大目标，而从不轻举妄动，他稳步前进，而从不倒退；他既不因人民的情绪低落而灰心丧气；他用仁慈的光辉和严峻的行动，用幽默的微笑照亮为热情所蒙蔽的事态；他谦虚地、质朴地进行自己宏伟的工作，绝不像那些天生的统治者那样做一点点小事就大吹大擂。总之，他是一位达到了伟大境界而仍然保持自己品质的罕有的人物。这位出类拔萃和品德高尚的人竟是那样谦虚，以致只有在他成为殉道者倒下之后，全世界才发现他是一位英雄。”

这位出类拔萃和品德高尚的人竟是那样谦虚，以致只有在他成为殉道者倒下之后，全世界才发现他是一位英雄。

第四章

佑护者，母亲是孩子的总设计师

由于有了母亲，世界才有了全部骄傲。
没有太阳，鲜花就不会盛开；
没有爱，就不会有幸福；
没有女子，就不会有爱情；
没有母亲，就不会有诗人和英雄！

——［苏］高尔基

早期教育不再是智力教育，而是这三者合一的教育，是保证人生幸福的教育。

4.1 母婴连体：婴孩出生时都是连体婴儿

婴儿出生后与母亲仍有一个未分化期——哺乳是孩子也是母亲的一项特权——孤儿院里的孩子何以发育迟缓——早年丧母与“冷酷的性格”——私生子为什么聪明——大成就者中何以不乏早产儿——宫外孕期的足月分娩是早产、小样儿生理心理成熟的原因所在——母婴连体是母婴双方的

由于人是早产三年的动物，因此人出生后的这三年极为重要。尽管人的生物体脱离了母体，但是它实际上同母体仍然没有分开，仍然有一个未分化期。母亲和婴儿仍是一体的，仿佛是一对连体婴儿那样，母婴的关系仍然是孕妇同胎儿的关系，不过就像试管婴儿那样，生长环境从宫里转移到宫外而已。如果认为胎儿安全地生下来便完成了母亲的使命，从此可以撒手不管的话，那么孩子将不知会长成什么怪物。

由于动物这种未分化期极短，因此当仔兽可以独立活动时，母兽便让它独立生活。人则不同，如果在这头三年里割断同孩子的联系，那么孩子的精神和生理都将遭受巨大的打击，从而不可能正常地面对这个世界。

上苍对这一母子连体采取的最好方法，便是让母亲哺乳时间增长。哺乳是孩子的一项特权，也是母亲的一项特权，对于其他哺乳动物来说，母兽生下仔兽的第一件事便是舔遍仔兽的全身，如果不舔遍全身的话，连胎粪甚至

母婴的关系仍然是孕妇同胎儿的关系，不过就像试管婴儿那样，生长环境从宫里转移到宫外而已。

也排不出来。这可以说胎儿在子宫里主要是触觉，出生后有一种皮肤饥饿。动物如此，人类更是这样，因此，人的哺乳一般都在 1 岁左右结束，这样同母亲的皮肤接触可以延续一年。当 1 岁左右开始走路与说话时，母亲虽然不再寸步不离，但仍然是相伴左右。只有到 3 岁以后，皮肤接触过渡到语言相连的心理接触时，这种脐带才自然脱落，孩子到 3 岁左右才可视为能够独立于母亲的独立个体。

一般来说在皮肤接触的哺乳期，母亲们都能自觉地承担这份重任，但是到了 1 岁孩子会走路说话后便以为万事大吉，因此不加教育。如果这时放任不管，则导致孩子的教育早产，孩子大脑的布线将极为粗糙，给孩子今后的成长带来麻烦；而如果到 3 岁时还不加教育，那么则是教育流产了。

因此，在这母子连体的头三年，母亲对孩子的作用极大，如果这时没有母亲在旁边呵护成长，那么孩子的发展将遇到极大的问题。

关于这我们可以从孤儿院里孩子的成长看得清楚。20 世纪 20 年代，人们开始注意到收容在孤儿院里的孩子不仅死亡率高，而且心身双方的发育明显迟缓这一现象，斯皮兹对此曾做了较详细的研究，他对 34 名一般家庭出身的婴儿和从两所孤儿院里各随机挑选的 100 名婴儿，从他们出生 4 个月起进行连续观察。

结果发现，在医疗和其他方面都非常完备，只是护士配备不足，即每 10 名婴儿配一名护士的孤儿院里死亡率很高，在 91 个人中就有 34 人没有活下来。活下来的婴儿从一开始便明显地呈现出自闭症的特征，对于周围的事物极不关心，慢慢地极端无表情，对人极不关心，发育进程严重减缓，近乎白痴。从 2 岁到 4 岁就留在孤儿院里的孩子中，能走路的仅占 24%，40%的孩子连站立都不会，50%的孩子刚会说两句话，30%完全不会说话；有的连大小便也不能自理；会用汤匙独立吃饭的不足半数；至于独立穿衣服几乎不可能。

但是另一组婴儿所在的孤儿院虽然物质或文化条件非常恶劣，但每两个婴儿配备一名护士，像妈妈一样照顾婴儿，所以同一般家庭里的婴儿一样健康成长。他们对疾病的抵抗力很强，死亡率也同一般婴儿一样很低……

这一结果十分清楚地表明，母亲或者代替母亲的人的存在，对于婴幼儿心

在这母子连体的头三年，母亲对孩子的作用极大。

身的发育是一个非常必要的条件。如果没有这个条件，孩子就连步行、说话一类被人视为天生的行为也都培养不出来。每一个孩子的物质环境条件虽然千差万别，但是在母亲为他们创造的母子环境上，却都是相似的。

以上是没有母亲的一群可怜的孩子，虽然他们能够证明母亲的重要性，但人们可能还会认为父亲也许同样重要。究竟是母亲还是父亲重要呢？我们来看下面的研究和现象。

根据波尔比的研究，有过早年丧母遭遇的孩子在成年后虽然其他方面无特殊表现，但在性格上似乎都有着共同的冷酷性；乍一看，他似乎对任何人都和蔼可亲并立即受人欢迎，其实他并非从心里喜爱别人，在他的思想深处潜伏着偷盗、不愿学习和残忍等令人感到头痛的种种念头，这种人格是一种反社会性的。

波尔比曾将因为盗窃而被拘留的不法少年区分为两种人，一种是“冷酷性格”的人，另一种则不是。他发现前者中90%的都有过早年丧母的遭遇，而后者中早年丧母的只占15%。在盗窃犯以外的不法少年中，有过早年丧母遭遇的不到5%，因此，他将此解释为盗窃犯罪多半是由于在情感上对别人的财产和所有权缺少尊重感，也就是由于没有爱的性格所引起的。

令人感到不解的是这种“冷酷的性格”不是轻易就能够纠正的，这些人在少年收容所里能很好地遵守纪律，看来很起模范作用，但那是一种假象，实际上可以说是缺乏自主性的一种表现，因为他们认为只要遵守规章制度，服从由外部来的强制，自己就安心了，并把这看成是一种快乐，所以，一旦他出了收容所就会故态复萌重新染上同伙的恶习。

与上述成截然不同对比的是寡母现象，那些没有丈夫的母亲常成为最优秀的母亲，而且孩子越小，母亲似乎也越优秀。在私生子现象中也同样如此，尽管遭受社会巨大的压力，但“私生子聪明”几乎是任何社会的一句口头禅，其原因就在于寡母、未婚母亲同孩子无可比拟的一体感，正是这种一体感让孩子获得了最好的精神营养从而成为出色的社会人才。

对母子一体能作最好说明的便是杰出人才中比比皆是的早产儿、小样儿现

那些没有丈夫的母亲常成为最优秀的母亲，而且孩子越小，母亲似乎也越优秀。

象：开普勒、川端康成都是7个月的早产儿，牛顿不仅是遗腹子而且是早产儿，毕加索生下来时大家都以为是个死胎，雨果生下来时就被认为养不大，帕斯卡刚满1岁时就患上了肺结核与软骨病，嘉宝小时因为体力太弱，不能像其他的孩子那样游戏，而只能以漫无边际的遐想为游戏。此外，生下来体弱的还有爱迪生、诺贝尔、迪斯尼、索菲亚·罗兰……

对于这些早产、小样儿，如果论遗传，论先天他们都极为不利，7个月的早产儿是不可能同足月儿相比的，而且由于早产给早期抚养带来极大的困难，甚至终生都体弱多病，照理说他们不可能取得什么成就，但为什么他们最后反而成为伟人呢?

原来正因为是早产，母亲相反更加倾注心力，母子的一体感更加加强，母亲对孩子更为疼爱了。川端康成是早产儿，儿时生活极为悲惨。他2岁丧父，3岁丧母，在16岁之前亲人全部病故，成了名副其实的孤儿。但正因为他是全家唯一的希望与寄托，他获得了长辈对他无与伦比的爱。他在《外祖母》一文中曾这样描述了外婆对他的关怀："父母双双体弱多病，我不足月就生下来了，据说外祖母他们都很担心我能否活下来。我小时候，身体十分瘦弱，直到8岁时也没有吃过一次整顿的饭，我全凭姥姥的力量才得以苟延生命，尽管周围的人总说我是由于过分受宠而身体变得虚弱的。但是，正是因为这样我才免去一死，直到我上小学前，姥姥还一直怕我感冒，把我的头发留得长长的像个女孩子，总惹得其他孩子的嘲笑。"及其稍长，就在祖父的指导下博览群书，涉猎日本古今名著和世界名著……而这正构成了孩子成长的最好环境，虽然生理上早产几个月，但后天宫外孕期却补足了，这正是那些看来不可思议的早产、小样儿成才成功的秘密所在!

非常可惜的是，人类一直没有意识到这种宫外孕期的重要，致使99%的生理足月儿却在宫外孕期中流产，相反却让不到1%的生理早产儿获得宫外孕期的足月从而导致了生理和心理的成熟。在这些早产、小样儿中，不仅在今后的生活中性格和谐、事业成功，而且还多长寿幸福，而这一切竟是那令人沮丧的早产儿、小样儿带来的，这不能不说是命运给人类的一个令人啼笑皆非的黑色

正因为是早产，母亲相反更加倾注心力，母子的一体感更加加强，母亲对孩子更为疼爱了。

幽默！

不过这里需要特别说明的是，母婴连体是母婴双方的，如果错过了这一时期，不仅婴儿在成长时出现障碍，而且母亲在抚养时也会出现问题。

例如，对某些动物来说，它将看到的第一个活动的物体认作自己的母亲，劳伦茨在用人工孵化器孵化鸡鸭鹅雁之类的动物中发现了这一规律，这是印刻现象。但另外还有一个母亲认子的方面：一只母鸡带领自己孵化的小鸡，若有一只外来的小鸡闯入，母鸡便会啄它，将它赶走。这说明母鸡同样是认子的。如果把这只外来小鸡跟母鸡及它的小鸡一道用艾烟熏一下，那么母鸡便认不出这只外来小鸡而不再排斥。

母鸡认仔这一现象在动物界中普遍存在，有丰富饲养经验的人大都懂得并运用这一点。

例如，一位模范饲养员曾讲过这样一个故事：两只母猪同时下仔，一只母猪奶水不足，喂不饱自己的小仔；另一只母猪奶水充足，但不愿接纳别的小仔来吃奶。这位饲养员发现，用奶水足的母猪窝中的草，擦一擦非亲生仔猪的身体，这只母猪就识别不出外来小仔猪了，也就让它吃奶了。

一位曾在祁连山牧过马的战士也谈到了类似的经验。为了给那些因分娩或其他原因而死去母马的小马驹找到“养母”，他们便把“养母”的尿和粪给小马驹的身体涂抹一遍，这样原本不让靠近自己的母马慢慢地接受了马驹，不多久便成了形影不离的一对母子……

动物如此，人也如此。卓娅和舒拉的母亲柳·科斯莫杰米扬斯卡娅就曾这样说过：“向来没有过小孩的人们可能以为一切婴儿都是一样的：在一定的时期以前，他们什么也不理解，只会啼哭、号叫，妨碍大人。当然，这话是不对的。我曾深信我能在一千个新生的婴儿中，认出自己的小女儿来，我相信她的脸和眼睛的表情是特殊的，她的声音也是与众不同的。”其实，绝大部分母亲都相信这话也是她们要说的！

这里之所以强调母婴连体是母婴双方的，是因为这一过程对双方心理的发展都极为重要，是母婴健康或不健康关系的开始。

强调母婴连体是母婴双方的，是因为这一过程对双方心理的发展都极为重要，是母婴健康或不健康关系的开始。

4.2
宫外孕期：肤爱是婴孩的第二子宫

哺乳对孩子的成长至关重要——人类漠视的宫外孕期——15 分钟之差的结果——绘画大师笔下的圣母何以多左臂搂抱孩子——比母乳喂养更重要的是精神喂养——亲生后母现象——庐隐、韩素音的人生苦痛——聂绀弩的“打牌党”母亲——“只给钱不给感情”地对待孩子，换来的只能是相同的“报答”——养母何以胜于亲母

人是早产三年的动物，因此造物主有意安排人类用一年的时间进行哺乳。事实上哺乳是孩子的体外子宫，母亲的怀抱是孩子的体外子宫，当孩子依偎在母亲的胸前时，同他在子宫里的环境是极相似的：温暖柔软的乳房，围抱身体的母亲臂膀，母亲幸福安详的目光……

在哈洛做的小猴与母猴的隔离实验中，他将出生后的小猴与母猴分开，然后使用两个代用母猴。一个是用裸露的铅丝做的，但是可以给小猴奶吃；另一个则用软毛巾包着铅丝，但是没有奶。结果是小猴喜欢裹着毛巾的假母，会较长时间地紧紧拥抱着它。有时饿了也到铅丝做的假母那里吃奶，但吃完后仍旧回到裹毛巾的假母处。这说明小猴不仅有食物上的需要，更有安全上皮肤上的需要。因此对于人类婴儿来说，哺乳一方面当然是为了生存，另一方面更重要的是为了满足从子宫出生后的皮肤饥饿。

皮肤传爱在青年恋爱时表现得尤为明显。当男女达到一定的感情阶段时，

事实上哺乳是孩子的体外子宫，母亲的怀抱是孩子的体外子宫。

对皮肤接触的要求自然产生，而这种皮肤接触又促使感情的进一步加深，所谓“一日夫妻百日恩”，也正是这种肉体的接触对心理产生深远影响的真实写照。既然现在仍有不少人对失贞耿耿于怀，那么我们又有什么理由让那些“逆子”去原谅母亲的这种过失呢？在哺乳时，母亲在心理上更进一步加强同孩子的这种一体感，即使不是生母，只要是孩子的乳母，她对孩子的这种心理联系便永远割舍不下。

吕新吾撰写的《闺范》记录了这样一个慈乳母。秦国攻破魏国后，遍诛皇族，只有一个公子没有找到，于是张榜布告：抓到公子者赏千金，藏匿者则诛三族。面对重赏和极刑，藏隐公子的乳母无动于衷，后因旧臣告密，乳母同公子逃到泽中，乳母以身蔽公子被秦军一同射杀。

在战争年代，一些母亲由于军事需要，将孩子送给了老乡，后来由于又有了孩子，对前面的孩子经常感情冷淡。在 20 世纪 50 年代，一些女领导干部和军工企业的女职工，生育孩子后多由奶妈喂养，这批母亲在孩子长大后也常表现出对孩子的冷漠，她们退休后多住在远离孩子的公寓里安享晚年。

这种拒绝哺乳的母亲自然难以同孩子建立感情，就是应付差事地哺乳也难以建立感情。现代医学研究表明，孩子出生伊始，如果不立即进行母子接触，那么就不会有一个良好的母子关系。

瑞典儿科大夫夏特曾对此进行了研究。在进行实验时，他把母子分成两组：一组是按照一般医院的制度分娩，即婴儿出生后，经过称体重等一系列处理以后，让母亲看一眼，便把孩子送往婴儿室。另一组则是在婴儿出生后用 6 分钟进行必要的处置，然后，让婴儿俯伏在母亲的腹部，母亲贴身抱着婴儿，再盖上毛毯。过几分钟后，把婴儿挪到胸部，让其吃奶。前后共安排约 15 分钟的时间进行母子接触，然后再进行一般的处置，把婴儿送往婴儿室，置于和其他婴儿同样的条件之中。

仅仅这 15 分钟之差，体现在母子身上的结果却大不一样。按照 36 小时、一个月、一年、两年后等 35 个检查期，这位医生对两组孩子进行观察和调

哺乳，使母亲同孩子的一体感进一步增强。

查，直到两年以后一直存在两者之间的差别。这种差别表现在孩子身上，但是母亲的行为尤其有很大的不同。曾经接触 15 分钟的母亲，抱孩子、吻孩子以及同孩子搭话的爱抚行为比较多，而未做这种接触的母亲，对尿布是否尿湿等孩子的清洁卫生出现了神经质的倾向，爱抚行为也较少。向医生诉说育儿上的苦恼和辛劳的次数，两者也有显著的差别……

再比如抱孩子的姿势。很早就有学者发现，绘画大师们画的圣母像大都是左臂搂抱婴孩，而且发现，大多数母亲也都无意识地偏好左臂搂抱孩子，于是认为母亲是本能地让婴儿贴近她的心脏以获得胎儿期就已熟悉的心跳声。为了验证这个假说，有人曾做了试验，发现那些生头胎的母亲，只有在分娩后没有同婴儿分离的才养成了这种习惯，而在同婴儿分离 24 小时后的母亲则没有养成此习惯。因此，人们甚至得出结论，母亲与孩子之间的这种联系方式的形成，有个敏感期，这个敏感期就是婴儿出生后最初的 24 小时。

哥本哈根心理学研究所所长萨尔诺夫 · A. 梅德尼曾做过一项调查，这项调查的对象都是暴力犯罪者。令人惊讶的是，在 16 名犯罪者中，有 15 人是在极度难产的情况下出生的，剩余的一名犯罪者的母亲患有癫痫。现在有很多犯罪统计资料都表明，这些人不仅家庭有大的问题，而且在出生时便是带着这种问题而来的。这些问题并不是遗传的，而是由于母亲出生时的难产，没有形成母子间的感通。这样的孩子尽管有父有母有家庭，但却如同无家庭的孩子、流浪的孩子一样无家可归，同野生人一样无所依从，这样的生长怎么可能不容易犯罪呢？有些母亲由于难产常常不自觉地对孩子采取敌视的态度，孩子从一出生就被母亲的心理所抛弃，这样就不可避免地将孩子推向犯罪的边缘。

这种母性本能的差别在动物中甚至就已显示出来。森永良子是日本的一位小儿科医生，她曾把一只出生后 12 天的小狗同母狗隔离了 3 周，当 3 周后仔狗重新回到母狗身边时，母狗不仅不加理会，而且在它靠近时还进行恫吓，虽然后来也让它吃奶，但对待它和在自己身边长大的其他仔狗的态度迥然不同，绝对不舐它的身体。

所以，对于母乳喂养，我们过去过于强调人乳同牛乳、羊乳成分的不同，

母亲与孩子之间的这种联系方式的形成，有个敏感期，这个敏感期就是婴儿出生后最初的 24 小时。

其实它们最大的不同在于这种喂养方式给母子之间精神影响的不同。如果用喂牛乳的方式，即使喂的是最好的人乳，这种人乳养出来的也可能是狼子，因为这种哺乳方式是反人性的。狼的哺乳方式不管它喂的是什么，只可能喂出狼子来。

关于后母，给人的印象是极为不好的，在中国历史上有很多恶后母，但慈后母却寥若晨星。在《二十四孝》中有3个后母，但都极为狠毒。舜的后母要置他于死地，闵子骞的后母以芦花代替棉花给他做棉袄，王祥的后母“不慈”，但他却卧冰求鲤给她。

在古代文学中，描写后母凶狠、前子悲惨的作品很多。如建安七子之一的阮瑀《驾出北郭门行》：“驾出北郭门，马樊不肯驰。下车步踟蹰，仰折枯杨枝。顾闻丘林中，皦皦有悲啼。借问啼者出，‘何为乃如斯？’‘亲母舍我殁，后母憎孤儿。饥寒无衣食，举动鞭捶施。骨消肌肉尽，体若枯树皮。藏我空室中，父还不能知。上冢察故处，存亡永别离。亲母何可见？泪下声正嘶。弃我于此间，穷厄岂有赀？’传告后代人，以此为明规。”

一个孩子受尽后母的折磨，从被关的房子里偷偷地跑到亲母的坟上痛哭：母亲就在这里，可为什么见不到呢？这个孩子可能才七八岁，但他却遭受了如此沉重的痛苦，由此可见后母之恶毒。

但是如果单独就后母来论后母，问题的实质可能难以发现，事实上，后母现象同样发生在亲母身上，而且由于是亲母，社会常常难以发现和谴责，而母亲也常有恃无恐，致使孩子的心灵遭受极度的创伤。

这种亲生后母现象的产生大约可以分为三种类型，第一种是由于出生时或出生后某种变故如难产、犯忌等导致母亲心理上的疏远。

在《左传》一开始，即“隐公元年”就记录了这一现象。郑武公之妻生了庄公和共叔段。由于生庄公时难产，便给庄公取名为“寤生”，意即脚先出来，倒着生的，并从此不喜欢他而喜欢他的弟弟共叔段。母子一直合谋欲取庄公的王位而代之，最后兄弟相斗，共叔段逃到共国，母亲武姜也被关了起来，这就是后来人们所熟知的“郑伯克段于鄢”，《古文观止》中被列为第一篇。

母乳喂养同牛乳、羊乳最大的不同在于这种喂养方式给母子之间精神影响的不同。

“五四”时期的女作家庐隐也是如此。

庐隐的父亲是一个举人，在庐隐前面已有三个男孩，其父母很想再生一个女儿。生下庐隐后照说天遂人愿，应该皆大欢喜了吧，可不巧的是就在她降生的这一天，她的外婆去世了。于是迷信的母亲便认定正是她的出生带来了外婆的死亡，是个不祥的生命，因而拒绝给她哺乳，草草地雇了一个奶妈，最后干脆由奶妈带到乡下抚养。3 岁时，其父到湖南长沙任知县时才将她接回。由于离开熟悉的奶妈，乘船时她一路啼哭，其父不胜其扰，顿生溺女之念，幸亏一位听差阻拦才留下了这个日后大放光彩的生命。

这样的经历，作家的感受常比其他人细腻。韩素音对自己同母亲的这种疏离曾有很详细的描述。

韩素音的母亲是比利时人，父亲是中国人，由于当时中国社会歧视混血儿：“想想看，她看见我的样子后会产生什么样的感情：个子不小，但黄黄的——也许是婴儿黄疸——这似晴天霹雳……‘不，这不是我的孩子！’3 个月内，她没看我一眼，也不喂奶，我险些饿死……我出生后没吃过母亲一口奶！”一直到后来其母都认为她奇丑无比，6 岁后母女关系完全破裂，母亲喜欢她白皙的妹妹。

1954 年，韩素音到美洲去看母亲，并给她带去礼品：“后来在父亲的东西中我找到她的一封信：‘你女儿给我们拿来的礼品我们都扔了，我们不想要这个无耻之徒的东西……’看完这封信，我无动于衷。长时间来我们之间早已无任何联系，这是决定性的。我根本不想同她握手言欢。她又不能把我怎么样，何必为此忧心忡忡呢？”

1962 年，韩素音母亲去世，妹妹无钱安葬，于是她寄去了钱：“母亲是用我寄去的钱裹身下葬的，对她的死我没有丝毫震惊与伤感，一丝一毫都没有。……我付钱主要是帮助妹妹，我喜欢她。”

亲生后母现象的第二个产生原因是由于子女较多，将其中的一个或几个寄养在别处，常常是爷爷奶奶或外公外婆处，当老人年纪太大不得不把孩子送回家时，父母才将孩子接回家。这时由于心理距离太远，加上生活习惯大不相同，仿佛是一个生客住进家里。而孩子更不习惯，久而久之心理距离蜕变成心理对

这样的经历，作家的感受常比其他人细腻。韩素音对自己同母亲的这种疏离曾有很详细的描述。

抗，许许多多的悲剧便是这样上演的！

关于这些我在上卷的开头已有许多事例。

导致“亲生后母现象”的第三个原因是因为母亲执迷于某种事情而置孩子不顾，这种类型可能是母性冷淡，或母性没有展开。

聂绀弩说自己的母亲“于不知什么时候死去了。……我听见了这消息，奇怪不，没有哭，并且没有想哭，简直像听隔壁三家的事情似的。这很不对，但我本来就不是孝子。其实这淡漠，早在母亲的意料之中，她曾对我说：‘将来你长大了，一定什么好处都不记得，只记得打你的事情。’知子莫若母，诚哉！”

聂绀弩既不是难产，也不是送给别家寄养，何以如此呢？原来其母是“打牌党”之一，“她一拿起牌，就不能再惹她；一惹，她就头也不回，反手一耳光。输了钱，自然正好出气，奇怪的是，就是赢了也是这样。据说，一吵就会输下去的。不幸的是，她几乎天天打牌”。

有过打牌经历的人都知道，打牌是一件极需要集中思想的事情，的确怕吵，而其母天天打牌，同孩子自然谈不上沟通。开始可能喜牌更甚于喜小儿，慢慢地因为喜牌而迁怒、迁恶于小儿了，遗憾的是，这些铁杆“打牌党”常常是婚前就已嗜牌如命，生孩子不过是打牌征途中不得不为之的事情，这样母性就避让给了牌性。我们现在还不难看到这一现象：出去打完麻将，回来再打孩子，打孩子作为平衡自己情绪的工具，慢慢地也就成了亲生后母。

由于戕害严重，当孩子成人时不自觉地在母亲身上发泄这种压抑已久的怨恨以平衡自己的情感时，人们对此常齐声谴责孩子为不孝之子，喂母奶喂出狼子来，反正“天下无不是的父母”，反正天下多的是不肖的子孙，这种判断与谴责便自然而然成为定论。

马丁·路德在成为著名宗教领袖之后，仍经常在书信和说话中公开地将自己的精神抑郁症归罪于母亲，告诉自己的朋友和孩子们，她曾如何让他遭受痛苦，如何因做错一件小事便毒打他一顿，如何在严寒的冬天早上把他赶出房外，将家里仅有的一点温暖些的地方留给其他孩子睡……

导致“亲生后母现象”的第三个原因是因为母亲执迷于某种事情而置孩子不顾，这种类型可能是母性冷淡。

这可以说是一副生母戕害孩子心灵最典型的标本，但是人们就是无法相信一个孩子说的真话，相反却认为马丁·路德对自己幼年时代曾经遭受过的苦难的回忆显得想象力过于丰富，认为只是一种事后的想象，因为他们的父母在村子里并不是声名狼藉，因为母亲对他的惩罚相对于类似的穷人家来说并不过分！但是，人们完全没有注意到他母亲在对待路德态度上的实质问题，即她完全把路德当成一种令她厌恶的丢之不掉的讨债鬼。在这种仇恨孩子的态度里，也许她并不打骂孩子，但是每时每刻无不在孩子的周围散发着一种诅咒的毒氛，正是这种仇恨才让孩子长大后以仇恨来偿还来平衡，更何况更多的时候母亲还并不如此“温文尔雅”呢！

聂绀弩说：“母亲打我的时候，从来不哑打。一面打，一面一定骂：‘砍头的！’‘杀脑壳的！’‘充军的！’‘短阳寿的！’母亲虽不能说是大家闺秀，却也不出身于什么低微的人家，不知为什么知道那么多的骂人的话。其次，母亲打我的时候，从来不许我的脚手动一下。她有一句术语，叫做：‘动哪里打哪里。’儿子也很难像喂的绵羊，动一下，跳一下，一方面固然是心里受了许多冤屈，无可申诉，一方面也只是一种简单的生理的反应，但这却多费了母亲的许多力，也使父母的身体多吃了许多苦。”

正是因为这样，聂绀弩才这样说：“我有一个牢不可拔的偏见：无论为了什么，打孩子，总是不应该的，而错误总是在大人一边。”

其实“打”仅仅是这种感情摒弃的一种形式，即使不打，也会有其他的方式来表现这种心灵施虐。这些年孩子不赡养老人、虐待老人的报道不少，舆论大多指向孩子一方，我以为这有欠公允。记得中央电视台的某一栏目曾以《母亲》为题报道几个子女不赡养老人，结果被老人告到法院的事件。几个孩子都有文化，但都不愿赡养，原因是其母亲年轻时出入各种交际场所，将家里的百万资产挥霍一空，而对孩子却从不关心，巴不得将孩子赶出家门。到老了不能动了，便想让孩子孝敬自己，这怎么可能呢？因此其子女共同出钱将她送到了“敬老院”。小时候不给感情给孩子，老了时怎么可能让孩子给感情给你呢？世界上没有无缘无故的爱，也没有无缘无故的恨，“只给钱不给

其实“打”仅仅是这种感情摈弃的一种形式，即使不打，也会有其他的方式来表现这种心灵施虐。

感情”地对待孩子，换来的只能也是“只给钱不给感情”的报答。

新中国成立后的一段时间由于强调人多力量大，一个母亲常顾不上太多的孩子，于是将稍大的孩子托付给祖父母或外祖父母。再加上五四运动后，片面强调妇女解放，女性重职业更甚于重家庭、更甚于重教育孩子这一思潮流行，许多母亲有意无意间或重或轻地扮演了亲生后母的角色，目前这方面的问题正在暴露，等到这些父母需要孩子赡养时问题将更为突出。

类似这样亲生后母的事例，几乎我们每一个人都曾接触过，但是即使将孩子逼上绝路，我们的社会仍然拒绝反省，我们的母亲仍然拒绝忏悔。现代社会这种亲母虐待自己孩子的事件仍屡见不鲜，之所以如此，最关键的一点就在于仍有一些母亲轻视母乳喂养，轻视母亲哺乳。

同后母现象相对应的是养母现象，在我们民间有“养母胜于亲母”的说法，养母可以说也是后母，但为什么养母对养子的表现要比后母好得多呢？德国剧作家普雷希特曾写过这样一部名剧：这是一段生母与养母双方争夺孩子的故事，生母为了自己的私欲竟将正在吃奶的孩子撇下不顾，而养母虽无生孩子的体验，但她却有着一颗爱孩子的仁爱之心。当最后不具备做母亲资格的生母，将孩子的手强拉到自己一边并叫喊胜利时，法官却将孩子判给了怕孩子手疼而松开手的养母作为母亲。

为什么养母现象比继母现象要温和得多呢？对于后母和养母来说，最大的区别在于孩子引起的不同的心理反应。后母是规定接受，而养母则是自愿接受的。养母常不能生育，或有自己的孩子还特别喜欢某一个孩子，总之，她喜欢孩子，而且更是喜欢早已看中的要领养的孩子，这样她自然对孩子的情感接纳要敞开得多。而继母则不同，她根本就不是为了这个孩子，而是为这个孩子的父亲才来的，而且不用多久就会生下一个孩子，这个非自己所生的孩子仿佛是一个监视自己生活的坐探，自然不加喜欢。养母如一个喜爱宠物的人，到市场上寻到一个宠物自然悉心照顾，而后母视孩子，仿佛是搭配的货物，自然一开始心里就不愿接受，当然在心理上就会进行抵触了。

后母视孩子，仿佛是搭配的货物，自然一开始心里就不愿接受，当然在心理上就会进行抵触了。

4.3
母子感通：摇篮里建立起来的感应频道

感通是什么——母子感通的建立远比目前已知的时间早——母子感通同母亲倾注感情强烈程度成正比——刘海粟替傅雷做的一件好事——胡适何以能同江冬秀白头偕老——鲁迅为何说发妻朱安是“母亲送给我的一件礼物”——假子真孙——屠格涅夫一生最幸福的时刻——贝多芬：我的灵魂为你所有——“啮指心痛”的新诠释——蒋介石的一个噩梦

瑞士小儿科医生舒蒂尔曼曾专题研究过新生儿的睡眠类型，他将产妇分为早起和晚睡两种类型，然后分别对她们所生的孩子进行调查。结果发现，早起型母亲所生的孩子一生下来就有早起的习惯，而晚睡型母亲所生的孩子一生下来则有晚睡的习惯。这件事情对于一般人来说可能并不认为有什么大惊小怪，但是对于母亲和婴儿来说却极为重要，因为这种感通，让母亲和婴儿之间能够协调一致。

动物之间也存在这种感通，美国纽约州立大学的科研人员曾以鸡为对象进行实验，结果表明，母鸡孵出的雏鸡对于“母亲”的召唤做出的反应，远比人工孵化的雏鸡反应强烈，而且前者对新的环境的适应能力也更强。

关于这种感通，科学实验和我们平常人的经验都能感觉它的存在。新生儿能够对母亲的偎抱、爱抚、表情以及其他做法做出反应，是因为新生儿在

新生儿能够对母亲的偎抱以及其他做法做出反应，是因为新生儿在出生前就和母亲有过长期“交往”的缘故。

出生前就和母亲有过长期“交往”的缘故。尽管目前医学界认为这种母子感通大约是在出生前 3 个月就已形成，在母亲精神状态交流频繁的时期，即出生后数日内，特别是出生后的数小时内最终建立。但是，我认为它的建立要比目前已知的时间早得多，至少可以推至受孕后不久的妊娠反应，而且这种感通能否建立得比较完美，事实上同母亲一以贯之的人生观、生育观紧密相连。

在非洲农村，由于没有受到太多现代文明的冲刷，母亲同婴儿的感通一直保留得很好。母亲像背口袋那样将婴儿背在身上或把孩子挟在腋下，很少见到母亲的衣服被婴儿弄脏，因为母亲能预先察觉婴儿的大小便。据说非洲的母亲如果在分娩一周后还被婴儿弄脏衣服的话，那将被周围的人耻笑为不合格的母亲。

现代医学已经发现，胎内的母子感通并不是自发产生的，在感通上母亲处于主动地位，只有母亲爱抚胎儿、理解胎儿，才能不使胎儿产生精神上的障碍。那些母亲患有严重精神分裂症，母子之间便不可能建立感通，而即使是健康正常的女性，如果在孕期遭受重大打击的话，这种感通也常难以建立，因为对于母亲来说，由于完全沉湎于自我之中，从而不能把感情传递给孩子；而对于胎儿来说，则失去了寻找感通的对象。因此胎儿最危险的敌人，并不是母体所分泌出的激素，而是母亲对胎儿的消极态度。

因此，这种母子感通是同母亲感情的强烈程度成正比的。对于多生子女家庭，母亲的感情常平均分配，因此孩子对母亲的感通也大致相同，由于母亲常不自觉地对长子或幼子倾注了较多的感情，这样长子或幼子便较容易形成较强烈的母子感通，这就是为什么长子或幼子取得成就比例较大的原因。在寡母现象中孩子之所以常能取得很大的成功，其原因也正在于形成了这种无可比拟的感通。

傅雷 3 岁多的时候，父亲就冤死在狱中，接着他的两个弟弟一个妹妹相继夭折。一年之中，六口之家竟连失四人，平日其乐融融的一家最后只凄惨地剩下寡母孤儿。面对如此巨大的不幸，坚强的母亲勇敢地挑起了生活的重

胎儿最危险的敌人，并不是母体所分泌出的激素，而是母亲对胎儿的消极态度。

担，于是她的所有的心血和希望都浇注在傅雷身上。在塾师授课时，母亲常常陪坐在一边，到了晚上便督促孩子背诵，不许有丝毫的懈怠。一次傅雷夜里学习分神，母亲便在铜板的方孔中塞上蜡烛头，点燃之后，将它贴到傅雷的肚脐眼上，一滴一滴的蜡烛油流淌到身上，傅雷被烫得一个劲儿地喊“救命”。还有一次，傅雷因为偷吃了祭奠父亲的供品，母亲知道后恨铁不成钢，拿起绳子想一死了之，幸被别人劝住。傅母常对人说：“我只有这一个孩子，倘若不能把他管教好，将来成为废物，那我还有什么指望呢？”

正是这样的倾注全心，傅雷终于明白母亲的苦心。在巴黎同法国女子的热恋中，他曾一时冲动写信给母亲要求解除在家同表妹朱梅馥定的婚约，可写后不久便后悔莫及，接着便想自杀，“我之所以想自杀，只因为上次的信给母亲的打击太重了。当时太糊涂，如果表妹寻死，老人家还活得成么？”他想自杀不是因为失恋，不是因为表妹的寻死，而是因为老人家活不成了！所以，最后当刘海粟告诉他没有将这封信发出时，傅雷当即千恩万谢，从此同朱梅馥相伴终生！

人们在研究胡适时，也同样为他同江冬秀的婚姻深感不解。其实胡适同傅雷相似，都是由寡母含辛茹苦培养成人的。小时候胡适在外面闯了祸，回到家里总要被母亲狠狠教训一顿，在教训时母亲回忆起已经作古的丈夫，想及平时自己一个寡母所受的冤枉气，再加上望子成龙心切，恨铁不成钢，种种因素汇集在一起，因而总是自己一边哭泣，一边责打。胡适挨打时哭，挨打完看见母亲还在流泪不止，又伴着她哭。胡适说他的眼睛就是童年时哭坏的，所以后来一到美国留学就配上了眼镜。仅此一点可以想见胡适母子之间感情之深了。

在这样的母子感通里，母亲的任何意愿都是孩子自己义无反顾的最高指示，都是孩子自己自觉遵守绝对服从的不可怀疑的圣旨。怎么可能和可以让老母亲伤心呢？也许江冬秀与胡适毫无共同语言。但这却无关紧要，重要的是这是老母最为得意的安排，是老母一辈子最大的安慰，这时怎么可以去拂逆老母的一片真望呢？因此，胡适在家书中说：“……儿对于儿女之婚事并无

> 母亲的任何意愿都是孩子自己义无反顾的最高指示，都是孩子自己自觉遵守绝对服从的不可怀疑的圣旨。

一毫怨望之意。盖儿深知吾母为儿婚姻一事，实已竭尽心力，为儿谋美满之家庭幸福：儿若犹有怨望之心，则真成不识事势，不明人情，不分好歹之妄人矣。”

而胡适在写给好友胡近仁的信中却这样说：“侄尝为叔信，生平有二大恩人，吾母吾兄而已，罔极之恩，固不待言，而只有母心，尤非他人泛泛者比，侄焉忍上违言吾母之命，而作此忍心之事。”“吾之就此婚事，全为吾母起见，故从不曾挑剔为难。（若不为此，吾决不就此婚，此意但可为足下道，不足为外人言也）。今既婚矣，吾力求迁就，以博吾母欢心。吾之所以极力表示闺房之爱者，亦正欲令吾母欢喜耳。”

这时不要说母亲为胡适娶配了江冬秀，就是给他配一个《红色娘子军》里的木头人，胡适也不会反抗。因为这是母亲为自己留下的传家宝，传家宝有时并不珍贵，但它因为饱含了几代人的感情而让它宝贵无比！

关于这一点，我们还可以从胡适的同代人鲁迅身上看到。鲁迅兄弟三人，13 岁时父亲病逝，作为长子从此与母亲相依为命。但不管怎样，鲁迅同母亲的感情是不能与胡适相比的，可就是这样，这位一生倡导硬骨头精神的革命斗士，却被母亲从日本哄骗回家，并应母亲之命与未曾谋面的女子朱安结婚。回东京后，好友许寿裳问他感觉如何，他说：“这是母亲送给我的一件礼物，我只能好好地供养她。”在以后几十年的岁月里，只与朱安保持着夫妻的名分。鲁迅尚且如此，让寡母抚养长大的胡适对这份母亲送的礼物该如何供奉就可想而知了！

只要我们寻找，这样的例子还有不少，例如老舍也是他们的一位同命者，他曾说：“失了慈母便像花插在花瓶里，虽然还有色有香，却失去了根。”他曾这样回忆道：“那时候，婚姻自由的理论刚刚被青年们认为是救世的福音，而母亲暗中给我定了亲事。为退婚，我着了很大的急。既要非做个新人物不可，又恐太伤了母亲的心，左右为难，心就绕成了一个小疙瘩。我请来三姐给我说情，老母含泪点了头。我爱母亲，但是我给了她最大的打击。时代使我成为逆子，婚约到底是废除了，可是我得到很重的病。”

这时不要说母亲为胡适娶配了江冬秀，就是给他配一个《红色娘子军》里的木头人，胡适也不会反抗。

这种母子感通极为宝贵，它是维系孩子与这个世界联系的一条精神脐带，如果一个人没有建立起这根脐带，那么他便像孤儿似的游荡悬浮在这个世界上，直到最后孤独地抛尸而去。但是，这种心灵间的感应并非为母子间所独有，事实上在亲密的家庭里，祖孙间的感通同样很普遍。

一位外祖母曾这样描写她同外孙女的感通建立，她的女儿在外地工作，托外祖母照料一段时间："外孙女睁着圆圆的眼睛注视着我，我感到有一种无法形容的感情。外孙女似乎也感觉到了这一点。总之，我和外孙女之间产生了强烈的'感通'，这是无法简单地用言语来表达的。我觉得今后不论过多长时间，这种'感通'都不会消失。外孙女尽管不会说话，但她的眼睛告诉我，她感到我们之间产生了强烈的'感通'。在这个孩子的母亲也就是我的女儿还在吃奶的时候，我和她之间也出现过这样的情感，而且，这种情感直到今天还在保持着。每当女儿下班回来见到我时，我们就会有这种感觉。"

这让我想起中国民间一直流传的"假子真孙"说法。

中国传统极重视后代的绵延，因此有"不孝有三，无后为大"的说法。但是以现代医学观点看，少数男女不育是一种客观存在的事实，这种不育的比例据称还在5%以上——这是一个不小的数字！那么为何中国社会在"无后"这一问题上并没有闹得人心惶惶呢？

原来有"过继"这一措施用以弥补，也就是从亲戚处甚至从育婴堂里领养一个不知姓氏的孤儿来做"儿子"，这样的"儿子"在历史上有不少专门称呼，如养子、外子、假子、义子、螟蛉子等。这种做法在不同文化背景的人看来简直是一种"自欺欺人"，就是当事人自身也很清楚这种游戏的实质，那就是"假子""外子""养子""义子"而非"真子"。但是一旦"假子"生了男孩，这个孙子就不是假的，而是真的孙儿了，也就是那"假"只存在于那一代，下一代便是"真"的了！

为什么儿子是假的，假的儿子再生出儿子便是真的了呢？原来过继来的儿子多数年纪稍大，培养不出对养父母很深的感情，远远达不到感通的高度，也就是和自己亲不起来。但假子养出的孙子就不一样，由于从小就在身边长

这种心灵间的感应并非为母子间所独有，事实上在亲密的家庭里，祖孙间的感通同样很普遍。

大，极易同自己亲密无间，祖孙感情上不存在任何隔阂，因此自然是“真”的了！

当我们回过头来整理、分析我们先祖的这些做法，不得不佩服他们从生活中累积起来的这些智慧，不得不佩服他们这种弄“假”成“真”的高超本领，不得不赞叹他们这种合理现实主义的处世思想！

这种感通在青年男女恋爱时最为动人，没有建立感通的婚姻如同没有建立感通的母子一样不幸，而建立了这种感通的男女一定会终生不渝、生死相依。

屠格涅夫在托尔斯泰家做客时，曾被一群年轻人围住让他讲生活中最幸福的时刻，于是他给他们讲了他的一个爱情故事。在这次爱情开始时，他是不幸的，为嫉妒和怀疑所痛苦。可是有一次，当他把目光投向心上人的时候，正好对方的目光也向他投来。那一道目光中含着多少爱呵！这使他感觉到他的痛苦已经到了尽头，以致后来在他一生中只要回忆起那一道目光，就认为那是他一生中最幸福的时刻！

只要想一想在恋爱时我们为这种没有爱的感通的苦恼、忧伤和绝望，只要想一想我们在目光接通时的幸福、美丽与纯洁，我们就不应该吝啬给自己孩子的这一份特权！

除了母子、家人、恋人容易形成这种心灵感通外，素不相识的人也可以因为某一件事情而一见如故成为刎颈之交，舒伯特与贝多芬的感通便是最好的一例。

舒伯特比贝多芬小 27 岁，贝多芬长于大的“交响乐”和“奏鸣曲”，成功在器乐上；舒伯特则是短小的歌曲之王，成功在声乐上。尽管舒伯特早已仰慕贝多芬的大名，但生性孤傲的舒伯特从不愿意前去拜访，只是在出版商的坚请下才登了一次贝氏之门，不巧的是贝多芬不在家，于是舒伯特便把作品留在桌上怅然而归。过了很久，一次偶然的机会，躺在病床上的贝多芬看到了舒伯特的作品，惊叫道：“这里有神圣的闪光，是谁作的？”当舒伯特怀着崇敬的心情赶到贝多芬床前时，贝多芬已病入膏肓，他吃力地握着舒伯特

“我的灵魂为你所有！”感通的最高表现可能就是人们所说的心灵感应了。

的手相见恨晚地说："我的灵魂为你所有！"贝多芬的去世让舒伯特极为痛苦，一年以后，年仅 31 岁的舒伯特追随贝多芬的灵魂而去，临死之前他唯一的希望是"请把我葬在贝多芬的身边"。弥留之际，他口里还在不停地叫道："贝多芬没有在这里……"

历史上这样的例子似乎还有不少，如钟子期与伯牙、鲍叔牙与管仲、刘备与关羽、张飞、李比希与味勒、本生与基尔霍夫、马克思与恩格斯等。但是这种感通极为难得，正是如此，历史才一直将其作为佳话流传下来。我们可以想见这些相互感通的历史人物的人生该是何等令人羡慕，如果我们不去让孩子同我们感通，而是将他们推向社会，让他们自己去寻找这种生命的乳头，那么多半他们还没有找到之前便已悲惨地死去。所以，对于我们母亲来说，在孩子还没有出生之前，甚至在我们还没有结婚之前，我们就应该以期待的好心情来接受上苍赐给我们的小精灵，而当他们到来时，我们便用整个心灵与身体拥护这位天使，用手臂圈一个雀巢，让孩子安享一个人生之梦！

感通的最高表现可能就是人们所说的心灵感应了。这里所说的心灵感应绝非是一些人所宣扬的那种伪科学的通灵术，而是指两颗心灵之间的高度默契。

这样的例子在历史上也有不少，最早可能要算《二十四孝》里的"啮指心痛"了。据说孔子的学生曾参事母至孝，曾采薪山中，家有客至，其母等了很久他还没有回来，于是咬了自己的手指，这时曾参忽然感到心痛，知道家里有事，于是负薪以归，原来是有急客至，"吾啮指以悟汝尔"。

现代人不会相信这是真实的，我在过去看到这则故事时，还曾感叹过先人们的蒙昧。但后来接触这方面的材料多了，如日本大阪大学教授池步洲在回忆母亲的文章里就说："在我暌违膝下的十八年里，每次家书，母亲必先期两耳发热，丝毫无爽"等等，便感到这种心灵感应也许有它存在的道理。

再举一例来说。1921 年 5 月，孙中山在广州就任非常大总统，5 月 10 日，蒋介石从家乡赶往广州，20 日到达，但据说 24 日晚他做了一个噩梦，梦见雪满山原，一白无际，惊觉过来一身冷汗，一种强烈的心灵感应，让他想

心灵感应绝非是伪科学的通灵术，而是指两颗心灵之间的高度默契。

到这定是老母不久于世的凶兆，于是马上返回上海，转归溪口，不过十几天其母便溘然而去……

我以为有否此梦并不值得仔细考证，但这种感应在此时倒并不难解释。因为蒋母在此之前已病重卧床很长时间，而且蒋母也自知不久于人世，并对自己的后事都作了交代，蒋介石一直侍奉在家，心里应该清楚母亲大概还有多少时日。其实，曾给过老人以临终关怀的人都有过这种体会，尤其是现在医学发达，一些绝症一经诊断，便能告知尚有多少时日。日有所思，夜有所梦，这种感应不应该划入唯心论的观点中去。

日有所思，夜有所梦，这种感应不应该划入唯心论的观点中去。

4.4
恋母情结：母亲是孩子的纯金恋人

母亲印刻是动物最先发生的印刻——错误的印刻造成孩子心理上的混血——母子依恋取决于最初几年——董永卖身葬父的背后——历史与现实中的寻母现象与借母现象——康熙大帝何以对世仆曹雪芹家恭敬有加——明宪宗为什么钟情老宫女万氏——老舍自沉何以选择太平湖——弗洛伊德的贡献与误解

母子关系如同恋爱一样，孩子是追求者，母亲是被爱者，只要母亲能够主动一点，那么母子感通便很容易建立，孩子对母亲的依恋在某种程度上来说是孩子发出，母亲回应的。刚出生的婴儿就能对母亲表示出不同的反应，开始还不甚明显，对谁都会笑、都会哭，都会发出声音，但几个月以后，这种区别就会越来越明显，别人抱他就哭，而母亲抱就会立即停下不哭，看到母亲离去就会哭着用声音去追，听到母亲的声音就会微笑，看到母亲的面孔就会发出欢迎和高兴的声音。

这种生物学上的倾向性，几乎是一切动物都具有的。母亲印刻是动物最先发生的印刻。对什么样的东西，对什么样的母亲发生印刻对仔兽的成长来说极为重要，影响也极为深刻。而人作为有思维的早产三年的动物，这一方面的动机不是更弱而是更强，一切有生命的东西都是带着要维持自己生命的本能而诞生的，对于没有力量维持自己生命的婴儿来讲，要从被掠夺被遗忘

母子关系如同恋爱一样，孩子是追求者，母亲是被爱者，只要母亲能够主动一点，那么母子感通便很容易建立。

的危险中保护自己的最好方法，就是同佑护者产生这种刻印，并进而形成相互间的依恋。

英国著名动物学家德斯蒙德·莫里斯曾对这一母亲印刻现象进行了长期研究，发现这一印刻对动物长大以后生活的影响之大之深简直难以让人相信。

例如，幼禽长大后便独立了，不再跟随自己的母亲，但是，早期印刻的影响并未消失。那就是印刻不仅让它们能辨认自己的母亲，而且也让它们知道自己属于什么物种，这样它们成年以后才知道在同类中，而不是在异类中去选择配偶。如果某类幼禽是由异类的养父母抚育大的，那么它们成熟后，便会试图去和养父母的同类，而不是和自己的同类交欢。当成家鸽养大的野鸽会置自己的同类于不顾而和家鸽交欢；而由野鸽养大的家鸽也是和野鸽交欢。一只在动物园乌龟馆里独立养大的雄孔雀，居然不搭理新到的雌孔雀，相反却向被弄得莫名其妙的乌龟频频献媚。出现这样的情况便是“错刻”，也就是让动物形成了错误的印刻。在人畜同处的地方，这样的现象非常普遍。自幼便和同类隔绝而完全由人养大的动物，长大后不仅不会咬饲养它的主人的手，还会试图去和主人的手交欢，比如一些养狗的人就常遇到这类情况。

形成了错刻的动物世界是一个奇异的甚至是骇人的世界，这些动物尽管有着和同类一样的行为方式，但却将这些行为应用于养育它们的物种身上去，从而出现和造成了心理上的混血现象，而成为心理上的混血儿。

例如，有一些动物在未进动物园之前，是由主人在家精心饲养长大的。这样当它们回到动物园里的同类中时，它们其实不过是人工驯养的隔离种群，因此在它们的眼中，同类动物反而变成了陌生的吓人的“异类”而难以相处。人们曾将一只野生的公獴和一只人工驯养的母獴关在一起，企图让它们配种，但它一进笼子就遭到母獴的攻击。后来虽然没有争斗，但敌对气氛一直没有消除，直到公獴患胃溃疡死去。公獴一死，那只母獴则立刻恢复到先前那种怡然自得的状态……

动物如此，莫里斯发现人其实也如此。婴孩在出生的头几个月和他的同

形成了错刻的动物世界是一个奇异的甚至是骇人的世界，出现和造成心理上的混血现象。

类，尤其是他的母亲发生了广泛而持久的联系，这等于经历了一个敏感的社会化阶段。和动物印刻的情况一样，这种联系的目的不完全在于从母亲那里获得物质报偿，如吃喝、洗涤等。婴孩当然不能像小鸡小鸭那样紧跟在母亲身旁，但他却可以通过微笑和母亲加强联系。婴孩的微笑能够吸引母亲，让她和孩子在一起玩，这样就彼此使对方形成了印刻，在他们之间产生了一种牢固的依恋。

莫里斯认为这种依恋对孩子以后的生活十分重要。那些吃得好穿得好但没有早期印刻"爱"的婴孩，一生都会遭受焦虑之苦。孤儿或住在慈善机构里的孩子，得不到多少爱抚，甚至和人的接触也极其有限，因此他们成年后常常非常焦虑。只有早期建立了这种牢固的依恋，成年后才有和他们建立良好人际关系的可能。

当然，这种依恋在孩子身上是一步一步地得到精神强化，一般地是从以身体的接近、接触为中心，向离开一段距离进行相互交往的方向发展；从用哭声和发声使大人接近时期开始，经过自己进行接近、接触的尝试时期，向利用视觉的相互作用或对话保持与依恋对象的关系发展。

依现在的研究，母子依恋一般取决于生命的头几年，如果最初几年照看孩子的不是母亲，而是其他人，那么孩子则将依恋照看他的人。

这种恋母情结是根深蒂固的。

我统计了一下最能代表中国亲情的《二十四孝》，其中对母孝的近半数为11人，对双亲孝的6人，其他类3人，对父孝的仅4人，而且这4人或者不能证明他们对父亲的感情，或者即使能证明也因为有其他原因。

如"孝感动天"的舜。舜父和后母及异母弟象三人都欲置舜于死地而后快。一次其父让他上到房顶后竟在底下纵起火来，舜用两把斗笠跳到地上才幸免于难。另一次其父又令他打井，井打深后竟和象"落井下石"，用土把井填实想将他活埋，幸亏舜预防在先，在井旁打了个支洞同邻井相通才逃脱出来……这样的父亲，舜肯定不会有什么好感。所以司马迁仅说："舜顺适不失子道，欲杀，不可得；即求，尝在侧。"也就是说，舜仅仅不失为子之道，父

> 母子依恋一般取决于生命的头几年，如果最初几年照看孩子的不是母亲，而是其他人，那么孩子则将依恋照看他的人。

亲要杀他时，却杀不到；要找他做事时，又及时地在身边！如果是后人理解的“至孝”：父要子亡，子不得不亡，舜离得很远。从这个角度看舜，舜仅尽到为子的伦理本分。

“扼虎救父”也是如此，在现在我们不也常常看到舍己为人的报道吗？何况这种舍己为亲又有什么不好理解的呢？

比较让人难以理解的是董永的“卖身葬父”和庾黔娄的“尝粪心忧”，他们俩对父亲的感情是真挚的，但却另有缘故。据《搜神记》载，董永很小的时候就死了母亲，是与父亲一起长大的，与父亲建立了感通与情结，极类似于孤儿寡母。这种“恋父情结”到了什么程度呢？父亲老了，董永下田干活不放心父亲一人在家，就用鹿车推着父亲到田头以与自己形影不离……庾黔娄的详细资料没有找到，我猜想可能也有这种类似的原因。

这种恋母情结在现实生活中有各种表现，寻母现象便是其中之一。

在《二十四孝》中便有“弃官寻母”一则。宋代朱寿昌，7岁的时候，生母刘氏为嫡母所妒被赶出家门，可就是这共同生活的7年，让他对母亲产生了不可抑制的感情。到他快60岁时，这份感情的折磨终于让他作出决定：弃官寻母！临行前他对满堂子孙说：找不到母亲就不回来！后来在陕西同州终于找到了还活着的老母，这时其母已70多岁，母子分离已有50年了。

极有意思的是，与孩子的寻母现象相对应，母亲的寻子现象在现实生活中也极常见，之所以岁月洗刷不了这份情愫，就在于在孩子儿时双方产生了很深的感通与情结。上例的朱寿昌母遭妒，从生下朱寿昌到最终被赶出的7年里，一定备受艰辛，在这段时日，母亲对他一定呵护备至，相依为命，正是这种爱的哺育，才在孩子心中历久弥深，最终弃官寻母。

朱寿昌最终寻到了母亲，弥补了人生的大憾。假如母亲已逝，孝子又当如何呢？除了结庐墓侧，早晚跪拜外，中国历史上还有一种“借母现象”，也就是借一位孤寡老妇来家中当母亲奉养。这种现象尽管少见，但历史上却时有记载。

如明代陆容《菽园杂记》中便有一则关于广陵地区五子庙的故事。说五

极有意思的是，与孩子的寻母现象相对应，母亲的寻子现象在现实生活中也极常见。

代时，广陵有5个强盗结为兄弟，在江淮之间杀人越货，无恶不作。可尽管如此，他们天良尚未尽泯，还有一丝人性，即都以不及奉养母亲为憾，最终找了一个贫苦的老母做他们的“母亲”，并且奉事谨孝，凡有所举动，都唯母命是从，在这位“母亲”的开导下，他们逐渐转化，最后全部弃盗从善，乡人大感惊异。五盗死后屡有灵异，于是乡人立庙奉祀……

再如“文化大革命”之后，曾有一位被错划为右派的同志在报上公开“征母”，原因是母亲深爱着他，无论何时何地都用心护卫着他，相信着他，后来他平反了，母亲却去世了，母亲的恩情却不能报答，真是“树欲静而风不止，子欲养而亲不在”。为了寄托对母亲的怀恋，于是征母尽孝！

前面说的“亲生后母现象”中的庄公，虽然已经发出了“不及黄泉，无相见也”的誓言，可说出后不久就后悔了。大臣颍考叔听到这件事后，就去给庄公进献财物，庄公同他吃饭的时候，他故意挑出肉来放在一边不吃，庄公问其故，他说：“我有老母，我吃过的东西她都吃过了，只是没有尝过您的东西，我想带回去给她尝尝。”庄公听后叹道：“你有母亲可送，我却没有哟！”并告之其悔。颍考叔听后回答说：“这还不好办吗？挖条隧道，深及泉水，你们就在隧道里相见，谁说不是在黄泉下相见呢？”于是母子相见。

恋母情结是不仅仅只限于亲母的，这种情结是一种依恋的情结，如果这时母亲不在身边或拒绝爱子，那么孩子就会同曾抚养他的人产生这种情结，这样的事在历史上及现实生活中屡见不鲜。

历史上的例子在皇室中最易找到，因为中国的历史多是皇家的历史，这方面的史料最全。

在中国历史上为了防止外戚专权，皇后妃子生子后，多由乳母、保母而不是由生母抚养，以淡化母子感情，这样做对防止外戚势力膨胀的确较好，但是皇子长大后却视乳母、保母如亲母，很多乳母、保母及其后代大受其益。由于乳母只管喂奶，并不与孩子一起生活，而保母则朝夕不离，相伴长久，因此保母又比乳母多享福泽。《红楼梦》的作者曹雪芹便是这种受

> 恋母情结是一种依恋的情结，如果这时母亲不在身边或拒绝爱子，那么孩子就会同曾抚养他的人产生这种情结。

益者。

曹雪芹的曾祖母孙氏是同康熙关系最为亲密的保母，康熙长大后同生母感情淡薄，相反对保母孙氏感情深厚，这种情结让曹家无功受禄。康熙即位后，很快就提拔孙氏的丈夫也就是曹雪芹的曾祖父曹玺为江南织造，这本是为期仅一年的临时差遣，可曹玺却做了21年直至老死任上，而后又让曹玺之子曹寅做了18年直至病逝，曹寅之子曹颙接着担任了两年又一病而亡。这时曹寅的家庭只剩下婆媳二人，康熙见这位童年好友曹寅后继无人，特下谕旨命曹宣的诸子中选一最合适的过继给曹寅做嗣子，这就是曹雪芹的父亲曹頫，而且还特命此子再次继任江宁织造，这样曹氏相继做了65年江宁织造。

康熙一生共有六次南巡，除了一次中途因故折回，一次另住别处，在江宁都以织造府为行宫。康熙三十八年（1699年）南巡时，他的老保母孙氏夫人还健在，康熙见了她非常动情地说："这是我们家的老人啊！"其时正值庭中萱花盛开——这种花正是慈母的象征，康熙特为孙氏夫人手题一巨匾："萱瑞堂"。由此可见康熙对孙氏感情的深厚，而康熙的驾崩也导致了曹家的败落。

再如明宪宗朱见深与万贵妃。

明宪宗娶万贵妃是中国历史上的一桩大疑案。宪宗18岁结婚时，万氏已35岁，万氏比宪宗大17岁，可以做宪宗的母亲了，但宪宗却一定要娶她，只是由于其母的坚决反对才怏怏作罢，但还是将她立为贵妃。皇后吴氏妒忌她的专横，她却让宪宗废了皇后。尽管后宫佳丽如云，但宪宗却专对她深信不疑、言听计从。最让人不可理解的是万贵妃57岁暴亡时，年方40岁的宪宗在她死后七日竟一病不起，几个月后也追随而去，相爱之深令人无法理喻。

对于这段恋情，人们有很多猜测。有的认为万贵妃善于媚术，迷住了宪宗，有的则认为宪宗无能无识不可理喻。其实只要翻开历史就可知道其中的奥秘。

原来在宪宗朱见深两岁时，其父明英宗率大军北征瓦剌，不幸兵败于土木堡，英宗被掳。留京朝臣在皇太后孙氏的指示下，立英宗之弟朱祁钰为帝，

康熙对孙氏感情的深厚，而康熙的驾崩也导致了曹家的败落。

是为景泰帝。景泰帝初立时，朱见深的皇太子地位未变，但 3 年后景泰帝改立自己的儿子朱见济为皇太子。孙太后虑及朱见深的安全，派遣她自己宫中的亲信宫女万氏，去照顾并保护朱见深的生活及安全，这一年朱见深才 5 岁多，万氏已 22 岁了。从此朱见深就一直由万氏陪侍。

因此，朱见深同万氏的情感非同一般，他对万氏就如同对母亲一样，哪有儿子会怀疑母亲的呢？当朱见深长大发现还可以娶她来报答和发展这份依恋时，他自然会不顾一切地要同万氏共同生活了。当她死时，她失去的不仅是母亲，而且还是情人，是自己生命赖以存在的对象，这时一病不起也就没有什么奇怪了。

因此，宪宗之所以要娶一个比他大 17 岁的老宫女，并不是因为她漂亮、美丽，也不是因为她善良、温顺，更不是因为她善媚、妖冶，而是因为宪宗在与她的共同生活中产生了这种恋她的情结，而这才是最强大的。

这种恋母情结的强大贯穿于人的整个一生，甚至死亡也无法阻止这份激情。

同样，老舍于 1966 年在太平湖自沉时，曾很让人不得其解。太平湖是一偏僻的小公园，没有什么名气，他的儿子舒乙翻遍了他的著作，也没有找到这个地方。但是，在老舍自沉 12 年之后，舒乙“偶然打开一张解放前的北京老地图，竟一下子找到了父亲去太平湖的答案。太平湖正好位于北京旧城墙外的西北角，和城内的西直门大街西北角的观音庵胡同很近很近，两者几乎是隔着一道城墙，一条护城河而遥遥相对，从地图上看，两者简直就是近在咫尺。观音庵是我祖母晚年的住地，她在这里住了近 10 年，房子是父亲为她买的，共有 10 间大北房。她老人家是 1942 年夏天在这里去世的。我恍然大悟：父亲去找自己可爱的老母了。”“67 年之后，父亲又回到了她的老妈妈脚下，把生命奉还给她，是对她生命的教育的一种感恩和总结吧。”

弗洛伊德一个非常大的贡献在于揭示了恋母情结，但是，他却给了一个错误的解释，即错误地认为恋母情结是由性欲造成的，是因为男孩最早以母

老舍之所以选择太平湖自沉，是因为去找自己可爱的老母了，是对她生命的教育的一种感恩和总结。

亲为性对象。在这种性欲的前提下，他认为男孩有恋母杀父的情结，女子有恋父杀母的情结。遗憾的是，他没有对女孩的“杀母”多加论述，不知是因为不好论证，还是因为女孩的杀母可以类同于男孩的“杀父”？其实，父亲和母亲对孩子的影响绝不相似。在中国历代的烈女中，不少女孩由于母亲年老，她们为了母亲安度余年，不惜牺牲自己的幸福，拒绝结婚而终生侍奉在母亲的膝下！因此我认为，无论男性女性都有一个共同的祖先，那就是母亲！那就是他最初依恋的人！我们从许许多多回忆母亲的文章中——无论是男是女——我们都看不出那种憎恶母亲的潜意识。

无论男性女性都有一个共同的祖先，那就是母亲！那就是他最初依恋的人！

4.5 心理支持：伟大光荣正确的妈

所有的信仰都是信仰母亲的变种——母亲是心理能量的给予者——受到母亲无限宠爱的人，一辈子都保持着征服者的感情——王孙贾平叛与陈婴让兵——蒋介石的“慈庵”“慈湖”——伏在母亲怀中的安泰——犹太民族的精神支柱——人总是要有一点精神的，这精神正是来自母亲

从根本上说，对母亲的依恋是人的精神赖以存在而不致崩溃的基础，也是人得以不断扩大自己生存疆域的根据，人所有的信仰都是发源于对母亲的信仰，都是母亲信仰的一种替代形式，否则面对广阔无垠的宇宙，孤独的人类便失去了存在的根由。老舍在抗日战争中流离颠沛，但对老母却无时不想，他说：“母亲怎样想念我，我可以想象得到，可是，我不能回去。每逢接到家信，我总不敢马上拆看，我怕、怕、怕有那不祥的消息。人，即使活到八九十岁，有母亲便可以多少还有点孩子气。失了慈母便像花插在花瓶里，虽然还有色有香，却失去了根。有母亲的人，心里是安定的。我怕、怕我家信中带来不好的消息，告诉我已是失了根的花草。”

这种依恋随着时间的推移，就会成为孩子的心理支持，而母亲便是这种心理能量的给予者。

在哈洛做的小猴与母猴的隔离实验中发现，一旦出现小猴子没有看惯的

从根本上说，对母亲的依恋是人的精神赖以存在而不致崩溃的基础。

可怕东西，小猴子就吓得蹲下来。如果有假母猴在它身旁，它就去抱住它，仿佛有了靠山似的，然后它就回头瞅着逼近它的东西。

动物如此，人更是这样。战国时齐国的王孙贾，15 岁就入朝服务齐闵王。有一年淖齿谋反，杀了齐闵王，但齐国人却不敢起来讨伐淖齿。王母目睹这一切非常痛心，她对儿子说："你早晨出去，晚上回来，我总在家门口等你，如果你晚上不回来，我就要到闾门外张望，你为闵王做事，怎么能够王上出走不知生死而你却可以独自回家来呢？"听到母亲的话，王孙贾立即来到京城的大街上，号召人们起来讨伐，当场就有 400 多人加入到讨伐的队伍，在王孙贾的指挥下，终于杀了淖齿，平息了叛乱。

而与此相反，秦末陈胜吴广起义后，陈婴已被推出为王，队伍有两万人，是一支不小的力量，但是陈母对他说："我到你家来后，从没听到你的先人有大贵的，今暴得大名并非好事，不如跟着人家干，事情干成了，能封个诸侯，没有干成也容易逃命。"于是陈婴便不敢为王，以兵属项梁。

诺贝尔生理学和医学奖获得者，加拿大的班廷同母亲有着深厚的感情，中学毕业后进入多伦多神学院，可第一学年还没结束就传来了母亲病逝的噩耗。于是改学医学，他把母亲的遗像放在案头，并在日记中写道："我一看到她那忍着病痛的慈祥的微笑，心里好像一亮，医学上好些难记的名词，一下子就记住了。"

另一位诺贝尔奖获得者荷兰的彼得·塞曼也是如此，慈母去世后，他将母亲的遗像嵌在一个金属的小镜框内，不管到什么地方他都将它挂在胸前。一次讲课时被一道难题难住了，他在讲坛上足足站了 10 分钟，这时他掏出母亲的遗像，像拿出一个计算器一样，终于一下子开了窍解开了难题！这个故事仿佛是杜撰出来的，但对于这个母子情深的大科学家却是地地道道的真实。他曾在给妻子的一封信中这样写道："又是家乡的防汛季节了！我们都是在海平面下出生的人，每逢这个季节，我的智慧好像比平时更加活跃，精力也更加旺盛。连日来我为磁场的光谱研究已三晚未眠，但我一点儿不觉得疲倦。"

心理学大师弗洛伊德对此也深有体会。弗洛伊德的父亲是再婚，母亲是

我一看到她那忍着病痛的慈祥的微笑，心里好像一亮，医学上好些难记的名词，一下子就记住了。

初婚，他是母亲的第一个儿子。母亲爽朗、活泼、聪明，他是在母亲无限的自豪和宠爱中生长的。还在他小时候，他就享受到母亲很多的特殊对待，由于他除了学习没有其他任何爱好，因此他的房间里点的是煤油灯，而别的房间只是蜡烛；家里八口人只住三间卧室，但他却独自享有一间小房。这种与母亲结成的深厚感情，让他终身与母亲生活在一起，这一点在主张个性独立的西方社会是不多见的。弗洛伊德曾这样认为：“受到母亲无限宠爱的人，一辈子都保持着征服者的感情，也就是保持着对成功的信心，在现实中也经常取得成功。”

这种心理支持极为重要，在重大决策时有没有这种心理支持大不一样，正如军队在困难时会乞求上帝等精神支持一样，这一点在很多杰出人物身上都有很多反映。

蒋介石 9 岁丧父，由寡母王采玉抚养长大。蒋介石下面有两妹一弟，兄弟姊妹四人，照一般情感逻辑发展看，他同母亲的感情不会过深。但是蒋母在夫亡分家后的四年内，蒋介石的小妹瑞菊、弟瑞青相继夭折，这种沉重的打击蒋介石已能真切地感受到，家庭的变故紧密了他们母子之间的感情，而在这种艰难的境况里，其母仍一如既往倾全家之力支持他读书、革命，想到母亲对小时极为顽皮的自己付出的心血，蒋介石对母亲的感激与日俱增。

蒋介石在《先妣王太夫人事略》中是这样记叙的：“中正幼多疾病，且常危笃；及愈，则又放嬉跳跃，凡水火刀棒之伤，遭害非一，以此倍增慈母之忧。及六岁就学，顽劣益甚，而先妣训迪不倦，或夏楚频施，不稍姑息。岁乙未，不幸先考弃养，吾家内外之事，一萃先妣一人之身，而家难频仍，祸患相乘，先妣节哀忍苦，状到惨恻，尤有非不肖所忍追述者。……辛亥民军起义，中正督战沪杭间，戚党闻之，多骇愕失色，而先妣则曰：‘男儿报国，死则死耳，何足为虑！’……中正尝以公私之急，驰书白母，怯者惧祸，劝弗应，先妣则毅然曰：‘天下安有其子危急而母乃漠然不顾者。吾若无儿，于先人遗产复何需？’帮中正在外，所求未尝不应。其间或有贪官暴吏借此恫吓者，先妣视之蔑如也。”

受到母亲无限宠爱的人，一辈子都保持着征服者的感情，也就是保持着对成功的信心，在现实中也经常取得成功。

蒋母无条件地信任其子，无疑成为蒋介石最大的精神动力，因此不难想象，在其母去世后他的悲痛之巨，据说他每天抚尸大恸多次，在家人中他哭得最多，哭得最响。居丧期间，他常在其侍母旧游之地盘恒俯仰陈迹。在其母逝世一周年纪念日，他夜不能寐，骤生思母之情，并自誓无论新旧历，凡遇母亲忌日，不茹荤、不动气、不近色。1923 年为纪念其母六十冥寿，蒋在离其母墓址半里许的山墩间筑室数间名为“慈庵”，1930 年更将其扩展成较大的坟庄……

我于 1987 年曾到过这里，记得那时游人不多，在到蒋母墓地的路上心里还有些森森发憷，觉得古人墓旁筑庐真是件恐怖的活刑。与很多人想法一样，认为只要生前孝顺，何必死后去讲这些排场与形式！但是随着这些年的经历与研究，逐渐感到作为一个局外人是很难体会当事人的那份心情的。在我们看来其母已死，已渺无踪迹，但是在蒋介石的心中却还是活着的，仍在不断地给他以力量与指导，他仍然在向母亲寻求心理支持。

因此每逢重大事件，如蒋 1927 年的第一次下野，1930 年的第二次下野，1936 年的西安事变，1949 年的第三次下野等，他都首先回到慈庵。因此可以想象，当他回到慈庵时，他不再是一个得意的领袖或失意的将帅，而是母亲的一个孩子；他不再面对那些纷乱的时局，而是静静地伏在母亲的膝上，接受母亲的关爱……

不仅在大陆如此，蒋介石到台湾后仍然如此。1961 年，他已年逾七旬，到了考虑自己身后之事的时候了，他在大溪镇为自己选择了一块墓地，之所以选中这里，是因为这里的风景很像故乡奉化的溪口，为了纪念其母，他将这里名之为“慈湖”。

为什么母亲不仅生前而且死后仍对孩子有巨大的精神影响呢？究其原因在于人是信仰的动物，母亲正充当了这种信仰的替代物，正如基督教徒将主教视为上帝在人间的代理人一样，母亲在孩子的心中便占据了更高自我的位置，从而能够给自己提供道义与原则的力量！母亲是孩子的上帝！

托尔斯泰母亲病故的时候，他只有两岁，照说他对母亲没有什么印象，

人是信仰的动物，母亲正充当了这种信仰的替代物，母亲是孩子的上帝！

也没有什么更深的感情。可事实不然，家人经常向他讲起母亲的往事，让他逐渐在自己的想象中刻画出善良、慈爱的母亲的鲜明形象，也让他深深地懂得母亲是如何爱他。

母亲弥留之际，她感到最难过的不是别的，而是子女们都还没有长大成人，尤其让她放心不下的就是刚刚两岁的托尔斯泰。当时丈夫、孩子们和身边的一些仆役都围在她的病床前向她告别。她用目光扫视着周围，唯独不见最小的儿子，于是就把目光落在丈夫身上，意思是："小儿子在哪里？"保姆把他抱进屋来，这个不懂事的孩子还在咿咿呀呀地笑着。当他看到妈妈那张苍白的面孔时，才"哇"的一声哭了起来。母亲这时眼里含着热泪，艰难地伸出手在他面前颤抖地划了一个十字，为他祝福，衷心地祝愿自己的孩子健康成长……

正是因为这样，母亲成为托尔斯泰的力量源泉。在许多作品中他都描绘了母亲的性格特征，并且怀着无限崇敬的感情赋予她以诗意般的魅力。在生活中，每逢感到痛苦的时候，或者因为什么事情而心情沉重的时候，他差不多都极力回忆母亲的形象，从而感觉到她会给自己以帮助，给自己以精神力量。

因此，凡是和母亲有关的一切地点和物品，托尔斯泰都觉得是神圣的，精心加以保护。他始终热心地侍弄着母亲亲手培植的花圃，让花木更加茂盛。他一直珍惜地保护着池塘旁边的那条长椅子，因为这是母亲当年经常坐着的地方。他常指着那条长椅子向人介绍说："我爱这个地方。你瞧，你爱自己的母亲，而我却记不得自己的母亲了……听人说，这儿曾是我母亲喜爱的地方。"

即使年逾八旬，老人一旦想起自己的母亲，仍然总是热泪盈眶，激动非常。托尔斯泰的儿子伊利亚·里沃维奇曾回忆说："不管谈论谁，爸爸从来没有像谈论自己的母亲那样怀着无限的热爱和尊敬"……

古希腊神话中有位大力士安泰，只要他能同大地母亲接触，便能汲取无穷的力量，任何敌人也不能战胜他，后来敌人发现了这个秘密，将他举在空

即使年逾八旬，托尔斯泰一旦想起自己的母亲，仍然总是热泪盈眶，激动非常。

中杀死了！而这正是我们人类母子心理支持的一个原型！

由于这种心理支持，母子之间更加深入地产生精神信任。历史上有不少将对方将领的母亲抓住作为条件劝降，最后反而激起了对方更大的勇气，如抗日战争时的马本斋等。其原因就在于他超越了对母亲肉身的依恋，而从更高的层次上同母亲精神相一致。对母亲的这种精神信任能激发出一个人最完全的力量，因为母亲是自己信仰的全部，因此在战场上，能激起战士最大激情的便是为母亲而战，便是能够获得母亲的嘉奖。

为此，作家康士坦丁·拉宾这样写道："如果你，我的同龄人，上过前线，你一定不会忘记，在前沿阵地上母亲对于我们大家意味着什么。你一定记得，当我们列队宣读一位战士母亲的来信时，战士们眼睛里燃烧起什么样的烈火。不很流畅，然而发自肺腑，是用成天在生产炮弹的机床上磨起老茧的手写成的。母亲叫儿子打败敌人，取得胜利，同时要注意保护自己。信在途中走了很久，我们的战友已经阵亡了。但是难道母亲的嘱托只是给她的儿子而与我们无关吗？这一天，我们的手把自动步枪握得特别紧，炮弹命中率也特别高。为了我们千百个营的母亲的眼泪，为了我们的祖国——开炮！"

因此，这种通过印刻、依恋到心理支持、信任的过程正是一个人健康成长的过程，母亲首先通过产褥的痛苦和哺乳的操劳，自觉于自己所抚养的婴儿是自己的孩子，孩子则通过母亲的操劳感受到对自己的爱而自觉于自己是母亲的孩子，而且，通过这种爱的感通便表现出对母亲的爱。母亲感受到这种爱就会更加自觉地加深对"自己的孩子"的认识，正是这种精神上的联系才让孩子成为一个精神健全、性格协调的人。

个人如此，其实一个民族又何尝不是如此。

犹太民族是一个极为顽强的民族，从公元前11世纪建立希伯来王国，到公元前580年亡于巴比伦，2000多年来，犹太民族备受磨难，直到20世纪，还有600万犹太人死于希特勒的屠刀之下！无数的国家、民族被历史所湮灭，但犹太民族却一直艰难地生存到现在。为什么它能有如此之强的生命力呢？因为它有比别的民族强得多的心理支持，他们认为耶和华是全知全能的上帝，

对母亲的这种精神信任能激发出一个人最完全的力量，因为母亲是自己信仰的全部。

上帝在众多人群中独以自己为选民，他们终将得到神的帮助而恢复旧有的光荣！因而国家虽亡，但却仍在幻想的天佑中生活，并且坚信这一天的到来。从小开始，他们就向孩子灌输一种犹太不会亡、上帝会拯救他们的信念，正是在这种信念的支持下，他们渡过了一个又一个难关。

我们常说：“人总是要有一点精神的。”这精神来自什么地方呢？一个最重要的方面，就是来自自己的母亲。

因此，母子情结并不仅仅是生物关系的结合，而是以母爱为基础产生的，所以，经历过培养孩子艰苦的母亲与没有亲身经历过这种辛苦的母亲相比，后者的依恋要弱得多，当父母之间的感情淡漠时，孩子的这种母子情结也自然受到影响。

我们常说：“人总是要有一点精神的。”这精神来自什么地方呢？一个最重要的方面，就是来自自己的母亲。

4.6
子宫心理：跟随孩子成长的分子维心理

什么是子宫心理——父亲教育的弊端——子宫心理是一种深刻的母亲心理——子宫心理是早教成功的关键——跳一跳便能摘到桃子——母性缺乏导致心理死胎——所谓代沟，是孩子与父亲而不是与母亲的沟——“以己养鸟”与“以鸟养鸟”

皮肤传爱，哺乳连心。哺乳之所以重要，在于它能够同孩子很好地形成感通，而这种感通会为母亲对孩子进一步产生的子宫心理奠定最坚实的基础。如果这时母亲不能哺乳，那么这种子宫心理便停止增长，形成日后的体外死胎，亲生后母现象便是这种体外死胎的最典型表现，尽管胎儿还在，但母亲却停止向他供给精神的爱的营养。

由于没有这种子宫心理，在那些由父亲教育的家庭中，孩子多走向教育的反面而成为社会的破坏力量，即使最终没有成为罪犯，给孩子造成的负面影响也让孩子痛苦终生。

贝多芬是人类史上最伟大的作曲家，但也是一个痛苦一生的人。他一辈子难与人相处，渴望结婚却终生独身，52 岁患黄疸病，53 岁时吐血，57 岁时逝世，之所以如此，同他父亲的教育关系极大。贝多芬一家乃至整个家族都是一些不能适应社会的人，他的祖母因酒精中毒而死；母亲虽然温和、厚道，但感情上却极度忧郁；父亲是宫廷乐队的男高音歌唱家，但却是个酗酒无度

亲生后母现象便是这种体外死胎的最典型表现，尽管胎儿还在，但母亲却停止向他供给精神的爱的营养。

的酒鬼。当时神童莫扎特的事迹正成为社会新闻，贝多芬的父亲就是在这样的背景下才对他进行教育并以期成为莫扎特那样的神童的。

由于没有母亲的那种同孩子一道成长的子宫心理，父亲对贝多芬的音乐教育严厉到我们想象不到的程度。他把4岁的小贝多芬关在一间屋里，让他几个小时几个小时地练习钢琴和小提琴。有时醉醺醺的父亲深夜归来，小贝多芬已经睡熟了，怒上心头的父亲马上把儿子打起来，让他弹钢琴，一直弹到第二天早晨……可以说贝多芬的童年里没有任何欢乐，因为每天的课程过于单调、繁重，每天他都流泪不止。在这种严厉的教育下，贝多芬成人后的反抗、多疑等等都发展到极端，这种极端为人类造就了一个乐圣，但同时也造就了一个不快乐不幸福的贝多芬！

陀思妥耶夫斯基也同样如此。他的父亲有贵族头衔，但生活并不富裕，生性易兴奋、顽固、粗暴、性急。父亲教孩子们学习拉丁语，每当这时，他决不让孩子坐在椅子上，而是让他们接连几个小时直挺挺地站着听讲。由于父亲经常大发雷霆，所以孩子们特别害怕学习。这样培养出来的陀思妥耶夫斯基与周围人极难相处，他唯一的朋友就是梦，尽管最终他被造就成了一个伟大的俄罗斯文学家，但他也因此痛苦了一辈子。

但是，母亲却不同，母亲同孩子的心是相通的，孩子总是能及时地得到母亲的呵护。其所以如此，最关键之处便在于怀孕分娩抚育中形成了母亲与孩子共同成长的子宫心理，母亲的这种心理就像子宫一样随着孩子长大，而不像父亲那样其心理是凝固不变的。父亲的心理也许像天空一样高远，但却不能给孩子营造一个温暖的天地；母亲的子宫也许只有一尺之高，但却是孩子最幸福的天国。母亲的心理与孩子是同步的，是一同成长的，这一点女性比男性远远优越。

从怀孕时起，母亲就开始与孩子心理同步，也就是“生殖回归”，即母亲在孕育生命的过程中，不自觉地回到儿童心理状态，具有了许多类似儿童的心理特点。

这种子宫心理，让还是孕期的母亲就与子宫中的胎儿发生一种认同过程。

从怀孕时起，母亲就开始与孩子心理同步，也就是“生殖回归”。

她仿佛也是一个胎儿，又重新回到了自己天真无邪的生命早期，这时她除了表现出孩子似的反复无常的情绪变化外，还表现出孩子般极为丰富的幻想力：她会坐在小溪边，听着溪水哗哗的流动声，想象着孩子出生后的动听歌喉；她会坐在岩石上，俯视着生长在岩石下面的树木，想象着腹内的胎儿正泰然自若地从自己体内吸取着营养；她会在昏暗的灯下为孩子裁剪一件一件的小衣，然后幸福地放在自己的肚皮上打量，幻想着孩子穿上这样的衣服是如何的笑、如何的高兴、如何的美丽；她会像孩子一样轻信任何能让腹内生命健康、美丽的传闻而总是极其认真地去实践；每天看挂在墙上美丽漂亮的娃娃图像，为的是孩子漂亮；每天听动听的音乐，为的是孩子聪明；她会像孩子似的反复要求丈夫摸自己的肚皮，跟胎儿说话，自己也不断地摸着肚皮与胎儿对话，整个过程恰如儿童的游戏；她会像孩子一样地撒娇、发脾气，又会像孩子似的开怀大笑，她喜欢逛马路，希望别人注意自己的大肚子，她像孩子那样强烈地表现自己，像孩子一样常常觉得自己非常可爱……

一直到孩子3岁之前，母亲的这种一体感都非常强烈。如果两个母亲在一起，恰似在旁边玩的孩子一样忘情投入地议论自己的孩子，这时母亲同孩子一样是以自我为中心。听两个孩子都在3岁以前的母亲的谈话，与其说她们是在互相交流，不如说是在相互炫耀，各不相让也各自为政。随着孩子的心理逐渐成熟，母亲对孩子的心理也逐渐复位，但是一直同孩子紧密相连，孩子高兴，母亲也本能地高兴，孩子痛苦，母亲也本能地痛苦。

这种子宫心理是早期教育能否成功的关键，因为在孩子教育中有一个极为重要的原则，即“相称原则”，就是让孩子学习新东西的准备与学习机会相称。如果孩子已经知道的东西和鼓励他学习的东西之间的压力跟他的智力相差不太大，那么他不仅愿意学，而且学起来感到容易，并且有趣。如果这种差距跟孩子的智力差距或体力准备相差太大，那么孩子就可能表现出害怕或苦恼。如果孩子这时还在受到不断的压力，那么这种压力可能引起损害。最后，如果没有什么差距或者根本没有差距，孩子没有机会超出他已知道的事或能做的事，那么孩子就会感到厌烦。因此，对任何好的幼儿教育计划提出

在孩子教育中有一个极为重要的原则，即“相称原则”，就是让孩子学习新东西的准备与学习机会相称。

的要求就是解决这个相称问题。

苏联心理学家维果茨基将这个相称问题分解为两个层次，一个是孩子的现有发展水平，即“现实发展水平”，表现为孩子现在就能够独立完成任务；另一个是比较高的发展水平，即“最近发展区”，在这个水平阶段，孩子的一些思维过程刚刚开始出现，还不能独立完成任务，但在母亲或老师的启发、指挥和帮助下，经过一番努力可以完成任务，于是“最近发展区”就转变为“现实发展水平”，今天进入“最近发展区”，明天在教育的影响下，就会上升到“现实发展水平”。

几乎所有的儿童教育家都谈到了类似的问题，强调教育要同孩子一道成长，因为如果不能同孩子一道成长，便正如朱庆澜所言：“教人的，不跟着教的人的程度走，好似主人请个吃素的客，却是预备了一桌燕菜烧烤，主人只管费了事，客却没有地方下箸。”

由于父亲总是从自己的角度来教育孩子，而不是从孩子的发展程度来教育孩子，因此，很少看到一个单父教育孩子成功的例子。贝多芬、陀思妥耶夫斯基是两个在父亲棍棒下死里逃生出来的，更多的孩子便永远葬身于父亲的凝固的心理里。我们看到，几乎所有父亲强迫孩子的学习，无一例外都是付出惨重代价的，孩子或者对学习的科目终生痛绝，或者虽对科目感兴趣，但却对人生痛恨如初。因此，子宫心理对孩子的成长尤其是教育极为重要！

那么，我们如何知道什么时候孩子的智力和体力已经发展到能安排他学习新东西的适当时刻呢？老实的回答是，到目前为止还没有一个好的幼儿计划能把单一的课程强加给所有的孩子，因为每个孩子都是独特的，都是不一样的，而只有母亲才能胜任这一工作，其他任何一个人都不可能像母亲这样如此好地解决这个问题。

但是，只有从怀孕时就建立起良好母子感通的母亲，才能有一个对孩子成长有利的子宫心理环境，尽管母亲作为女性具有得天独厚的子宫心理条件，但如果长期同孩子分离，那么同孩子之间的心理子宫就无法增大，孩子就无异于母亲的一个心理死胎。

教人的，不跟着教的人的程度走，好似主人请个吃素的客，却是预备了一桌燕菜烧烤。

母亲抚育孩子时的子宫心理不仅仅表现在一个孩子身上，而且对于每个孩子她都能恰到好处地提供这种成长的心理环境，多子女的母亲仿佛这些孩子是多胞胎一样，每个孩子她都能给予这种心理庇护。母亲的这种子宫心理如同中国象棋大师进行的蒙目车轮大战一样，一般的人一次只能同一个人下一盘棋，而一个大师把眼睛蒙住下盲棋能一对数人甚至十数人，他能清晰地知道每一盘棋的棋局，并能随机应变。母亲正如这样的象棋大师，即使她的眼睛闭了，甚至瞎了，但她仍能清楚地看到孩子的一举一动，仍能清楚地看到孩子内心的一颦一笑！

孩子越是幼小，这种子宫心理的作用越是重要，正是因为这样，入学年龄才被人为地定在7岁、6岁、5岁，为的是使孩子的心理成熟到大致相同的程度便于统一施教，面对数十个学生，老师也无法像母亲那样为一个个学生营造相适宜的心理子宫，最好的学校也不过是家庭最蹩脚的模仿，最好的老师也不过是母亲的最形象的歪曲！

男性的心理只有经过特殊训练，在教育上才相对获得一些子宫心理，所以，一般来说父亲只有在六七岁之后才逐渐对孩子产生影响。中国父亲在儿时是根本不去抚养孩子的，只有到十几岁，孩子心理基本成熟之后，父亲才同他讲经论道，所以中国有许多家训之类的文章，全部是为那些已基本长大成人的孩子写的，之所以这些家训能够流传下来，在于这时孩子同父亲的心理已经相似。所谓代沟，事实上是孩子与父亲的沟，而不是与母亲的沟！父亲的心理是凝固僵硬的，当孩子超过父亲时，心理之沟又出现了，而与母亲则似乎永无沟壑可言。

由于父亲的心理同母亲的心理是完全不同的，父亲的心理是凝固的，不是母亲的子宫心理，因此，几乎所有父亲教育出来的孩子在性格上都不同程度地受到损伤。越是注意孩子教育的父亲如果不在这种心理上注意，给孩子性格造成的问题就越大。在孩子小的时候，父亲几乎不能理解孩子的所作所为。只有到了孩子能同父亲进行交流时，父亲才能进行教育。在母亲教育里，这种子宫心理让她对孩子的任何事情都能伸缩自如，而在不具备这种心理的

最好的学校也不过是家庭最蹩脚的模仿，最好的老师也不过是母亲的最形象的歪曲！

父亲教育里，则一切变成凝固的不可伸缩的规律、法则，因此在父亲教育里，孩子的情感常常失调。

《庄子》中曾对我们讲过这样一个故事，说有一只海鸟栖息在鲁国都城的郊外，鲁侯知道后便派人把它引到宫殿里来，每天给它奏音乐，喂牛肉，可海鸟却无心赏乐，也不敢饮食，到第三天便死去了。《庄子》认为这是"以己养鸟"，而非"以鸟养鸟"，即没有顺鸟之情养鸟，而是凭着自己的主观，拂鸟之性养鸟。我以为这对父亲育儿有良好的借鉴。

父亲几乎不能理解孩子的所作所为。因此在父亲教育里，孩子的情感常常失调。

4.7
脂肤性格：以性格赢得性格

什么是脂肤性格——次子性格与矮个子性格——“17世纪法国最大智者”的不幸——儿童教育专家与他教出的两个“怪胎”儿子——并非是母亲都能有脂肤性格——爱迪生的母亲是一个优秀的榜样——良好的性格比良好的学识对母亲来说更重要

既然在教育孩子时，子宫心理极为重要，母亲可以通过直觉来把握，父亲难道不可以通过专门的学习来科学把握吗？

的确可以这样，但是教育孩子是一项比制造航天飞机还要精细的工作，母亲比父亲更有利的条件是她天生的脂肤性格。如果以性行为来比喻的话，男性性格是刚直，遇事来得快去得也快，而女性性格则是温柔细腻，遇事来得慢也去得慢，最适合孩子的教育。很多优秀的父亲将孩子培养成了杰出人物，但是由于没有这样温柔细腻的脂肤性格，孩子最后在性格上都存在极大的缺陷。

关于这种性格，我们可以用“次子性格”来说明。不少人注意到家里的次子常同其他的孩子不一样，次子常常比较圆滑、缺少原则性。照说都是在同一个屋檐下，不应该出现这种现象才对，但是令人不解的是这种“次子性格”在生活中却比比皆是，究其原因，原来是母亲对次子所持的较粗糙的态度造成的。由于长子碰到的都是新问题，母亲自然对长子格外关心，次子无

教育孩子是一项比制造航天飞机还要精细的工作，母亲比父亲更有利的条件是她天生的脂肤性格。

形中被忽视了，到第三子时，这时又有一个回复。这样，次子由于没有得到母亲同样细心的照顾，而极其自然地施展一些小聪明而表现得调皮。

这种由于忽视其存在得不到良好关照的现象还可以从矮个子中生动地看到。各国都有类似的“人矮心眼多”或“傻大个”的说法，为什么会出现这种情况呢？原因在于在孩子群体环境中，高个子受到的威胁少，而矮个子受的威胁多，这样矮个子总是处于不利的位置，在学校里坐在前面，排队站在前面，因此，矮个子为了获得安全与尊敬，不得不在多方势力中周旋，久而久之便形成了这种类似于“次子性格”的“矮个子性格”。

因此，即使父亲心眼很细，也仍难排除孩子的大部分威胁。在父亲抚养的孩子中，孩子不得不从一开始就要面对一大堆危险或威胁，并总是处于这种不安状态之中。次子或矮个子仅仅由母亲的稍加忽视便造成性格上这样大的差别，父亲粗糙的手抚养成长的孩子出现更大的性格问题便不难想象了。

被誉为“17 世纪法国最大的智者”并以“帕斯卡定理”闻名的法国著名百科全书式的大学者帕斯卡便是如此。帕斯卡的父亲是税务法院院长，也是一个对数学有特殊兴趣的数学家。在帕斯卡 3 岁失去母亲后，他便把自己的全部精力都倾注到三个孩子的教育上，由于另外两个孩子是女儿，父亲便把主要精力放在了帕斯卡身上，帕斯卡 7 岁那年父亲为了专心教育孩子，辞去了工作，全家移居巴黎。

应该说他的父亲是一个极为优秀的教育家，他事先慎重地制订了孩子们的教育计划，让孩子在不感到多少压力下学习知识，因此，在吃饭时他也能教给孩子们许多历史、地理、哲学知识，而且为了说明这些原理，他还想出一套独特的游戏来。正是这样的费尽心血，帕斯卡才取得了让世人惊讶的成绩：在 16 岁时就发表了《圆锥曲线论》，19 岁时就发明了使用齿轮进行加减运算的计算机，25 岁就发现了“帕斯卡定理”，证明了真空的存在，并提出了“概率论”；在文学方面，他的散文风格给后世影响极大，他的哲学著作《思想录》直到今天仍为千万人所研读。他的妹妹也同样才华横溢！

所有这一切，可以说他的父亲具有极好的教育方法及引导孩子学习的子

在父亲抚养的孩子中，孩子不得不从一开始就要面对一大堆危险或威胁，并总是处于这种不安状态之中。

宫心理，但是他父亲却没有注意到体育锻炼和给他选择玩伴。因此，帕斯卡只能埋首书堆，18 岁后身体更是急剧衰弱，消化不良、失眠无时无刻不在折磨着他，他完全是靠顽强的意志才做出了如此巨大的贡献的，由于过度劳累和身体衰弱，年仅 39 岁便告别了人生。

相对于德国施雷瓦推事审判长，帕斯卡要算是相当幸运的了。施雷瓦推事审判长的父亲是一位德国名医，而且也是一位写过出色的指导儿童教育著作的教育家，他的指导书 1858 年在德国出版时立即成为当时的畅销书，很多孩子的父母争相传阅，获得了很高的评价。但是，就是这样一位教育家，却最终将他的两个孩子都教出了问题，大儿子 38 岁时用枪自杀，小儿子即施雷瓦推事审判长最后也因为精神病而不能担任任何职务！

一般来说，母亲们教育孩子要温和协调得多，但是具有子宫心理的母亲们一手造成悲剧的同样很多。

英国著名文学家约翰·罗斯金是在母亲的热切教育下成长起来的，每天清晨，她和儿子一起念几个小时的《圣经》，父亲则向他讲解诗歌，让他朗读各种作品。他的教育几乎全部都是在家里进行的。18 岁时，他考入牛津大学，母亲却撇下丈夫，硬是在大学附近租了一套房子住了进去监督儿子的学习与生活。罗斯金成长起来以后多次发疯，尤其是在逝世前一年，严重的神经错乱让他痛苦不堪，而他的婚姻也不美满，妻子同人私奔了。

与此相类似，新教的卫理公会的鼻祖英国的约翰·卫斯理，自幼也接受了母亲极其严格的斯巴达式教育，她生下 17 个孩子都成为一丝不苟很有礼貌的人，但是，这 17 个孩子的婚姻生活几乎都是不幸的。

这些人都是在早期教育由双亲培养出来的伟大人物，但是他们自己却是不幸的。帕斯卡曾对他的姐姐说："我从 18 岁起没有一天不苦恼。"罗斯金在晚年总结自己的一生时说："一般说来，我所接受的教育是错误的，是一件不幸的事情。"

面对这些有缺陷的天才。我们更多的温和的母亲可能会说：我宁愿要一个幸福而长寿的普通人，也不愿要一个残酷怪癖而寿夭的天才。当然也有一

一般来说，母亲们教育孩子要温和协调得多，但是具有子宫心理的母亲们一手造成悲剧的同样很多。

些富于创造精神的母亲会持相反的意见，不过人们可能会提出心中的另一个愿望，那就是能否教育一个既聪明又长寿的幸福的天才呢？我们说，这是可能的，历史上就已经有了许多这样成功的先例。

例如，威特活了83岁，成了一个但丁研究的权威；歌德活了83岁，是一个著名的文学家、思想家；爱迪生活了84岁，成为对人类有巨大贡献的发明家；牛顿活了86岁，是近代科学的罕见天才……

这些天才为什么会如此幸福而又成果累累呢？原因就在于他们有一个有着脂肤性格的母亲或父亲。在这方面，爱迪生的母亲极为典型，从现在爱迪生留下的诸如在鸡窝里孵小鸡，让小伙伴吃下能产生气体的药粉以期能像气球飞上天等，由此不难看出他母亲是如何耐心与周到了。

因此，教育孩子不仅要有子宫心理，而且还要有细致的脂肤性格。如果要用一个形象的比喻来说明的话，那就是孩子和母亲是一对互为太阳和向日葵的关系。

这种关系简单地说，就是在教育孩子时，教育的进度、目的等都是由母亲掌握的，孩子并不知道，是母亲引领孩子前进的。从这一角度说，母亲是太阳，而孩子则是向日葵，孩子不知不觉地跟随着母亲转动。

但是，要让这一过程顺利进行，不仅要求母亲对大的教育规则把握得很好，而且还要求母亲极为细致地注意孩子在学习过程中出现的各种反应，然后再采取相应的措施有针对性地加以解决。从这个角度来说，孩子又是太阳，母亲则又是向日葵，孩子的接受能力决定着母亲采取的方法和进度。因此可以这样概括这种相互之间的关系，即在战略大方针上母亲是太阳，在战术实施的小战斗中孩子又是太阳。

这种互为太阳和向日葵的关系，尤其是在实施教育中以孩子为太阳的方针非常重要，许多教育家都曾专门加以强调。如布鲁纳说："在发展的每个阶段，儿童都有他自己的观察世界和解释世界的独特方式。给任何特定年龄的儿童教某门学科，其任务就是按照这个年龄儿童观察事物的方式去阐述那门学科的结构。"苏霍姆林斯基也认为："教师的教育素养的一个很重要的因素，

可以这样概括这种相互之间的关系，即在战略大方针上母亲是太阳，在战术实施的小战斗中孩子又是太阳。

就是要懂得各种研究儿童的方法。教育素养在很大程度上取决于教师是否善于在儿童的脑力劳动和体力劳动过程中，在游戏、参观、课外休息时间内观察儿童，以及怎样把观察的结果转变或体现为对儿童施加个别影响的方式和方法。”而赞科夫说得更干脆：“对一个有观察力的教师来说，学生的欢乐、兴奋、惊奇、疑惑、恐惧、受窘和内心活动的最细微的表现，都逃不过他的眼睛。一个教师如果对这些表现熟视无睹，他就很难成为学生的良师益友。”

对老师的要求尚且如此，对母亲的要求就更应该这样了，遗憾的是，我们的母亲在这方面做得太不够了。在家教中，我们常常可以看到不少母亲不断指令孩子做这做那，结果孩子的主动性越来越差，学习也越来越被动，于是这些母亲便指着孩子骂：你看人家孩子根本不要爸妈管，哪像你这样！

其实呢，虽然没有看到这些学习好的孩子爸妈如何管教，但是没有看到并不等于没有管教，这些孩子父母比那些大声嚷嚷的父母的管教要认真有效得多。之所以嚷，是因为不知道问题出在什么地方，是瞎嚷，是母亲这棵向日葵无法辨别孩子这个太阳方位的缘故。而不叫唤一声的父母知道孩了问题出在什么地方，从而能够从容不迫地有针对性地加以解决，而这才是真正的脂肤性格。只有相互照耀，孩子和母亲才能取得最大的成果！

检阅那些既幸福而又成功的天才，我们发现，他们都有一个具有良好脂肤性格的佑护者，而不管这个佑护者是父亲、母亲，还是爷爷、奶奶。因此，我们现在终于知道，为什么施雷瓦推事的父亲是一个著名的儿童教育理论家，但却不是一个好父亲的原因，因为他没有具备这种良好的脂肤性格；我们终于知道，为什么卢梭是一个伟大的思想家、儿童教育家，却不愿承担 5 个孩子的父亲的责任，而宁肯将他们送到孤儿院里的原因，因为他不具备这种良好的脂肤性格；我们也终于知道，居里夫人虽然没有什么教育理论指导，但却教育出了两个成就突出的女儿，因为她具有这种脂肤性格；我们也终于知道，爱迪生、马可尼等不仅是有一个好母亲，而且更是他们有一个具备了良好脂肤性格的母亲！

所以，对于一个母亲来说，具有良好的脂肤性格甚至比具有良好的学识

检阅那些既幸福而又成功的天才，我们发现，他们都有一个具有良好脂肤性格的佑护者。

还要重要得多，因为教育学知识必须通过脂肤性格才能在孩子的身上发挥作用，才能把教育的种子播进孩子的心田，因此，培养母亲良好的脂肤性格是实施早期家庭教育的关键所在，因为早期家庭教育是一服烈药，如果采用不当，其造成的后果将是极为严重的。所幸的是，母亲性格天然地接近这种脂肤性格，母亲性格是比父亲性格要优越得多的脂肤性格，这就是要在孩子早期提出母亲教育的意义所在！

教育学知识必须通过脂肤性格才能在孩子的身上发挥作用，才能把教育的种子播进孩子的心田。

4.8
慈容精神：孩子是母亲身上掉下的肉

同为寡母所教，胡适、老舍何以平和，海瑞、傅雷何以刚硬——歌德与贝多芬不欢而散的原因何在——男性化、女性化教育的划分标准——“慈母败子”与“严父毁子”——中国幼教可虑的不是女性化而是男性化——长子与幼子成才率较高，方式却不同——隔代教育有待重新认识

那么，能否说具备了教育性格就一定能培养出身心协调的孩子呢？可能问题还不是那样简单。

我们在研究中发现这样两种有趣的现象：一种是寡母抚养成才的杰出人物，有的性格极为平和，如胡适、老舍等，有的则极为偏执，如海瑞、傅雷等；另一种是同样为伟人，有家族背景的常性格平和，而无家族背景的则过于刚烈，前者如歌德、莫扎特等，后者如马丁·路德、贝多芬、尼采等。

为什么会出现这样的现象呢？原来这里面还隐藏着更深一层的慈容心态，那些有着慈容心态的母亲教育出来的孩子性格多很和谐，而那些失去了这种慈容心态的母亲教育出来的孩子性格往往出现偏离。对于母亲来说，她的心灵总是平静无争的，总是博大无比的，因此孩子能够在这片心灵的天空下自由安详地成长，而当这些母亲的心灵受到外来威胁时，她就会不自觉地将这种不安全感传递到孩子身上，从而导致孩子心灵的封闭，进而造成性格偏差。

那些有着慈容心态的母亲，教育出来的孩子性格多很和谐。

这种母亲内心的不安对孩子性格的影响，可以从寡母现象中比较典型地看出。

例如傅雷。傅母极有主见，在家遭如此大难之后，相反却将全家从南汇县的一个落后闭塞的农村，搬迁到繁华开阔的县城周浦镇，这一决策对傅雷的成长极为关键，但人生地不熟，必然加剧傅母内心的焦虑，从而将注意力聚焦在傅雷身上，这就不可避免地为傅雷日后性格铸下印记。傅雷留学归国后，由于总是难以与人共事，而最终选择了闭门译书的职业。

与傅雷相反的是胡适。尽管他家也是孤儿寡母，但胡适的性格却完全不同，原因正在于胡母在教育胡适时内心没有太多的焦虑。胡适的父亲胡传是清政府的高级官员，两位前妻都死于战乱，留下三子四女，胡传48岁回老家时找到了年方17的冯顺弟为填房，婚后老夫少妻恩爱如漆，胡传甚至还抽出专门时间教她和胡适识字，可惜不到6年便客死他乡。胡母尽管成了寡妇，但家庭生计却不用自己操心，因为胡适同父异母的两个哥哥已分别在汉口、上海经商了，家里的田产也有人佃耕，她付给塾师的学费高于别家几倍。作为一个三品夫人，在这穷乡僻壤的地位就是连县太爷也得敬畏三分，因此除了怀念丈夫、教育胡适外，其他的事情不用她操心，胡母的心态应该是极为平静的。

多子女的寡母，心态与孤儿寡母的心态也不同。一般前者的性格也不像后者那样刚烈偏执，原因同样是母亲的心态远较后者平和。

老舍母亲生他时已经41岁了，在他上面有4个姐姐3个哥哥，老舍1岁半的时候父亲在义和团运动中牺牲了。父亲去世后，生活尽管变得极为艰苦，母亲只能整日给人家缝补和洗衣裳，但由于子女很多，母亲的心态也平复得很快，一如往常仍是个热心肠人。她的手极巧，会刮痧，会给孩子剃头，凡是她能做的，总是一口应承，谁家有事要帮忙，她总是跑前跑后，照应得极其周全，从不跟亲朋邻居吵架。所以尽管老舍也为寡母所养，但性格却是："我对一切人和事，都取和平的态度，把吃亏当做当然的。"

在有家族背景的杰出人才与无家族背景的杰出人才中这种现象的对比也

母亲内心的不安对孩子性格的影响，可以从寡母现象中比较典型地看出。

极鲜明。有家族背景的大多是族人为其成才创造了较好的条件，成才者几乎是在没有多少压力下成功的。而没有家族背景的大多靠父辈或自己的顽强奋斗才最终脱颖而出的，这样的成功者如果没有那种疯狂的追求精神是极难获得社会承认的，因此性格中常具较强烈的攻击性，歌德和贝多芬极好地表现了这种特点。

歌德和贝多芬是同时代的伟大天才，两人心仪已久，但两人唯一的一次见面却不欢而散。

1812年，他们在波希米的浴场托帕列兹的地方散步，在回来的路上遇见皇族。歌德立即挣脱贝多芬的手臂站在大路一旁，贝多芬劝了许多话歌德也不肯再走一步，于是贝多芬被激怒了，他按了一按帽子，扣上外衣的纽扣，背着手，气冲冲地往皇族最密的人丛中撞去。亲王与近臣密密层层，太子看见贝多芬后忙向他脱帽，皇后也向他打招呼。出了气后，贝多芬转过头来看看歌德到底要干什么，原来当人队人马在歌德面前经过时，歌德深深地弯着腰站在路边，帽子拿在手里！看到这一切，贝多芬狠狠地教训了歌德一顿扬长而去……

歌德对这一次羞辱一辈子都没有忘记，他后来在给友人的信中说："贝多芬不幸是一个倔强之极的人，他认为世界可憎，无疑是对的；但这并不能使世界对他和对旁人变得愉快些。我们应当原谅他，替他惋惜，因为他是聋子。"仅此一次，歌德一生不曾对贝多芬做过任何评论而保持绝对的缄默。

因此，以性别来划分母亲或父亲教育未必合适和准确，以这种慈容心态来划分更为本质。这样，所谓父亲教育就是把外在的强迫和束缚固置到孩子的性格结构中，家庭自始至终对孩子自然性的冲动加以抑制，让孩子变得胆小、害羞、温顺、畏惧和屈从，这样的教育是以社会需要成为个人需要，让个人的性格与社会的性格相一致，致使孩子的性格是在外界的监督和左右之下形成，其塑造标准是孩子外来命运的荣辱升迁、职业的谋求乃至成年后生活的富贵与否……

而所谓母亲教育则是以孩子为中心，让孩子靠自己的力量生长，家庭不

以性别来划分母亲或父亲教育未必合适和准确，以这种慈容心态来划分更为本质。

断鼓励孩子探求，借此发展孩子的心智，在孩子的这种探索中形成他独特的性格，母亲并不规定孩子的将来模式，仅仅是在孩子碰到难题时才指导他与社会规则的协调。

在中国历史上一直有“慈母败子”一说，慈母之所以败子，就在于放任孩子，致使最后不可收拾。遗憾的是，与“慈母败子”相对应的“严父毁子”却不曾引起人们的重视，“慈母败子”的错处在于让孩子自我无限地扩张，而“严父毁子”的错处在于让孩子自我无限地萎缩，尽管这种萎缩对他人或社会几乎不造成危害，但是却是窒息我们民族生机的头号大患，我们民族因循守旧的劣根性正在于这种严父教育的结果，在中国历史上远比“慈母败子”多得多的正是这种“严父毁子”！

现在我们的幼儿园、小学有一种呼吁，认为幼教工作存在着“女性化”的缺陷：幼教工作者都是清一色的女性，小学师资绝大部分也是女性，从家庭到幼儿园到学校，孩子接触的对象、模仿的目标也绝大多数是女性，长此以往，孩子的智力和心理难免会具有更多的女性特点，许多缺陷得不到弥补，智力的某些领域处于混沌未开状态，如果家庭再没有男性气息，那么问题则更严重等等，甚至还举出日本为此采取的措施云云。

如果按照性别来看，中国的幼教的确“女性化”，但是如果以慈容心态来看，中国的幼教又实在太“男性化”。以孩子胆小为例，批评者认为是女性化教育的结果，殊不知孩子并不是怕某些困难，而是怕老师的批评，是老师的限制导致了孩子的胆小，而不是女性的胆小导致了孩子的胆小！

由于我国的女性多从事工作，她们都是职业妇女，因此即使是她们对孩子的教育，也多以社会为中心而不是以孩子为中心来考虑的。从这一点说，中国教育的“男性化”再也没有比今天更甚的了。这同日本极不相同，日本母亲的活动半径较多局限于家庭，幼儿教育又比较重视孩子的自主性，这样他们自然要呼吁带外界约束的“男性化”教育了。我们只有在转变了母亲的教育思想后才可谈“女性化”问题，否则只能是用李逵来换孙二娘。

对于这种慈容心态的重要性，我们还可以通过长子性格与幼子性格的比

“慈母败子”的错处在于让孩子自我无限地扩张，而“严父毁子”的错处在于让孩子自我无限地萎缩。

较看出。长子和幼子成才率都较高，但是方式却不同，长子成才大多是以同社会价值一致而获得的，幼子却多是以对社会价值的批判而成功的；长子的成才有一种使命感，而幼子的成才有一种游戏感；长子是为成功而奋斗，幼子是为游戏而成功。因此幼子的性格常比长子的性格要和谐得多。其所以如此，就在于家庭对长子、幼子不同的态度上。或许历史上长子成才的远比幼子为高，但那是教育的缘故，如果长子、幼子得到同样的重视与教育，我相信幼子的成长率不仅高，而且成果贡献也比长子大。

隔代教育同样可以给我们这种启示。那些由隔代教育而成功的杰出人物如牛顿、托尔斯泰、高尔基、罗素、萨特、梁启超、李大钊、齐白石等不仅性格平和，而且常常长寿，我想其原因也正在于没有给孩子压力的慈容心态。现在很多文章批评隔代教育，认为祖辈一味娇惯、溺爱……其实这种娇惯、溺爱正是这种慈容心态的一种表现形式。当然，如果一味溺爱，孩子也不可能成才，那些成才者无不是祖辈注意了教育的方法，这样孩子的性情完全开放，必然成为一个性情中人。

因此，对于孩子的教育，母亲的性情越和平，孩子的性格越和谐，母亲在这方面比父亲要优越得多，这种慈容心态应是每一个母亲、每一个教育者都应该修炼完美的！

那些成才者无不是祖辈注意了教育的方法，这样孩子的性情完全开放，必然成为一个性情中人。

4.9
父亲职责：父亲在育儿中的位置

父亲是房子，庇护着母亲和孩子——父亲扮演的绝不仅仅是经济赞助商的角色——母爱与父爱是不同的，因为父爱是有条件的——后父为何不似后母——《傅雷家书》长销不衰的原因——父亲的肩膀是孩子通向社会的桥梁——父亲对女儿的影响重大，单亲母亲若抚育女孩一定要回到大家庭

论及到此，父亲的作用已很好地显现出来了。

在孩子生命的前几年，父亲并不直接参与到孩子的生活中，而是通过给母亲的一颗安定和平的心灵来传达父亲的浓浓爱意。父亲是房子，庇护着母亲和孩子；父亲是大树，母亲和孩子是树下乘凉的客人。在这本书里，可能由于较多地论述了母亲，而给人一种只要母亲就能教育好孩子的印象，其实作者没有一点儿贬低父亲的意识，更不是一个杀父主义者。教育孩子必须要父母双方通力合作，也只有双方共同努力才能教育好孩子。既然孩子是早产三年的动物，既然宫内怀胎十月父亲要照顾母子，那么宫外怀胎 36 个月父亲更应该好好照顾母子了，因此作者绝无半点忽视、轻视父亲的念头与想法。

那么，为什么作者看起来又如此特别地强调母亲的重要性呢？这是因为，长期以来，人类赋予了母亲养育孩子的权利，却没有赋予母亲养育孩子的智慧，而男性由于这种生育嫉妒，一直企图从一开始就插入母子之间而扮演产

父亲是房子，庇护着母亲和孩子；父亲是大树，母亲和孩子是树下乘凉的客人。

翁的角色，这种企图在宫内怀胎时无法达到，于是在宫外怀胎时便长驱直入割断母子间的联系。随着现代文明的冲刷，这种人性的剥夺越来越残酷，也越来越彻底，出现人的彻底异化。人类所有的问题都可以归结到这种对宫外孕期的摧残，都可以归结到这个时期的母子问题！

但是，父亲是否只该扮演一个经济赞助商的角色呢？绝对不是！3 岁以后，孩子对父亲的注意越来越多，出现同母亲的精神分娩。从这时候起，父亲在孩子的心目中逐渐成为英雄，他们对父亲的信赖也逐日增加。起初，当孩子尚缺乏同母亲的对话能力时，孩子还只是通过自己的感觉，意识到父亲的存在，习育着他的品格。随后，孩子的醒世意识开始从混沌走向朦胧，加上母亲时常道及的“爸爸这个”“爸爸那个”“你问问爸爸”“你看看爸爸怎样做”等，自然而然让孩子对父亲的行为产生认同。当孩子的醒世意识从朦胧走向明晰时，父亲给孩子的范式，往往会多情而又无情地影响孩子的一生。

弗罗姆曾这样评价父亲和母亲的不同作用：“母亲是我们的家，我们来自那里；母亲是大自然，是土地，是海洋，但父亲却没有这些特征。在第一年他和孩子很少接触，这时他的重要性不能与母亲相提并论。然而，虽然父亲不代表自然界，却代表着人类存在的另一极，那就是思想的世界，科学技术的世界，法律和秩序的世界，风纪的世界，阅历和冒险的世界。父亲是孩子的导师之一，他指给孩子通向世界之路。”

马克斯·韦伯也曾有过类似的表述，父亲爱的是最能实现他期望和要求的儿女，这个儿女因此最有可能成为父亲的继承人。在父权家族结构中，往往有一个受宠的儿子，通常——但不一定——是长子，再读读旧约，你会发现那里总有一个宠儿，父亲给予他特殊地位，他是上帝所选中的。他博得父亲的欢心是因为他顺从。在母权结构中，正好相反，母亲公平地爱着每个孩子，他们毫无例外都是母亲身上的血肉。这就是母权社会不产生等级的原因。

他们都极有见地地指出母爱与父爱是根本不同的，母爱是无条件的，母亲爱这新生的婴儿，因为这是她的孩子，而并不是因为这个孩子实现了任何特定的条件，或达到了任何特定的期望。一个婴儿很难做到按母亲的心愿行

母爱与父爱是根本不同的，母爱是无条件的，母亲爱这新生的婴儿，因为这是她的孩子。

事，如果母亲实行父爱原则，只养育那些能博得她的欢心或顺从她的婴儿，那么多数孩子就会死去，具有生物生理意义的人类社会就会结束。但是父爱却是有条件的：我爱你是因为你实现了我的期望，是因为你尽了你的义务，是因为你像我！由于父爱是有条件的，因此如果一个人不去做他所期待做的事，父爱就会丧失，而能够按照这种期待去做，便能获得父爱。

母爱与父爱的不同可以从后母后父的不同看出。世人都言后母狠毒，但却很少有人说后父狠毒，这是因为母爱更多地强调与自己的感情，而父爱则更多地侧重于价值观念，父爱是有条件的，但是并不太重感情，母爱是无条件的，但却是以感情为基础，因此同样是对前子，后父与后母的态度截然不同。

母爱与父爱不同这一事实，是否就证明父亲并不重要呢？回答是否定的。

因为社会的运行规则，正是通过父亲暗中有条件的爱所表现出来的，也即如果你不去做他所期待做的事，父爱就会丧失，而能够按照这种期待去做，便能获得父爱，而这也正是人类在自然、社会中生存的一项简单规则，也正是孩子将要进入的那个自然、社会的最简单的规则。

因此，父亲对孩子来说，他事实上是向孩子提供了这个世界的一个范型，孩子正是从父亲那里学习到将要进入的那个世界的规则的。

孩子并不是像我们想象的那样无所用心和无所事事，他同样也在做着人生的实验，他们由于经验和知识的不足，心理品质稚弱，不免经常遭到挫折与失败，这时父亲便是他们最好的仿效对象，他们会看他怎样对待困难，看他怎样面对失败。如果他们看到父亲的形象是百折不挠、奋力向前的，他们就会汲取巨大的意志力量，心目中的父亲形象也会进一步高大，即使到了青春期萌生自主意识、反抗心理时，也不至于让父子间产生难以消除的冲突；如果孩子看到父亲的形象不佳，孩子幼时心目中一度矗立的父亲大厦就会悄然坍塌，孩子在继续进行的人生实验中就会增加许多苦恼和困惑，甚至最终导致人生的失败。

事实上，当孩子到了一定的时候，父亲作为这个社会的一名奋斗者，他

父亲事实上是向孩子提供了这个世界的一个范型，孩子正是从父亲那里学习到将要进入的那个世界的规则的。

便会将自己的经验直接传达给孩子，而不需要让孩子再去一一经历这无谓的浪费。

傅雷家书里曾有这样一段话：“我4岁丧父，25岁丧母，所以在现实生活中没有人给我指点（在学识与文化方面亦复如此）。我曾经犯过无数不必要的错误，做过无数不必要的错事，回顾往昔，我越来越希望能使我至爱的孩子们摆脱这些可能遇上但避免得了的错误与痛苦。”《傅雷家书》之所以长销不衰，就在于它是一个父亲将他一生奋斗的经验陈列了出来。在这些经验面前，任何人都能从中获益。

记得十几年前初读该书时，这段话给我印象极深：“绕圈子，躲躲闪闪，反易叫人疑心；你耍手段，倒不如光明正大，实话实说，只要态度诚恳、谦卑、恭敬，无论如何人家不会对你怎么的。我的经验，和一个爱弄手段的人打交道，永远以自己的本来面目对付，他也不会用手段对付你，倒反看重你的。”说谎和听别人的谎言，是生活中极普通的事，如何对待这样的事呢？傅雷以自己的经验告诉傅聪不要说谎，不要耍手段，这样做不仅不会吃亏，相反对方倒“看重你的”。虽然这是一桩小事，但作为过来人傅雷的建议却是极正确的，按这种做法只会赢得朋友而不会失去朋友。

人生都是相似的，儿时都喜欢泥巴、水塘和“打仗”，少年时都喜欢冒险、试验和幻想，年轻时喜欢异性，中年时喜欢成功，这无论是我们的爷爷还是我们的孙子都是如此。但是在这繁华的外表下，人生的核心却是单纯的，而父亲的作用便是告诉和帮助孩子把握这种单纯。因此当孩子争斗时，朱仁轨便说：“终身让路，不枉百步；终身让畔，不失一段。”因此当孩子羡慕那些跃马横枪的战将时，曾国藩便告诫孩子：“尔等长大之后，切不可涉历兵间。此事难于见功，易于造孽，尤易于贻万世口实。……近来阅历愈多，深谙督师之苦。尔曹唯当一意读书，不可从军，亦不必做官……”

所以，父亲之所以重要，在于他事实上是孩子从家庭过渡到社会的一个跳板，母亲由于对外部世界了解不多常常难以担当起这个责任，孩子的成长是从母亲身上、从父亲身上获得两级动力后才最终升空，父亲的人生经历越

《傅雷家书》之所以长销不衰，就在于它是一个父亲一生奋斗经验的陈列。在这些经验面前，任何人都能从中获益。

丰富，孩子的成长就越快越好。我们在研究中发现，那些杰出人物大都是一个家族或家庭经过几代人的努力才最终造就的，而且他们当中相当一部分正是通过父亲的肩膀实现的！

社会生活如此，家庭生活也是如此，父亲的存在及良好与否不仅对孩子将来获得社会上的成功影响巨大，而且对孩子将来家庭生活的幸福同样影响巨大。

在大自然的安排下，男性和女性具有不同的生物结构，这种不同的生物结构在历史的推动下形成了男女两性在文化上的二叉分枝。社会对于男人和女人的要求有着较定型的观念，对不同性别的人有着不同的期待。从出生的那天起，社会就开始在孩子身上培养适合他们性别的动机、兴趣、技能和态度。没有父亲，对于男孩来说问题常常还不太明显，因为男孩特别是已上学的男孩，通过体育活动及其他各种活动，可以结识许多男人，这样没有父亲的缺陷在一定程度上获得弥补。

但是对于女孩则不一样。一般说来女孩子总是把母亲作为自己的参照对象而处处模仿母亲，女孩子的机体遗传素质和智力特点对母亲的范式具有一种内在的适应性，这样常常把母亲的缺点也全盘接受过来，如果没有父亲的影响，孩子的这些缺点便无法得到及时纠正。

更为严重的是，由于没有父亲，母女俩不得不生活在一个没有男人的空间里，因为社会的男女禁忌阻止一个成年女性同男性交往。这样女孩便无法获得同男性相处的经验，而这种经验在她今后对丈夫的选择及相处中又极为重要。因为女孩同父亲的交往是今后她与男性交往的练习，父亲的存在是女孩对男性心理和行为举止的了解和适应的最初课堂。缺少了这些起码的指示和习惯，女孩长大后同男性的对话就非常困难。

例如，人的基本需要是安全感，女孩正是由于父亲才感受到这种被保护感的，如果母亲能力较弱不能给女孩提供这种保护感，那么女孩稍一长大就会投向那些向她示好的男人怀抱，而一旦感到不能被保护，便又投入另一个男人怀抱，而她唯一能给予帮助的便是——性。据统计，犯罪的女孩中父母

父亲的存在及良好与否不仅对孩子将来获得社会上的成功影响巨大，而且对孩子将来家庭生活的幸福同样影响巨大。

离异的较多，性犯罪的女性中父母离异的尤其多，其原因正在于此。

那么是否有了一个强有力的能够给孩子提供保护的母亲就能让女孩免遭生活的不幸呢？回答仍是不乐观的。

孩子没有父亲，母亲通常有两种反应，一种是憎恨，如离婚的母亲常有这种心理，孩子受母亲的影响，便会对男性产生扭曲的看法，从而把自己变成一个复仇者，稳定而长期的家庭关系，不是她所追求的，她总在寻找理由，以便离开一个男人去找另一个男人，从中体会战胜男性的喜悦，将一个一个男人变成自己的受害者，如邓肯等。

我在看《邓肯自传》时，不时地为离婚母亲由于憎恨过去的丈夫，从而给自己女儿心灵及其今后生活的巨大负面影响震惊不已，这些可能是正常家庭出身中的人们所不可想象的。

“母亲是在一个爱尔兰天主教家庭受洗礼长大的，一直是个虔诚的天主教徒。后来她发现我父亲并不是她理想的那样完美无缺，就和他离了婚，带着4个孩子独自闯荡。从此她彻底背叛了天主教信仰，转而相信无神论……

“当我还在襁褓之中，母亲就和父亲离了婚。我从来没见过父亲。有一次我问姨母，我是不是有过父亲。她回答说：‘你父亲是个恶魔，毁了你母亲的一生。’从此以后，我总是把他想象成图画书中有角有尾巴的恶魔。在学校里，别的孩子谈到他们父亲的时候，我一声不吭。

“我要提一提父亲的历史，是因为童年的印象对我后来的生活影响很大。一方面，我那时拿感伤的小说作为精神食粮；另一方面，我眼前又有一个不幸婚姻的实例。我的整个童年，显然是在这个谁也不愿说起的、神秘的父亲的阴影笼罩下度过的。‘离婚’这个可怕的字眼，深深铭刻在我的脑海里。由于我无法请任何人给我解释这些事情，只得自己尽力理出个头绪来。我读的小说大都是以结婚和大团圆结束，现在已经没有必要赘述了。但是其中有几本，特别是乔治·艾略特的《亚当·贝德》，里面描写了一个抱独身的姑娘，生了一个私生子，可怜的妈妈也就为人所不齿。在这类事情上，妇女总是遭到极不公正的对待，给我留下的印象极深。当我把这些情况和我父母的悲剧

她总在寻找理由，以便离开一个男人去找另一个男人，从中体会战胜男性的喜悦。

联系在一起的时候，我立即决定，我要斗争一辈子——反对结婚，争取妇女解放，争取每个妇女都有权随自己的意愿生一个或几个孩子，照样堂堂皇皇做人，而且妇德无亏。一个年仅 12 岁的小姑娘能够推理出这些主张，看来似乎奇怪，不过当时的生活环境足以促使我早熟。我研究婚姻法，了解到妇女的奴隶状况，不禁义愤填膺。我以探询的目光注视着母亲的已婚女友们的面孔，觉得每一副面孔上都有青面獠牙的魔鬼的影子和奴隶的烙印。我当即发誓，决不把自己降到这种卑贱的地步。我终身保持着这一誓言，甚至因而使母亲与我疏远，使世人产生误解，也在所不惜。

“这就是我的初恋（此时邓肯仅 11 岁。——作者注）。我爱得发狂，相信从那以后，从没有停止过疯狂的恋爱。”

那么，不是憎恨而是爱恋，又当如何呢？如丧偶、非婚等，母亲常对男伴有一种极美好的感情，这种情况女孩同样难以得到幸福。因为这时父亲对于她来说是一种特殊的集中了所有优点而没有弱点和缺点的人，这种对父亲的崇拜让她把丈夫理想化，要求和期待现实中的丈夫成为她童年记忆中的那种崇高形象，而这种无根据的期望一旦与现实不符，就被她视为欺骗和希望的破灭。这种对丈夫的失望只能导致婚姻的死亡。

索菲娅·罗兰是私生女，她的母亲一直追求着她的父亲，但她的父亲却始终不想同她结婚。虽然父亲的形象在母亲的眼里极为美好，但对于她来说却极为模糊，她一生只见到父亲 6 次：“他给我母亲带来莫大的痛苦和屈辱，他对她始乱终弃。我妹妹玛丽娅更痛苦，因为他拒绝让她姓父姓。我在拿波里的一个小镇上长大，我最大的梦想是有个父亲，因此我才到处寻找他的身影。我演出的最好影片的男主角和导演都像他，我嫁了一个像他一样的老头子。尽管我恨他，可当他 1975 年去世时，我对他只有爱和怜恤。”

由于父亲形象的模糊，即使是同一个极肖其父的男子生活，甚至就是在长大后她找到父亲，她也无法感到幸福，因为她没有同一个男性生活过，她的心目中的男人是从文艺作品，从电影、电视的艺术形象中抽象出来的，这种形象是无法实现兑现的，因此，索菲娅·罗兰注定了流浪，注定要找遍整

这种对父亲的崇拜让她把丈夫理想化，要求和期待现实中的丈夫成为她童年记忆中的那种崇高形象。

个世界，似乎最终也注定一无所获！

因此，假如单亲母亲抚育的是女孩，较好的弥补办法是回到娘家或婆家的大家庭，这样孩子对将来的家庭生活会有经验得多。

因此，对于一个家庭来说，父亲绝非是可有可无的。对于母亲，他是稳定母亲心态的定心丸；对于男孩，他是带领他走向社会与成功的向导；对于女孩，他是她未来家庭生活的陪练。更重要的是，父亲与母亲合作，互相取长补短，才是家教成功的最好保证！

更重要的是，父亲与母亲合作，互相取长补短，才是家教成功的最好保证！

方法与途径
母亲是第一生产力

上帝不能无所不在，才为人类创造了母亲。

——犹太谚语

更重要的是，父亲与母亲合作，互相取长补短，才是家教成功的最好保证！

第五章

教育，母亲是孩子的大老师

应当使每个人懂得：在社会面前，他的责任和对社会最重要的义务就是教育自己的孩子。孩子的首席教养者、第一位老师，这就是母亲和父亲。应当在中学时代就给未来的父亲和母亲以教育学的知识。教育学应当成为对一切人都有用的学科。下面的话也可能对某些人来说好像是夸大其词：我认为，没有研究过教育学基本知识的青年公民不应当有成立家庭的权利。

——［苏］苏霍姆林斯基

多一个教师，就少一个警察；多一所学校，就少一座监狱；多一个合格的母亲，就少一个社会的败类。

5.1
一个瞽母胜过一打特级教师

向“母亲是孩子的第一任老师”发问——“第一任老师”是最容易当的吗——“第一任老师”是谁都可以胜任的吗——“第一任老师”是有任期的吗——“第一任老师”是可以推卸责任的吗——“第一任老师”的职责仅仅限于“老师”吗——“第一任老师”说不能状母亲职责之万一——母亲教的是自己的孩子，老师教的是别人的孩子——母亲是孩子的大老师

母亲对于孩子来说的确太重要了，母亲教育对于孩子的健康成长来说的确太重要了！但是，为什么人们一直没有对此加以重视呢？

这种发问未必能够让人接受，甚至有人根本就不同意上面这种看法：“怎么说人们没有重视呢？难道还有比‘母亲是孩子的第一任老师’更高更深的认识和重视吗？”

的确如此，几乎所有的儿童教育家都曾从不同的角度，但却以相同的坚决态度对此作过论述。例如，井深大认为，“作为幼儿的‘第一任老师’母亲来说，也应为教育幼儿努力掌握各种有关知识，成为经验丰富的‘幼儿教育专家’”等。

那么，为什么在如此大声的疾呼里，我们更多的母亲却似乎都充耳不闻呢？原因可能不是别的，而正是这句格言本身。正是这句格言本身的不正确，

“母亲”绝不是“老师”所能形容的，恰恰相反，“老师”才需要用“母亲”来比喻。

才导致传播时造成偏差进而造成了人们对母亲认识的不足。尽管这句格言在历史上也许曾经起到过积极的作用，但今天它却显然不再够用，甚至不再适用了！

这句格言给人们造成的第一个错觉，便是这“第一任老师”是最容易当的。

就拿一个普通的家庭来说吧，如果孩子没有幼儿园可上，那么母亲这“第一任老师”只要将孩子送到小学这“第二任老师”手里就可以了，至于有幼儿园可上的就更省事了。在普及九年义务教育的当今，在计划生育国策施行的现在，只要把独生子女送进学校就算完成了母亲这“第一任老师”的职责，难道不是件最容易的事吗？在今天还有什么母亲不能承担这个责任呢？除非是“希望工程”等待救助的贫困对象，除非是重残弱智的特殊家庭……这样，母亲这个“第一任老师”的职责便同经济保障简单地联系在一起了。因此你到处可以看到这“第一仟老师”是如何在孩子身边充当“经济母亲”的：高级玩具、高级食品、高级服装……以为这样便可以做一个“高级老师”了。

这句格言给人们造成的第二个错觉，是这“第一任老师”是谁都可以胜任的。

由于不是把孩子送到高中、大学这样规格的“第二任老师”手里，而只要送进幼儿园、小学就算尽了责任，这当然不算难事了。即使是将孩子送进初中，我们的母亲也似乎无不认为自己的水平还绰绰有余，因为即使是小学毕业，那也不过只是要求掌握3700个汉字，再加上加减乘除和一点儿英语而已，这对大多数母亲来说应付这小学“第一任老师”还不是“游刃有余”吗？更别说是将孩子送进小学、幼儿园了。

这句格言给人们造成的第三个错觉是，这“第一任老师”是有任期的。

既然有“第一任老师”，那么就有“第二任老师”，那么就是任期制的。对于母亲这“第一任老师”来说，她的任期是多长呢？50年、30年，还是10年？不！不过是在将孩子送进小学、幼儿园甚至托儿所的6年、3年甚至是1

“第一任老师”充当“经济母亲”，高级玩具、高级食品、高级服装……以为这样便可以做一个“高级老师”了。

年！那么这个“第一任老师”又有多少“学生”呢？10个班、7个班、3个班？不！只有几个“学生”，对于现在更多的母亲来说只有1个“学生”！那么这几个“学生”将来一定会成为最伟大的政治家、科学家、文学家、艺术家、企业家吗？不！这几个“学生”的将来还是不能预先确定的……

既然这样，为了这区区几个普通“学生”的人生头几年，当然不值得母亲去专门进修了，当然不值得母亲大动干戈去学习课程了，在“经济效益”就是金钱就是生命的现代社会，这样做不仅没有必要，相反却显得可笑。试问，有谁看到一个母亲去专门学习厨事，又有谁看到一个母亲去专门学习家务，而这些都比教育孩子的“任期”要长得多。对于正值青春浪漫年华的年轻母亲来说，用如此黄金般的时间去侍弄一个什么也不懂的幼儿不是荒唐不稽的吗？因此，母亲们大可不必为此去做什么努力，社会也不必让母亲做什么努力，让妇女解放，便是让妇女从这任期里解放，于是我们便可以看到那么多只要事业不要孩子的“强人母亲”！

这句格言给人们造成的第四个错觉是，这“第一任老师”的职责是可以推卸的。

由于母亲仅仅是“第一任老师”，因此出些问题可以让第二任、第三任老师去解决，也就是说责任可以让后面的老师承担。在学校里那些不合格的老师常常去教低年级，而水平高的老师则带毕业班，称之为“把关老师”；在古代战场上，先上阵单挑的总是技逊一筹的，大将、主帅总在后面；在接力赛中也常常把跑得最快的安排在最后一棒……所有这一切都显示，这“第一任老师”的责任似乎不大，而孩子教育得成功与否，也与这“第一任老师”关系不大。所以，母亲们可以花费很多精力以让孩子上较好的学校，而对孩子学习不好、表现不好、品质不好，也总是大加怪罪老师，认为校风不正，认为老师水平太低，而自己的过错仅仅是让孩子进了这个学校、这个班级，却从不去想即使是最差的学校最差的班级，也有出类拔萃的学生。

由于母亲是“第一任”，而后面有“第N任”，这“第一任”同往后的任意一任相比，其责任当然最小，因此任何一位老师都要对我的孩子负责，唯

让妇女解放，便是让妇女从这任期里解放，于是我们便可以看到那么多只要事业不要孩子的“强人母亲”！

独我这个母亲自己却不需要负责，这样就产生了将责任从自己的肩上推卸得一干二净的“甩手母亲”。

这句格言给人们造成的第五个错觉是，这“第一任老师”的职责仅仅是知识传导的“老师”。

在人们的印象中，老师的职责就是“传道、授业、解惑”，因此不自觉地将“教育”同“教学”画上等号。这么多年的学校教育强调“分数第一”“智育至上”，其主要原因就是将教育同教学混为一谈。因此，在这种口号的鼓动下，我们可以看到很多母亲让孩子今天学音乐，明天学绘画，后天学外语。在家里一切以母亲为中心：你必须干这个，你必须做那个，俨然是一个不徇亲情的严师。而到了上学年龄，则更是要求孩子样样第一，每天不辞劳苦地陪在孩子身边，或辅导作业，或督促学习，一手拿着“胡萝卜”，一手拿着“大棒”，扮演着老师的角色！由于认为这个老师的职责自己是远远能够胜任的，因此错的总是学生，总是孩子，而自己则是一贯正确的！这样就产生了类似于日本的那种“教育母亲”。

所有这一切，归根结蒂，也就是说这句格言的最大错误，在于它将母亲同老师在孩子人生中的重要性颠倒了，不是母亲是“第一任老师”，而是所有老师加起来也抵不上一个母亲，而是一个最蹩脚的母亲也胜过一打最出色的特级教师！正是由于这种实质性的颠倒，才导致了人们产生上述这些错觉！

我们这里姑且不谈母亲的存在对于一个孩子无与伦比的影响，就是在教育学这个层面上，母亲也要比老师重要得多。这是因为教育者对受教育者的了解，是进行教育的前提，母亲对孩子的了解是从母胎里就开始的，任何人都不可能像母亲那样对影响孩子的外部环境如此清楚，也不可能对孩子的一举一动有如此深切的把握。长期共同生活形成的母子感通、母子情结是母亲对孩子施加教育的最好条件，而母子之间无可替代的信赖感，让母亲比谁都能更及时地把握孩子的思想脉搏，而这一点是任何一位老师都不能达到的。

再说，权威感在教育中具有相当重要的作用，教育者越是具有这种权威感，便越能让自己居于主导地位，让受教育者接受自己的教育。母亲是家庭

任何一位老师都要对我的孩子负责，唯独我这个母亲自己却不需要负责，这样就产生了将责任从自己的肩上推卸得一干二净的“甩手母亲”。

生活的核心，是孩子生命的发源地，是孩子赖以生存和成长的依靠，而这一切都决定了母亲在孩子心目中至高无上的地位，孩子们乐于接受母亲的教诲，这是任何一位老师都无法比拟的。

还有，不管是学习知识，还是培养习惯，都必须经过反复练习，不断强化。教育同其他行业相比，更具有一种天然的连续性。一个人从出生、长大，直到走上独立的生活道路，有2/3的时间是生活在家庭中的，这个教育过程是不间断的，即使独立生活了，仍会不可避免地受到母亲的影响。因此，母教是终生的，这种长期的连续的教育，也是任何一个老师的影响难能与之相比的。

如果我们再降低一个层面，即将母亲同学校里的具体老师相比，母亲的优越性则更加明显了。

对于老师来说，他同学生的关系仅是一种社会关系，老师对学生进行教育只是出于社会的要求和自己职业所应尽的义务，一旦不上这门课程，教育与受教育的关系自然消失；而母亲则不同。母子关系不仅是一种社会关系，而且是一种法律关系、经济关系和血缘关系，这种关系是不可分离的，即使母亲已经去世，但在教育影响后人这一方面也并不立即消失，正如孔子所言："父在观其志，父没观其行。"也就是说老师是一种职业，而母亲则是一种义务。

对于老师来说，他的任务是要照顾各式各样的学生，所以他把注意力放在大多数学生身上，而且是放在大多数学生的学习成绩上，他实行的是百分率教育，总有那么一些学生要被老师作为儆猴的公鸡而送进劳教所，即使是像孔子这样的大教育家，弟子三千，而教出来的贤人也不过七十二人。但母亲实行的则是全概率教育，这就如同飞机失事一样，老师如同航空公司视飞机一定比率内的失事为正常，而母亲则如乘客，这概率极小的事故如果降临到自己头上都是100%的灾难，牺牲极少数学生对老师来说甚至是一种美德，但对于这被牺牲的学生母亲来说则是绝不允许的。

对于老师来说，他耽误的不过是一门课程，可就是这一门课程，又有多

母教是终生的，这种长期的连续的教育，也是任何一个老师的影响难能与之相比的。

少孩子的命运从此为之改写甚或铸成不可挽回的痛苦呢？每年中考、高考不是有许许多多的学生仅仅因为某一门课的某一分便永远地拒之在一种机遇之外吗？而母亲教育一旦受到动摇，它给孩子带来的就会是整个生命的崩溃，因为老师给的仅仅是知识的教育，而母亲所给的则是生命的教育！因此，如果允许我们说得更难听、更实在一些，那就是母亲教的是自己的孩子，而老师教的是别人的孩子！如果自己都不去教育孩子，而希望别人能代替自己全心全意地教育自己的孩子，这种想法只有人类有，别的动物绝不会有！

正因为这样，“母亲”绝不是“老师”所能形容的，恰恰相反，“老师”才需要用“母亲”来比喻。也正因为这样，苏霍姆林斯基才写道：老师，尤其是低年级老师在孩子生活中起着巨大作用，“他对孩子来说应当是一个与生母一般亲昵可爱的人。学生对老师的信赖，师生之间的相互信任，孩子在老师身上所看到的人道的典范，这些都是基本的、同时也是最复杂、最明智的教育规则，教师掌握了它们就能成为真正的精神导师。教育者最可贵的品质之一就是对孩子们深沉的爱，兼有父母的亲昵温存和睿智的严厉与严格要求相结合的那种爱”。

不是母亲以老师为榜样，而是老师应该以母亲为楷模。不是“母亲是孩子的第一任老师”，而是“老师是孩子的再生父母”！老师与母亲对孩子的重要性应该从人们的印象中完全颠倒过来！教育孩子是世界上最大最深的学问，尤其是在孩子生命的最初几年，他生命中最本质最重要的东西都是由母亲给予的。这种教育不仅影响着孩子自己的一生，而且同样以社会遗传的方式，强烈地影响着更下一代的成长，没有哪一种教育能比母教的影响更为深远更为永久了。

因此，母亲绝不是孩子的“第一任老师”。即使把所有的老师加起来，也比不上一个母亲的重要。我们可以为此稍加计算一下，如果一个学生读到高中，1 年以 10 位老师计，12 年便要受到 120 多位老师的教育。这些老师大多不过教一门课，带一个学期，但一个母亲却要将孩子带到长大成人。母亲也许不能教孩子一门课，但是对孩子每门课的进度、成绩、表现她却了如指掌；

不是“母亲是孩子的第一任老师”，而是“老师是孩子的再生父母”！

她也许不能给孩子打一次分，但是对孩子的特点、天赋、情绪变化她比谁都更清楚！世界上哪里有这样的老师，又到哪里去请这样的老师呢？尽管指导的可能只有一名学生，尽管她的班级可能只有一名学生，尽管她的学校可能只有一名学生，但是在这个世界上到哪里去找这样的学校，去找这样的班级呢？而且这校长、这班主任、这导师还不是任期制的！区区“第一任老师”何以能状母亲职责重大之万一呢？

在我们这个世界上，母亲，只有母亲这样的导师才能够将孩子从幼儿园、小学、中学、大学指导到研究生院毕业；母亲，只有母亲这样的班主任才能够将孩子的那么多课程完整地协调到一个人身上；母亲，只有母亲这样的校长，才能胜任从幼儿园园长、中小学校长到研究生院院长的职责，世界上能够找到这样出色的教育者和管理者吗？

在世界历史上，常有将在某一领域中最为出色的职位封为“大”的做法，如将战功最显赫的元帅封为大元帅：恺撒大元帅、苏沃洛夫大元帅、福熙大元帅、孙中山大元帅、斯大林大元帅便是；如将卓有威绩的皇帝称为大帝：亚历山大大帝、君士坦丁大帝、查理大帝、彼得大帝便是！如果依此原理而将老师中最重要的老师也封为大老师的话，那么，母亲则是这一最高荣誉的无可争议的获得者！

如果依此原理而将老师中最重要的老师也封为大老师的话，那么，母亲则是这一最高荣誉的无可争议的获得者！

5.2
家庭是最早最好也是最高的学府

没有家庭教育做基础的学校教育，只不过是另一种形式的“育婴堂”——家庭教育不仅是基础，而且是主导——学校教育的几大弊端：强盗教育、乌龟教育、机器教育、失败教育——学校对那些像鱼一样生了孩子就放弃不管的母亲才是必要的——教育的起点不是小学，不是幼儿园，而是家庭

由于把母亲同老师的重要性颠倒了，因此自然也就把家庭同学校的重要性颠倒了。

纵观人类教育史，最早形成的便是家庭教育，人类几乎所有的文化都得益于家庭的传承。随着社会的进步，经济的发展，文化的昌盛，当最有条件的家庭在知识传授方面也感到勉为其难，从而去寻找一种让新生一代在较短时期内更有效地掌握这些知识时，学校便萌芽、产生了。并不是先有了学校才有了家庭教育，而是在家庭教育已经显得不够时，才发展了专门传授知识、技能的学校，而即使是在这个时候，学校除了传授一些知识外，并不承担更多的教育责任。

遗憾的是，随着学校的发展，人们便将教育的大权拱手让给了学校，以为它可以代替家庭教育，就像随着社会的分工，人们将耕种的权力让给农民一样。殊不知没有家庭教育做基础的学校教育，事实上就是另一种形式的

由于把母亲同老师的重要性颠倒了，因此自然也就把家庭同学校的重要性颠倒了。

“育婴堂”。所谓的“育婴堂”，就是没有家庭而把孩子交给一个机构，让一个机构来负责孩子的成长，这种方式不是已经被证明彻底失败了吗？但是我们人类的现实却仍是如此。对于这一点不仅普通的母亲们没有意识到，即使是对于教育界、教育家来说，也不见得有多少人已经清醒地认识到了。

例如，我们在所能见到的几乎所有教育论文中，都说教育孩子是家庭、学校、社会的责任，而这种责任是如何划分的呢？几乎千篇一律是“家庭教育是基础，学校教育是主导，社会教育是补充”，几乎众口一词地强调学校教育的“决定性作用”。在教育体制改革中，似乎根本没有家庭教育的地位；在教育学中，没有一本教科书把家庭教育单独列为一章……

其实，家庭教育不仅是基础，而且是主导，其他都是辅助，都是补充。家庭教育对孩子的影响，以及它的精髓之处，学校教育似乎永远也替代不了。由于家庭教育具有这些独特的功能，自古以来，它常常极好地代替了学校教育。不仅医、农、百工和绝大部分贫寒之家如此，而且不少簪缨世家、书香门第也是如此；不仅单项或专艺是父子相传或兄弟共进，从而“世传家业”或“家学”，而且经史诗文、科学艺术也可全面授受，这在世界历史上不胜枚举。穆勒、莫扎特、傅聪等几乎是直接由家庭教育将他们送进杰出人物行列里的。

家庭教育曾在没有学校的历史里为人类贡献了一批又一批卓越的推动者，即使是在学校教育昌盛的最近几百年里，那些有大成就的天才也莫不是受到良好的家庭教育，才最终奠定他们成功基础的，相反那种单靠学校这类“育婴堂”式机构教育出来的却很少见到。学校教育固然将很多平庸的人变成了有所贡献的人，但同时却也将更多的有杰出才能者变成了平庸者！家庭是一种最高级别的教育单位，每一个幸福的家庭都是一个无与伦比的最高学府，而学校，即使是世界上最好的学校也不过是一个极普通的家庭的蹩脚模仿！

因此，现在人们对家庭与学校的认识应该完全颠倒过来，学校仅仅是作为辅助家庭教育孩子而成立的一种社会机构，正如学前的各类兴趣班如绘画班、舞蹈班的功能一样，教育孩子的权力不是在学校手里，而是在家庭手里，

家庭教育不仅是基础，而且是主导，其他都是辅助，都是补充。

在母亲手里，正是人类颠倒了这一问题实质，我们的学校教育才如此难以让人满意！

把教育大权拱手让给学校的结果，首先造就的便是强盗教育。

由于学校并不是从孩子出生就开始教育的，而是在孩子出生后已经掌握了人生绝大部分技能后才开始的。这时每一个学生都带着各自不同的生活背景集中到学校的操场上、教室里，而学校根本就不考虑也不可能考虑去怎样适应每一个独特的学生，而只能让学生来适应这种制度，而只能以教育制度的“不变”来应付各个不同学生的“万变”，这样就自然形成了以教育制度为中心，让孩子在口令里走着正步。而教育的目的便是塑造学生，将学生的砖坯送进窑炉，烧出一块块相同的砖瓦来，这不禁让人想起古希腊神话中的强盗普洛克鲁斯蒂斯来：

这位强盗开了一个旅馆，他按一个奇怪的协议向住宿的旅客提供简单的服务：他们要么免费睡在他的两张多余床中的任一张上，要么按规定价格付出高昂的食宿费。酒足饭饱的旅客被引到免费享用的卧室里，那里安放着两张床，其中一张很长，而另一张很短。强盗这时提出，旅客必须完全合适地睡在任一张床上，要是睡在过短的床上，就要砍掉长出的双腿；而睡在过长的床上，就要被拉伸得同床一样长，直到这时旅客才发现上当了，最后不得不付出昂贵的费用。

相比较人类的教育来说，普洛克鲁斯蒂斯还算仁慈的，因为他毕竟是一种敲诈，而不是一种残害，而我们的教育则是后一种了！其实，教育的实质应该是帮助孩子发展，即你有什么样的才能，需要什么样的养料，教育便给你提供什么。你是乔木则长成最好的乔木，你是小草则长成最好的小草，总之是让你做一个最好的你，而这一点除了母亲能把握外，学校是不可能做到的。

至今我仍清晰地记得小学一二年级时，因为一次积极发言受挫而给我带来的性格影响。那是一次语文课，课文中的儿童诗中有一句：“解放军的领章分外红”，老师提问“分外”是什么意思，我立即举手，然后回答道：“‘分

把教育大权拱手让给学校的结果，首先造就的便是强盗教育。

外红’就是里里外外都红，不是一面红。”我当时可能把“分外”理解成“里外”了，也可能因为看见过真实的领章想告诉大家领章的另一面也是红的，总之我是理直气壮毫不含糊！正在我扬扬得意等待老师的表扬时，没想到却遭来老师的一顿责骂：“亏你想得出来，分外就是里里外外……”惹得那些本来要一块挨骂的同学一个个放声大笑，我红着脸低着头就像那时被批斗的地主一样。从此之后，我再也没有一次上课主动发言了。不少文章说中国学生上课不爱发言，我以为都是受过类似这种挫折之后才变得不敢发言的。而这无疑还是最轻的！

把教育大权拱手让给学校的第二个后果，便是乌龟教育。

日本教育家木村久一曾力劝母亲们不要过分信赖学校，他说你只要到小学或中学去看一堂课，或者回忆一下自己上学时的情景就会发现，有的学生老师一指点很快就懂了，可是有些孩子就是对他讲几遍还是不懂。这一课时，大部分时间都是花在不懂的学生身上，换句话说，老师上课是以成绩中等甚至末等的孩子为标准来进行的。因此，会的学生不可避免地感到无聊，于是就说话、向后看、递纸条、做小动作……老师为了维持秩序，便一会儿叫他们不要说话，一会儿对他们罚站，一堂课的大部分时间都是在这种无所作为里度过的。这样“教育”十几年，等到学生变得安详服帖，不再受叱责不再挨骂的时候，他们的创造性、他们的能力也就被抹杀得差不多了，也就是说教育已经把他们培养塑造成庸人了！

木村久一将学校的这种教育比喻成将兔子逼着同乌龟赛跑，他气愤地指责道：“试问乌龟和兔子赛跑的时候，能有几只兔子不睡午觉呢？是睡午觉的兔子不好呢！还是让兔子和乌龟赛跑的制度不好呢？”

学生的智力状况一般都呈正态分布，既然是以较差的做参照，较好的便被牺牲了，而那些最出色的优秀学生、天才学生便更是被毫不留情地牺牲了！

把教育大权拱手让给学校的第三个后果是机器教育。

教育的本质是自我教育，教是为了不教，为了达到这一目的，不教才应该是最好的教，也就是说老师的创造才是最好的教学，教学相长是一切成功

> 把教育让给学校的第二个后果，便是乌龟教育。是睡午觉的兔子不好呢！还是让兔子和乌龟赛跑的制度不好呢？

教育的特征之一。当寿镜吾老先生出了“独角兽”这个上联时，自己未必就有一个好下联，面对“一头蛇”“三脚蟾”“九头鸟”等，他独对鲁迅的“比目鱼”连连点头，说“独”不是数字，但有单的意思，“比”也不是数字，但有双的意思。学源于思，学生们通过这种应答，学习到老师是如何思考的，只有老师思考了，学生才能学会这种思考。但是现在学生如何能看到老师的思考呢，如何能看到老师把课堂当成他自己的学习呢？

过去塾师教学生作文，总是自己先做，因此有不少学生为老师改修作文的佳话，但现在能看到几个小学、中学甚至大学的语文老师还在写作呢？上海1997年的一项调查结果表明，中小学教师的科技素养竟然不如学生。在调查的中小学8000余名师生中，中学教师输给了市重点中学的学生，其测试成绩比学生低5%。而小学教师的科技素养之低更是令人震惊，不少人竟对当代科技前沿的发展一无所知，或知之甚少。这样的老师水平怎么能够培养出高素质的人才呢？老师在学生面前就像是一台教学机器在学生面前一样，他告诉你的只是答案，而不是思考。

老师如此，学生自然更是如此。伊藤隆二曾这样说道：“所谓的‘很有才能’的孩子，‘学习成绩好’的孩子，指的就是能够很好地、迅速地答对老师事先准备好的答案的孩子。这算不上学问，岂不是‘学答’吗？学问的出发点在于问，也就是在于怀疑。然而，现在的学校里，教师们就是让孩子们硬是记住他们事先准备好的答案而已。”这其实已经成了电视节目里的猜谜比赛了，而“这种‘猜谜比赛’现在正以‘教育’的名义强制推行着”。

随着这些年同小学生家长接触的增多，我对学校中的这种“机器教育”体会更深。比如小学一二年级的识字教育本是我们都曾经历过的，没有什么新奇可言。但就是这识字教育，现在的学校却新把戏不断。考题中不仅要细数出一个汉字的画数，而且还要回答第几画是什么，如果偶尔为之也可理解，遗憾的是到了“村村寨寨”的地步。不少学生因为数错了而被罚一个字抄500遍、1000遍，甚至一本本子。不仅汉字如此，报纸上曾披露某学校的英语考题竟也是要学生说出26个英文字母有几笔几画！分管文教工作的李岚清

现在的学校里，教师们就是让孩子们硬是记住他们事先准备好的答案。这其实已经成了电视节目里的猜谜比赛了。

同志曾专门请教英语教授，回答是从来没听说过英文字母还有什么笔画。但是老师就是要学生回答，然后再按他的标准来给学生划出高低分，排出名次。

把教育大权拱手让给学校的第四个后果，便是失败教育。

由于学校以同样的规格强求每一位才能和性格各异的孩子，其结果必然是培养失败者。千千万万的孩子在教育的独木桥上拥挤，没有挤过去的便掉进社会的河里，挤过去的又要接受挤更窄更长的独木桥的检验。这样经过一层层的淘汰，最后必然只剩下极少数胆战心惊的胜利者，而进入社会的大部分则是失败者，于是这大部分人都带着失败者的心态，或垂头丧气，或牢骚满腹，去面对错综复杂的社会，这样又如何能够适应社会，把握人生，创造未来呢！

这种扼杀孩子创造力的教育，在我们翻看那些对人类有大贡献者的传记时，竟不约而同地发现他们竟相成为这种制度追杀而不是追求的对象，所幸的仅仅是他们逃过了这种灾难。

19 世纪俄国化学家布特列洛夫在中学读书时非常喜欢化学，除了上课时在实验室做实验，还经常在宿舍里做。一次实验发生爆炸，他被关进了禁闭室。一连三天，他都被罚在吃饭时站在食堂的角落里示众，脖子上还挂着一块写着“大化学家”的黑板。当他 33 岁推出富有创见的有机化合物的结构理论而被人们赞誉为“伟大的化学家”时，他别有一番滋味地回答道：“这个称号在 20 年前是对我的惩罚，现在却实现了。”

英国作家司各特成功之后曾应邀访问童年的母校，他到校后提出的一点希望是能看一看成绩最差的那位学生。当一个被找来的孩子面红耳赤地在他面前低下头时，司各特却亲切地抚摸着他的头说：“你是学校中最差的孩子吗？不过，你是一个好孩子，你现在是在忠实地替我守着我从前的位置。”说完，他从口袋里取出一枚金币送给了他……

在这种场合能做出这种事说出这种话，可想学校对他的伤害是何等沉重了！所以许多有成就的人都曾这样或那样地寄托着他们的教育思想，甚至干脆就亲自办起学校，如邓肯等便是如此。

由于学校以同样的规格强求每一位才能和性格各异的孩子，其结果必然是培养失败者。

事实上，这种学校教育下的学生等不到走上社会，它的一些受害者就开始“武装”起来进行对抗了。那些由这种教育制度一手制造出来的“害群之马”，利用他们的便利条件争夺自己的同盟者，因此，很多小时候在家很好的孩子，由于家庭教育放松了警惕，在学校交上了坏伴后沦为罪犯，这样的例子不胜枚举。一些三进宫四进宫的孩子，进劳教学校受到的坏影响远大于好影响，以至于到现在为止我们还没有看到一所在改造犯人方面有着真正成功的学校。

正是因为这样，历史上许多重视家庭教育的父母都竭力避免学校教育中的这种消极影响。

卡尔·威特的父亲说：“好孩子的好习惯如果能传给坏孩子，这当然是很好的事。但遗憾的是这种事根本不可能有，只有坏孩子的坏习惯才能非常快地传给好孩子。这是因为学习好习惯是需要努力和自我控制，而坏习惯却无须任何努力即可沾染上。从这个意义上说，所谓学校正是孩子的恶习集中的场所，是非常危险的地方。”陀思妥耶夫斯基的父亲则要求他在“自己的周围筑起一道墙”以避免受到同学的坏影响，而一些好走极端的父母则更是将孩子留在家里自己教育，等孩子长大能分清是非后直接送入大学。

所以，木村久一认为学校这种地方，对那些像鱼一样生了孩子就放弃不管的母亲是非常必要的，对那些功课不好的学生是非常必要的，但是对那些想很好地教育孩子，提高对高水平英才的培养层次，学校是很难被单单指望上的。

所以，在巴甫雷什中学，苏霍姆林斯基创造性地创办了“家长学校”，孩子的家长从孩子入学两三年以前就要报名参加“家长学校”的学习，在那里听课，直到他们的孩子中学毕业为止。孩子在中小学度过10年学生生涯，家长则要在“家长学校”里连续学习十二三年。这样做的结果是，学校的工作比过去也比其他的学校容易做多了，学校里不存在违反纪律、不想学习这一类困难，也不像过去那样使用处罚形式。苏氏深有感触地说：“生活向学校所提出的任务是如此复杂，以致如果没有整个社会首先是家庭的高度的教育学

学习好习惯是需要努力和自我控制，而坏习惯却无须任何努力即可沾染上。

素养，那么不管教师付出多大的努力，都收不到完满的效果。”

所以，在很多国家，很多幼儿园也多采取母亲先入园受教育的方法，否则孩子出生后不准予入园，因为如果没有强有力的家庭教育做保证，学校教育的效果将大打折扣。

因此，要想教育取得真正的成功，那么必须从家庭着手，教育的起点不是小学，不是幼儿园，而是家庭！无论学校多么出色，也不能替代家庭！学校的存在不能减轻家庭的教育责任，相反，家庭通过正确地发挥它的主体性，才会提高学校存在的价值。学校替代家庭，无视家庭的存在，终究将会丧失学校本身的主体性。因此，无论家庭，无论学校，都必须在各自的主体性与独特性方面发挥其教育作用。

因此，如果一定要把孩子不确切地比喻成病人，那么学校不过是个诊所，它尽管也能根据症状打针、配药，但却是头痛医头脚痛医脚，它很难清楚地了解病的起因、发展和严重程度，因此误诊的现象屡见不鲜，而愈是疑难杂症它的误诊率愈高，因为它每天面对的都是“常见病患者”。所以，愈是有才华的特立独行的学生愈是被误诊为绝症，像爱因斯坦、爱迪生、邓肯等都是被学校误诊为绝症的例子，而家庭则是孩子的随身大夫！

如果一定要把孩子不确切地比喻成病人，那么学校仅仅是个诊所。

5.3
抽好人生陀螺的第一鞭

要不要对孩子进行早期智力教育，这个问题直到现在我们还没有统一认识——幼儿早期识字是我国家庭早教中的一项最传统的内容——古时的家庭早教比现在要好得多——家庭早教是知识教育还是智力教育——家庭早教应该是纯粹游戏式的，还是要有适当的强制性——抽好人生陀螺的第一鞭

在廓清大家庭教育的情况下，我们再来谈谈狭义的家庭教育，也就是对孩子早期的智力教育。对早期智力教育，社会的批评较多，这种批评首先来自要不要进行早期智力教育！

要不要对孩子进行早期智力教育，这个看似不争的问题，其实远没让人们在思想和认识上解决，很多貌似肯定早期智力教育重要性的人，血管里流淌的却是反对对孩子进行智力教育的血液。这些人要么就是以品德教育来代替智力教育，要么就是借口给孩子一个快乐的童年，或者借口现在的孩子负担太重，或者借口自己儿时的经验，来行反对早期智力教育之实。就拿幼儿识字教育来说吧，现在居然不仅没有几个幼儿教育专家提倡，相反“幼儿识字有害论”却甚嚣尘上，而实际上幼儿识字是我国家庭早期智力教育的一项最传统的内容。

在我国古代，尽管一般都是8岁入学，但是条件稍好的家庭，孩子读书

要不要对孩子进行早期智力教育，这个看似不争的问题，其实远没让人们在思想和认识上解决。

识字远远在此之前。清代陆世仪的《论小学》说："古者八岁入小学，十五岁入大学，此自是正理。然古者人心质朴，风俗淳厚，孩提自七八岁月，知识尚未开。今则人心风俗，远不如古，人家子弟，至多五六岁，已多知诱物化矣。又二年而始入小学，即使父教师严，已费一番手脚。况父兄之教，又未必尽如古法乎？故愚谓今之教子弟入小学者，决当自五六岁始。"也就是说，古时候就有不少人坚决主张五六岁就入学学习了。

"五六岁入学"，这还仅仅是对入学年龄的一种主张。其实，古时候很多孩子早在上学之前就已经在家庭里"破蒙"了。

清代唐彪《父师善诱法》云："生子至三四岁时，口角清楚，知识稍开，即用大小木板方寸许、四方者千块，漆好，朱书《千字文》，每块一字，盛以木匣，令其子每日识十字，或三五字（识字多者，或乳温，或仆婢，量予奖赏，则终日引诱认字，胜于引诱戏骂矣）。复令其凑集成句读之，或聚或散，或乱或齐，听其顽耍，则识认是真，如资质聪慧者，百日可识完。再加以《三字经》《千家诗》等书，一年可识一二千字。然后从师入塾……"

这就是说三四岁的孩子，用一年时间不仅过了识字关，认了一两千字，而且读了《三字经》《百家姓》《千字文》，这一点我们今天有几人敢于想象，相反古人似乎却一点儿也不以为怪，历朝历代这样的孩子大有人在。

白居易六七个月时，乳母就教他认"无""之"字，他虽然还不能说话，心里却已认得了，"后有问此二字者，虽百十其试，而指之不差"。这为古代的。

近代的胡适两岁多就由父亲教他识字，他 3 岁多由台湾回安徽绩溪老家，由于母亲不能教他，便把他送进了学塾，而那时他连学塾的门槛还翻不过去，"但我母亲望我念书的心很切，故到家的时候，我才满 3 岁零几个月，就在我四叔介如先生的学堂里读书了。我的身体太小，他们抱我坐在一只高凳子上面。我坐上了就爬不下来，还要别人抱下来。但我在学堂并不算最低级的学生，因为我进学堂之前已认得近一千字了"。就是这样一个连路还走不稳的孩子，老师居然也不认为有什么奇怪，而且在学堂里还不算最差的学生，今天

"五六岁入学"，这还仅仅是对入学年龄的一种主张，古时候很多孩子早在上学之前就已经在家庭里"破蒙"了。

即使能有胡适这样的孩子，全中国恐怕也难找到一所能收他的学校。

白居易、胡适绝非是中国历史上的一两例。事实上，从汉朝起就设“童子郎”，唐代科举中就专门有了“童子科”，宋代更是专门设了“念书童子科”。据不完全统计，宋代所举的100多名“念书童子”中，4~5岁的有10人，6岁的有5人，7~8岁的有24人，9~10岁的有28人。四五岁儿童的背书数量，几乎和七八岁儿童差不多，大多能背诵《论语》《孟子》等九、十种经典，有的甚至能背诵“十三经”。现在的条件不知比过去好了多少倍，要求又不知比过去低了多少倍，相反竟还冒出那么多认为幼儿识字有害的谬论来!

为什么古时候的早期智力教育比今人做得还好呢？这是因为，在今天的母亲看来，有学校专门教学，又何必劳我大驾，此其一；我教了，学校还要教，白教了谁还教，此其二。因此自新式小学开办之日起，家庭的这一功能便让学校取代了。

但是古人不同，家里请塾师，或将孩子送到学塾，由于学塾规模很小，大多只有几个学生，因此塾师因人因材施教，绝不会出现孩子已过了识字关，塾师还旷日持久地教识字这一现象。胡适虽然是学塾里最小的孩子，“因为我的程度不算‘破蒙’的学生，故我不须念《三字经》《千字文》《百家姓》《神童诗》一类的书”。学塾的教学类似于现代的复式教学，此为教不是白教。

又由于学塾规模小，相较之下学费显得较高，因此凡家境一般而自己又有能力教育的家庭多采取让孩子过识字关再进学塾这种方式，这就是为什么中国古代很多伟人、文人多由母亲教育出来的缘故，从经济的角度看，教也不是白教。

因此，在中国古代，母亲有文化而不教自己孩子识字读书的，这样的例子几乎找不到，而母亲们大多数都教到自己不能再教时，才将孩子送到学塾里去。在“唐宋八大家”里，韩愈、柳宗元、欧阳修、苏轼、苏辙都是由母亲亲教的，可惜的是这种良好的传统却随着对妇女歧视的加深而渐渐衰微，在周时有“周室三母”，在魏晋时有妇女授徒，在唐宋时有母亲课子，但到近

韩愈、柳宗元、欧阳修、苏轼、苏辙都是由母亲亲教的，可惜的是这种良好的传统却随着对妇女的歧视而渐渐衰微。

代，母亲却多已成了文盲，这一好的传统也失去了，现在女性有文化有知识，却没有教子的意识了！

在解决了要对孩子进行早期智力教育这个问题之后，我们常出现的另一个问题是以知识教育代替智力教育。

智力同知识并不是完全相同的，知识是对客观事物的认识，而智力是获得知识的能力。比如水，它是无色无味的液体，在老师讲解水的知识时，孩子们接受的程度各不相同，有的认识快，理解快，记得牢，有的则接受慢、理解浅，记得少，明显地表现出智力上的差异。即使都记住了，在实际中运用这些知识来解决问题的能力也大不一样，文彦博运用它去树洞取球，司马光运用它去砸缸救人，曹冲运用它去称象的重量。对水的认识属于知识，而掌握和运用这种知识的能力才是智力。

知识和智力虽是不同的范畴，但相互间也有着不可分割的联系：掌握知识是发展智力的必要条件，而智力的发展又能促进一个人对知识的掌握。孩子小的时候，是知识大量获取的时期，也是智力迅速发展的时期，应该让孩子在获得知识的同时，更着重于发展孩子的智力。智力的核心是思维能力，也就是思考能力，这种能力所能达到的高度在青年期便相对固定下来，但知识的掌握却可以越来越多，知识是量的问题，而智力则是质的问题。

那么究竟如何搞好孩子的早期智力教育呢？我以为孩子的智力教育就像滚雪球，最关键的是在开始时要捏紧一个球芯；又像抽陀螺，最要紧的是抽好第一鞭，让孩子自已转起来。而这球芯这第一鞭便是让孩子建立起他的第一个智力快感单元。

以识字为例来说，一个两三岁的孩子识几十、几百个字都无甚意义，因为一旦不加复习，便又忘了。即便是识字一两千，如果不能自由阅读也无任何意义，因为孩子的第一个快感单元是自由阅读。没有建立这一快感单元，只要外部压力减少，所学的都会慢慢忘掉。这就如我们成年人学外语一样，只要没过自由阅读这一关，过去能背多少单词都是无济于事的。但是，一旦孩子建立了这种阅读快感，他就会主动认字，他认识的字就再也不会忘记，

掌握知识是发展智力的必要条件，而智力的发展又能促进一个人对知识的掌握。

他就已经进入了文字隧道，以后的第二鞭、第三鞭就非常轻松。

当然，要让孩子从一字不识到能自由阅读绝非易事，这中间还要经历一个相当长的过程。一般来说都要经过分散识字、集中识字、儿歌阅读、短篇童话阅读、长篇童话阅读，直至成人读物阅读，当达到短篇乃至长篇童话阅读时，这时才可以说已基本建立起一个完整的快感单元了。母亲在教孩子识字时，心里就要明白其目的是要向阅读过渡，为识字而识字的识字只能是事倍功半，徒添母子的苦恼。

再举算术为例。一个两三岁的孩子会十位数以内的加法，乃至百位数以内的加法，甚至会背乘法口诀都没有什么意义，因为一旦不教他便又忘得一干二净，这时候的孩子就像马戏团里的动物一样，是一种机械记忆。那么到什么时候才算建立快感单元了呢？我以为一个完整的算术快感单元应该达到四则运算，孩子到能四则运算时，这时的算术快感乃至算术敏感便比较完整地建立起来了。

再举音乐为例。喜欢不喜欢唱歌，唱得好与不好，对于才几岁的孩子来说与习育有极大的关系，但是唱得好并不就能弹得好，而要弹得好，必须识谱，因此视唱是一个快感单元。如果孩子能够识谱，无论是唱是奏都好解决，如果这个单元没有过关，尽管可以学琴，尽管也可以考级通过，但终究是不能维持下来的，更不用说提高了！

让孩子建立起他的第一个智力快感单元是件非常不容易的事，需要母亲异常的耐心和认真。当然，在这一过程中，母亲最好的做法是将其划分成一个个更小的智力快感单元，如将识字中的分散识字、集中识字、儿歌阅读、童话阅读，算术中的加法、减法、乘法、除法等变成乐事让孩子乐于学习。当然也不排除在此过程孩子因枯燥乏味而不乐意学习，而这个时候正是母亲素质的大考验，遇到这种情况，母亲一则要更加耐心更加注意方法，二则要更加清醒地意识到只有过了这道关才是唯一的选择。历史上的断杼教子等都是发生在这个阶段，很多世界伟人的父母对他们的严格也都表现在这个阶段，一旦过了这个阶段，让孩子建立起了一个完整的快感单元，孩子就会自动寻

让孩子建立起他的第一个智力快感单元是件非常不容易的事，需要母亲异常的耐心和认真。

找和享受这种智力上的乐趣了。

因此，我们说让孩子建立智力快感，其实就是让孩子对所学的产生兴趣，智力快感单元就是让孩子对所学科目产生兴趣的最低知识组合。而一个完整的智力快感单元则不仅是让孩子对所学产生兴趣，而且更是让他获得了对整个学科进行自由探索的第一块基石，用一句通俗的话来说就是让孩子入门了！

因此，早期智力教育不在于获取知识的多少，而在于发展孩子的思考能力，培养孩子的思考习惯，尽管获取知识也许是一种结果，但却绝非是目的。

但是，我们现在很多母亲以知识的多少来衡量早期智力教育的成败，因此过于看重孩子单纯的认字、阅读、计算、弹琴、绘画的成绩。固然这些方面的能力都很重要，但是在现代，即使是最好的家庭智力教育，也不可能完全包揽孩子的全部教育。正确的做法是通过这些材料去让孩子学会思考，点燃孩子的求知热情，如果孩子的思考能力没有培养出来，尽管他在短期内显得比别的孩子知道得多些，但在学习内容深了之后，就有可能落在别的孩子的身后。这样的孩子一旦停止这种被动的教育，孩子便无所适从，不求上进。

重知识不重思考的做法，其弊端近年来在我们的大学教育里表现得尤为突出。由于包分配，由于严进宽出，在大学里曾一度广泛进行过“学习动力”的讨论，现在尽管用就业压力、学分制、淘汰制等外在压力逼迫学生学习，但“学习动力”问题并没有真正解决，而这一问题的产生正是单纯知识教育的结果。如果一个人没有养成思考的习惯，即使大学博士毕业，也最后要败于一个小学毕业但孜孜以求的研究者，因为你最多比别人领先20年，而人家却用30年、40年、50年的时间去奋斗，同你竞争，哪有不超过你的道理！

台湾吕腾英教授曾针对中国这类传统教育方式指出：我们的奋斗足迹同发达国家的学生正好颠倒过来，个人的努力集中在前半生，大约20年，像钻木取火，拼命地死记硬背；相反，国外学生在童年、少年时代，在大学阶段以前非常轻松，顺应天性，寻寻觅觅，蜻蜓点水，课程非常轻松，剩下的时间就随意地看看书，涉猎人生的方方面面。但是一旦寻找到了发展自己天赋的最佳点，便全力以赴，疯狂追求，“在大学、研究所，我们的求知、努力，

重知识不重思考的做法，其弊端近年来在我们的大学教育里表现得尤为突出。

比他们差很远，我们青年唯一的目标就是进大学，进了大学很少不毕业的，所以整辈子的努力，就是往这个方面，这是我们引以为忧的，因为进了大学已精疲力尽，患上‘智慧早衰症’，而不像人家找到目标后，可以花 30 年、40 年，好好地为自我实现去努力”。

因此，早期智力教育不是获取知识的刀刃教育，而是以学会思考为主的斧背教育。让孩子们喜欢学习，善于学习，这样他们会越学越感到乐趣无穷，而孩子们认识的内驱力愈强大，钻研愈深，探究倾向愈强烈，孩子的智力发展就越好！

在进行早期智力教育时，还有一个争论得比较多的问题，那就是应该实施单纯的游戏式教育，还是要有适当强制性。

由于早期智力教育不是知识教育，而是让孩子的大脑开窍，而开窍是一个不断地让孩子思维深入的过程，因此早期智力教育存在着一个系统化的问题，它不是随心所欲地进行的。知识的系统性和儿童认识发展的阶段性、连续性是客观存在的规律，孩子的智力教育不能离开知识的学习过程，因此智力教育有它本身的规范性，因此也决定了这种教育需要有适当的强制性。

但是，长期以来对智力教育的强制性批评甚多，这一方面是因为现在不少父母不懂教育原理，一味进行蛮干；陀螺明明没有转起来，他们却拼命地用鞭子抽，越是没有转起来抽得越厉害，幻想能够用这种方法让陀螺转起来，而没有想到自己应该蹲下来，将鞭子绕在陀螺上，然后抽好这第一鞭。另一方面则是人们似乎认为对于孩子只有在玩中学，随孩子的意志才是对的，对孩子的任何规定性都被误认为是剥夺、压制了孩子的天性。其实孩子学习效果的好坏，不完全取决于游戏形式本身，而取决于学习内容和方式是否能引起孩子的兴趣和注意，组织得好的科学识字、阅读或计算等同样可以对孩子产生强大的吸引力！再说就是品德教育、习惯教育也都带有适当的强制性，可以说没有适当的强制性就没有教育，对孩子可能更是如此。

其实，很多天才小时候都受到家庭严格的训练。莫扎特练琴极为辛苦，一年 365 天，几乎天天都要坚持。傅聪也是如此，对严格要求的父亲甚至望

早期智力教育不是获取知识的刀刃教育，而是以学会思考为主的斧背教育。

而生畏。爱因斯坦5岁时让母亲逼着学小提琴，他曾极度反抗，但是我们知道他后来却是一位极爱音乐的大科学家。我这里所说的意思绝不是怂恿对孩子专制，而是在学习过程中难免有要求严格的时候，这时我们的母亲应该因势利导。几乎所有接受早期智力教育的杰出人物，其父母大多都熟悉其要求的领域，从而才能引导孩子不断前进，那种不是行家却爱瞎指挥的"严格"，在家庭教育中应该坚决避免，否则孩子不仅不能取得成绩，相反其性格还会遭受扭曲。

有一种观点认为家庭不应该学校化，对此我并不赞同。所谓学校化的实质就是制度化，孩子实际上是最喜欢制度化的，在早期智力教育中，我们的家庭应该吸收学校教育的长处，定时、定量、定人、定地点，这样孩子是会很好适应的。

至于早期智力教育的内容，我以为以教孩子识字、阅读为好，其一，这是每一个人都要掌握的；其二，这是最符合孩子心理发展的；其三，这是到目前为止人类最好控制的，这方面的问题，我以后将有详细论述。

当我们的家庭，我们的母亲抽好孩子人生陀螺的第一鞭后，就可以将孩子送进学校去了，智力教育的第二鞭、第三鞭应该由学校接着来抽！

我们的母亲抽好孩子人生陀螺的第一鞭后，就可以将孩子送进学校去了。

5.4
学校是刃，家庭是刃上的钢

学校教育尽管不应该是主导，但也绝不应该被忽视——那些自学成才者由于对学校的偏见常导致自己孩子的碌碌无为——这些人把对学校的偏见，倾泻到对教育的轻视上是不对的，他们虽然是学校教育的受害者，但却是家庭教育的获益者——重视教育的母亲也不应该轻视学校，而应将它看成是自己的助手——家庭与学校之间需要母亲的协调

在人类的过去，由于知识的系统化不够，稍有学识的母亲便可以充当孩子的老师。但是，在信息高速公路都已开通的今天，让母亲仍然充当孩子的一位无所不能的老师的时代似乎已经一去不复返了。像帕斯卡、穆勒那样只受家庭教育即可成功的可能越来越小，那种幻想只凭自己的双手便能建立孩子人生大厦的想法也似乎越来越显得天真。由于学校在孩子知识教育中充当的角色越来越重要，这就要求母亲不仅要懂得对孩子进行早期智力教育，而且还要懂得如何与学校教育进行教育上的协调。

在对待学校这个问题上，我们父母常表现出两种极端，一种就是我们在前面批评过的把孩子全权委托给学校，父母几乎不再承担什么教育责任，孩子的好坏也取决于学校的教育，这是我们目前绝大多数父母的做法，这种做法的不足我们已经在前面详细论述过了。

在信息高速公路都已开通的今天，让母亲仍然充当孩子的一位无所不能的老师的时代似乎已经一去不复返了。

我们父母对待学校态度的另一种极端就是认为学校无用，因此不加重视。这种情况又可以分为下列两种类型，一种类型是由于自身对学校教育没有好感，甚至自身就是学校教育的打击对象。他们之所以能成才，与其说是学校培养的结果，倒不如说是他们自学的结果。由于他们对学校充满了偏见，对自己孩子的学校教育自然不加关心，其结果竟有相当一部分杰出人物的后代为此而断送了他们的才华，碌碌无为地度过了他们的一生。

丘吉尔是一个对学校没有好感的人，自然也就谈不上对学校教育的重视，更谈不上与学校教育的协调了。他有一子三女，儿子伦道夫·丘吉尔 4 岁时就因为逗人喜爱而上了报纸，十几岁时就认识了教皇，丘吉尔曾十分得意地说："他会成为一个伟人。"并竭力加以扶持，而他的儿子也踌躇满志，准备为家族赢得更大的荣誉。可遗憾的是，丘吉尔对学校教育不以为然的态度影响了他的儿子，伦道夫进牛津大学不久就退学出来迫不及待地投身政治。由于没有深厚的学养及经验支持，最后只取得了极有限的成功，成了一个扶不起的刘阿斗，在他 57 岁时因为过度饮酒引起肝硬化而死。据说在他的最后几年里，酗酒和暴饮暴食让他变得肥胖、秃顶，看起来根本不像是丘吉尔的儿子，而更像一个比丘吉尔小不了几岁的弟弟。他的三个女儿也不成器，大女儿在他 88 岁时自杀身亡，另一个女儿莎拉曾几度在公开场合醉酒而被捕……

爱迪生也是如此。他对学校的成见比丘吉尔要大得多，因此他对孩子的读书态度是"如果一个男子抱有雄心壮志，他不需要进大学"。他前妻同他生的 3 个孩子，由于无人管教，结果一事无成，甚至连自食其力都无法做到，最后只能靠爱迪生给他们买的农场生活。与其前妻成鲜明对照的是其后妻对孩子教育极严，她不仅把她同爱迪生所生的 3 个孩子送进了大学，而且其中的一个孩子后来还成为该州的州长。同为一父所生，重视与不重视教育，其结果竟如此迥然相异，母亲教育的重要不仅体现在爱迪生身上，而且竟也如此绝妙地体现在他孩子的身上。

对于这一类型的家长来说，他们的错误尽管看上去表现在对学校教育的轻视上，实际上反映出的是对教育的轻视，是他们忘了自己虽然没有受到良

"如果一个男子抱有雄心壮志，他不需要进大学。"对耶？非也！

好的学校教育，但是却受到了良好的家庭教育这一事实。

就拿爱迪生来说吧，他被母亲从学校领回家后，当过老师的母亲就承担起了教育他的任务。有一传记是这样描述这个家庭学校的：春天，娘儿俩坐在屋门前，边晒太阳边上课；夏天，他们一面纳凉，一面给他讲罗马帝国的兴衰，讲英国的演变；秋天，母亲又让他念上了《鲁滨孙漂流记》《悲惨世界》这一类古典文学作品；到了雪花飞舞的冬天，母子俩就待在屋里，烤着火，在化学和物理学上用心思。当母亲发现他特别喜爱物理和化学后，便专程上街给他买了本《派克科学读本》，这本书当时极有影响，专讲物理和化学上的实验，有简单扼要的说明，有详详细细的插图。爱迪生就按照上面写的一个一个地做实验……

正是因为得到了这么好的家庭教育，爱迪生才有了后来的成功！爱迪生尽可以对学校有偏见，但绝不应该对教育有偏见。他显然是将学校教育同教育混为一谈了。当他有孩子时，他的思想仍集中于他的发明，因而没有想到自己的母亲在培养自己时所花费的心血，相反却误以为孩子不受教育就可以成才！

与丘吉尔、爱迪生成鲜明对比的，是那些不仅受到良好家庭教育，而且受到良好学校教育的伟人，他们在对待自己孩子的教育问题上就表现得大不一样，因为他们深深体会到，这两种教育中缺少任何一种教育，他们都难以有取得重大成就的今天！在这方面玻尔家族堪称典范。他们家族不仅已经几代兴旺，出现了两代诺贝尔奖获得者，且新的一代也已崭露头角，以至于有人这样预言，如果再有家族获诺贝尔奖，最大的可能便是玻尔家族了！

对学校教育不加重视的另一种类型，同上面那种将学校教育同教育混为一谈的父母恰恰相反，这些父母非常重视教育，并由这种重视而对学校教育产生不信任，在这种不信任的心态里又同学校产生对立情绪，从而指责学校教育。

这类父母的立足点是对的，那就是教育的主动权不是在学校而是在家庭，但是他们没有认清主职与助手的区别，也就是说学校尽管不应该是教育的主

因为良好的家庭教育，爱迪生才有了后来的成功！爱迪生尽可以对学校有偏见，但绝不应该对教育有偏见。

导，但却是教育的助手。让助手顶替主职当然不对，但主职包揽助手的事务也不正确，尤其是在社会化分工更趋精细的今日更是这样！

这里特别需要指出的是，很多信奉早期教育重要的母亲，常有意无意地忽视学校教育，这种倾向在当前我国的一些施行早教的母亲中尤为突出，这一方面固然是因为学校教育的落后、呆板不能满足施教孩子的要求，但另一个更重要的方面则是由于这些年我国一些早期教育学者的误导所致。

如果我们撇开社会以及母亲对早教的内在需求，而仅仅将它集中在某一点上，那么我们可以说中国的早教热起源于木村久一的《早期教育与天才》，这部著作对中国早教的贡献甚大，起到了启蒙的作用，但它毕竟是20世纪初的产物，它贬低了学校在孩子成长过程中的作用，这种忽视和贬低在我们的一些宣传者那里，不仅没有得到纠正，相反却更加被推向极端，出现了一批对学校教育持否定情绪的母亲。

例如，于光远1985年在给一个早教家长的信中曾极敏锐地指出了这种倾向："教育是一个专门的学问，有许多人长期的整天从事教育工作，研究教育工作，积累了丰富的教育工作经验，掌握了这一领域的科学。近代教育也形成一整套幼儿教育、普通教育、高等教育等成熟的制度，现在我们的任务是进一步发展它，不是忽视它。工作中有这样或那样缺点，我们需要对之进行讨论，目的是克服缺点，提高我们的教育工作水平。"

忽视家庭教育而将教育的责任推给学校当然不对，但忽视学校教育而企图以家庭教育代替学校教育同样不对，这种做法最后也会窒息孩子的成长，除非有极强的经济做后盾！

因此，对更多的母亲来说，当自己给孩子提供了最好的早期智力教育之后，就需要将孩子送进学校了，这并不意味着母亲智力教育方面的结束，相反却是一个新的知识教育时期的开始，在这样一个新的时期，母亲虽然不要亲自授课、讲解，但是她却要为尚不懂得事理的孩子进行指导与协调，指导与协调成为孩子入学后母亲教育工作的新的重心。

在这一系列协调过程中，最重要的便是课内知识与课外知识的协调，也

忽视家庭教育而将教育的责任推给学校当然不对，但忽视学校教育而企图以家庭教育代替学校教育同样不对。

就是刀刃与斧背的协调。

学校所加强的不过是刀刃功夫，而母亲所加强的应该是斧背功夫。手术刀固然锋利无比，但是它却砍不了树，劈不了柴，原因是它有刃无背。铁锤固然一锤万钧，但却没有人用它去披荆斩棘，原因是它有背无刃，而只有利斧才是克服困难的最好武器。对于斧头来说，不仅要有利刃，更要有厚背，人才的竞争最后总是归结于斧背的竞争，很多优秀的家长无不在孩子的斧背上煞费苦心。杨振宁在初中时期的一个暑假里，父亲不去教他学微积分，却请师教读《孟子》；毛岸英从苏联回国后，毛泽东没有让他留在身边，而是鼓励他到农村去上“劳动大学”等，无不说明这种“功夫在诗外”的重要。

但是我们很多母亲却不是这样考虑的，她们不是让孩子增加斧背，而是帮助磨刀。孩子回到家里变成了去上另一所学校，而且这第二所学校还是第一所学校的复制品：在学校里坐着，在家里还是坐着；在那里要安静，在这里也要安静；在那里说一不二，在这里也不许顶嘴；在那里不许做小动作，在这里也得聚精会神；学校里没有民主，家里也一样，不同的是在学校还打铃下课，在家里则一坐几个钟头，没有下课休息时间。更有甚者，一些母亲完全照搬学校一套，在家充当学校里的老师，既让孩子失去了课堂上学习的新鲜感，又滋长了他学习的依赖性，殊不知，即使对于母亲自己来说，同时上两所同样的学校也无幸福和愉快可言，更何况是对于孩子了。

当然我这里并不是反对帮孩子磨刀，相反磨刀同打铁是相辅相成的，要让孩子的斧背厚实，必须首先让他能够完成学校的学习任务，这样母亲的调节作用便首先表现在调节老师同孩子的关系上，只有师生双方的关系融洽起来，才能产生较好的学习效果。在现代化大生产里，母亲不要过多地寄希望老师能够找上门来同你联系，最主动的做法便是你经常同老师保持联系。

遗憾的是，我们经常看到的现实却不是这样。由于母亲没有同学校协调好，孩子在学校违犯了纪律，老师便通报母亲，有时还指定让父亲来学校，怕母亲心软不好配合。父亲被老师的一面之词激得火冒三丈，个别的甚至当着老师的面就打，而这只能使师生矛盾加深，同时也伤害了自己与孩子的感

学校所加强的不过是刀刃功夫，而母亲所加强的应该是斧背功夫。

情。家长与老师搞统一战线，对孩子进行压制，不仅使问题得不到解决，而且还会使学生感到走投无路，甚至被逼到邪路上去了。与之相反的是母子建立联盟共同对付老师，一味地偏袒，结果孩子更加有恃无恐……

因此，这时真正的家庭配合应该是，冷静地帮助孩子分析自己的错误，启发孩子理解老师的心情，指出老师是关心和爱护他的，老师虽然生气，只要他认真改正错误，老师就会欢迎。同时母亲要把孩子改正错误的决心转告老师，让老师对孩子不抱成见，对孩子的进步充满信心。

其次是调节各科知识间的关系。

孩子在校学习是多科并进的，由于对各学科的兴趣不同，常常出现偏科废科现象，自己喜欢的科目花的时间多，成绩不好、不喜欢的科目理应多花时间，结果却是花时间最少的科目，出现跛脚或偏瘫现象。这种学习上的不全面发展，单靠老师是难以解决的，把希望寄托在孩子身上让他自行克服更是难上加难。学校老师只能在学习目的、学习方法上给予指导，但却不能完全控制学生对每一学科使用的时间比例，这就需要母亲在家庭自学时间上给予调解，并提供相应的学习条件。

在那么多著名的曾被讥为“笨蛋”“傻瓜”的天才中，他们几乎都是由于这种偏科导致的，他们实际上是神童而非笨蛋。但是由于母亲没有及时予以调节，结果导致这些天才学生失去很多成才的机会，甚至真的成为笨蛋。母亲们应该清醒地认识到，历史上那些最终成功的这类天才，其实都是某种程度上的侥幸者，每年的高考有相当一部分这样的天才学生被淘汰，从而走上另外一条让人平庸的道路。有一些学生的数、理、化成绩几乎满分，这个时候的误差绝非人为误差，而仅是机械误差，但是由于其他课目拖了后腿，从而可能一辈子让他与他最喜欢的创造领域擦肩而过。由于偏科、废科而泯灭的天才何止万千。毕加索等的数学极差，他们之所以最后能够成大才，一部分原因是他们的努力，更大的原因在于他们的家族对他们提供的非个人品质方面的支持。

但是，即使是有家族背景做后盾，如果母亲不加调节，学校的环境也同

这时真正的家庭配合应该是，冷静地帮助孩子分析自己的错误，启发孩子理解老师的心情。

样会对他们的性格造成极大影响。拜伦是个大诗人，但他在校时却最讨厌诗歌，尽管他后来成为诗歌天才，但长期的压抑却让他行为怪异、生活堕落。

最后，母亲还必须调节孩子之间的关系。

孩子上学要么同知识产生矛盾，要么同同学产生矛盾。知识上有老师引导，而在同学关系上则要靠母亲的关心了。中小学时代孩子最容易受这种同学间的影响。由于大多数母亲把眼光仅仅盯在分数上，常常忽略了孩子的交友，而一般孩子交上坏友后又千方百计瞒着家里，等到不可收拾时母亲才发现晚了。1951 年物理学诺贝尔奖获得者沃尔顿便是如此，他的母亲一连换了三所学校，朝夕相伴，最后才让孩子走上正轨。另一位诺贝尔奖获得者赖伯格·芬森倒不是交上坏伴影响了成绩，而是受到同学欺负成绩难以提高，最后也是将他转学到他小时候生活过的地方的一所学校，成绩才直线上升。

即使是有家族背景做后盾，如果母亲不加调节，学校的环境也同样会对他们的性格造成极大影响。

5.5
教育应该同孩子一道成长

傅雷为什么反对傅敏学音乐——傅聪的音乐种子是傅雷播下的吗——傅雷是如何迈出让傅聪学琴这一步的——傅雷为什么把傅聪从学校撤回——功夫在琴外——谋事在人，成事在天，傅聪同样经历过挫折——是那场运动与浩劫打落了傅雷的另一枝花——家教的艺术便是筝线的艺术，即使远在天边，那筝线还紧紧地握在母亲的手里

但是，母亲对孩子仅仅进行早期教育，在对孩子进行早期教育后，又仅仅配合学校教育往往还不能取得最好的教育效果，孩子是活的，教育也应该是活的，它应该同孩子一道成长。教育的主动权不应该拱手让给别人，孩子成长的筝线应该牢牢地捏在母亲的手里！

相信读过《傅雷家书》的人，不少都有过同我一样的想法，那就是为什么傅聪能成为一位卓有成就的钢琴家，而作为其弟的傅敏却只成了一名普通的中学教师呢？之所以产生这种念头，绝不是出于对教师职业的偏见，而是将它作为一个家教现象来看待。因为在人们想象中，对于傅雷这样一位优秀的父亲来说，其幼子应该更胜于长子才是，那么究竟是什么原因才最终导致了这种事实与反差呢？

傅敏比傅聪小 3 岁，受父亲、母亲和哥哥的影响，傅敏从小也酷爱音乐，并曾立志成为一个小提琴家。他的小提琴启蒙老师与他哥哥的钢琴启蒙老师

> 孩子是活的，教育也应该是活的，它应该同孩子一道成长。孩子成长的筝线应该牢牢地捏在母亲的手里！

同为雷垣，雷垣虽是数学教授，但他早年曾读过音乐学院，且小提琴比钢琴更加擅长，照说傅敏比傅聪还要幸运。雷垣之后，傅敏又师从中央乐团小提琴家韦贤章和上海音乐学院管弦系主任、小提琴家陈又新，成为一个小提琴家似乎是自然而然的事，那么为什么最后傅敏没有成为音乐家呢？

原来，在1953年暑假，傅敏为了报考音乐学院曾同傅雷大吵一次。傅雷坚决不同意傅敏学音乐，他的理由有三："第一，家里只能供一个孩子学音乐。你也要学音乐，我没有这能力。第二，你不是搞音乐的料子。第三，学音乐，要从小开始。你上初中才学琴，太晚了。学个'半吊子'，何必呢？"最后，傅雷还补充了一句："你呀，是块教书的料！"

傅雷不同意傅敏学音乐，一方面是因为经济原因，另一方面更重要的是"你不是搞音乐的料子"，顺此思路，傅雷又是怎样知道傅聪是"搞音乐的料子"呢？

仔细追寻下去，我们才发现傅雷开始并不曾想让傅聪学音乐，而是想让他习画。因为傅雷精通美术理论，他青年时在法国学习的专科就是艺术理论，回国后在上海美专教过《美术史》，编过《艺术旬刊》，写过《世界美术名作二十讲》，他的朋友中，黄宾虹、刘海粟都为一代艺术大师，让孩子习画比习琴更有条件。遗憾的是傅聪无意于画，虽然在父亲的逼迫下硬着头皮学习，但却十二分的不情愿。傅雷尽管精通美术理论，但自己却不会画画，面对傅聪的反感也想不出什么更好的办法。

与此相反，傅聪却极喜欢音乐，傅雷在《傅聪的成长》一文中曾这样写道："傅聪三岁至四岁之间，站在小凳上，头刚好伸到和我的书桌一样高的时候，就爱听古典音乐。只要收音机或唱机上放送西洋乐曲，不论是声乐是器乐，也不论是哪一乐派的作品，他都安安静静地听着，时间久了也不会吵闹或是打瞌睡。我看了心里想：'不管他将来学哪一科，能有一个艺术园地耕种，他一辈子都受用不尽。'我是存了这种心……"

为什么傅雷想让傅聪学画，但傅聪却无意于画而钟情于音乐呢？目前关于傅雷、傅聪的所有传记，在记述傅聪的音乐起点时无不引用傅雷的上述这

傅雷不同意傅敏学音乐，一方面是因为经济原因，另一方面更重要的是"你不是搞音乐的料子"。

段话，至于傅聪为何在三四岁时就爱听古典音乐却没有一人追及，仿佛傅聪天生就是块搞音乐的料子，这不能不说是傅聪传记中的一大缺憾。我猜测——如果不出意外的话——傅聪的音乐种子实际上在此之前早已播下，三四岁时已经发芽长叶到可以让傅雷注意到了的程度。不仅如此，在傅聪心里种下音乐这棵灵苗的也许还不是像一些传记作者所说的那样是其父亲傅雷，恰恰相反，是人们普遍忽视了的傅聪的母亲朱梅馥。

为什么会作此猜测呢？因为傅雷的音乐爱好并不像一些人所说的那样是一以贯之的。例如，傅雷的中学好友雷垣在回忆他们的中学时代时，只说“傅雷喜欢美术，我喜欢音乐”，是对文学的爱好及相同的家境让他们结为好友的，而不是对音乐的爱好。至少在中学时傅雷还谈不上喜欢音乐，否则雷垣一定会对他这方面加以肯定的。再如，傅雷的另一好友周煦良在新中国成立后曾硬拉他去看过一场京戏，回来的时候傅雷说他对京戏实在没有多大的兴趣。要知道，他们那辈中国人的音乐启蒙不在别处，正在于中国的传统戏曲，这可以从许多音乐家如聂耳、贺绿汀等的成长上看出来。还有从后来傅雷好友们的文章中也可以看出，除了对他在傅聪学琴方面有共同的回忆外，对他的音乐爱好回忆甚少。最能说明问题的是他在傅聪学琴过程中的那种紧张乃至慌张，如在决定让傅聪学琴时问的“这孩子学琴究竟有没有前途”；又如当傅聪在波兰获奖后他在家书中写的“想不到你有这么些才华”等，而这“有没有”“想不到”等都说明傅雷对音乐的某种为难。

但是，与傅雷成鲜明对比的是朱梅馥。朱梅馥初中读的是裨文女校，高中读的是晏摩氏女校，这两所女校都是教会学校，而众所周知教会学校对音乐是极为重视的。事实上，朱梅馥不仅整个中学时代都是在西洋音乐的伴奏下度过的，而且她还学会了钢琴，仅此一点，起码在中学时代傅雷是远远不及朱梅馥对音乐的爱好的。即使是从现在能看到的几篇不多的友人回忆中，“爱好音乐”也成为她留给人们的一个极鲜明的印象，如同他们一家有过长期交往的周朝祯就是这样回忆的：“她受的是西方式教育，听音乐、看书画、读英文小说都很起劲……”如此等等。就是《傅雷家书》中也能时常找到印证。

在傅聪心里种下音乐这棵灵苗的也许还不是其父亲傅雷，恰恰相反，是人们普遍忽视了的傅聪的母亲朱梅馥。

因此，我以为最先在傅聪心灵中播下音乐种子的，极可能不是如某些传记作者所说的是其父傅雷，而是其母朱梅馥。傅雷夫妇闲暇时爱听音乐的习惯也极可能是由朱梅馥帮助傅雷养成的。如果真是如此的话，那么母亲的重要性又添了一个好例子！

至于傅聪为什么无意于画而钟情于音乐，其实也并不难解释，这是因为对于幼时的傅聪来说，其音乐环境远胜于美术环境的结果。傅雷尽管是个美术理论家，但他却从来不会画画。尽管家里有许多美术作品和书籍，但这些都不能自动地变成傅聪的乐趣，也就是说还缺少一个将这些翻译成乐趣的过程。如果傅雷是个画家，情况可能就大不一样了，孩子每天都能看到父亲笔下的神奇变化，耳濡目染，美术的种子就播下了。

与美术相反，尽管傅雷夫妇不是音乐家，但对音乐的爱好，通过听唱片、听收音机等活动吸引了傅聪的注意力，长期不懈的音乐欣赏无意中给孩子营造了一个最好的音乐环境，到三四岁时孩子自然而然地对那些熟悉的曲子凝神贯注了。傅聪之所以更加喜爱音乐，就在于他的音乐环境比美术环境中多了一个翻译机制，他能参与到音乐中去，但美术却不能，他不能在美术中获得乐趣。这里之所以要对傅聪的音乐兴趣加以说明，其目的就在于破除人们长期形成的所谓“天赋”等观念。

不过话又说回来，播下种子与护理成才还是两回事。发现孩子的兴趣而存了让他学琴这种心仅仅是第一步。事实上从三四岁发现傅聪对音乐的爱好，到 7 岁半让他正式学琴，傅雷的这种心就存了几年。那么是什么促使傅雷迈开让傅聪学琴这第二步的呢？

傅雷的老友周煦良是这样回忆的：“傅雷本人并不搞音乐，也不唱歌，也不唱戏，连像我会哼两句京戏也不行，怎么想到要儿子学钢琴呢？原来是这样：他和林俊卿等谈到音乐时，谈及儿童中绝对音感之难得（即在钢琴上随便挑一个键，让对方听，对方便能说出是哪一个键，亦即不靠音与音的比较就能知道是哪个音），碰巧傅聪在侧，时不过 5 岁左右，就以他试验。使在座人吃惊的是，傅聪竟而具有这种绝对音感，而且屡试不爽。于是林俊卿等懂

播下种子与护理成才还是两回事。发现孩子的兴趣而存了让他学琴这种心仅仅是第一步。

音乐的朋友都怂恿傅雷培养他为钢琴家。”

傅聪的钢琴启蒙老师雷垣是这样回忆的：“起初，傅雷让我教傅聪学英语。后来，发觉傅聪喜欢音乐，耳朵非常好。有一次，我在钢琴上随便按一个键，傅聪没看我按什么键，却能说出是什么音，这叫‘绝对音高’。一般人经过多年训练，才能分辨绝对音高。傅聪那么小，就能分辨，说明他有音乐天资。”

在这种情况下，傅雷才让傅聪学钢琴。每星期由保姆送到雷垣家一次，但傅雷仍没有下定让傅聪学琴的决心，直到有一天，“傅雷问我，这孩子学琴有前途吗？我说有前途。于是，傅雷夫妇经过商量，下决心给傅聪买了钢琴。当时，钢琴很贵，傅雷家也不算太宽裕，能够下决心给一个 7 岁的孩子买钢琴，是很不容易的”。直到这时，应该说傅雷才坚定了把傅聪培养成一个钢琴家的决心。

但是，既然是从事艺术，就必须成为一流的艺术家，一个二流艺术家的命运是可悲的，尤其对于音乐更是如此，对于这一点傅雷可以说是极为在意。他在给刘海粟的学生周宗琦的一封信中这样写道：“爱好艺术与从事艺术不宜混为一谈，任何学科，中人之资学之，可得中等成就，对社会多少有所贡献；不若艺术特别需要创造才能，不高不低，不上不下之艺术家，非特与集体无益，个人亦致书空咄咄，苦恼终身。”

为了把傅聪培养成第一流的钢琴家，傅雷“把他从小学撤回”“英文、数学的代数、几何等，另外请了教师。本国语文的教学主要由我自己掌握：从孔、孟、先秦诸子、国策、左传、晏子春秋、史记、汉书、世说新语等等上选材料，以富有伦理观念与哲理气息、兼有趣味的故事、寓言、史实为主，以古典诗歌与纯文艺熏陶结合在一起”。

傅雷的这一步对傅聪今后的成才极为关键。因为要成为一个一流的钢琴家，绝不是仅仅练好钢琴就能达到的。音乐是表达人类思想感情的一种工具，如果对人类的精神世界没有高度的理解，他就不可能去用钢琴传递自己的心声，他就不可能去赋予那一个个音符以生命。这也就是《傅雷家书》中所说

既然是从事艺术，就必须成为一流的艺术家，一个二流艺术家的命运是可悲的，尤其对于音乐更是如此。

的不能“化”，而“青年人不会触类旁通，研究哪一门学问都难有成就”。作为一个有高度文化修养的翻译家，傅雷深刻地体会到“功夫在诗外”对于一个一流人才的真蕴，因此他才如此不惜代价地为傅聪奠定“琴外”的功夫。傅聪日后的发展正是凭借了这样的根基才很快地进入化境的。现在学音乐的人之所以达到一定的高度后便难再有新的突破，其关键就在于理解力跟不上，而理解力跟不上的原因又正在于对人类已有文明吸收得太少！

有些传记作者认为傅雷将傅聪从学校“撤”回来，并不是表明傅雷已经决心让傅聪发展音乐而只是觉得小学的课程和学琴在家里可能结合得更好些。殊不知，傅雷的经济条件并不很好，这种做法的经济负担可想而知，据当时傅聪的一位家庭老师回忆，在 20 世纪 40 年代初，“大米非常紧张，他每月给我三斗白米作为酬劳，是很难得的”。林俊卿也曾说道：“百器的学费是很贵的。傅雷为了培养儿子，花了不少钱。”之所以产生这种臆测，在于没有理解傅雷的艺术人才观：即搞艺术要么做第一流的艺术家，要么则纯粹去爱好。

尽管傅雷是按一个一流钢琴家的目标来培养傅聪的，但谋事在人，成事在天，最终能不能达到预想的目的应该说谁都没有绝对的把握，在傅聪学琴的过程中同样遇到了许多难题，有时甚至是令人绝望的难题……

傅聪跟雷垣学习两年后，在 9 岁半时又拜 19 世纪钢琴大师李斯特的再传弟子，前上海交响乐队的创办人兼指挥、意大利钢琴家梅·百器为师，直至梅·百器去世，前后共历 3 个春秋。梅·百器之后又随钢琴家杨嘉仁先生学习近两年，直到 14 岁那年，也就是 1948 年傅雷一家迁到昆明时才停止了练琴。

由于昆明难找老师教琴，而傅雷又认为一个二流艺术家是最可悲的，还不如老实学一门学科对社会、人生的益处更大，于是傅聪重进校门，进了昆明的粤秀中学。1950 年秋，傅聪又以同等学力考入云南大学外文系……

这一步也许是傅聪学琴生涯中的最大一次变故，这一步非常现实，从某些方面说，傅雷已经放弃了让傅聪成为钢琴家的幻想，而重新为他选择一条更加稳妥的翻译家的道路。

搞艺术要么做第一流的艺术家，要么则纯粹去爱好。

但是，毕竟10年过去了，傅聪再也不是那个仅仅对音乐感兴趣的小孩子了，他已经接受近7年极严格正规的钢琴训练了，过去的种芽已经抽长成了一棵含苞待放的小树了！也许正是这样的一次变故，才让傅聪更加真实地感觉到他与音乐的情缘是那样的深厚，于是他毅然中断学业回到上海继续学习钢琴。正是傅聪跟随苏联女钢琴家勃隆斯丹夫人的这一年，才最终让傅雷肯定了他今后可以专攻音乐："因为他能刻苦用功，在琴上每天工作七八个小时，就是酷暑天气，衣裤尽湿，也不稍休息；而他对音乐的理解也显示出有独到之处。"这以后的事情大家都极熟悉了。

这里需要特别指出的一点是，即使是傅聪在国外的最初10年里，傅雷对他的影响并不因为关山远隔而减小了，相反却随着傅聪的成熟而更大了。这种影响的见证就是我们今天可以看到的《傅雷家书》。如果没有傅雷的叮咛复叮咛，许许多多的人生沟坎傅聪未必能够迈过，而一着不慎，难免全盘皆输。傅聪之所以能有今日之傅聪，家书的力量绝不可低估。

读到这里，我们终于知道傅雷不让傅敏学音乐的良苦用心了，一来学艺术要费金钱，而且要费很多的金钱，从给傅聪买钢琴、聘老师中可以看出这绝非是一笔可以轻松负担的金钱；二来要学就要成为一流艺术家，"半吊子"最不可取，而要成为一个一流的艺术家，父母所要付出的心血又何以经济一项所能道出的。至于说傅敏"不是搞音乐的料子"，我以为是傅聪过多地吸引了父亲的视线，从而没有注意到对傅敏音乐天赋的发现与培养。但无论如何，傅雷的这个看法是极有道理的，那就是"学音乐，要从小开始。你上初中才学琴，太晚了"，同父亲大吵时，傅敏已经16岁了，应该说这个年龄已经不是学琴的年龄了，这个年龄甚至是出成绩的年龄了。

至于傅敏后来成为一名普通的中学教师，我在叶永烈写的《傅敏坎途》中找到了答案。

原来傅敏高中毕业后，打算报考复旦大学外国文学系，将来做一个像他父亲那样的翻译家。但组织看中了他，把他保送到北京外交学院，想让他成为一名有作为的外交家。可是还没有毕业，父亲变成了"右派"，哥哥出走了

即使是傅聪在国外的最初10年里，傅雷对他的影响并不因为关山远隔而减小了，相反却随着傅聪的成熟而更大了。

英国，傅敏成了重点“批判对象”，从北京外交学院被赶到北京外国语学院，最后被赶到了中学！不亲身体验那场运动的人是无法理解这一切的，是那场运动与浩劫打落了傅雷的另一枝花，不然傅敏一定会有更出色的表现，面对傅雷的教育，我们没有理由不这样相信！即便如此，傅敏同样实践了傅雷“做人第一”的教育信念，同样是一个有着人格力量的中华赤子，在这一点上正如楼适夷先生所言：“他跟傅聪一样，也是傅雷教育出来的好孩子。他淡于名利，安心于做一个普通的中学教员。论品格，不在傅聪之下……”

从傅聪的成长过程，我们可以看到傅雷作为一个进行了成功家教的父亲所显示出来的智慧与匠心。如果一味地坚持让傅聪学画，便没有今天的傅聪；如果舍不得气力让傅聪仅仅依靠学校来培养，也没有今天的傅聪；如果仅仅是强调练琴、强调艺术，而不强调做人，更没有今天的傅聪！从《傅雷家书》中我们可以看到，即使傅聪远在天边，但那筝线还紧紧地握在傅雷的手里，家教的艺术正是这种从母子同体到最后母子分开变成筝线的艺术。

但是，这种活的教育对我们母亲来说似乎实在太少见了，我们看到太多的死的教育在戕害我们的孩子了。其原因在于我们的母亲对教育了解得太少了。事实上，好的母亲，她应该成为孩子的军师，正如张良辅佐刘邦，诸葛亮辅佐刘备，刘伯温辅佐朱元璋一样，也正如傅雷说的“我是你的舵工”一样。但是，那些不懂得教育的家庭，孩子却成了母亲手中的人质，硬是被绑架着去实现父母那份虚荣的梦想！

从傅聪的成长过程，我们可以看到傅雷作为一个进行了成功家教的父亲所显示出来的智慧与匠心。

5.6
家长的行业是教育子女

人才群体中的长子现象——“长子现象”的形成在于长子幼时成长环境不同于其他孩子——“长子现象”的最关键处，在于这种环境中父母对他给予了远较其他孩子更多的关注——父母教长子与长子教其他孩子的效果相同吗——仅有关注是不够的，还要有正确的关注，而这正是教育——列宁是如何承认打碎花瓶的——让所有的母亲都成为教育家

可能有些读者在读了上面的傅雷家教个案分析后仍不满意，认为只是回答了“傅聪为什么是搞音乐的料子”，而没有回答在分析一开头就提出的“傅敏为什么不是搞音乐的料子”。用“是傅聪过多地吸引了父亲的视线，从而没有注意到对傅敏音乐天赋的发现与培养”这一简单的回答并不能让人满意。即使这样的解释正确，人们仍有理由再问一句：为什么傅敏的音乐天赋连傅雷这样一位出色的父亲都忽视了呢？一些人甚至更会提出这样的问题：分析傅聪的被重视固然重要，但是，如果能把傅敏被忽视的真正原因找出来是不是更有意义呢？

的确如此，我在读傅雷一家的传记时，曾专门花时间关注傅敏的成长过程，关注的结果并由此得出的结论仍是如此：傅敏的确被忽视了！被忽视的原因既有傅家的特殊性的一面，如傅聪音乐才华的早现并由此过多地吸引了

长子现象的最关键处，在于这种环境中父母对他给予了远较其他孩子更多的关注。

父亲的视线等；也有人类普遍性的一面，那就是长子成才现象。对于傅敏的被忽视，更多的还不是其家庭的特殊性，而是人类的普遍性即长子成才现象所导致的。因此要了解傅敏被忽视的真正原因，就一定要了解人类人才发展史上的长子现象。

在人类的人才发展史上，长子现象是一个非常引人注目的现象。长子容易成才，在历史上固然有长子继承父亲爵位、从而使得长子在人才群体中的比例大幅度提高的不公平的一面，但是从另外一个角度看，将爵位由长子承袭不也正是因为长子能较好地完成这一使命的社会承认吗？如此看来这又是一个“先有蛋还是先有鸡”的争论了。从现代人才学的研究来看，除去承袭的因素外，长子成才率较高的确是一个客观存在的事实。

那么，长子为什么容易成才呢？或者换句话说，又是什么导致长子成才呢？我以为导致长子现象产生的最大原因不在于其他，而在于长子幼时成长环境同其他孩子的不同。

人们常把“洞房花烛夜”同“金榜题名时”等看成是人生的几大乐事之一。其实这不单单是指那一夜那一时，而是指那样一个时期，一个同以前有着质的区别的时期。在“洞房花烛”之后，青年人第一次摆脱了父母的控制而独立做主。由于父母还不老迈，所以不需要顾老；由于孩子还没出生，所以也不需要顾幼。这个时期是一个人一生中精力最充沛、思想最活跃、兴趣最广泛、心情最愉快的一个时期，而长子正是在这样一个父母各方面状态都极好的状态下出生的。长子出生后，父母要么仍沉湎于自己的快乐而顾不上孩子，要么因为喜欢孩子却又不懂教育孩子的方法而疏于管教。总之，长子要么是在较严格，要么是在较自由的环境里长至第二个孩子出生时的。

但是在此之后的孩子就不同了，新婚新鲜感的消失、生活压力上的增大、事业发展中的挫折等接踵而来。面对以后的孩子，父母大多再也没有了面对长子那样的喜悦心情。有一首打油诗非常形象地刻画出了这种变化：“琴棋书画诗酒花，当年件件不离它。今而七事都变更，柴米油盐酱醋茶……”

由于长子要么是在较严格、要么是在较自由的环境里成长的，到了四五

在人类的人才发展史上，长子现象是一个非常引人注目的现象。为什么长子容易成才呢？

岁，那些在较自由环境里成长起来的长子便已经养成了调皮的性格。父母这时才开始意识到管理的必要，于是矫枉过正，一反过去的放任而变得极其严厉。其实这时无论父母态度如何对于长子都意义不大了。因为他的性格已经养成，已经到了“江山易改本性难移”的程度了。不过这种严厉对长子尽管意义不大，但对性格正在形成中的其他年龄尚小的孩子影响却极其巨大。因此父母的这种做法常常是正打歪着，本想让长子规矩一些，结果却让其他的孩子变得胆小。越是对长子严厉，其他孩子的胆子变得越小，那些孩子性格之所以反差巨大多由这种原因造成。傅聪与傅敏的不同性格也是如此形成的。

因此，这里需要澄清的一点是，在谈到傅聪的性格特点时，不少人都认为是傅雷性格遗传的结果，这种理解是错误的。我以为正确的解释应是他们父子俩幼时的环境相似的缘故。傅雷幼时极调皮，小学、初中曾两度被学校开除，究其原因在于，傅雷四岁时，一年之内一家四口即父亲、两个弟弟和一个妹妹相继离世，原本热闹的大家庭一下子只剩下孤儿寡母，母亲对傅雷的宠爱由此可想而知。

傅聪儿时的环境甚似其父。一来在傅聪之前傅雷夫妇曾有一子夭折；二来在傅聪出生前半年傅雷母亲去世。这样当傅聪来到人世时，傅雷夫妇的高兴之情可以想见。傅聪的调皮同其父一样正是儿时宠爱的结果。如果对孩子的严格要求是一贯的，那么孩子绝不会成为一个调皮的孩子。所有那些调皮的孩子都是儿时没有受到父母严格要求的结果，至于后来父母的严格正是儿时父母宠爱的一种结果与标志。

看来，长子同其他孩子幼时的成长环境的确不同，但是，这种不同就能造成孩子成才方面这么大的差别吗？其实幼时成长环境的不同并不是成才率不同的最大原因，长子成才的更关键因素在于，在这种环境里父母对他给予了远较其他孩子更多的关注！

有过生育经验的人都知道，父母对长子的关注程度远远超过其他孩子，因为长子成长过程中遇到的每一个问题对于父母来说都是第一次，都要父母认真对待，轮到老二、老三、老四等时，发生在他们身上的问题就不可能再

傅聪的性格特点，不少人都认为是傅雷性格遗传的结果，这种理解是错误的。

有此待遇了。除非是极特殊的问题。这就像母亲的第一次怀孕生产与第二次怀孕生产，其过程虽完全一样，但性质却是不同的。前者为初产妇，后者为经产妇，连医院、医生等对待她们的态度都不一样。

由于父母对长子的关注比较细致，一些有教育兴趣的父母常常自己亲自尝试教育，慢慢地教育效果出来了，这样更加刺激这些父母坚持这种教育。这种教育常让父母耗费较多的时间与精力，因为父母都没有接受过科学的家庭教育训练，他们采取的都是耗时耗力的试错教育，也就是说当孩子出现一个新问题时，父母并不能理性地分析出它的原因，而只凭直觉采取措施，一个一个地试。即使父母对后来的孩子兴趣不减，大多也都表现出心有余而力不足。这时最常见的做法便是让长子代替自己去教。正如穿衣服一样，老大穿新的，老二穿补的，老三穿破的。这样的例子在家教史上非常容易看到。

例如，作为长子的穆勒就在自传中这样写道："他（父亲）在整个写作时期，几乎每天要抽出相当时间用以教育他的孩子，对他的孩子中的一个——我，他所花的劳力、心力和耐力之多为其他教育儿女者所罕有。"

但对于其他孩子，老穆勒就不再可能坚持这样做了。小穆勒就自然代替了父亲的一部分工作："8岁那年开始学习拉丁文，一个妹妹跟我一起学习；我一面学习一面教她，她再把学到的课文念给父亲听。此后，另外几个兄弟姊妹相继参加听我讲课，我每天要花很多时间在这种预备教学上。我不高兴做这种工作，而且还由于要我对他们的功课同对自己功课一样负责任，我就更加不乐意。但是，我从这种训练中得到极大的好处：凡是准备讲解的功课使我懂得更加彻底，记得更加牢固。"

辅导弟妹对自己有好处，对弟妹们又如何呢？"我可断言，把这种方法作为教育方法效果肯定不好。"父亲教长子，与长子再教其他弟妹的效果是大不一样的。

再如另一位经历相同的长子维纳对此的感受更深。

老维纳不仅精心培育出了长子维纳，而且还培育出了维纳下面的两个妹妹。可在面对最小一个儿子时，一方面也许是自己筋疲力尽，因为老维纳32

即使父母对后来的孩子兴趣不减，大多也都表现出心有余而力不足。这时最常见的做法便是让长子代替自己去教。

岁生长子维纳，43 岁才生幼子，这就是说到他年过半百时幼子的教育任务仍极繁重，而在此之前他已在前三个孩子身上花了大量时间；另一方面也许是对教育好幼子充满自信，因为他已培养了三个成功的孩子。总之他把教育这个任务较多地交给了比幼子年长 11 岁的长子身上，老维纳仅仅进行监督："我父母对待我的一些伙伴，无论是男孩或是女孩，无论是男人或女人，一律以他们赞许或不赞许弗里茨（弟弟），而不是以其他任何的标准，来作为判别他们的好坏的客观依据的。这是在意料之中的。但这对我来说，也是不公平的。叫别的年轻人把一个总是有个幼小的弟弟蹒跚地跟在身后边的人当作朋友，这种要求太过分了。"

尽管老维纳在幼子成长方面费了不少心思，但效果正如穆勒所说是不好的。对于小维纳兄弟来说，岂止是不好，简直可以说是糟糕透了："我对我 16 岁那年父母给我派的工作非常不满——给弟弟当辅导和保姆，每天早上要在一整天的工作开始前送他上学。他们期望我把弟弟当作伴侣，而对一个粗鲁的年轻人来说，要把比他年轻 11 岁的小孩当作伴侣是不常见的。这段年龄上的差距是个起决定作用的因素。当我 16 岁的时候，他才 5 岁；而当我 25 岁的时候，他还只有 14 岁。""有许多理由可以解释（假如不是原谅），我为什么时常严厉地（如果不是残酷地）对待我弟弟。对那些没有其他武器的人来讲，冷讽热嘲就是他们的武器；而这种武器我是毫不吝惜地使用的。"

这样的教育效果可想而知。

因此，父母对孩子不同的关注，竟对孩子成才率造成这样大的差别，这也许是我们很多父母所没有想到的。其实不仅仅是长子现象，在人才成长的家教过程中，行序现象、幼子现象、独子现象、寡母现象等都是这种父母对不同孩子不同关注的结果。由于关心的程度不同，孩子成才效果竟如此不同，父母的责任真不可谓不大矣！

父母不同的关注造成孩子成长率的不同，那么是否仅仅关注就够了呢？仍然不是，关注当然比不关注要好得多，但仅有关注是不够的。同时还需要用正确的方式方法来关注，而这种正确的关注就是教育了。同样是关注，正

> 仅有关注是不够的，同时还需要用正确的方式方法来关注，而这种正确的关注就是教育了。

确与不正确所造成的效果是大不相同的。这一点我们可以从尼赫鲁家族的兴衰中看得很清楚。

尼赫鲁家族是近代印度最显赫的家族，在20世纪里，这个家族先后出现了五位国大党主席，其中三位担任过印度总理。英迪拉·甘地的祖父莫帝拉尔·尼赫鲁，从1919年的阿姆利则惨案中站到了争取民族独立的伟大事业中。他的儿子，也就是英迪拉·甘地的父亲贾瓦哈拉尔·尼赫鲁，1912年从英国学成后一回国就加入到政治运动中去，无论是作为一个贵族家庭中的儿子，还是作为一个把监狱当成“另一个家”的革命者，他都表现得极为出色。印度建国后，贾瓦哈拉尔·尼赫鲁作为第一任总理带领印度人民向现代化国家迈出了第一步。更让人称奇的是，从小就颠沛流离的贾瓦哈拉尔·尼赫鲁的独生女英迪拉·甘地步其家族后尘，竟也成为世界上著名的女政治家，一家三代为了印度的前途浴血奋战并写下了光辉的篇章……

正像很多历史故事那样，到了第四代桑贾伊·甘地和拉吉夫·甘地时，这种家族辉煌却成强弩之末。是英迪拉·甘地对两个儿子不关注吗？否！作为一个母亲，她对孩子的关注绝对超过她父亲对她的关注：“由于政治的斗争，我自己的童年过得很不正常，充满了孤独和不安，因此我下决心要拿出足够的时间来照顾我的两个孩子。孩子们之需要母亲的爱抚，犹如幼苗之需要阳光和雨露一样。对一个母亲来说，她应该经常把孩子放在首位。”“不管我怎么忙、怎么累、怎么不舒服，我总要抽一些时间和我的儿子一块玩、一块读书。”

英迪拉·甘地对母亲职责的认识极为正确，一些做法也极好，遗憾的是，她的关注变成了溺爱。英迪拉·甘地曾竭力培养小儿子桑贾伊·甘地，结果这种信任却变成了放任，引起人们的强烈不满和反感，导致国大党内的矛盾和分歧，最终在1977年大选中惨败。1980年大选重新获胜后，桑贾伊·甘地更加目中无人，空中元帅的报告中有他违反安全规定驾驶飞机很可能会造成意外事故的警示，他看到报告后的几个小时，空军元帅便接到了离职的通知。结果不过一个月时间，他便在进行特技飞行时机毁人亡。接着一直作为印度航空公司一名机长的长子拉吉夫·甘地，在母亲鼓动下投身政治，几年后也遇刺身亡……

英迪拉·甘地对母亲职责的认识极为正确，一些做法也极好，遗憾的是，她的关注变成了溺爱。

无论从哪方面说桑贾伊·甘地都要比他母亲幸运得多。桑贾伊生下来就有英迪拉这位总理府的女管家亲自照看，而英迪拉小时候却要一直照看多病的母亲；到了上学的年纪桑贾伊又上了最好的寄宿学校，而英迪拉的童年却是在不断地变动学校中度过的！

因此，仅有关注仍是不可靠的，尼赫鲁与英迪拉·甘地的不同正在于英迪拉给孩子的仅仅是关注，而尼赫鲁给她的则是教育！无论是有意识还是无意识，英迪拉·甘地的父亲贾瓦哈拉尔·尼赫鲁即使是在十年的监狱生涯里也一直关心她的成长，给她写的两百多封家书一直是印度儿童最喜欢读的作品，并且还给她写了一本《世界历史一瞥》，这些珍贵的教育是促使她成长的最好的营养，正是这些极好的教育才奠定了她后来的成就。

然而轮到英迪拉·甘地时，作为一个大国的首脑，她对孩子的关心可算是极难得的一人了，但这些关心却并不足以让她的孩子也能干出伟大的成绩来，她似乎没有能给自己的孩子这种生命的教育。

因此，到目前为止，人类能够给孩子提供的最好的教育似乎仍是苦难。英迪拉·甘地一家在条件极艰苦的环境里一代胜过一代，相反却在条件绝对优越的环境里失其衣钵。它向我们提出了这样一个问题，那就是怎样才能让孩子取得最好的成长？因为苦难的教育绝不应该成为人类唯一的教育，如果人类陶醉于这一教育，不仅人类的进步无法加快，而且苦难本身也无法消除。面对这一历史与现状，我们今天必须大力强调教育的重要性，我们要让环境为我们所用，而不是我们为环境所遣，因此，我们今天才在这里提出让所有母亲都成为教育家的口号！

早在100多年前，马克思就曾指出："法官的行业是法律，传教士的行业是宗教，家长的行业是教育子女。"只有对法律的精通才能成为法官，只有对教义的透彻理解才能成为传教士，同样只有深刻把握教育规律才能成为家长，而现在绝大多数人却是对教育一无所知却去"教育"孩子，这不正如一个法盲去做法官，一个恶棍去做传教士一样滑稽不堪吗？从现在我们家庭暴露出来的问题看，对母亲的教育要求越来越迫切。

尼赫鲁与英迪拉·甘地的不同正在于英迪拉给孩子的仅仅是关注，而尼赫鲁给她的则是教育！

例如，现在市场上类似于“教育秘诀”的书籍甚多，很多母亲也对此极为青睐，但是我们的母亲却没有想到每一个孩子都是极为特殊的，对别的孩子产生良好效果的做法，对自己的孩子未必合适；适用于外国的教育理论，未必适用于中国；适用于这个家庭的教育理论，未必适用于那个家庭。马卡连柯说：“教育学是辩证法的科学，绝对不允许有教条存在。”“家庭教育的秘诀必须是坚决摈弃”，因为“最好的方法，在若干情况下，必然成为最坏的方法”。苏霍姆林斯基也指出：“无论什么教育原理，在这种情况下十分正确，在那种情况下可能不起作用，而在第三种情况下则有悖情理。”因此，在养育孩子时，我们不能将别人的经验奉为圭臬，而只能用经过我们思考过的方式来解决孩子的特殊问题。

再如，许多母亲都自觉不自觉地把自己的孩子同别的孩子作比较，而且往往都是同那些比自己好的孩子作比较，比较的结果大多是怨恨孩子：“你看看人家多自觉，多刻苦，你呢？只知道玩！”这些母亲看到的只是结果，没有看到导致这些不同结果的不同过程！

一个母亲觉得自己的孩子速算能力差，说自己孩子算术一般都考得不错，但学校里的速算比赛却从来选拔不上，因此嫌弃自己的孩子而羡慕邻居家的孩子。有时迫于无奈她也去请教一下邻居，但邻居总是说“没管他，是孩子自己瞎算的”，这种回答让她对自己的孩子更是责怪。很多年后孩子已经上了高中，她才知道邻居为孩子的速算着实费了一番苦心。为了孩子速算，她特意买了一副扑克，每天都和孩子打速算扑克，当她出一张牌时，孩子必须迅速报出答案。开始是加法，后来是减法……这样的训练，孩子的速算能力如何不会提高！

一个母亲一直为自己孩子没有养成阅读习惯着急，她亲戚的一个孩子比自己孩子小三岁，阅读能力比自己孩子还强，每次两人在一起玩时，其母都要大骂：“你还好意思玩，脸都不要了！”亲戚说你不要骂孩子，你要帮助他，我每天晚上都同孩子读几十分钟书……话还没说完，这位母亲的结论又出来了：“他们班有许多同学的父母比我们还不管，可孩子照样学得好，我这孩子就是不爱

在养育孩子时，我们不能将别人的经验奉为圭臬，而只能用经过我们思考过的方式来解决孩子的特殊问题。

读书，你看，说他就像没说一样！”一句话噎得亲戚半天回不过神来！

这些母亲的错误就在于仅仅只看到结果，而没有看到产生这种结果的过程，误认为别的孩子也是同自己孩子一样受教育的，从而一味怨责孩子，而怨责是不可能给孩子带来进步的。你要让孩子提高速算水平，你就要帮助孩子练习；你要让孩子养成阅读的习惯，就要让孩子感受到阅读的乐趣。除此之外，没有其他路径可寻。

相比较那些优秀母亲，一个最突出的特点便是这些优秀母亲无不具备良好的教育意识和教育方法。当孩子出现问题时，她们首先就会分析相应的教育情况并确定任务；选择履行任务的方式方法，制订计划并预估结果；把取得的结果和预期的结果作出比较，然后按照结果的比较分析对活动作出调整以确定下一个任务。虽然有些母亲可能是下意识这样做的，但在教育的过程中这些优秀母亲却都是有着这些方面的强烈意识的。

可是对于那些没有这种意识的母亲则大不一样了。她们或者不能正确评定情况，或者根本就没有意识到存在的问题，正如那位被咬掉奶头的母亲一样；即使意识到了什么地方出了毛病，也只能凭直觉行事，而不能解释自己为什么这样做，也不清楚自己想要达到什么目的，正如夏斐之母一样；如果采取的行动有效果当然高兴，而如果不能取得较好的效果，便会陷入绝望，这时既看不到任何前景，也不知道下一步如何行动，结果导致两极，要么信仰“棒子底下出孝子”，要么信仰“树大自然直”。

这两种方式的不同我们可以从列宁打破花瓶这件事中看出。列宁打破花瓶其实并不像我们看到的那样简单，即打破了花瓶后立即向姨妈道歉。当时姨妈问“是谁打破了花瓶”时，列宁也跟着大家一起喊：“不是我！”这时母亲已经猜想到花瓶是8岁的列宁打碎的。一般母亲采取的办法是揭穿谎话并给予处罚，这样或许有些效果，但却可能形成更严重的对抗，让孩子以后把谎话说得更不露痕迹。

但是列宁的母亲没有这样做，她表现出很相信的样子，事实上她的心里充满着痛苦，因为在此之前发生了一件与之相关的小事：她在削苹果时，列

相比较那些优秀母亲，一个最突出的特点便是这些优秀母亲无不具备良好的教育意识和教育方法。

宁想吃苹果皮。母亲告诉他吃不得，因为这会得胃病。当母亲有事离开厨房再回来时，她发现列宁不在屋里，正偷偷地在果园一角吃苹果皮。母亲自然狠狠地批评了列宁，列宁也认错并答应以后再也不背着人做任何事了。花瓶打碎后母亲心里当然不高兴，但是她感到了列宁内心的痛苦，这样足足等了3个月，列宁才最后为此事大哭起来，并承认花瓶是他打碎的。

孩子的教育与成长是一个连续不断的过程，如果仅仅凭直觉行事，那么母亲的行动就没有明确的方向，这种带有自发性、随意性的教育，不可避免地会出现功亏一篑的遗憾。

因此，具备不具备一些教育学知识对母亲来说便显得很重要。据国外专家调查，母亲对教育学方面知识的缺乏，是妨碍在家庭中正确教育孩子的重要原因，因为仅有最低限度的教育学知识是远远不够的，因此需要大力加强母亲的教育学修养。而当母亲们提高了自己的教育学修养时，她就会根据孩子的问题，将其分成战略的、战役的和战术的目标，只有完成了战术上的任务，战役上的任务才能完成，同样，只有在战役上的任务完成后，才能履行战略上的任务。虽然解决一个特定问题并不能解决随后产生的其他问题，但这对于解决后来的问题却是必不可少的。

当我们怀抱孩子的时候，母亲们应该意识到她是在同一个不会说话不会行动的婴儿打交道，他们的身体正在发育，他们的大脑器官的生理特征尚未最后形成，一个不适当的做法将会影响孩子的一生。对于孩子来说，他的那些最可贵的品质和能力都是在其发育的每个年龄阶段按一定的顺序形成的。孩子是一件精细的艺术品，就像钟表一样，既然要让我们组装，那么我们怎么能不先成为一个制造家呢？孩子又像是一架巨大的航天飞机，既然要我们设计，我们又怎能不先成为一个工程师呢？

因此，母亲必须成为教育家，母亲应该成为教育家，正如陶行知在陈鹤琴《家庭教育》一书的序言中所说：“父母不会教养，小孩子不晓得要冤枉哭多少回。”而成为教育家之后，“我敢说小孩子的眼泪是可以省掉99%的”。其实不仅眼泪省掉99%，而且孩子能力的浪费也减少了99%！

母亲必须成为教育家，母亲应该成为教育家。

5.7
让妈妈成为母亲，成为母育家

母亲应该成为教育家，但是否能够成为教育家呢——母亲成为教育家不过是恢复她们的这种社会功能——母亲教育孩子要专门的时间吗——母亲成为教育家绝不是一无所有，她已经在担任教育家的工作——母亲成为教育家，不是成为教育理论家，而是成为教育实践家——教育孩子是牺牲母亲，还是拯救母亲——既然法制宣传、计划生育宣传等都能做得如此深入人心，母亲教育为何不能

对于老师来说，一个刚执教的老师还可以由有经验的老师传帮带，对一个老师的评价也不是以他的不成熟而是以他的成熟来衡量，尽管这种成熟是以许许多多的学生为实验为代价最终取得的。母亲却不同，她不仅没有人带，没有人指点，甚至没有地方可咨询、可查阅、可做实验，即使这样，人们仍不会因为她没有经验，仍不会因为社会没有提供她这种经验就原谅她的失误。她的责任比老师的责任要重千万倍，但是，同老师相比较，让人诧异的是她却几乎没有受到任何训练，她碰到的永远是第一次，母亲们就是在这黑暗中摸着石头过河，万一不幸走错几步，就会连自己和孩子一起一同被河水吞没。

从这个角度来说，母亲应该成为教育家，母亲必须成为教育家！但是母亲能否成为教育家则是另一回事！我们过去长期以目标代替过程，为此吃够了苦头。“跑步进入共产主义”的结果，是“打、砸、抢”的十年动乱，而在

母亲成为教育家不过是恢复她们的这种社会功能。

“价值真空”之后，却又不得不从“请、谢谢、对不起”这七字最基本的道德行为规范做起。让每一个普通母亲成为教育家是一个美丽的梦想呢，还是一个真实的谎言？

为什么母亲能够成为一个教育家呢？这是因为我们之所以今天提出这样的问题，是由于我们母亲的这一社会功能退化了，而让母亲成为一个教育家，不过是恢复她们的这种社会功能而已。

何言我们的母性功能退化了呢？

几千年过去了，我们母性的进步在哪里呢？人工授精代替了男女的交媾，玻璃试管代替了母亲的子宫，橡胶奶瓶代替了母亲的乳房，医院里的保温箱代替了母亲温暖的怀抱，消毒奶粉代替了母亲的乳汁，甚至还不等自然分娩就用手术刀剖腹将他取出，还不等满月，母亲就将孩子交给了保姆，交给了托儿所、幼儿园、学校……只有到今天，我们的母亲才真正可以说是“生育机器”！才真正可以说是冷冰冰的“生育机器”！在这样的流水作业里，母性的本能丧失殆尽，甚至连动物都不如。动物怀孕之时，尚长时间地为幼仔筑巢准备，但我们的母亲却可以将孩子生在田野里，生在机器旁；动物无不是在幼仔能够独立生活之时才让它们离开母亲，但我们的母亲却在孩子远不能自立时就已将孩子抛弃在自己的关心之外了。在今天我们还能看到几个像哺乳类动物那样慎重对待育子的母亲呢？

我们今天之所以提出母亲要成为教育家，就是要母亲恢复她们的这一社会功能，而不是创造新的功能。是要求一个农民成为一个种田能手，而不是让他将田地继续荒芜。今天这种母性功能的恢复对孩子的健康成长来说变得更为重要。

当然，仅仅恢复这种功能尚不能说我们的母亲就已经成为教育家了，但是要成为教育家，母亲必须恢复这种功能，因为母亲的绝大部分工作是在这种功能的恢复过程中完成的，也就是说是靠习育完成的。

卓娅和舒拉的母亲也同我们一样，常常听见人们这样说：“我没有时间教育孩子们，我整天在工作上。”她为此也曾想到这样一个问题：莫非需要特别

母亲的社会功能退化了，而让母亲成为一个教育家，不过是恢复她们的这种社会功能而已。

地让出一部分时间在家里教育孩子吗？但是最后她明白了，教育孩子是一项特殊的工作："教育是在每一件琐碎事上，在你的每一举动上，每一眼色上，每一句话上。这一切都可以教育你的孩子：连你怎样工作，怎样休息，你怎样和朋友谈话，怎样和不睦的人谈话，你在健康时候是怎样的，在病中是怎样的，在悲伤时候是怎样的，在欢欣时候是怎样的——这一切，你的孩子是都会注意到的，他们是要在这一切事情上模仿你的。如果你忘掉了孩子，忘掉了他时刻在你的举动上寻找主意和榜样的敏锐的细心观察的眼睛，如果孩子虽然挨着你，吃得饱，穿得暖，但是却孤单地生活着，那就什么也不能帮助正确地教育他：贵重的玩具，在一起娱乐的散步，严肃的和合理的训诲全都没有用。你应该经常地和你的孩子在一起，他应该在一切事情上都感觉有你在他旁边，在这一点上永远不怀疑。"

这就是一个伟大的成功母亲的深切体会，母亲教育是一项极其特殊的教育，母亲是战斗在这一特殊战线上的战士，母亲是用一种特殊的方法体现他的教育思想的特殊教育家。

苏霍姆林斯基作为一个教育家从另一个方面也同样支持了这种看法，他曾让一位非常出色的母亲在家长座谈会上介绍自己的经验，这位母亲微笑着说：

"我和丈夫没有时间教育孩子。每天我们得上班，丈夫在畜牧场工作，我有时在大田里，有时在打谷场，有时在果园工作，哪里需要，我就到哪里去。冬季，我和丈夫一起在畜牧场工作，而孩子们，在家里跟外婆。我们家里的制度是这样的：当孩子刚能自己管自己时就让他干力所能及的家务活。这不只是为自己而且也要为别人。要用人的眼光来看待人……这是不能破坏的原则。但是，专门进行教育，我们从来没有做过……"

苏霍姆林斯基这样评论道："我们做教师的、做父母的现在清楚了：母亲所说的那种像是没有进行教育的情况，实际上，这正是真正的教育。"

为什么说这种"像是没有进行教育"的教育，正是真正的教育呢？这是因为对孩子的教育从本质上来说是对孩子做人的教育，母亲本人做人越成功

教育是在每一件琐碎事上，在你的每一举动上，每一眼色上，每一句话上。

越完美，她的教育资格就越牢靠，孩子的成长就越顺利越健康。对孩子的教育是从里到外、从前到后、从左到右、从上到下的全方位立体式的教育。母亲不是经师而是人师，是对孩子进行做人教育的老师。她的教育资格不是来自其他地方，正是来自她自己做人的经验与习惯。

苏霍姆林斯基介绍的这个家庭，父亲下班后他首先问及孩子的是祖母、外祖母的身体如何，好像他无论怎样忙，无论有什么样不能延缓的操心和麻烦事，但首先应关心的是祖母和外祖母。在他30岁生日那天，全家人和朋友们都准备好庆祝这个日子，正在客人们都快到来时，外祖母突然病了。父亲说："还管它什么生日。"就赶紧把外祖母送进了医院……

这样的家庭培养出的孩子大概是与不孝敬老人无缘的，相反，老托尔斯泰笔下那位用箩筐将老人扫地出门的父亲，即使孩子当时不立即拾回箩筐，也会在他长大后重新编织一只装他自己父亲的新箩筐的。

因此，如果说自己没有时间教育孩子，那就是说他自己没有时间做人。因为自己的做人正是教育孩子的教科书，正是教育孩子的课堂。

因此，让一位普通母亲成为一个卓有建树的教育家，绝非是我们过去所想象的那样高不可及。人们之所以认为这不可能，是因为他们没有注意母亲教育的这种特殊性，也就是说他们没有将教育理论家同教育实践家区别开来，而对母亲来说，则仅仅是让她们去做这种实践家。只要我们看看那些历史上伟大的母亲：孟母、陶母、欧母、岳母等不都是伟大的教育实践家吗？在这些母亲中我们能说她们比其他的母亲有着根本的区别吗？既然没有这种区别，她们能做到，为什么更多的母亲不能做到呢？

我们说母亲能够成为教育家，是因为她在接受这一任务时绝不是一无所有，绝不是让她们像成为物理学家、数学家、天文学家那样是从零出发的，即使撇开她的人生经验这一最主要的教育资格，就是从单纯的教育学知识来说，她们事实上也已经具备了很多的相关知识。这就如同一个研究古文字的大学生不见得能教好小学语文，但是如果让他学习了《儿童心理学》，观摩了老师的教学，他就可以从他那古书堆里恍然大悟出来，而成为一个好的语文

如果说自己没有时间教育孩子，那就是说他自己没有时间做人。因为自己的做人正是教育孩子的教科书。

老师；这也就如同汽车司机一样，一个大学教授不一定会开车，但这并不是他们无能，只要他们学习一段时间，他们就能同那些已会开车的司机一样考上驾照；这也就如同烹饪一样，一位女博士常常不是一个好厨师，但这并不是她们无能，而是因为没有训练，只要到培训班训练一个星期，她们的烹调功夫就会大有长进！

而人们之所以对此大加怀疑，原因就在于他们错将成为司机理解成要会制造汽车、修理汽车之后才有能力开车了，事实上你只要懂得开车、懂得交通规则便可以了。因此，母亲们缺乏的仅仅是对教育孩子的理性的认识，一旦有了这样的理性认识，她就会在今后的教育过程中不断地反省自己，提高自己，经过一段不太长的时间，她就会成为一个非常娴熟的称职的母亲。

有很多人看到这样的提法，会误认为让母亲都去教育孩子，是将自己的价值寄托在孩子身上。实际情况并不如此。教育孩子同自己的价值实现不仅不矛盾，相反却是相辅相成的。那些一心扑在孩子身上的母亲未必是一个称职的好母亲，而要做一个好母亲，她必须是一个有自身价值体验的女性，因为她首先要有丰富的人生体验，然后才能去教孩子。人生是苍白的，她的教育也一定随之贫血，那些才华出众阅历丰富的母亲无疑是最有条件教育好孩子的，因此，教育子女同自身价值不仅不矛盾，相反却是相互促进的。你要教育好子女，那么你必须让自己做一个有意义的人，你必须过一种有意义的生活，这正如你成为作家同你的经历并不矛盾一样，你的经历是你教育的第一手资料，而写作或教育仅仅是这种体验的一种表达而已。

当然，仅有这些个人体验是不足以成为教育家的，要成为教育家，还需要教育学上的训练，人类目前最缺少的正是将这种体验转变成教育的过程。

由于我们没有意识到母亲的重要，因此，也就从来没有想到去训练母亲，而我们的母亲在教育中采取的也只能是最原始的试错的方法，即每一个人都重新从自己开始摸索。事实上，自从有了人类，就存在着这种如何将他们在千百年的生产和社会生活中积累的经验一代一代传下去的问题，人类从钻木取火到使用太阳能，从以采集自然物品为生到能制造出五光十色的现代产品，

母亲们缺乏的仅仅是对教育孩子的理性的认识，一旦有了这样的理性认识，她就会成为一个非常娴熟的称职的母亲。

经历了漫长的经验和组织的积累的历程。教育也正是这样在把历代积累的经验系统化，然后用最有效的方式传递给下一代中产生的，这能让人们能够在短短的几年、十几年的学习期间掌握祖辈在千百万年中获得的经验，让孩子的身心各个方面迅速提升到当时的社会发展水平。可是，由于我们的母亲没有接受这些必要的训练，因此对于每一个母亲来说，每一次都是创新，都在尝试错误，这完全是一种资源的浪费。

因此，我们必须借助科学的方法让母亲教育孩子的工作更臻完善。一个充满深挚情爱而细心的母亲，一定会把各式各样的科学知识融汇在自己的育儿过程中，让自己明白目前孩子处于何种状况以及出现了何种问题，从而一步一个脚印地把孩子培养成一个幸福和谐自信的社会人。

因此，国家必须高度重视对母亲教育的研究与宣传，既然法制宣传、计划生育宣传都能做得如此深入人心，难道家庭教育就不能做到吗？而更重要的一点是：对于母亲来说，再没有比成为一个良好合格的育儿专家更为迫切的要求了，我们难道还要在这样的迫切问题上进行长时间的怀疑吗？

国家必须高度重视对母亲教育的研究与宣传，对于母亲来说，再没有比成为一个育儿专家更为迫切的要求了。

第六章

习育，面对孩子我们必须重新做人

古之欲明明德于天下者，先治其国。欲治其国者，先齐其家。欲齐其家者，先修其身。欲修其身者，先正其心。欲正其心者，先诚其意。欲诚其意者，先致其知。致知在格物，物格而后知至。知至而后意诚，意诚而后心正。心正而后身修，身修而后家齐。家齐而后国治，国治而后天下平。自天子以至于庶人，壹是皆以修身为本。其本乱而末治者，否矣。其所厚者薄，而其所薄者厚，未之有也。

——《大学》

国家必须高度重视对母亲教育的研究与宣传，对于母亲来说，再没有比成为一个育儿专家更为迫切的要求了。

6.1
社会遗传比生理遗传还要重要

人的第二次诞生是由社会遗传决定的——即便是老虎，也不是生来就有凶残的兽性，凶残的兽性仍是后天学的——亲子相像，何以夫妻也相像，甚至一些秘书也同领导相像呢——遗传性疾病并非仅仅是生理性的，同时也是社会性的——双胞胎的三分之二其实并不应该相肖——我们的先民正是靠这种社会遗传来完成人类传续的

我们说母亲能够成为教育家，是因为我们教给孩子的绝大部分内容是我们在不知不觉中完成的，只要我们的母亲是一个心地善良行为端庄的人，那么她就已经是一个良好的母亲了；而如果她又懂得教育，那么她更是一个合格的母亲教育家了。因为孩子今后赖以生存的是从母亲那里习育而不是教育得到的能力，给孩子奠定人生基础的与其说是早期教育，不如说是早期习育！

我们在前面曾经提出“人是分两次诞生的”“人是早产3年的动物”，当人经过人生头几年的习育，他才能够称之为人。而在这之前，虽然他的先天特征、他的身体和神经系统是人的生理心理发展的重要条件和必不可少的前提，但是遗传要素既不能事先决定这一发展的进程，也不能决定这一发展的水平，他还需要有社会遗传，需要生活在人们中间，同成年人交往，并在他们的帮助下探寻到使人这个生物“变成”现代有文化的人。也就是说，在孩子将发展什么样的才能和形成什么样的道德品质方面，起决定作用的是生活

孩子今后赖以生存的是从母亲那里习育而不是教育得到的能力。

环境和教育，如果说人的第一次诞生是由生理遗传决定的，那么人的第二次诞生则是由社会遗传决定的。

其实，即使生理遗传也是同环境分不开的，正如一位科学家所言："遗传不是一种状况，而是一种过程。被遗传下来的东西不是一种'特征'，而是一种能在某种条件下发展这种特征的能力。"

比如，小虎生下来后三四个月就能吃肉食，这在一般人看来是天经地义的，是遗传的。其实就是这吃食也不纯粹是遗传的结果，同样也是母虎"教"的。开始是母虎带回一些残食或小兔、小鹿，教它们怎样用爪牙分食，以后就带它们出去，观看如何捕猎，最后让它们参与捕猎，直到"教"会它们自行猎食。如果没有母虎的示范，小虎猎食的能力要差得多，甚至都难以发展出这些"本能"。

1958 年，斋浦尔动物园的母虎生下 3 只幼虎。半岁时，动物园工作人员在虎笼里放进一只牛犊，看看幼虎能否自己对付。结果 3 只幼虎不知所措，从笼的一角踱向另一角，根本不会上前攻击，如此拖了一个小时。当把母虎放进后，母虎一进去就直扑牛犊，马上把牛犊折腾个半死，然后它强迫小虎上前攻击，不听从者，还要受到母虎的拍打。等小虎咬死牛犊后，工作人员又把母虎关了回去，看看小虎怎样分食牛犊。结果小虎笨手笨脚，一味从牛头下手，拆卸不了牛体。于是又把母虎放进去，只见它指引小虎从牛体的腰腹部下手，小虎很快就学会了开膛和肢解……

围绕动物园里的虎食，长期以来都存在着这样的争论：传统的方式是用带骨的肉喂，有的甚至把整个牛头、马头扔进虎笼；改良的方式是以由多种成分制成的肉制品如午餐肉、火腿肠等喂。前者站在生物学立场，坚决主张野兽的饲养越接近自然越好，坚决反对把野兽家畜化；后者则站在营养学的立场上，认为改良饲料既节约又卫生，还增加营养，何乐而不为呢？但是不同的喂食对老虎的影响是不同的，瑞士苏黎世动物园主任海迪格教授曾讥讽改良饲料创始人——美国费城动物园主任赖特克立夫说："1957 年，我们从费城弄到一只 6 岁大的老虎，它竟无法对付一块带骨肉。我看，不懂得把肉撕

如果说人的第一次诞生是由生理遗传决定的，那么人的第二次诞生则是由社会遗传决定的。

裂送进口的虎，根本就不是虎，而是逐渐转变中的一头奶牛或一头肥猪。”

老虎居然吃不了一块带骨头的肉，老虎居然对付不了一只牛犊……这样的事过去人们想都不敢想，但今天人们逐渐相信这是真实的。为了保持老虎的野性，创办中国东北虎园林的主要目的就是还老虎以兽性……

因此，猎获其他动物为食，虽然是老虎一类动物的特征，但是它既不是天生的，也不是专门学来的，只有在某种情境中，这种行为才会出现，这种行为的出现依赖于机体的生物遗传和形成机体的环境之间持续的互动。

由于这种社会遗传同生理遗传的相似，我们过去长期没有将两者分开，甚至错误地以生理遗传来解释这种更为重要的社会遗传。固然，像性别、肤色、身高等生理因素多由生理遗传而来，但像习惯、态度、性格等便是由后天的社会遗传而来，而事实上这后天的社会遗传更决定着一个人的本质。

比如，我们可以用生理遗传来解释“父子相像”“母子相像”，因为这里有血缘的遗传因素。那么为什么生活中我们常常听到“夫妻相像”呢？对此，心理学家的解释是，男性在择偶时以母亲为蓝本，女性择偶时以父亲为模特，这样自然相像。

但是这种解释也不圆满，因为这种“夫妻相像”常常不是“冬瓜水桶”式的静态相像，而是表现在生活中，表现在动态中的相像。我们在看名人夫妇的照片时常还不能感受到这种相像，但是如果走进他们的生活，就能感到那种态度、表情的相像，而这正是社会遗传所致。正如恋爱一样，一方总是将另一方与众不同的特点刻骨铭心并加以模仿，这一点我们甚至可以从长期做领导人的秘书身上看到这种“遗风”，更不用说那些“追星族”的刻意模仿了。

即使是一些过去被认为是遗传性的疾病，现在也发现更多的是环境的参与而成为社会性遗传。

在我国南方客家族中鼻咽癌的发病率较高，原因是他们喜吃腌制品，由于腌制品的存在让生理遗传得到了环境的催化，从而可以表现。绝大部分遗传疾病都是在这种环境的催化作用下才最终发病的。

老虎居然吃不了一块带骨头的肉，老虎居然对付不了一只牛犊，今天人们逐渐相信这是真实的。

即使是对于像“近视眼”这种公认的遗传性眼疾，我认为也是社会遗传因素大于生理遗传因素。在所有动物中似乎都没有近视之说，在人类的祖先中也没有近视的基因。孩子之所以近视，是因为母亲近视，是因为周围人近视，让他们看什么都是以“近视的方式”，这样孩子不知不觉地便模仿了。

我的孩子小时看书离书很近，由于多在极随便的状态下看书，我也没有在意，等成了习惯时，当我要她“离书远点”时，事情已近乎不可挽回了。由于我自己近视，看电视时常靠近电视，孩子自然也跟着如此……这仅是我留心的两点，至于生活中无时不在的“近视的方式”，我更是无从发现，但这些却正是导致孩子近视的真正原因与祸首。

再如儿童自闭症。

最早发现并研究它的美国幼儿精神医生卡那认为，在这里有所谓分裂病质的遗传因素在单方面地起作用，但是，环境却是最重要的。

例如，自闭症的家庭背景大多都有着某种相似性，即这一类幼儿的父母大都学历高，靠某种专门技术维持生活，而不十分重视人际关系，父母与孩子的关系也非常冷淡，缺乏温暖的感情交流。父母虽然也关心子女的智力技能，但却非常不关心子女在人际关系这一问题上表现出来的奇怪特性。一般的情况是，只要自己孩子那种无可奈何的孤独感和缄默现象表现不十分明显，父母就对于这种反常现象不加注意。这样，他们怎么能分清哪些是属于生理的原因，哪些又是属于环境上的原因呢？

分裂性的气质确实是遗传下来的，然而，对智力技能的片面关心以及与此相反对人际关系极不关心等现象，一方面表现出父母所具有的分裂气质，另一方面也同环境条件相联系。素质与环境共同起作用并相互促进。遗传与环境不是加法关系，而是像乘法那样互相起作用的。

即使对于性别特征也是如此。过去，人们认为不同性别的各种特征天生就是固定的，但现在的许多研究表明，环境的因素在很大程度上决定着不同性别的各种特征。在研究天生就有性发育缺陷的孩子时，发现这些孩子既可以被当成男孩来抚养，也可以被当成女孩来抚养。照说尽管有缺陷，但是男

孩子之所以近视，是因为母亲近视，是因为周围人近视，让他们看什么都是以“近视的方式”。

是女应该是不容置疑的，但他们长大后的行为举止，完全符合人们当初给他指定的特别角色的要求，而似乎从未有过例外。

最能说明这种社会遗传重要的是双生子现象。

在人类繁殖后代的过程中，大约有1.2%的母亲怀的是双胞胎，其中异卵占2/3，同卵占1/3。同卵双生子在生理遗传上比异卵要相似得多，如头发颜色、眼睛颜色、身高、血型等，但在社会遗传上如嗜烟、嗜酒、嗜咖啡等方面，同卵与异卵的差别要小得多，这说明相同的生长环境即使是异卵双生子也表现出他们的共同特性来。

我们在街上常常能一眼就看出一对双胞胎，但却不能一眼就看出一对兄弟或姐妹，而理论上有一半的同性双胞胎我们是不应该凭肉眼看出来的，就如我们一般不能看出一对“龙凤”双胞胎一样，因为有一半的同性双胞胎不是同卵而是异卵，而异卵双生子的关系则应该是兄弟或姐妹的关系，他们生理遗传的相肖程度并不很大，之所以人们能够一眼看出，是因为环境相同，是由社会遗传而非生理遗传造成的。

由于生长环境的相同，异卵双生子竟然肖似同卵双生子，相反，如果由于意外事件让两个同卵双生子从小分开，长大后他们往往长得很不一样，甚至像相差几岁的兄弟或姐妹。

国外曾有报告显示，有对同卵双生姐妹是在18个月的时候分开的，她们中的一个在边远地区抚养，她仅仅受过两年正式的学校教育。她的妹妹则是在一个繁荣的农村里长大的，并且读完了专科学校，在这两个姐妹35岁接受智商测验时，妹妹比姐姐高24分之多，甚至连她们的身体都出现了显著的差别。在环境好的家庭里长大的妹妹保养得较好，在生理上显得更年轻，还高出一英寸；两人的能力、成就、个性以及举止也有显著的差别。相反，两个孪生子被分别寄养在社会地位与经济状况几乎完全相同的两个家庭，他们过的也几乎一样的生活，到了成年时，两人在发育的所有方面都极相似，陌生人经常将他们俩搞混。

面对这一事实，很多心理学家甚至对同卵双生子的智力相似提出疑问：

由于生长环境的相同，异卵双生子竟然肖似同卵双生子。

“通常有一种趋势，即情况迫使双生子们分开，去找在文化类型、养父养母的教育程度等方面大体相同的家庭……那么，环境的差异对任何一对双生子都必然是相当小的；因此，同卵双生子被分开抚养的事实，并不像人们想象的那样，能对纯粹的遗传影响提供真正好的试金石。”

因此，生理遗传让我们带着某种生理倾向降临人世，而社会遗传则从我们诞生之日起就在影响着我们的生理遗传。

同生理遗传相类似，社会遗传也是在一定的时间里完成的，而后随着时间的推移这种遗传不断地同环境作用而表现出来，因此，在这短暂的人生头几年里，孩子能够获得比他以后全部生活中所能获得的多得多的东西，如果错过了这几年，就会发生不可逆转的过程，错过了这段时间就等于丧失了轻而易举地掌握住该年龄阶段主要东西的可能性，也许我们不能立即在孩子身上检验到我们的教育效果，但是孩子在这阶段的确像海绵那样在无声无息地接受他最需要的东西。

因此，这人生的最初几年极为重要，人出生时的素质几乎没有多少区别，但降生在什么环境，由谁教养，也就是说在什么环境里着胎却直接决定着孩子的社会素质。在狼窝里成为狼孩，在熊窝里成为熊孩；同原始人生活成为原始人，同现代人生活成为现代人；同爱斯基摩人生活熟悉雪橇与雪屋，同蒙古人生活熟悉蒙古包和骏马；同医生生活在一起习惯于白大褂，同农民生活在一起习惯于农具……

所以，这种社会遗传极其重要，忽视了这种遗传，就是忽视了孩子做人的根本。在原始社会，我们的先民就是主要靠这种特性来完成人类传续的，这时的习惯形成一个人的性格、才能、技巧和道德品质。一个人是通过共同生活的过程来教育自己的，而不是被别人所教育的。正如《学会生存》里所言，家庭生活或氏族生活、工作、游戏、仪式、典礼等都是每天遇到的学习机会，从家里母亲的照管到狩猎父亲的教导，从观察一年四季的变化到照管家畜或聆听长者讲故事和氏族巫师唱赞美诗，到处都是学习的机会，这种自然的、非制度化的学习方式在世界广大地区内一直流行到今天；这种学习方

这种社会遗传极其重要，忽视了这种遗传，就是忽视了孩子做人的根本。

式至今仍是为千百万人提供教育的唯一形式。而且如果我们初看一下当代学校林立的社会，就可以发现情况并没有多么大的改变，因为实际上，孩子乃至成年人都是在他们的环境、家庭和社会中，直接地、现成地吸取经验，从而获得他们大部分的教育的，这样获取的知识是比较重要的，因为这种知识乃是一个人能否接受学校教育的先决条件，而学校教育又反过来为学习者提供一个框架，使他能把经验中得来的知识系统化和概念化。

孩子乃至成年人都是在他们的环境、家庭和社会中，直接地、现成地吸取经验，从而获得他们大部分的教育的。

6.2
近亲结婚为何也能人才辈出

优生学家潘光旦何以赞同“近亲结婚”——近亲结婚的达尔文为什么俊子茂盛——两晋书法为什么唯卫、王二族是崇——“同姓不婚”并非“近亲不婚”——“同姓不婚”是乱伦禁忌的一种延伸——姑舅婚：中国近亲结婚之普遍——近婚出秀说明后天环境而非先天遗传的重要

生理遗传同社会遗传是相互作用的，如果不能将二者区别开来，就不能分清哪些是先天因素促成的，哪些是后天因素促成的，甚至会闹出笑话，我国最早的优生学家潘光旦对“近亲结婚”持赞同的态度便是一例。

潘光旦在《中国之家庭问题》一书中，认为“近亲结婚”并非坏事，例如埃及“多利买朝凡十二代，婚姻关系可知者七代，其中兄妹婚四，叔侄婚二，从兄妹婚一，血缘诚不可谓不密矣。然多利买朝为埃及全盛之一时期，文治武功，上追亚历山大之马其顿，下接屋大维之罗马，亚历山大利亚城为当日第一学府，各国学者群趋焉”。

潘光旦还举了大家都熟悉的进化论创始人达尔文的例子。

达尔文的妻子同他是姑舅表兄妹的关系，但他们的六个儿子，除幼子早夭外，其他五子中有三人为英国皇家学会会员，第四子虽然不是皇家学会会员，却曾被委任为皇家工程师，在社会上也有重名，只有长子稍逊。潘氏认

生理遗传同社会遗传是相互作用的，如果不能将二者区别开来，甚至会闹出笑话。

为这是生理遗传所致，因为在达尔文一方，其祖父、父亲及自己都是英国皇家学会会员，而其妻子的祖父也为皇家学会会员，岳父为著名陶器学家，这样两方血缘结合自然会生育出好后代来。

潘光旦还举出中国历史上的例子作为自己的佐证。

例如，晋代门阀制度森严，大族之间只能相互通婚，这样自然导致近亲结婚，照说应该是人才凋零，可事实却是才俊茂盛。其时王、谢为大族代表，见于人名辞典的，两家都四十余人，谢氏自谢鲲谢裒始，历十世不衰；王氏自王详王览始，也历十数世，为什么会这样繁荣昌盛呢？

“窃以为二姓互通婚媾，不以血缘之近密为嫌，殊为重大原因之一。”“晋初诸大族之婚姻，每不出王、谢、卫、羊、郄、山诸姓，当时书法之发达，或与此种姻选范围之狭小有特殊关系。两晋书法推王卫二姓，王氏自王旷至王淳之，前后出书法大家九人，王羲之七子，擅名者六；卫氏自卫觊至卫夫人之子李充，前后出书法大家亦八九人。何以兹二姓者出书法天才独多？《书史会要》称王与卫世为中表，故王旷得蔡邕书法于卫夫人，以授羲之；然此但知表面上书法之授亲，而不察其所由授之物质根据；所谓‘世为中表’者，即重要之物质根据也。换言之，王卫两姓本有多量之书法天才，惟王旷一支，与卫氏互为血缘婚姻，至数世之久，故所得于遗传者独厚；卫氏亦然。”

正是因为这样，潘光旦甚至鼓励近亲结婚：“就理论及最近未来之社会政策而言，我辈殊不妨鼓励血缘婚姻，其产果良善者，维持之，培植之；其不善者若低能，癫痫之属，则隔离之，使不为婚姻生殖之事。如是提炼复提炼，则数世之后，我国之血种容有清明之望。”

的确，在中国历史上“近亲结婚”有着相当程度的普遍性。关于这一点不少人可能不赞成，他们会反问：我们的先祖在几千年前就已认识到了“近亲结婚”的害处，因此有“同姓不婚，其生不蕃”的明示！其实，“同姓不婚”与“近亲结婚”是两个不同的概念，“同姓不婚”事实上是乱伦禁忌的一种延伸。

人类婚姻从血缘家庭——普那路亚家庭——对偶婚家庭——一夫一妻制家

“同姓不婚”与“近亲结婚”是两个不同的概念，“同姓不婚”事实上是乱伦禁忌的一种延伸。

庭的发展过程中，逐渐产生了乱伦禁忌，而“同姓不婚”正是乱伦禁忌的一种表现形式。尽管这种禁忌本身有遗传规律作为依据，但不能说我们的先祖就已经发现并自觉地遵守了这种规律。在人们较多引用的文献中，“同姓不婚，其生不蕃”也不是说他们的后代不繁，而是说他们犯忌。

如《左传·僖公二十三年》有“男女同姓，其生不蕃”，说晋公子重耳，也就是后来的晋文公逃到郑国，郑文公没有礼遇，郑国大臣叔詹劝郑文公重视这位落难公子，说他的父母都姓姬，照说他很难活下来，可现在他都60多岁了，说明上天有意帮助他。

再如《左传·昭公元年》有“内宫不及同姓，其生不殖”，其时晋平公正在生病，子产说其病因是宫里有四个与他同姓的侍妾，“男女辨姓，礼之大司也”。晋平公违背了大法，当然要生病，除非将这四位同姓侍妾赶走，否则病难好！

因此，中国古代的“同姓不婚”与其说是为了遗传，不如说是为了防止乱宗。这一点在《白虎通·姓名章》中说得再清楚不过了：“人所以有姓者何？所以崇恩爱，厚亲妾，远禽兽，别婚姻也。故礼别类，使生相爱，死相哀，同姓不得相娶，皆为重人伦也。”也就是说，同姓相娶则乱伦，而乱人伦则为禽兽行。

因此，我们的先祖虽然认识到“同姓不婚”，但却远没有认识到“近亲不婚”，这样近亲但却不同姓的姑舅婚也即中表婚在历史上极为普遍。事实上，在历史上“姑舅”不仅是指父亲的姊妹和母亲的兄弟，而且还是夫妇之间对对方父母的称呼。在起初这种姑舅婚是一种带有血缘色彩的族外婚的形式，是一种同辈分之间的集体婚配。后来由于对偶婚的形成，逐渐变成一种换婚形式。因此，直到建国以前，在很多地方都以表兄弟姊妹的结合为最美满的婚姻。不仅如此，许多地方母舅家有娶外甥女为媳妇的优先权，凡家里许配女儿时，必须先征询外婆家的意见，如果舅家有适龄男孩，并有意娶之，那么就得先许舅家，舅家表示不要，才得许配别人，即使舅家无子，外甥女出嫁也须征得舅家同意，否则便会引起两家不睦，甚至诉至公堂。

中国古代的“同姓不婚”与其说是为了遗传，不如说是为了防止乱宗。

这种被认为“亲上加亲”的例子不胜枚举，如宋代的陆游与唐婉、王安石与吴氏夫人、苏东坡的姐姐八娘嫁给表兄程正辅等，便是如此。《红楼梦》被认为是一幅中国封建大家族衰败的真实画卷，贾宝玉与林黛玉的爱情被看成是木石前盟。其实贾宝玉的父亲贾政和林黛玉的母亲贾敏就是同胞兄妹，宝玉和黛玉则是嫡亲表兄妹。宝黛的爱情被否定后，贾府为宝玉提供的人选是薛宝钗，而宝玉的母亲王夫人和宝钗的母亲薛姨妈又是姐妹俩，选来选去还是出不了近亲这个圈子。直到近代仍然不乏其人！

例如，鲁迅的家乡绍兴就兴此风，因此，鲁迅的母亲给鲁迅首先想到的提亲对象是鲁迅小舅舅鲁寄湘的大女儿琴姑，并且向舅父家提过这桩婚事。琴姑比鲁迅小两岁，知书识礼，两人据说都很愿意。遗憾的是她属羊，而在乡间有“男子属羊闹堂堂，女子属羊守空房”的俗语，属羊的女子要嫁给命硬的男人。

碰巧的是鲁迅出生时是胎盘先下来，被认为是命弱，因此一出生家人便特地为鲁迅拜了一个和尚做师父，免得神鬼作怪将他勾去。由于这种原因，通晓人情世故的长妈妈便出来反对，因此这门亲事也就不再提了。琴姑嫁人后不久病逝，临终前她还对服侍自己的妈妈说：“我有一桩心事，在死前非说出来不可，就是以前周家来提过亲，后来忽然不提了，这一桩事，是我的终身恨事，我到死都忘不了。”

即使是在现代，这类现象还能时常看到，如香港实业家李嘉诚便是同其表妹庄月明结婚的！

不仅汉族如此，我们的许多少数民族也是这样。

云南墨江地区的哈尼族，盛行姑舅婚，舅父的儿子有权优先娶姑母的女儿为妻，要是姑家先将女儿嫁给其他人家，就会受到村里人的非议和舅父的严厉斥责，并且要给舅父送礼赔情。又如纳西族，如果舅父有儿子，姑母有女儿的话，得先由舅父决定是否娶外甥女，女孩一经舅家选定，便不能更改。舅家给多少彩礼就是多少，不能讨价还价，婚期也得由舅家决定。即使女儿及其父母均不愿意，也得服从“天下母舅大”的传统。

即使是在现代，这类现象还能时常看到，如香港实业家李嘉诚便是同其表妹庄月明结婚的！

白、彝、侗、布依、傈僳、佤、苗、瑶、土家、景颇、独龙、德昂、拉祜等民族直到现在还通行姑舅婚，维吾尔、乌孜别克、塔吉克等民族也盛行姨表通婚。因此，近亲结婚这一现象必须引起我们的高度重视。如果认为在历史上我们就已认识了这个问题，必然会在现实中放松对这个问题的重视！

不仅中国有着近亲结婚的传统，外国似乎也不逊于中国。日本就是一个盛行近亲结婚的国家。曾任日本首相的鸠山一郎、佐藤荣作、岸信介等都是近亲结婚。西方似乎对近亲结婚也无恶感，一些国家的婚姻法中对血缘远近要求也不严格，罗斯福、爱因斯坦都是同自己的表妹结婚的……

令人不得其解的是，事实也似乎在一定程度上证明，他们的后代智力并不差，相反还常常是出类拔萃的，如王安石的儿子王雱在学业上就颇有成就，前面潘先生提到的达尔文，王、卫二家族等也能证明，而中国大诗人陶渊明、美国大政治家林肯、优生学的奠基人高尔顿等本身就是其父母近亲结婚生出的后代！

那么，是否潘先生提倡的“近亲结婚”就是正确的呢？

否！近亲结婚的后代之所以能成才，原因恰恰不是潘先生强调的先天遗传，而是后天环境，是后天的教育让他们成才的！现在人们都知道近亲结婚所导致的先天不足常常是他们孩子生理、心理残缺的悲剧主因。

例如，王安石的长子王雱虽学业有成，但性格偏激，话本《拗相公》里就有他的影子，33 岁时便早逝了。王安石在鄞县生下的一个女儿不久也不幸夭折，他在《鄞女墓志》中说：“吾女生惠异甚，吾固疑其成之难也。”近亲结婚并不是孩子聪明的前提条件，相反却是孩子生理、心理、精神残缺的肇因，“近亲结婚”是与科学背道而驰的！

随着科学的进步，现在人们都知道近亲结婚的危害。近亲结婚在遗传上没有半点好处，它播下种种危险与悲剧的因子，在先天上就留下种种不足与遗憾。为什么先天不足的遗传花朵有时却能结出绚丽多彩的才能之果呢？这一现象充分证明后天的社会遗传的重要性，充分证明社会遗传比生理遗传更为重要！

为什么先天不足的遗传花朵有时却能结出绚丽多彩的才能之果呢？这一现象充分证明后天的社会遗传的重要性。

6.3
镜像期假说

社会遗传是在人生的头三年里完成的——人脑中的旧皮质也许对应着镜像期——达·芬奇有着绘画的特殊功能，莫扎特也有——美食家苏东坡何以独钟“三白饭”——毛泽东等领导人何以不说普通话——陶朱公的老大为什么救不了老二——孩子仅仅是父母某一时期的镜子

那么，社会遗传是否也同生理遗传相似，有一个时间界限，正如生理遗传是在十月怀胎里完成的那样？这是一个极富挑战意义的问题。我的回答是肯定的，而且认为，这个时间界限是在人生的头三年。

我们知道，人的大脑是由脑干、旧皮质、新皮质三部分组成的。脑干是我们同哺乳类和爬虫类共有的，旧皮质是我们同哺乳动物共有的，新皮质则是高级动物所具有的，哺乳动物越进化其新皮质就越大。考察人的胚胎发育，就会发现人的进化事实上就是动物进化的复演。

人一出生，最先成熟的便是脑干，这是动物最原始的特征。紧接着发育的便是旧皮质，而镜像期极有可能就是这种旧皮质发育时的特征。由于新皮质占大脑的85%，越到后来，新皮质的功能越强大，旧皮质吸收新事物的能力越受限制，但新皮质是同旧皮质协调行动的，镜像期正是在新皮质还没完全发挥作用时，旧皮质所显示出来的功能。

社会遗传是否也同生理遗传相似，有一个时间界限，这是一个极富挑战意义的问题。

旧皮质中最原始部分是嗅觉皮质，记忆能力也位于这种旧皮质的海马内，对于这个时期来说，孩子事实上是一个动物，是一个动物似的人，正如小猫、小狗一样。人们之所以喜欢小儿，正在于他同小动物一样；人们之所以喜欢小动物，也正在于它同小儿一样。

据试验，6 岁之前的幼儿对视觉信息的摄入量最大，其次是听觉信息、触觉信息和动觉信息。并且，依大脑额前区、顶后区、枕区和颞区的位置测验，它们分别对色彩鲜明、新颖多变、快速有序的音乐、风景、父母面容、图画、玩具、人声和动物的兴奋性脑电位反应最为敏感和显著。

从儿童心理学来看，儿童的大脑皮质发育秩序依次是：枕叶、颞叶、顶叶、中央前叶和额前叶，与之相对应的感官与思维系统分别以双眼、双耳、四肢皮肤、关系系统和心理判断系统为发育顺序。在 6 岁左右，儿童的枕叶基本得到形态学上的成熟，因此，6 岁之前是孩子对视听信息最敏感、吸收力最强、需求最旺盛的时期。

由于这个时期大脑还没有发育成熟，眼睛、耳朵、鼻子等所感受到的一切都是作为发展大脑的材料，这个时期尚不能对所感受到的材料进行加工，极类似于摄像机和录音机，因此孩子都是对物体整个地接受下来。而一旦过了这个时期，身上的器官仅仅是大脑的一个观察窗口，它们感受到的信息必须经过大脑的筛选加工，感官的作用便让位于大脑的判断，这样，感性训练便被理性训练所代替，镜像时期便被大脑时期所代替。

能说明这种镜像期的便是儿童中广泛存在的遗觉像。

遗觉像是指一个人在短时间内能形成异常鲜明的表象，并且可以对表象继续进行观察。如让一个孩子观察一幅充满细节的图画几十秒钟，把图拿走后，儿童仍能在摆图画的地方，看见这幅图画的形象，甚至能把这幅图的细节描述出来。例如，在一个实验中，被试者报告说，他“看见”一条“卷尾鳄鱼”，一个“看得出嘴、眼的小孩”“右边有一棵大树”“后面有一棵小棕榈树”“小孩和鳄鱼最清楚”“数出鳄鱼下颌有十八颗牙齿”“我完全看不见鳄鱼的脚，它们都没在水里，我看见它的两条前腿和一条后腿，后面的两棵

遗觉像是指一个人在短时间内能形成异常鲜明的表象，并且可以对表象继续进行观察。

树有同一树干”。

这种特性对从事某些领域的工作来说非常重要，一些画家的遗觉像极为发达。达·芬奇十几岁的时候，到一座大教堂游玩，被琳琅满目的壁画所吸引，回家后将整个画面默画下来，不仅物象的轮廓比例、细节点缀酷似原作，甚至连色彩明暗差别也都非常逼真！

与视觉遗觉像相对应的，还有一种听觉方面的遗觉像。

在这方面，也有一个著名的例子可以同达·芬奇相媲美。1770年，15岁的莫扎特抵达罗马时正逢圣都庆祝圣周，教皇亲临西斯丁教堂并主持为世界末日求主怜悯的祈祷，该教堂有一首著名的九声部合唱曲“阿勒格利”，这支曲子除了每年在圣周里在该教堂演唱外，其余时间及其他教堂都严禁演唱，任何人不得将曲谱传抄于外。但莫扎特听了一遍，回家之后即将全曲默写下来，竟在几天后的音乐会上自弹自唱了这支“怜悯曲”，结果引起听众的极度恐慌，既为莫扎特的天才倾倒，又为他闯了大祸而恐惧，结果爱才的教皇不仅没有谴责他，反而授予了他“黄金马刺十字勋章”……

可惜的是，这种遗觉像在儿童中普遍存在，但如果不努力保持，到成年便消失殆尽。

目前，我们人类对此认识还仅仅局限于敏感期，其实敏感期仅仅是镜像期的一部分。动物之所以敏感期极短，原因就在于这种镜像期极短，可接受影响的部分小，而人类之所以为万物之灵，就在于这镜像期较长。这是上帝赐给人类的甜果，是人类经过千百万年不懈斗争才获得的进步，这是一个蕴含着巨大教育能量的时期。一旦错过，人将不成为得到充分发展的人，甚至人将不成为人，狼孩便是最好的例证。

再如味觉。苏轼儿时其母程夫人让他兄弟二人“日享三白”，即每天所吃的饭菜是一撮盐、一碟生萝卜和一碗米饭，因为这三样都是白色的故称“三白”。苏轼为官后同友人谈到这三白饭是世上最好的饭菜，其友刘贡父不信，故意请其吃三白饭，没想到苏轼果真津津有味地将这三白饭吃得一干二净。

这件事在历史上是否真的有过，当然无从考证，但这种情况却是真实的。

镜像期是上帝赐给人类的甜果，是人类经过千百万年不懈斗争才获得的进步，这是一个蕴含着巨大教育能量的时期。

我儿时生活在安徽枞阳的外婆家，该县极贫，“文化大革命”中尤甚，长年只能吃红薯和稀饭，现在农村中也极少有人吃这种食物而将它当作饲料喂猪，但每年红薯上市时，我几乎餐餐不断此“佳品”，红薯对我来说百吃不厌，不亚于苏轼的三白饭。

这种镜像期是有时间性的，一旦过了这个时期，就像过了敏感期一样，是很难再重新把握的。

例如，这些年描写革命领袖的电影、电视剧甚多，其中有一个共同的问题曾引起讨论，那就是“腔调”问题：是用普通话呢，还是用领袖的家乡话？毛泽东的湖南话，周恩来的南方话，朱德、陈毅、邓小平的四川话，乃至蒋介石的浙江话充斥着银屏，讨论自然是公说公有理，婆说婆有理，莫衷一是，难定一说。

但是也有不少人生出了这样的想法，那就是为什么领袖们不说普通话？一些人认为这是领袖们自我意识强烈的表示：为什么我要说普通话，为什么我要学别人说话……其实领袖不说普通话，原因不在其他，而在于小时候没有说普通话的环境，在于小时候接受了特定的方言，从而终生难改，正所谓“乡音无改鬓毛衰”。一旦过了这个时期，这些特征就固定下来了。

关于这一点我们还可以从长子、次子、幼子的性格中看得更清楚。一般说来，长子比较保守、拘谨，受到长辈的喜欢，次子较多反抗的成分，而幼子则较有创造性，《史记》中的下面这个故事典型地反映了这种性格特点。

范蠡帮助越王勾践灭吴国之后，便泛舟五湖在定陶处隐居下来，自号为陶朱公。由于范蠡善于经营，很快成了远近闻名的富翁，可就在这时他二儿子因为杀人被囚在楚国，于是他准备派小儿子带上黄金去解救。这时大儿子却说什么也不同意，一定要自己去解救，否则便是父亲认为他不贤明。不得已，只好派大儿子去了，可是过了一段时间老大带着老二的尸体回来了，母亲和乡亲们都很悲伤，唯独陶朱公独自好笑。

他把家人叫到一起说：“我早就知道事情会有如此结局的，老大不是不爱他弟弟，但他总是舍不得金钱！这是因为他年少的时候，和我一起经历了谋

一般说来，长子比较保守、拘谨，受到长辈的喜欢，次子较多反抗的成分，而幼子则较有创造性。

生的艰难困苦，所以舍不得抛弃钱财。假使让小儿子去结局就不同了，因为他生下来就看见我很富有，过着阔裕的生活，不懂得积累钱财的艰辛，所以能舍弃财物。”

原来，陶朱公在老大去时，还写了一封信给老朋友庄生，并告诫老大：“你一到楚国就送上全部黄金给庄生，听凭庄生怎么做，不可同他争执。”老大将黄金和信送给庄生后，庄生对老大说：“你赶快离开这里，即使你弟弟释放出来也不要问为什么？”

庄生虽穷居僻巷，但却以廉直闻名天下，全国上下都以师礼尊敬他，他到楚王处让楚王大赦，并准备等老朋友的儿子救出后再将财物还给陶朱公。

可老大并没有听信庄生的话，他留在楚国将自已带来的黄金贿赂官员，当他听到要大赦时以为是老二命好，而自已枉送了万金给庄生，竟又去将它要了回来，结果让庄生气愤万分，让楚王将老二杀掉后才下赦免令……

照说父母的人格已是不变的，孩子也应该相同，而不应该分长子性格、次子性格及幼子性格，但之所以有这些区别，正在于儿时环境的不同。从这个角度来看，孩子绝不是父母的镜子，而仅仅是父母某一时期的镜子，这一现象正说明不同的人生头几年给孩子的影响是不同的，正所谓“一母生十子，十子各不同”。

孩子绝不是父母的镜子，而仅仅是父母某一时期的镜子，这一现象正说明不同的人生头几年给孩子的影响是不同的。

6.4
婴孩的模仿都是范式模仿

孩子们是如何认识“Cocacola”的——手写的“鸟”字究竟错在哪——直接模仿与延迟模仿——大脑是一个“模式”系统——范式的力量：冬笋是如何挖出来的——毛泽东与蒋介石的童年经验与范式比较——大间谍菲尔比的“反骨”之谜——孙坚、孙策父子两人的死因何以如此相似——重要的是让孩子养成好的范式、习惯

那么，在镜像期里，婴孩是通过什么渠道来不断获取、巩固和提高自己的能力呢？答案是模仿。

对于动物来说，它们是通过简单条件作用而学习的，但是人却不同。研究人员曾对出生还不到一小时的新生儿进行过试验，他们在新生儿面前做各种动作，如伸舌头、做鬼脸、打手势……结果新生儿们竟也能模仿着做那些动作，这种表现令研究人员目瞪口呆，要知道协调这么多器官对于一个婴儿来说简直不可思议！

同镜像期相联系，孩子的模仿是范式模仿，而不是一般的简单的模仿。

较早认识到这种范式模仿的是日本儿童教育家井深大，他发现孩子们之所以一眼看到汽车就能说出它的车种，之所以只要听几遍就能唱广告歌曲，之所以……原因都是因为这种范式感受方法所致。例如，孩子们看到“Cocacola”这块招牌时，孩子并不是逐字识别其中的单个字母，也不是一个字一个

在镜像期里，婴孩是通过什么渠道来不断获取、巩固和提高自己的能力呢？答案是模仿。

字读的，而是把那些不同的字体作为一个整体来记住的。当他看到整个招牌之后立即认识到“这就是可口可乐”。这种范式感受让孩子见了东西后立即原封不动地接受下来。

我在辅导孩子写字时也曾有此体会，一天，我那3岁多的孩子问我“鸟”字怎么写，我写了一个自以为很工整她也能看得清的“鸟”字，没想到她却一再说我不对。我以为写得不工整，又写了几个，没想到她还是一个劲地说我写错了，我说既然你知道我写得不对，那么你就写一个对的给我看看？她写了几遍都写不出，这时我开始生气了，她看到我生气更委屈地说我写错了，迫不得已我拿起字典查到“鸟”字，生气地说：“‘鸟’字不是这样写的吗？”可她还是坚持说我错了！弄了好长时间，我才终于听懂她的意思：“‘鸟’字上的一撇不出头，而且在横折的中间，你写在左边，而且出头了。”这时我才发现自己错了。

范式识别同成人的理解识别区别在于，范式识别不仅包括声音和文字，而且是将其时所有的信息都接受下来了，它包括更本质的、无形的、抽象的东西。这就像我们经常在电视里看到西方国家的镜头，我们之所以一下子就感到这不是中国，除了镜头里的外文、建筑式样、人物穿戴等的提示外，即使是山林、湖海这种纯自然的镜头，我们也能感到是外国的。因为除了配乐、摄影的方式外，甚至图像的清晰度都是与我们有异的。所有的这些判断一下子集中成我们的直觉，然后很快地得出这不是我们国家，而是外国的结论。

井深大曾回忆他访问日本棋院同名誉本因坊高川格讨论时的情景后说，围棋名手们都不是从一开始就被人把着手教下棋，多半是从三四岁起就一直在棋盘旁看着人们下棋成长起来的，从他们在旁观战的过程中，围棋的定式便作为范式印进了脑海之中。这种在一瞬间本能地、直观地判断棋局的好坏同到了初中生再开始学习下围棋而总要依赖于理论说明来判断是完全不同的。

开始孩子是直接模仿，即榜样在眼前，他边看边模仿，如母亲招手他也招手，但不多久他便会出现延迟模仿。

开始孩子是直接模仿，即榜样在眼前，他边看边模仿，如母亲招手他也招手，但不多久他便会出现延迟模仿。

美国心理学家怀特在研究中曾观察到这样一个现象，一个 9 个月大的婴孩尚还处于承受比他大些的哥哥或姐姐的攻击，孤立无援地蒙受着哥姐给予他的许多辱骂而不知道如何对待；可两三个月后婴儿的情况开始改变，婴儿开始强有力地反抗哥姐的侵犯行为，并且会使用曾经折磨过他的哥姐的某些策略，这些策略是折磨者曾经在他九个月时用来对付他的。而到 1 岁以后，如果他和哥姐发生矛盾，就再也不能设想矛盾总是由大孩子首先挑起的了，这个时候，他会一模一样地仿效侵犯他的人的各种行为……

有时候，这种延迟模仿可能会间隔很长时间，但一旦相似的情境出现，这种模仿便自然地产生。

20 世纪 60 年代美国心理学家哈洛曾观察了 9 个猿猴母亲的行为，这 9 个猿猴一生下来就跟母亲脱离了接触，9 个没有母亲的猿猴 4 岁左右也当了母亲，生了头胎婴儿。但是，9 个母亲之中有 7 个行为完全不符合任何正常的母亲标准。它们一直躲避着自己的孩子，拒绝喂奶，而且虐待孩子到了危害它们生命的程度。有一个咬自己的孩子，把孩子的脸和身子在地板上挤压，直到第五个星期，小猴才接触到母猴的乳头。尽管受到这样虐待，每一个小猴还是厮缠着母猴，趴在母猴背上，而不是像正常情况厮缠在母猴的前面，因为这样可以免受攻击。

另两只为何不这样呢？原来它们虽然从小脱离了母亲，却和别的小猴接触过，似乎从同龄的伙伴那里得来了一些社会经验，尽管这要经过很长一个过程才能抵消从小没有母亲的影响。

之所以会出现这样的现象，就在于母猴们没有经历过这类事件，因此无法从潜意识里调集经验来完成这一任务。而在正常情况下，当母猴有孩子时便立即表现出相应的举止来，这样便形成了一个正常的范式。对于一个婴儿，与其说是母亲在抚摸他，不如说是他在抚摸母亲，当她也有了孩子，便会像小时抚摸母亲那样抚摸自己的孩子，母亲的抚育经验不仅仅是从生理遗传来的，而且更是从儿时的范式中翻译过来的。

其实，大脑是一个“模式”系统。系统在运行中遵循最小阻力原则。就

对于一个婴儿，与其说是母亲在抚摸他，不如说是他在抚摸母亲。

是说大脑通常是按照以往生活中已经形成的模式进行工作。而对那些没有实用价值的信息不予关注。大脑的模式很像自然中的地貌，雨水形成了小溪，小溪再汇成河流，一旦这种排水模式形成，它就会变得更加固定。

所以，就像花布设计一样，大脑模式总是倾向于自我重复，甚至只看到设计的一部分就能看到其余的部分。人们从出生时起，就接受着这种潜移默化的影响，各种文化模式以一种高度预知的方式塑造着人们的思维和行为，从而使这些模式深深地编制在我们的大脑之中。以至于我们的行为时常表现出某种类似机器人的特点。正是由于这个原因，科学家们才能比较容易地设计出计算机去模仿人类，也正是因为这样，人们在战斗、谈判之前，总是反复地研究、推测对方的个性及可能作出的反应。

这种范式模仿的优越性在于它能帮助我们迅速地掌握事物的核心，从而把这核心抽象出来，然后又把这些抽象和概括出来的规律迁移到新的情境中。例如，孩子们学习语言，他们一般很快就会再现出他们听过的语言格式，并且能造出反映一定语法的新句子。让孩子以短促的时间去接触一个合适的模仿对象，它们就能把一条不熟悉的语法抽象出来并加以运用。

因此，这种儿时形成的范式是极为重要的，而且这种重要似乎并不局限于人类，即使是在其他领域，我们也能看到这种范式的力量。

一位有经验的朋友曾告诉我挖冬笋的乐趣。他说冬笋是不会露出地面的，因此要去挖，但茫茫竹海你如何去挖呢？他说你首先要找一棵老竹子，那些竹竿已呈紫色的便是老竹子，这样的竹子才会长冬笋。找到这样的竹子以后，你需要找它的主根，一根竹子都有一根主根，冬笋就像竹枝那样对称地长在主根上，有时一条根上有五六个呢！那么如何找主根呢？这时你看竹梢，竹梢向哪个方向弯，主根就在那个方向……

我听到这个“冬笋经验”后，不禁感慨万千：就连植物，它的梢尖居然都是由根基决定的！后来我有意识地注意这方面的知识，发现树根的范围决定了树冠的大小，一般是树冠多大，树根的范围也多大，一个盆景，由于它的根部被限制了，它的高度及树冠也就被限制了，如果把它移到别处，那么

这种范式模仿的优越性在于它能帮助我们迅速地掌握事物的核心，从而把这核心抽象出来。

它会长得更大，而在盆里则不会长大。后来通过读书我又发现，稍大一些的树，如果要移栽，不仅根部要保护好，而且移栽时连树体的方位也不能错，否则便难以存活。因此，我常想，黄山松之所以如此美丽多姿，原因乃在于它生在石缝里，在于它的根部无法得到充分的伸长，因此才有如此独特美丽的松姿！

因此，这种儿时形成的范式在不知不觉中，就像竹根那样影响着一个人的成长。人们常将蒋介石与毛泽东作比较，说蒋的个性是商人加军人，毛则是农民加诗人，这的确形象地概括了他们两人的特点，而细究起来，竟与他们的成长过程也完全吻合。

蒋介石的父亲是一个商人，蒋本人又是学军事出身的，而毛则长于农家，自己又为一书生本色，如果社会遗传也有遗传与变异，那么蒋的商人特征，毛的农民特征都是儿时通过社会遗传而来的，他们至死也改变不了儿时养成的作风。虽然他们后来学了军事、学了诗书，但却都是在遗传里的变异，改变不了他们最本质的商人、农民的特性。在关键的时候，这种本质特征还是起着最重要的作用。

冯·卡门在自传中，曾这样比较了两位科学家的不同结局："伊仑哈夫特跟我谈过，他由于缺少勇气，不像密立根那样大胆修正测定的数据，因而失去了获得诺贝尔奖金的机会，我说，这一点我非常理解。密立根的父亲是部长，他从他父亲那里继承来的坚定信念，使自然界完全受数学法则支配，而伊仑哈夫特的父亲是医生，当医生的天生好疑，这使他的儿子倾向于认为自然现象是杂乱无章的。"

英国人菲尔比是本世纪最出色的间谍之一，但是围绕其个性，历史学家和传记作家大伤脑筋。因为他仅凭单枪匹马就给世界上最强大的三大间谍机构造成了巨大损失。先是在"二战"中与纳粹谍报机构为敌，成绩卓著；战后高居英国谍报机构的领导位置，却又是苏联克格勃的内线，以至到最后所有的间谍机构对他都戒备重重……

菲尔比为什么要这么做呢？金钱与信仰都不足以解释！最后人们想到了

> 这种儿时形成的范式在不知不觉中，就像竹根那样影响着一个人的成长。

他的父亲。他是英国上流社会的绅士，却皈依了伊斯兰教；他在中东活动，却使中东的石油利益归于美国而不是英国。人们终于发现这对父子一脉相承的“反骨”——他们总是要与自己所从属的、所拥有的、所既得的一切背道而驰！

这种范式的影响，有时候在亲子两代之间甚至出现惊人的相似之处。如母亲离异，女儿也常离异，甚至连离异的年龄有时候也相差无几。如果有人能在这方面做仔细研究，我相信一定会有更多带有启发性的东西被揭示出来。

为了说明这种亲子两代的相似，这里再举孙坚、孙策之死作为例证。孙坚是个大英雄，攻董卓，吞刘表，大智大勇，但是在围攻襄阳时，他却一个人骑着马无所顾忌地在战地上溜达，结果被敌人射杀。

父亲这样死了，儿子照说应当接受教训，但是孙策却难改单骑走马的范式。尽管他的谋臣一再劝谏，孙策可能也认为是对的，甚至还可能想改，但是这种范式的力量太大了，他还没有改过来，就在一次轻出微行时遭到刺客的袭击，结果死于刺客之手，死因何其相似。孙坚死时 36 岁，孙策只有 26 岁。陈寿对他们父子的死评价说：“然皆轻佻果躁，殒身致败。”这种“轻佻果躁”就是他们共同的范式。

因此，在范式的基础上，就形成习惯，形成人的心理的动力定型，而一些不良的范式则会导致犯罪习惯。例如，少儿期的打架习惯容易演变为伤害习惯；偷吃习惯容易演变为盗窃习惯；说谎习惯演变成诈骗习惯；流浪习惯演变成流窜犯罪习惯，如此等等。

事实上，在每个人的成长过程中，这种范式都是影响一个人一辈子的。

范式决定了孩子今后的发展，因此必须给孩子提供良好的范式，一旦这种范式错了，要想改正过来极其艰难。司马光曾说，人们爱其孩子，多说小孩无知，等其长大后再教，这就像栽培树木，树上长出了旁枝，等到大了再去修剪，岂不要费极大的气力吗？又比如打开鸟笼再去捉鸟，解开马缰又去追马，为何当初就不打开笼子解开缰绳，这样岂不更为省力吗？恶习一旦形成，要纠正就太困难了。

这种范式的影响，有时候在亲子两代之间甚至出现惊人的相似之处。

我们常常看到一些报纸杂志上母亲提出这类问题寻求解答："孩子不爱学习怎么办?""孩子学会抽烟怎么办?""孩子早恋怎么办?"当我看到这些问题时就像看到"孩子吸毒成瘾了怎么办"一样，到了这份上，最好的医生甚至也没有办法了，它就像脓包疮一样，你堵住了这个出口它又在另一个地方出头。而所有这一切最好的解决办法就是让孩子不发生这些问题，正如洛克所说："凡是有心管教儿童的人，便应该在儿童极小的时候……"而要做到这一点，则必须时刻规范自己的行为，必须从小就对孩子进行习育。

其实，我们每个人在成长的过程中，都在不断地同这种儿时养成的不良范式作抗争。富兰克林典型地表现了这种努力，他是一个幸运者，但更多的人则被不良的范式吞噬了。而要让孩子免遭这种不幸，我们的父母就必须时刻规范自己的行为，只有自己行为端正，思想纯洁，孩子的源头才得以清洁，我们的孩子才可能得到更好的发展！

只有自己行为端正，思想纯洁，孩子的源头才得以清洁，我们的孩子才可能得到更好的发展！

6.5
身教何以重于言教

身教重于言教，是因为身影重于声音——孩子的智力何以随出生次序的后移而递减——为什么孪生子难成大才——忽视同孩子的交流是孪生子母亲的通病——为什么要反对全托式幼儿寄宿学校——什么时候言教开始重于身教——身教是告诉孩子怎么做，言教是告诉孩子为什么这样做

由于孩子的人生头几年存在着一个镜像期，由于孩子的模仿是范式模仿，对于这时的孩子来说，他最需要的便是一个能够效仿的模特，没有榜样他便无法模仿。

因此，对于人生刚刚开始的孩子，可以说只有身教，没有言教，母亲的身影便是最好的教材。孩子这个时候需要的是身影，而不是声音，孩子这个时候还不懂得声音的意思，但是却懂得母亲的行动对他的直接影响。在人生的最初几年，母亲对孩子来说意义极为重大，母亲的照顾不仅让孩子更健康，同时这种照顾本身也是最好的教育，母亲是孩子成长中最重要的一个因素，母亲的存在就是孩子教育环境的一个部分，那些孤儿院里的孩子最缺少的便是这种教育环境，便是这种没有母亲加入的环境，没有母亲的环境是孩子最糟糕的环境，而没有成人的环境更是糟糕。

不少研究都证实，出生次序对智力有影响，头生子女一般都很有成就，

没有母亲的环境是孩子最糟糕的环境，而没有成人的环境更是糟糕。

独生子女也很出色，为什么会这样呢？原来是亲辈在早生的子女或头生的子女身上所耗费的时间比后生的子女多。智力测验的结果几乎总是随着出生次序的后移而递减，即老二比老三好，老三又比老四好。而在相同的排行中，家庭中的子女越多，他们的成绩就越差，在只有三个子女的家庭中出生的老三，比有四个子女家庭中出生的老三成绩要好，后者又优于有五个子女家庭中出生的老三……所有这一切似乎都显示孩子的早期成长与亲辈的直接接触成正比关系。

因此，母亲对孩子尤其是对婴孩来说极为重要，成人对孩子的成长来说极为重要。

我曾为这样一个现象纳闷，就是为什么很少看到孪生子成才，成大才的几乎没有。最明显的例子是翻看各种名人辞典，几乎连一个孪生子的例子也找不到，一些著名的兄弟、姐妹，如曼兄弟、龚古尔兄弟、格林兄弟、莱特兄弟、勃朗特姐妹等都不是孪生的。照道理即使是按 1.2%的比例，孪生子也应该有成大才的。况且很多名人都曾生过孪生子如撒切尔夫人生马克和卡罗尔，如蒋经国生章孝严和章孝慈等；或者很多名人的兄弟姐妹是孪生子，如胡适的二哥三哥胡嗣秬及胡嗣秠等。

那么为什么孪生子不能成大才呢？

经研究，我终于发现孪生子比一般孩子的精神发育稍迟，智商也稍低。一起生活的双胞胎，平均智商为 95.7；一起生活的三胞胎甚至比双胞胎还要低，平均智商为 91.6……尽管一些研究指出了这样的事实，但都没有找出其原因。而我研究的结果认为，其原因正在于母亲忽视了同孩子的交流。

在孪生子的生活中，最突出的问题便是他们从不单独行动，不论吃饭、洗澡或散步，不论学说话还是做游戏都是如此，对其中一个孩子的所有活动、经历和探索，另一个孩子总要旁观或者加入进去，他既当目击者也当合作者。因此，一般孩子 3 岁时就能认出自己的面孔，而同卵孪生子到 5 岁时还会在镜子前把自己误认为是自己的兄弟，如果他们在一起合影，就更难分辨了。很多孪生子因为长时间关在一起，最后都会说一种别人不可理解的语言，有

这一切似乎都显示孩子的早期成长与亲辈的直接接触成正比关系。

些术语甚至保留到他们的成年。由于他们可以互相理解、互相补充，所以能互相满足，不需要像非孪生子那样去花费很大的努力以求自己能够理解其他人和让其他人理解自己，但是，孩子正是经过这样的努力，才学会说话和取得进步的。

据一项调查显示，93.9%的同性孪生子直到13岁穿着打扮还一样，他们同睡一个摇篮，同玩一样的玩具，做同样的事情，总之一切都是双份的。由于是孪生子，母亲照道理应该增加一倍的工作量，但除了刚出生时母亲这样做了以外，待孩子稍长，母亲同孩子的交流甚至比非孪生子的量还少，这是由于母亲误认为孩子相互做伴可以相应减少母亲同孩子交流时间的缘故。殊不知孩子有伴当然对他的发育有利，但是几乎完全一样的孪生子无法从对方身上模仿和学习到什么，这时把他们放在一起，就如把一个孩子单独关在一起一样，很多母亲由于这种疏忽，事实上为孩子营造的是一个小孤儿院的成长环境，在这样的坏境里成长，怎么可能成就大才呢？

遗憾的是，不仅我们的母亲不了解这些，而且有不少教育者也不了解这些，不少早教书中认为孪生子是“造物主施行完整绝妙奇术的结果”“你有着一个先天就成长在一起的最知己的朋友”。看来我们很有必要深化对这一问题的认识。

因此，孩子同母亲同成人在一起极为重要，遗憾的是，我们的母亲却千方百计拒绝孩子的这一重要需求，相反却相信那些寄宿学校。很多母亲不惜重金将自己才几岁的孩子就送到全托的保育院里，而自己去赚钱的目的竟是为了能把孩子送进这类学校，她们不知母亲的存在本身就是对孩子最好的教育。

因此，将婴幼儿送进这类寄宿制机构事实上无异于送进了孤儿院，这不仅不表明你对孩子教育的重视，恰恰相反，却表明了你对孩子教育的无知！你完全可以用这些钱去请家庭教师，因为人类曾有许多杰出的天才是从家庭里由父母、由家庭老师培养出来的。而更令人担忧和气愤的是，一些人为经济利益所驱动，竟迎合这些无知的心理，大办特办这类贵族学校！一个国家

当经济规律而不是教育规律在操纵孩子时，我们便为下个时代埋下了隐患！

的教育决定着它的将来，没有什么比将孩子送到一群不懂教育的人手里更可怕了，当经济规律而不是教育规律在操纵孩子时，我们便为下个时代埋下了隐患！

对于这类寄宿学校，早在300多年前，俄罗斯教育家诺维阔夫就曾针对俄国贵族将自己孩子五六岁就送进这类学校，寄宿数年甚至长达10~12年这一行为提出严厉批评。他正确地指出，教育应当从一出生就开始，父母应当对子女教育负责，而不是将孩子交给寄宿学校。

其实，代际隔离已经成为现代社会的一种社会病，这类寄宿学校不过是现代社会代际隔离的一种极端表现形式，让孩子从一降生直到大学毕业都生活在学校里的做法，限制了孩子同母亲、同成年人之间的相互交流，割断了由年长者向年幼者，父辈向子辈一代一代地传播精神的、智力的，劳动的、教育的和日常生活经验的过程。正如苏联教育家别列戈沃伊所说的那样："在当今世界上，除了阶级隔离和种族隔离外，就是较之前两种隔离更危险的儿童的、年龄的断离，它压抑并摧残着每个人。"

这里需要说明的是，我并不是反对寄宿制，对于当今的独生子女来说，这种寄宿制甚至有它很多优点，我反对的是幼儿教育的寄宿制，因为这不符合孩子成长的规律。但是在进入青春期的心理断乳时，这种方式或许是值得一试的，从古希腊的斯巴达、军队对士兵的训练以及大学教育的经验来看似乎都能证明这些，但对幼儿则有百害而无一利。

对于学龄前孩子来说，身教极为重要，这是因为孩子的大脑还不能主动地深入地思考，这个时期还是身影重于声音，为什么整个人类都将六七岁定为接受言教的时间呢？其原因是在这之前言教的效果有限，孩子听不懂那些道理，但随着孩子的成长，他同社会的接触增多，家庭有限的身教难敌社会风气的影响，而这时他的大脑已基本发育成熟，开始能够进行推理、判断，这时则必须辅以言教，否则孩子受到坏的影响便有可能走到歪路上去。

《晋书·列传第十一》载，太尉刘子真，从小家境贫寒，因此勤劳刻苦，洁身自好，行无瑕玷，做官之后仍保持艰苦本色，被人讥笑为寒酸土气也从

当经济规律而不是教育规律在操纵孩子时，我们便为下个时代埋下了隐患！

不介意。但他的儿子却屡屡贪污受贿而被制裁，刘子真也曾两次为此而受株连被罢官，别人不解地问他：“你的品德高尚，儿子却如此不争气，为什么你不去好好教育他们，让他们知道错误而改正呢?”而这位刘太尉的回答是：“我的行为，他们都看见了，也不能影响他们，何况讲道理，有什么作用呢?”

刘子真的回答代表了相当一部分人的糊涂认识，以为身教可以代替一切，事实上言教和身教是必须同时进行的，身教是告诉孩子怎么做，言教是告诉孩子为什么这样做；身教是让孩子知其然，言教是让孩子知其所以然。刘子真的错误在于身教没有辅以言教，否则他的孩子断不会成为罪人。

尽管言教在孩子的思维能力具备后效力很大，但是，言教的基础仍是身教，言教事实上是身教的抽象与概括，言教不能脱离身教，如果身教不好，那么言教的效果不可能好。

在现实生活中，我们常遇到这样的情况，母亲为了让孩子从小学好，嘱咐了千言万语，但是孩子身上的毛病还是一个劲地滋长，原因就在于这样的言教脱离了她自己的身教。你让孩子勤奋学习，自己却无所事事；你让孩子搞好团结，自己却同邻居摩擦不断……这种言教是不可能达到目的的，因为你在言教的同时，你的身教却以更强大的功率在作反宣传。这就如你嗜酒如命，等发现孩子也如此时已经晚了，这时不是“我已经后悔了，你千万别学我”一句话就能让孩子改掉的，而孩子也绝不会像魔术师说“变”就变那样刹那间改了模样，因为你即使是在说这句话时，你的内心、你的眼神乃至你的每一个细胞其实都在强化另外一个意思，都是在鼓励他喝酒而不是戒酒……

因此，身教是极为重要的，它是言教心教的基础，又是言教心教的体现，因此，我们必须规范我们的行为，给我们的孩子一个良好的习育！

身教是告诉孩子怎么做，言教是告诉孩子为什么这样做；身教是让孩子知其然，言教是让孩子知其所以然。

6.6
比身教更重要的是什么

家风比身教更为本质——贤相现象与宦官现象——宦官为害是因为阉割的缘故吗——大宦官王振是怎样一手导演“土木之变”的——中国历史上的婚姻是极注意对对方家风考查的——不同的皇后塑造不同的皇帝——社会遗传不好的男人和女人都是祸水，都是人渣——杰出人物何以极少出于犯罪家庭

但是，对于孩子的社会遗传来说，亲职的身教是否就够了呢？如果我们在一个更大的定义域里来看这个问题，家风从某种角度来说甚至更为重要。这是因为社会遗传同生理遗传不同，只要同孩子接触就会对孩子产生影响，所有能进入孩子视线的行为与耳朵的声音，事实上都是在对孩子进行教育，因此，同孩子接触的每一个家庭成员其实也都是在给孩子上课。对于历史上的那些大家庭来说，作为家庭乃至家族整体素质反映的家风比单独亲职的身教对孩子影响还要大。再说孩子的社会遗传是由父母给予的，那么父母的社会遗传又是谁给予的呢？自然是由双方的家风！这种由于家风不同而导致人才品质不同的现象在中国历史上比比皆是。

比如，在中国政治中可以找到一组极好的对比，那就是贤相现象与宦官现象。

在中国历史上，尽管也有一些类似于李林甫、杨国忠、秦桧这类的奸相，

作为家庭乃至家族整体素质反映的家风比单独亲职的身教对孩子影响还要大。

但宰相队伍里贤相居多，而且即使是奸相，那也是昏君的共生物，因此可以说宰相里的“人渣”也许是最少的。之所以如此，就在于宰相都要经过严格的选拔、考验，因此无论学识、能力、人品都堪称国家水准。只要追探一下他们的家祖，大都有极良好的家风，如果没有这样的社会遗传，他们也不可能一步步地登上这样的高位。

但是宦官却不一样，宦官现象构成了贤相现象的负面，宦官对中国历史的影响之大甚至能同朝官相比，但却多是极不好的一面，其原因正是宦官的素质极差，而其社会遗传更差。

到皇宫做太监的不外乎这样几种人。一种是自愿“出家”，这大多是穷苦人家为生活所逼将孩子送进宫里。从有限的资料来看，这些人家也并非普通的穷苦之家，因为一般穷苦人家纵然贫穷也不愿让孩子去如此生活。而这些送子做太监的父母，常怀有自己的目的，或为了自己眼前的生活，或为了以后自己可能一步登天，于是便不惜以孩了的生命作为赌注。另一种则是半路“出家”，绝大部分是犯了死罪的不法之徒，被官府追捕得无处为生，于是投身做太监；或者纯粹是因为某种个人目的，而净身入宫。无论是哪种人，其社会遗传都是极糟糕的，前一种因为孩子尚小受宫廷熏陶为害尚不显著，而后一种一旦大权在握，则不可避免地把整个政治弄得乌烟瘴气起来。

比如明末的魏忠贤，不识书，性嗜赌，虽已娶妻生子，仍恶习难改。赌输后，不堪赌徒们的耻笑，就“恚而自宫”，抛妻别子，入宫做了太监。清末的李莲英先是给人修鞋，后来私贩硝黄，又曾改业补皮鞋，被称皮硝李。由于其父因继承遗产同族人不和远走北京，其父希望孩子将来能替自己出这口气，便将他送进宫里净身。清末的另一大太监小德张也是自幼家贫，十五岁外出拾粪，因遭人赶杀诟骂才愤而净身入宫的……

这样的人一旦在宫中得势，其结果便可想而知。例如，导致“土木之变”的罪魁祸首王振，年轻的时候读过一点儿书，参加几次科举考试都没考取，后来因为犯罪，就到宫里做了太监来代替从军。宫里识字的太监本来就不多，明宣宗就把教太子读书的任务交给了他。9岁太子即位，是为英宗。等辅佐的

宦官素质差是由于社会遗传所致，比如明末的魏忠贤，不识书，性嗜赌，虽已娶妻生子，仍恶习难改。

老臣一死，他就大权独揽，胡作非为，排斥异己陷害直臣不说，更是鼓动英宗亲征瓦剌。当先头部队受到攻击被杀得一败涂地时，他才感到情况不妙，下令退兵北京。

照说退兵就退兵好了，可王振却还想借此机会到老家蔚州摆摆威风，劝英宗到蔚州去住几天，于是几十万大军离开大同往蔚州方向跑了 40 多里。可这时王振又一想，这么多兵马到了自己的庄上，田里的庄稼不都被踩平了？于是又命令往回走。来回一折腾就被瓦剌兵追上了。本来可以边打边退进入怀来城里，利用城池抵抗也无大的危险，可王振因为装运他财产的几千辆车子还没到，硬是让大军停在了死地土木堡。等瓦剌军包围起来后连口水都喝不到。结果英宗被俘，50 万明军死伤大半，而王振也被大将樊忠一怒之下结果了性命！

正是因为这样，明太祖朱元璋才说："比曹善者千百中不一二，恶者常千百。"清康熙帝更是认为："古来太监良善者少，……此辈素无学问，不知义理，其能免舛谬耶？"而一旦这样的人擅权，流毒四方也就不难想象了。

社会遗传同生理遗传一样，它像隐藏在人的身体中那样隐藏在人的品行中，它限制、制约着人的精神世界的发展，越是需要良好素质的位置，这种深深打在人的脊髓里的家风的烙印表现得越明显，好的家风是人生之宝，不好的家风是人生恶疾！

正是因为这些原因，在中国历史上，儿女结婚时父母对对方家风的考查是很严格的。

《晋书·惠贾皇后传》载："初武帝欲为太子娶卫瓘女，无后纳贾，郭亲党之说，欲婚贾氏，帝曰，卫公女有五可，贾公女有五不可，卫家种贤而多子，美而长白，贾家种妒而少子，丑而短黑。"五条之中后四条为生理遗传，而最重要的第一条则为体现社会遗传的家风了。

晋武帝提到的卫瓘，其本人不仅是著名的学者、书法家，而且也是著名书法家卫夫人及卫玠的祖父，书圣王羲之曾在卫夫人门下学书。卫家是当时望族，所以晋武帝说其家"种贤"而欲结为联姻。遗憾的是，由于种种原因，

社会遗传同生理遗传一样，它像隐藏在人的身体中那样隐藏在人的品行中，它限制、制约着人的精神世界的发展。

最后太子仍娶了贾女，这就是后来因胡作非为而引起西晋“八王之乱”的泼妇淫后贾南风。贾后的作为被晋武帝不幸而言中了。

再如南宋光宗赵惇为恭王时，当时已为太上皇的祖父高宗赵构，听信道人皇甫坦之言，为之娶妃李凤娘。李出身军旅将门，入宫后骄横跋扈，颐指气使，任意胡为，毫无宫廷规矩可言，让高宗非常反悔：“这个太子妃出身军旅将门，刚愎有余，温良不足，我误听了皇甫老儿的一番胡言乱语，后悔也晚矣！”

晋武帝和宋高宗之所以看到媳妇背后的影响，是因为好的家风与不好的家风在为人妻这一点上表现得尤其突出。

例如，中国历史上可以找到很多这样的例子，那就是同样是一个皇帝，由于前后所宠不同，其表现则迥然相异，汉成帝先宠班婕妤，后宠赵飞燕；李隆基先宠王皇后，后宠杨玉环；隋文帝先宠独孤伽罗，后宠其他……

班婕妤是左曹越骑校尉班况的女儿，班彪的姑姑，班固、班超、班昭的祖姑，家学渊源，家风很好。她少有才学，工诗善赋，是历史上著名的才女。入宫时初为少使，后为婕妤，有一次成帝要与她同车游后宫，她说古代圣贤君主皆是名臣随同，只有昏君身边才净是些嬖女。成帝听从了她的劝告，并愈加宠爱她；皇太后听到后更是说：“古有樊姬，今有班婕妤。”樊姬者，樊庄王之后也，庄王喜狩猎，樊姬担心他疏于政事，便不食禽兽之肉，庄王有感而止。

但是自从成帝宠上赵飞燕后则没有了这份清醒。

赵飞燕是个官奴的女儿，初生时被整整丢弃了三日才被父母重新收养，长大后便作为奴婢被卖到阳阿公主家做乐妓，对于这样的人，其社会遗传是恶不足道的。因此当汉成帝迷上她后，她不仅自己曲意逢迎，而且连自己的妹妹也被推荐给老皇帝，最后汉成帝暴毙于赵合德的怀中。为了自己能生下一个皇子，她不惜淫乱宫廷，并对那些怀孕的嫔妃置之死地而后快，终于以“失妇道，无共养之礼，而有狼虎之毒”而自杀。当一个男人同这样的女人生活在一起怎么可能不变坏呢？更何况是一个谁也管束不了的皇帝！可以设想，

中国历史上可以找到很多这样的例子，那就是同样是一个皇帝，由于前后所宠不同，其表现则迥然相异。

同样是同车出游，班婕妤认为不可而拒绝，而赵飞燕即使不许，她也会发嗲卖娇。并不是说赵飞燕是有意害君害国，因为她根本没有这样的认识，在她眼里只有男人与女人，而没有国家与君主，她对待皇帝同对待一个有钱的嫖客一样！

再如李隆基。李隆基本是一个大智大勇的君主，年轻时他同自己的姑姑太平公主争夺王位时，有勇有谋，变被动劣势为主动优势，一举平息内乱坐稳江山，其后君臣一心，励精图治，对宰相姚崇、宋璟的改革建议，皆能从谏，即使不合己意，也能屈从，从而开创了“开元盛世”，这一切不能不说与王皇后的协助有关。但是自与杨贵妃整日厮混在一起后，便从此江河日下。

杨贵妃的先祖尽管曾荣耀过，但到她时已中落到无以为家的地步，而作为一个孤女被寄养在叔父杨玄圭家。她同武则天不一样，她不是一个政治家，而只是一个女玩家。她让皇帝不早朝并不认为有什么了不起，在她的理解中，不过是同自己多睡几个懒觉而已，有什么大惊小怪的呢？她不知道就是这几个懒觉可以让纲纪俱废，忠臣蒙冤，奸人当道……

妻子是丈夫的另一个自我，上面两例是不同家风里成长起来的妻子对同是一人的丈夫所造成的不同影响，如果把历史上的好皇后同坏皇后相比，那就更加明显了。

唐太宗的长孙皇后是贤后，魏徵诤谏尖锐激烈，气得唐太宗要杀掉他，她问明情况后，特地穿上朝服为之祝贺：“妾闻主明臣直，今有魏徵直，由陛下之明故也。”太子的乳母多次说：“东宫器用缺少，欲有奏请。”都被长孙皇后拒绝，她说：“为太子，所患德不立而名不扬，何忧少于器物也。”而这一切，赵飞燕、杨玉环等是绝不会有这样的思考深度的，她们并不是不忠于皇帝，但充其量是愚忠，对那些为国家社稷长远着想的贤忠，她们是无法理解的。

历史上不少人针对赵飞燕、杨玉环这类事件推导出女人是祸水，其实那些社会遗传不好的，正如患有不治之症一样，这样的人才是祸水，才是人渣，岂独女人单独享有，前面的宦官不同样如此吗？只要仔细分析一番，历史上

妻子是丈夫的另一个自我，上面两例是不同家风里成长起来的妻子对同是一人的丈夫所造成的不同影响。

几乎所有有作为的君主大多都有一个好皇后，这岂是“女人是祸水”可以解释的！

好的家风与坏的家风对孩子的影响就更大了，也就是说，从家教好的家庭里走出来的母亲，较之那些从家教不好的家庭里走出来的母亲，教育出来的孩子常迥然相异。这是因为孩子染之苍则苍，染之黄则黄，而不像对丈夫、对皇帝那样，这些人已经有了免疫的抗体，但孩子却没有。关于这一点，我们可以从中国古代的妻妾身上看出，那就是妻子生的孩子比妾生的孩子成才率要高许多，原因在上卷中已有论述，这里不再赘述。

还有一个非常有力的证据，那就是杰出人物极少出自犯罪家庭，这一点我们看人物传记就能清楚地知道。我们几乎回想不起哪位伟人的父亲、母亲是罪人，尽管有不少杰出人物的父辈、祖辈被判过刑，甚至被杀了头，但却几乎都是政治性思想性的犯人，都是革命者，而几乎没有一个是鸡鸣狗盗之徒。照说这批人也人数众多，为何不能产生出杰出人物呢？很显然其社会遗传极其恶劣，因此造就不出杰出人物！

历史上几乎所有有作为的君主大多都有一个好皇后，这岂是“女人是祸水”可以解释的！

6.7
习育：社会遗传的基因疗法

社会遗传的机理——蒙台梭利教育法与习育——铃木教学法与习育——现代大学生的“养成教育”是不重视儿童习育的嘲讽——像重视生理遗传一样重视社会遗传——培养孩子必须从家庭这个第二子宫开始——将教育延伸到潜意识的习得教育

既然社会遗传这样重要，那么社会遗传是通过什么机理来起所用的呢？

对此我们大致可以这样认为，社会遗传是由习得——习惯——习服——习性完成的，即是由最普遍基础的习得慢慢过渡到最根深蒂固的习性的。

所谓习得，就是由简单条件作用下的模仿，这种模仿有许多是自己所意识不到的，因此沉入到大脑的最底层而成为潜意识。在此基础上，一些不需要特殊练习，而由于多次重复而形成的对于实现某种自动化动作的需要便成了习惯，习惯对人的心理产生作用，形成习服。

所谓习服，就是有机体经过训练对环境产生了服水土的现象，它比适应更具有意义，因为为了顺应环境而身体内部出现了某些变化，使有机体对环境更为适合，耐力也有所提高。例如，高山缺氧习服的人，红血球比一般人多，缺氧耐力比一般人高。正因为这样，习服往往需要有一个时间较长的过程，而一旦习服后，它的消退也需要经过一段较长的时间。习服可根据形成的方式分为自然习服和人工习服，在自然环境中如去高原工作几年而达到习

社会遗传是由习得——习惯——习服——习性完成的，即是由最普遍基础的习得慢慢过渡到最根深蒂固的习性的。

服是自然习服，在人工环境里如在低压舱里进行几小时缺氧锻炼而达到的习服则是人工习服。

由这种习服，便形成了一个人的性格或动物的习性。巴甫洛夫认为性格是神经类型特征和生活环境影响的“合金”，正是由于这种“合金”中成分组合不同，才使人对外界影响的态度和行为方式带有个体特色，至此，一个人的轮廓便大致形成了。正如一句名言说的那样：一个人种下去的是行为，收获的是习惯；种下去习惯，收获的是性格；种下去性格，收获的就是命运。

正是因为这样，世界上很多教育家尤其是儿童教育家对习育都极重视，例如意大利的蒙台梭利。

蒙台梭利认为，教育应当从孩子刚出生的时候就开始，在出生后的头几年内，孩子的可塑性最强，无论是智力还是体力，这个时期的教育都是最重要的，而如果想让一个幼小的婴儿发展成为一个健康活泼的儿童，就必须让他接触各种人，听到各种声音。她认为，孩子的思维是吸收性的思维，因为，孩子的这种思维是以无意识的方式毫不费力地从周围环境中学习和吸收知识的，因此，应当让孩子在这种特定的学习环境里自由活动，让他沿着自身的发展路线前进。在特定的环境里，应该让孩子自由地发展体力、智力和精神，由于孩子是最喜欢动手的，并且是通过各种动作进行思维和学习。因此，她的教育法的最大特点是她亲自设计的教具，而这种教具都是日常用具以练习提高孩子的能力，如扣纽扣、倒米、掸灰、搬椅子、叠手帕、摆餐桌、刷盘子、扫地等。

如在让孩子练习开关抽屉这一课中，教具是孩子自己的抽屉柜。

示范：(1) 用拇指、食指和中指捏住抽屉的两个把柄。
(2) 轻轻地拉开抽屉，然后再轻轻地关上。
(3) 用这种方法依次关、开其他的抽屉，然后让孩子自己来做。

目的：教育孩子做事要文静而有条理，如果他做得对，要示意他取

一个人种下去的是行为，收获的是习惯；种下去习惯，收获的是性格；种下去性格，收获的就是命运。

得了好成绩。

错误的检验：开关抽屉时不得出现噪音。

蒙台梭利充分地意识到了习育的重要，并且专门设计教具进行习育。尽管我们可以认为她是将最重要的内容进行习育，但是这仍然是不够的。习育的成功必须是母亲的成功，而不仅仅是老师的成功；必须是家庭的成功，而不仅仅是幼儿教育机构的成功。正如她自己也认为的那样：要求孩子注意整洁固然很好，但如果他们所处的家庭环境恰恰是不整洁的，孩子就会难于理解这样的要求……而习育的成功是绝不能仅仅寄希望于这些机构，而必须将每个家庭都变成幼儿园，变成幼儿成长的最佳场所才可以。

铃木教学法也是如此。

铃木镇一认为，无论多么难办的事，只要从力所能及的极少量开始做起，反复训练，就会觉得容易，并不知不觉地逐步前进。他将他的教育法概括为以下几点。

(1) 从极少量力所能及的事情开始；

(2) 一直训练到顺手为止；

(3) 使顺手了的事情训练到运用自如；

(4) 注意到能力发展的趋势；

(5) 再逐渐增加少量难度相近的内容；

(6) 完成的速度开始发生变化，产生能力；

(7) 让他们进行旧事物与新事物的两种训练；

(8) 旧事情干得越发出色，新的事情也进而达到趋于出色，不停止训练；

(9) 旧的事情干得进一步越发出色，新的事情也干得出色、自如了；

(10) 再增加第三事物。

无论多么难办的事，只要从力所能及的极少量开始做起，反复训练，就会觉得容易，并不知不觉地逐步前进。

按这种方法做下去，便可以毫不费劲地、总是在“容易”的状况下不断地向前进步。铃木教育法是他在孩子学习母语的启示下创造的，上面这10个步骤也可以说是习育的10个步骤。

对习育的重视，我国古代曾有过不少精彩的论述：颜之推说人在幼时可塑性很强，周围的环境对其渐渍、濡染、熏陶，影响作用很大。周围人的言行举止，孩子虽不是有意识地去用心学习，但久而久之，耳濡目染，潜移默化，就会“自然似之”。“是以与善人居，如入芝兰之室，久而自芳也；与恶人居，如入鲍鱼之肆，久而自臭也。”墨子也说：“染于苍则苍，染于黄则黄，所入者变，其色亦变，五入而已则为五色矣：故染不可不慎也。”正所谓“近朱者赤，近墨者黑”。

为此，我们的祖先极重视孩子的行为举止教育，以至才有“礼仪之邦”之称。由于过于精细而显得铺张，这种习育变成了一种形式，虽然我们历代都有许多优秀的习育言论和实践，但都被这种铺张的形式所遮掩，从而不断地被追求效率的后世批判，直到今天几乎荡然无存。在“文化大革命”时，更把“温、良、恭、俭、让”打成是封建的东西，而现在大学生进行的“养成教育”，正是这种不重视习育的直接后果。可以想见，对于20多岁的青年再进行“养成”教育还能起多大的作用呢?

其实，我们原来所理解的家庭教育，事实上更多的是一种家庭习育，正因为如此身教才重于言教。这种习育一方面比教育更难，另一方面又更容易，难的是这种习育要求的是一个作为榜样的母亲，而不是一个口是心非、装模作样的母亲。容易的是如果有了母亲良好的行为表率，孩子甚至不要多少时间的管教就可以健康成长，这就是为什么那么多家庭教育不可谓不严、不可谓不“好”的家庭会造成悲剧，也就是为什么那么一些甚至目不识丁的母亲培养出相当优秀的人才的最重要原因。

但遗憾的是，生理上的遗传疾病已经引起了社会和人们的高度重视，甚至在法律里都明文规定了这些患者不能生育。可是，另一种同生理遗传相类似的更广泛的社会遗传疾病人们却毫无察觉，我们直到今天仍然是住在高楼

其实，我们原来所理解的家庭教育，事实上更多的是一种家庭习育，正因为如此身教才重于言教。

大厦里茹毛饮血的原始人，仍然是坐在教室里大声读书但精神却丢失在荒原里的野生人，最后，我们变成了我们所熟悉的庸人、凡人、俗人。

既然现在对生理遗传疾病有基因疗法，那么，社会遗传疾病也就该有类似的基因疗法。如果有，那必是母亲的行为疗法，必是家庭的行为疗法。这是因为家庭是人类迄今为止藏污纳垢最为顽固的地方，是传统隐藏得最深最巧妙的地方，要改造社会，必须从改造家庭始。家庭是孩子的第二子宫。在母亲的第一子宫里，在孩子胚胎发育时是最易受畸的，一旦受畸，则永远难以消除；而在家庭这个第二子宫里，孩子的习惯、心灵也最易受畸，我们事实上都是这种心灵的畸变者，都是这种社会遗传病菌的携带者，我们正在被害和正在害人，整个社会应该像对待胎儿一样保护幼儿，这就是为什么我一再强调、呼吁母亲在孩子的出生后产假应该延长至 3 岁的原因。胎儿期母亲尚还可以从事一些轻松的与教育无关的工作，而对于幼儿，母亲必须专职负责，那些孩子一出世便去工作的，只会导致幼儿的教育流产。人们已经认识到小样儿的不足，但却没有意识到足月的教育早产儿的危害与不幸。现在孩子 1 岁多便送到托儿所，孩子缺乏母亲的精神营养，同有良好母亲教育培养出来的孩子相距很大，而且这种差距还在以后的生命中不断加大。

所以，对于我们孩子的培养，其层面应该大大地降低，降低到日常的习得层面。现在的教育只进行到思维这一层面，而如果习得这一层面的习育基础没有打好，那么思维层面上的教育效果必然大受影响，因此对习育的关注在下一个世纪中必然会引起全球的注意，而 21 世纪家庭教育的方向也就是向习育与化育方向发展。

对于我们孩子的培养，其层面应该大大地降低，降低到日常的习得层面。现在的教育只进行到思维这一层面。

6.8
教育的起点和终点都是自我教育

面对孩子就是面对神灵，心动神知——孟母的过人之处在哪里——马卡连柯的名言——身教与自我教育是不一样的——孩子不仅是被教育者，也是教育者——“应试教育”变“素质教育”的关键在于老师——母亲的自我教育教会孩子的自我教育

由于习育如此重要，我们的母亲必须时刻注意自己。曾参之所以杀猪，老福克斯之所以重建废亭，其原因就在于孩子不是一个真假善恶不分的器物。母亲面对孩子不是面对一个可以随便行动的泥俑，而是面对一个神灵。心动神知，因此我们在教育孩子时要像侍奉神明那样虔诚如一，因为教育孩子时哪怕母亲心里最底层的微弱颤动，孩子的“地动仪”也能敏锐地察觉到。面对母亲，孩子的目光就像永不停息的雷达一样，全天候地注视、跟踪着。虽然他对母亲的一些行为还不能理解，但是却将它们完整地记录下来，成为自己今后人生的资料库。可是，我们的绝大多数母亲都没有意识到自己的一举一动都是在教育、影响着孩子，都是在孩子的监视之下，都是在成为孩子人生的底红。

在这一点上，那些伟大的母亲大都做得极好，如孟母。一般说来，寡母能将孩子培养成才，较多的因素是她们那刚强的个性和对孩子的严格要求，这样往往会出现这样的情况：孩子虽然成才，但却是以牺牲了孩子的性格和

母亲心里最底层的微弱颤动，孩子的“地动仪”也能敏锐地察觉到。面对母亲，孩子就像雷达一样，全天候地跟踪着。

谐换取的，因此常常出现性格偏差而导致寿夭。但孟子却活到84岁，其原因就在于孟母不断地自我教育并由此向良好的教育性格方面完善。司马光的《温公家范》里曾谈到孟母的另一件事情。

有一天，孟子看到邻家杀猪，就问母亲："邻家杀猪干什么?"孟母一时兴起便开玩笑地随口答道："杀给你吃。"这本是生活中极平常的一段母子对话，更何况他们这孤儿寡母了。但孟母话刚说出口便感到懊悔，继而责备自己："在孩子还未出生时，我的言行举止倒还注意约束自己，严格实行胎教，这都是为让孩子成长为一个有出息的人，可今天在他还不太懂事的时候，我竟然这样信口开河，我怎么能欺骗他呢?"为了挽回即将造成的不良后果，孟母便真的买猪肉给孟子吃了，以示言而有信。

如果母亲不能自我教育，孟子的发展可能就是另外的样子了。自我教育对于没有外界约束的母亲来说尤为重要。正如马卡连柯所说的那样："你们自身的行为在教育上具有决定意义。不要以为只有你们同儿童谈话，或教导儿童、吩咐儿童的时候，才是在教育儿童。在你们生活的每一瞬间，甚至当你们不在家的时候，都教育着儿童。你们怎样穿衣服，怎样跟别人谈话，怎样谈论其他的人，你们怎样表示欢欣和不快，怎样对待朋友和仇敌，怎样笑，怎样读报，——所有这些对儿童都有很大的意义。你们态度神色上的一切转变，无形中都会影响到儿童，不过你们没有注意到罢了。如果你们在家庭里粗野暴躁，夸张傲慢或酩酊醉酒，再坏一些，甚至侮辱母亲，那么，你们已经大大地害了你们的儿童，你们已经对儿童教育得很坏了，而你们的不良行为，将会产生最不幸的后果。父母对自己的要求，父母对自己家庭的尊敬，父母对自己一举一动的检点。这是首要的和基本的教育方法。"

正是因为这样，苏霍姆林斯基才这样指出：母亲教育孩子的过程，就是再现自己的过程，是教育自己和检验自己人格的过程，"生孩子，就是把我们的心分割了一部分……婴儿作为你身体的一部分开始呼吸了，睁开眼睛面向世界了，从此时起，你就应承担巨大的责任：每瞬间，你看到孩子，也就看

母亲教育孩子的过程，就是再现自己的过程，是教育自己和检验自己人格的过程。

到了自己；你教育孩子，也就是在教育自己并检验自己的人格”。

因此，身教同自我教育是不一样的。身教对孩子来说仅仅是一个事实存在，这种教育母亲本人也许还认识不到，而自我教育则是把孩子作为认识对象，这时他的身教才是一种有意识的教育手段。

如果说自我教育也有层次的话，那么面对孩子的自我教育则是最高层次的，这时孩子不仅是被教育者，而且也是教育者。面对孩子事实上就是面对我们自己的良心、面对人类的良心。因为当我们将孩子作为一个监督者时，孩子们为我们树立了榜样，他们那种无私的忘我精神，对这个世界彻底的信任主义态度，给我们以机会，让我们能用孩子的观点去看待今天的世界，而没有歪曲成我们那种一成不变的框框和偏见。事实上，他们一直是我们的母亲应该学习的榜样，正因为这样，英国诗人华兹华斯才说“孩子是人类之父”，蒙台梭利才说“孩子为我们之师”，这些话的意义不仅在于幼儿教育，而且就是在整个人生过程中，成人都可以从孩子身上学到许多东西，正如蒙台梭利所说：“为从肉体上了解自己，最好的研究是从解剖尸体开始的；为从精神上了解自己，其研究是从对刚出生的人，即从对幼儿的研究开始的。”

自我教育不仅让母亲给孩子一个良好的习育，更重要的是孩子从母亲的这种自我教育中学到这种教育的本质，由于教育的本质是自我教育，因此它决定了教育者本身应该是自我教育式的，我们现在一个极端错误的观念便是认为，教育是让学生学会自我教育，而不懂得是让自我教育的老师教会自我教育的学生，教学相长，教育首先是教育者的自我教育。

要让教育成为教育者的自我教育，教育者就必须有他自己的事业追求，只有在这种事业追求中他才能很好地教育学生。我国的高校刚刚才从“教书型”向“研究型”过渡，也就是说大学老师科研应是第一位的，教书是其次的，因为只有你具有较高的科研能力才能培养学生的这种科研能力，你在科研中的努力是学生最好的教材，当你停止不前时，你就失去了为师的资格。

自我教育不仅让母亲给孩子一个良好的习育，更重要的是孩子从母亲的这种自我教育中学到这种教育的本质。

汤姆逊为一代名师，他曾培养了 8 个诺贝尔奖获得者。1911 年，玻尔慕名前来投师，但这时汤姆逊已进入创造的暮年，无法对玻尔的想法感兴趣，不得已玻尔只得投到卢瑟福的门下。其时卢瑟福刚提出原子有核模型，虽来自可靠的实验，但核外电子沿着轨道运转的稳定性却与经典电磁理论背离，一时无法给予解释，卢瑟福也为此苦恼。玻尔大胆地采用量子论，在与老师的共同研究中得出核外电子结构由作用量子所控制，从而掀开了理论物理上新的一页！只有自我正在受教育的人才能教育他人。

现在教育界提出要将“应试教育”变成“素质教育”，这并不是一件容易的事，其不容易就在于它首先要将“应试教育”的老师改造成“素质教育”的老师。在“应试教育”中，老师扮演的是判官：你行还是不行；而在“素质教育”中，老师本身就应该是有高度事业追求的专家。在“应试教育”中，一个语文老师只要按大纲教育便可，但在“素质教育”中，他则要成为一个很好的文学专家。

在新中国成立前，不少中学教师后来成为大学者，如朱光潜等，就是连小学语文教师也个个吟诗作文。在这样的教育里，学生的语文成绩自然表现不一般。很多老师不仅要求学生写作文，而且自己也做。直到现在，臧克家还记得他的小学老师孙梦星写的《九日登高记》那篇范文中的佳句：“峰回路转，行行且住为佳。攀登附藤，步步引人入胜。红叶煮酒，石山题诗……”但是现在，还有几位小学语文老师、中学语文老师甚至大学语文老师在写作呢？一个语文老师不会写文章，他能把文章的美传达给学生吗？

教育的本质是自我教育，在“应试教育”里学校是很难实现这一点的，因为学校教育是一种传授式的，它的教科书经过了严格的检验，不容学生怀疑，所以爱迪生、邓肯等都受到了这种不懂自我教育的老师的戕害，而那些好的老师都无不将“教学相长”奉为自己的圭臬。对于这种教育，母亲比学校有更大的优势，正如苏霍姆林斯基说的那样：“在一个家庭里，只有父亲自己能教育自己时，在那里才能产生孩子的自我教育。”教育就是从善如流，当

但是现在，还有几位语文老师在写作呢？一个语文老师不会写文章，他能把文章的美传达给学生吗？

母亲如此做时，孩子自然如此做，我们过去的错误在于以为这种自我教育是单方面的，殊不知他首先是以教育者的自我教育换取的！

当我们的母亲面对孩子能够自我教育时，母亲的行为一定会规范，语言一定会清洁，思想一定会高尚，品质一定会纯洁，在这样的环境里，孩子的成长一定会顺利得多。

当我们的母亲面对孩子能够自我教育时，孩子的成长一定会顺利得多。

第七章

化育，向伟大的心灵迈进

耶和华神用地上的尘土造人，将生气吹在他鼻孔里，他就成了有灵的活人……

——《旧约·创世记》

但是现在，还有几位语文老师在写作呢？一个语文老师不会写文章，他能把文章的美传达给学生吗？

7.1
经师易得，人师难求

有着最好习育、教育的太子何以难以成才——打下良好基础的神童为何成才者不多——有着相同知识背景的大学生为何成才大小也不一样——教皇的养子为何比亲子成名的概率要小——高尔顿的解释并不正确，成才更重要的是在后天

那么，有了良好的习育、教育，是否就一定能成大才呢？

中国的古籍上记载，过去的圣王在太子出生以后，为了不让他看到成人不良的行为举止，都是挑选天下的君子，即那些既有学识又有道德还懂教育的人在旁边侍卫教导，同他一起生活。太子入则有太保少保，出则有太师少师，“师也者，教之以事而谕诸德者也；保也者，慎其身以辅翼之而归诸道者也”。这样太子在出生以后，见正事，闻正言，行正道，左右前后，都是正人君子，照说习育、教育俱佳，总该调教出一个好皇帝来吧。

这样培养出来的明君不能说没有，周文王、周武王便是，但毕竟太少了。一般在天下太平时这种方式还能培养出几个好皇帝，但大多数要么懦弱无力被兄弟所杀，要么就是继往承先有余，启后开来不足……那么，为什么最好的习育、教育，加上最好的条件却不能培养出一个大有作为的皇帝呢？

再如我国历史上的那些神童。

从汉朝起我国历史上就开始有组织地选拔神童，汉朝规定能背9000字以

有了良好的习育、教育，是否就一定能成大才呢？

上的孩子，可以当“史”官。东汉时，经过乡里推举出来的“孝廉”，年幼的试经及格，可拜为“童子郎”。西汉末、东汉初，太学里已出现“奇童”“圣童”的美称了。在唐朝时，科举考试专门设立“童子科”，规定：“10 岁以下能通一经及《孝经》《论语》，卷诵文十道，全通者，予官。”到了宋代，神童更是得到空前的重视，为了选拔和奖励神童，专门设“念书童子科”，文学家杨忆、宰相晏殊都是“念书童子科”出身。仅宋真宗在位期间，选为“念书童子”的神童就有 15 人。蔡伯俙被选中时年仅 3 岁，是宋代一百多名神童中年纪最小的，宋真宗特别喜欢他，曾有诗云“七闽山水多才俊，三岁奇童出圣时”，并封他“秘书省正字”的官职，让他在东宫伴太子即后来的宋仁宗读书。南宗、高宗、孝宗时选“念书童子”达到高峰，有些地方训练儿童读书风气很盛，宋高宗时录取的 27 名神童中，除 8 名籍贯不明外，竟有 14 人是从饶州来的，其中兄弟就有 4 对。

对于这些神童，应该说习育、教育都很好了吧，但是为什么这些神童最终却大多无所作为呢？宋代的 100 多名神童，除杨忆、晏殊外，史传中都找不到踪迹，那位名噪一时的蔡伯俙长大后也碌碌无为，只是借着昔日之名，向皇帝讨赏。宋高真曾为此纳闷，为什么赏赐过的神童没有一个“登科显名”呢？臣僚们的回答是，这些童子仅仅能诵读，但不懂义理、作文……

那么这究竟是为什么呢？在百思不得其解之后，人们便得出小时了了，大未必佳的结论！

到了 19 世纪，高尔顿提出优生学后，对于上述现象便试图加以科学的解释。他以遗传学为武器，认为这些神童的遗传本身并不是最杰出的，因为他们的父母不是杰出的。高尔顿认为，小时候并不容易看出谁聪明与否，到了大的时候才容易看出，为了证明自己的理论正确，他以英国的牛津和剑桥两所大学为例。

牛津和剑桥都是世界上最古老的大学之一，近千年来，始终是英国大部分最著名的人物出身地，照说进入这样一个一流的大学，在事业的成就上，所有的学生应该面临相同的机会，也就是说与家庭背景不应该有什么关系。

宋代的 100 多名神童，除杨忆、晏殊外，史传中都找不到踪迹。

但是，高尔顿发现事实却恰恰相反。这些学生的成就出乎意外地同其家世有着密切关系，即在这些学生中，其上一辈若有一个著名的父亲，其下一辈就往往有一个著名的儿子；而一对毫无表现的父母要产生一个著名的儿子，其可能性就小得多。他的研究结果是，一个著名的法官如果有儿子的话，其儿子后来也成为名人的可能性就很大，大约四个里面有一个；而一个寻常人的儿子，即在人口中随便抓出来的一个人的儿子，其可能性则极小，大约为1/4000，比前者要小1000倍。

当然，高尔顿准备好了人们的反驳。因为一般人们都会说，人的成名同社会关系有极大联系，如果父亲是一个毫无表现的人，他就丝毫不能有所凭借；相反，如果父亲是一个已经成名的人，只要父亲提携或推荐一下，效果就大不一样。

高尔顿很详细地讨论了这个问题，他认为这至少对于那些真正有远大造诣的人是不适用的，因为一个真正的天才是压不住的，即使有很大的障碍，他一样可以出来。而一个庸碌的人，则无论外界有多大的援引也不能教他成为一个天才，为此他用罗马教皇为例来说明。

在中古时代，由于教会规定教皇不能结婚，于是形成一种过继一个侄子做他儿子的传统，然后把他提拔起来。高尔顿认为，如果一个人的成名只靠际遇的话，则这种过继的儿子足以成名，其机会应该和自己生的儿子一般无二。但事实却不然，这种侄子成名的概率比自己儿子成名的概率要小得多。

因此，高尔顿认为遗传是最重要的，那“小时了了，大必未佳”的神童之所以泯灭，是他的遗传不是最杰出的缘故。

高尔顿的解释是否正确呢？我认为，高尔顿对此问题的思考和统计无疑是极有意义的，但是他的解释毕竟是100年前的，这样的解释是远远不够的。名人的儿子之所以成为名人，并不仅仅是由于先天的遗传，否则的话，那么其他3/4的名人为何就不能靠遗传生一个名人儿子呢？为什么许多名人的儿子不仅不能成才，甚至智力低下，这又作何解释呢？因此遗传绝不是最重要的，最重要的是他有这样一个名人父亲这一事实！也就是说不是由于先天，

高尔顿用遗传学为武器，认为这些神童的遗传本身并不是最杰出的，因为他们的父母不是杰出的。

恰是由于后天，是由于后天有这样一位父亲化育的结果。

对于那些不是名人的父亲，由于他们常常不能理解伟大，因此无法将孩子推向伟大。而那些身为名人的父亲，自己的体验便成了孩子最好的教材，因此他们的孩子成才极多。但如果他们不重视化育，孩子无法同他父亲的境界对话，不能接受高境界的指引，孩子便也可能堕入平庸。教皇的继子之所以成才率不高，关键就在于虽然名为教皇之子，但实际上教皇并没有家庭生活，甚至教皇同继子在一起生活的时间都极其有限，这样何谈去化育呢？那些注重了教育、化育的教皇，继子常能有所成就，而那些无此意识的教皇，孩子自然也就难以成才了。

对于太子、神童的成才也是如此，他们所缺乏的是化育，他们的老师也许满腹经纶，但却可能是一个两脚书橱。而只有一个伟大的人才能将这种伟大的境界传达给别人，因此，中国历来有一句名言：经师易得，人师难求！

只有一个伟大的人才能将这种伟大的境界传达给别人。

7.2
化育是灵魂的建设

灵魂说到底就是人的自我映象——在写作中戴高乐为什么常常用第三人称而不是第一人称来称呼自己——我们做任何事情都是在大脑中在精神里先完成的——尼赫鲁给女儿的信中充满着伟大——亚努什·柯尔恰克的永恒意义

那么，什么是化育呢？简单地说，化育就是人的精神上的教育，就是人的灵魂的建设。

关于灵魂这个问题，一直是宗教关注的对象，我们尽管也经常使用这个名词，但是却都不清楚灵魂是什么。其实灵魂说到底就是人的自我映象，也就是精神自我。人和动物的不同之处在于人有精神生活，而动物没有。关于这种精神自我的体会和感受，越是杰出的人物越是强烈和具体。

例如，戴高乐在写作中讲到他自己时，常常不是用第一人称而是用第三人称，如他会这样写“一种日益强烈的感情冲动向戴高乐呼吁”，必须“对戴高乐答复‘是’”“戴高乐将军没有别的选择”。一个记者曾经问他为什么会养成这种习惯，他的回答是，有时是为了文章风格而用第三人称，但是“更重要的理由是，我发现，有一个名叫戴高乐的人，他生存在别人的心坎里，确实是一个脱离了我的另一个人物”。

他说他第一次看到他作为著名人物所拥有的力量，是在他战时访问法属

简单地说，化育就是人的精神上的教育，就是人的灵魂的建设。

赤道非洲杜阿拉城的时候。当时有成千上万的人夹道欢呼：“戴高乐，戴高乐！”当他穿过人群时，他意识到戴高乐将军已经成为一个活着的传奇人物，一个使夏尔·戴高乐相形见绌的、比实际生活中一般人更伟大的形象。他后来说道：“从那一天起，我懂得我必须认真对待这个人，这个戴高乐将军。我几乎成了他的俘虏。在我发表演说或作出重大决定以前，我总得问问自己，‘戴高乐会赞成吗？人们会希望戴高乐这么做吗？这是戴高乐的权力和作用吗？’”“有很多事情我想做而不能做，因为对戴高乐将军来说，做这些事是不合适的。”

那么，这种自我映象、精神自我形成后又有什么用呢？

其实我们做任何事情都是先在大脑中、在精神上完成的。我们要布置新房，并不是先到家具店将家具买来了再布置，而是先在大脑中设计好家具的样式，甚至连效果都已经想象出来了，才去购买家具的。我们并不是将砖瓦运来就建房，而是先在大脑中想好，甚至动手设计出图纸，计算好多少砖瓦、木材、砂石、水泥、钢筋等才开始兴建的。我们也不是拿了钱包就上街买布，而是想好了服装的式样，然后才去买布，然后才有满意的服装。

对于人生来说也是如此。人生并不是漫无目的的，而是由精神自我设计好的。精神自我越伟大，人生也就越壮丽；精神自我越矮小，人生也就越平庸。因此精神自我对人的成长具有绝对作用。当这种精神自我形成之后，以后的生命便是去完成这种精神自我。正如日本作家夏目漱石在《梦十夜》中描写梦中的“我”看一位雕刻大师刻仁王像时的情景一样：

> “我”望着运刀雕刻的大师：“妙极了！真是想到哪里刻到哪里。这眉毛、鼻子就和想象中的一样！”也许是过于激动，我自言自语道。旁边的一位年轻人反驳我说：“你说的什么呀，那不是用凿刀刻出来的，眉毛和鼻子本来就埋在木头里，只不过是用工具把它们挖出来，就像从土里挖石头那样，绝不会错。”

> 精神自我越伟大，人生也就越壮丽；精神自我越矮小，人生也就越平庸。

大量的统计研究也证明了自我精神的重要。如心理学家E. 梯汉的研究表明，“最有未来意识的孩子会有较高的学术成就”，对于“那些把学校作业当作会给他们以未来成功希望的人来说，努力完成冗长而厌烦的作业也有一定意义”。另一项研究也从反面证明，那些未来形象模糊，没有树立未来时间观念的孩子，由于缺乏自我“预期”的愿望，常常缺乏自信和乐观精神，更多地依赖命运，学习成绩往往不甚理想。

我国有学者对100名中小学生的调查也显示，1/3学习成绩较好、各方面能力较强的学生，他们的未来形象比较明确，而且层次也较高。1/3学习成绩较差、能力也差的学生，他们的未来形象模糊，而且层次也较低。调查同时显示，学生的未来形象树立得如何，不仅影响学习成绩，而且还在很大程度上影响他们对于学科课程和课程活动选择的兴趣。如在15名未来形象清晰、层次较高的学生中，10名选课外读物的目的是辅助学习和为未来从事职业作准备，而且所选读物与未来形象有惊人的对应关系。另5名则是为了消遣和兴趣。与此相反，15名未来形象不清晰、层次较低的学生中，13人是为了兴趣和消遣，只有2人是为了辅助学习和为以后的工作作准备……

为什么精神自我对人的成长有如此大的影响呢？这是因为有着强大精神自我的人，在思想上总是提前处理有关事件的信息资料，这样就能在实际遭遇时减少处理量和缩短适应时间，因为养成预想未来的习惯比得到未来的信息更为重要，成功地对付未来冲击的线索往往存在于这种未来意识之中。在人们中间，能跟上和适应未来变化的人往往比拙劣应付的人具有更丰富、更发达的未来感，预想未来往往已经成为他们的习惯。

自我形象如此重要，然而这种自我形象又是如何建立的呢？

自我形象绝不是凭空产生的，它同样有自己的产生规则。像行为学习靠一点一点模仿、知识学习靠一点一点传授一样，人的精神形象靠的是一点一点的感化，自我形象是通过人的精神传递而形成的，它不是通过其他方式而是通过化育而形成的。

英迪拉·甘地的父亲在她成长最重要的岁月里，有10年是在监狱里度过

人的精神形象靠的是一点一点的感化，自我形象是通过人的精神传递而形成的。

的。英·甘地的学校教育也很不正规。但这一切都不能阻碍她成为一个伟大的政治家。这是为什么呢？只要看看她父亲给她写的信，就知道她的命运是如何同印度的命运紧紧联系在一起的。从很小的时候起，她父亲就同她通信，并且把他的最深刻的体会写在信中告诉她，他写的信不是一般的问寒问暖，而是帮助女儿精神成长的阶梯。

例如，在她13岁生日时，他给女儿的信是这样写的：

> 过生日你已习惯了接受礼物和祝福。你仍然会得到美好的祝福，但在耐尼监狱中我能送给你什么礼物呢？我的礼物不可能是物质的、固体的。只能是摸不到的，是精神和大脑的，比如赠给你一个美丽的童话——这是任何监狱的高墙都阻挡不了的。
>
> ……你在历史书中读到民族生活中伟大的时刻。我们读到伟大的人物以及伟大的事件，有时候在梦中、在回忆里我们想象自己回到了那些年代，像古代的英雄一样干英雄的事业。你还记得当你第一次读到贞德的故事，你是多么的神往，以及你要像她那样做人的雄心壮志吗？普通人常常是没有英雄气概的。他们只是想着面包，黄油，想着孩子，想着家庭的烦恼等等。但如果整个民族都充满信心干一项伟大的事业之时，即使是普通人也可以成为英雄，这样就产生了激动人心的、划时代的历史，伟大的领导人本身有某种能力，能激起整个民族，使之干出轰轰烈烈的事业。

在尼赫鲁的信中，字里行间都充满着伟大的气氛。正是这种精神生活的充实，才让人脱离肉体的享受而走向灵魂的世界。

体育是让身体健康成长，智育是让大脑智力健康成长，而化育是让人的灵魂健康成长。灵魂同学问是不同的，只有当一个人有了自己的灵魂时，他才能算得上是真正的人，因此教育的主要目的之一是给人以灵魂。而一个有了灵魂的人才是不可战胜的，对于这一点，波兰教育家亚努什·柯尔恰克曾

体育是让身体健康成长，智育是让大脑智力健康成长，而化育是让人的灵魂健康成长。

做出过最好的回答。

还在“二战”之前，亚努什·柯尔恰克就在他写的《当我返老还童之时》这本教育著作中，表达了他对孩子教育的热爱，但是希特勒的铁蹄粉碎了他的教育梦。德国法西斯冲进了他的犹太孤儿院，并且要烧死这些可怜的孩子，他无力拯救孩子，但却决心同孩子们永不分开。法西斯分子让他做出选择：要么离开孩子们而保全生命，要么便同孩子们同归于尽。他毫不犹豫地选择了死！面对英雄的选择，盖世太保软弱了：“戈尔德施米先生，我们知道你是一位好医生，你不必一定进焚尸炉了。”而他的回答是：“我决不拿良心做交易！”就这样，英雄决心同孩子们一起就义。而就是在这生命的最后关头，这位伟大的教师仍在恪尽职守，仍在安慰这些幼小的孩子，以不使这些弱小的心灵被即将降临的死亡所折磨，而这些孩子在直面人类最残酷的暴政时仍能从老师的身上感受到正义的力量和人性的光辉，在人生的最后时刻仍能从老师的怀里享受那人间的信任和温情，从而没有感到这个世界的黑暗和残酷。

亚努什·柯尔恰克的名字并不为多数人所熟知，但是与德国法西斯发动战争时参与和支持这场战争的那些德国诺贝尔奖获得者相比，亚努什·柯尔恰克的灵魂不知要伟大纯洁多少倍。

而所谓化育，就是将灵魂从肉体中不断提升的过程，就是让灵魂不断充实和净化的过程！

所谓化育，就是将灵魂从肉体中不断提升的过程，就是让灵魂不断充实和净化的过程！

7.3
祖荫现象：是阴德还是阳功

并不出色的父祖，何以突然涌现出许多杰出的后代——果报论、风水论有道理吗——徐氏“一门三鼎甲”果真是遗传的缘故吗——吉地并不难找，根子在于心地——先辈修的不是阴德，而是实实在在的阳功——孩子是给我们成就伟业的一次机会

当我们明白化育的原理时，我们就可以来认识历史上我们常见的一种家族现象——祖荫现象。

现代人才学对家族现象已经研究得不少了，但是人才学里所研究的却似乎只有一种模式，那就是从前几代发迹，到后几代达到高峰，即一种由弱渐强的模式，而对于家族现象中那种前几代似乎毫无作为，但到了某一代后却突然涌现出许多杰出人物来的这一模式却极少涉及。一个出色的父亲生一个出色的儿子人们好理解，但一个并不出色的父亲生出了一批出色的儿子人们便无从理解了。

而这一现象历史上并不少见。汉朝时就曾有过“于公必有高门庆”的佳话。说东海郯人于某，一次，他住的巷子重修大门，他要求把大门修得高大一些，好通行驷马高车。周围邻居都极不理解，而他却解释说：我虽然是一个小小的狱吏，但我办案公平，从不冤枉好人，我的儿子中必定会有做大事的。后来其子于定国果然官至丞相！

并不出色的父祖，何以突然涌现出许多杰出的后代。

对于这类现象，前人无法说明，只好解释为天意，因此那些家世寒微而成就杰出者，总被后人渲染得神乎其神。例如，汉高祖刘邦就被说成是其母与神交遇的结果，其时雷电晦冥，一条蛟龙正在房顶上；而他经常赊酒的酒店老媪，在他醉倒时也常见其上有龙；连秦始皇也被搬来印证他是真龙天子，说东南边有天子气，于是出游以镇服，刘邦害怕秦始皇发现自己，总是东躲西藏，而吕后却每次都能很轻松地找到他。刘邦很奇怪，吕后说你躲的地方上面常有云气，照此找总能找到你……编得有鼻子有眼。

不仅历代统治者都为自己编造了得天命的神话，就是文人学士也常有类似的传说。因此，即使是孟子这样伟大的学者，他也说："五百年必有王者兴，其间必有名世者。"他甚至论证道："由尧舜至于汤，五百有余岁……由汤至于文王，五百有余岁，由文王至于孔子，五百有余岁……"

自佛教传入后，对这种现象的解释又进了一层，那就是果报论。果报之说，在中国古代就已有相当的市场，"作善降之百祥，作不善降之百殃"，但佛教传入之后，这一说便强劲起来。

清乾隆期的状元胡长龄，其父是一个小小的州衙文书。有一次他承办盗案，一伙犯人抓获后都招供了，于是很快定了案。但是如果照供词上"纠集一伙人从大门进入……"属明火执仗的抢劫，无论主犯还是从犯都得处死。其父觉得有点蹊跷，仔细一查，发现这些人都是穷得揭不开锅才偶然为之的，并不是真正大盗，于是就对州官求情，州官推辞说："上面催得紧，来不及重写供词了。"于是胡父仅仅要求在"大"字上加一点，成了"从犬门入"，这样罪行轻了许多，救了十多个穷人的性命，因此人们就说胡长龄大魁天下是得了父亲救人之报。

堪舆之说盛行后，人们又用风水术说明这一现象。认为是祖先的墓地或宅地较好，因此荫及后人，这样的例子在科举时代极多。

钱泳的《履园丛话》中有这样一例：苏州吴氏的祖坟，明朝时埋在胥门外桐泾，与七子山相对，有风水先生看到这块地之后便说："这是块好地，每逢壬戌当发，不过都是先旺女家。"结果呢，当然不错，"嘉靖壬戌，申文定

对于这类现象，前人无法说明，只好解释为天意，因此那些家世寒微而成就杰出者，总被后人渲染得神乎其神。

公时行中状元，申为吴婿。天启壬戌，陈文庄公仁锡中探花，陈为吴甥。康熙壬戌，彭太史宁求中探花，彭为吴婿。乾隆壬戌，陆明府桂森中进士，陆为吴甥。嘉庆壬戌，吴裔孙棣华殿撰廷琛始中会状。道光壬戌，延琛堂侄钟骏又中状元”。同样说得不容置疑。

相对于果报论，风水论完全是一种倒退，因为果报论还有一种精神上的承接关系，而风水论则完全将这种精神上的化育代之以简单的地理解释，因此自然不能验证的例子也极多。

据传范仲淹寻觅墓地时，风水先生告诉他，他所选中的那一块地是“绝地”，若下葬于斯，其子孙便难以为继。范仲淹想，既是绝地，不如由范氏去葬了，免得别家上当，结果范氏不仅没有绝后，相反却人才辈出，当今的画家范曾就是他的后裔！

《履园丛话》中也有这样一个例子，说有一蒋姓家要改葬，风水先生说，这块地方好是好，但不利于长房。这事让长房的媳妇盛夫人听了，便对儿子说，兄弟那么多，如果仅仅不利于我们一房，那有什么关系呢？改葬的结果非但不验，相反长房的科甲名宦几世不绝。潘光旦对此评论说：蒋氏盛夫人的那种见识，要超出寻常女子千千万万，有这种女子做一家之主，家教自是蔚然可观。这种人家不出人才，谁家出人才？

其实上述两例之所以风水不验，不仅在于其本身是无稽之谈，而且更在于例中的长辈境界高远，才使其后代人才不断，否则纵是没绝，也出不了人才！

到了近代，随着科学的普及，遗传又被当作这种祖荫现象的唯一合法的解释了。

在清初，江苏昆山的徐氏兄弟出了三个鼎甲，徐元文中了状元，徐乾学和徐秉义都中了探花。出了这样的“一门三鼎甲”后，人们马上联想到他们的父亲徐开法，曾有某寇抓了几十名妇女锁在他家的空房里，并严命他监守，结果他把她们全放回家，然后又遍搜兽骨，将它同房子一同烧了，等该寇来时说不幸遭火，人房俱毁；又想到他们的祖父，因为在一次大水灾时，他曾

到了近代，随着科学的普及，遗传又被当作这种祖荫现象的唯一合法的解释了。

促成开仓放粮救活了无数性命等，于是人们就有了各种各样的解释。

面对这些解释，潘光旦认为都是不可信的。他认为，徐氏兄弟的成功在于遗传与教育，徐氏原是有根柢的旧家，所与婚媾的也是旧家，“三鼎甲的父亲开法，娶的便是顾亭林的妹妹，所以三鼎甲就是顾氏的外甥。两个有根柢的血源，合在一起，产的果实总要比通常的肥大些”。“徐氏兄弟既有了优越的遗传，再加上当时科举文化的遗业，清朝初年，天下大定，朝野都能以文教相尚，所以际遇又比别的时代要强——种种因缘凑合的结果，一门就出了三位鼎甲。”

潘先生的话大抵不错，但像这样有根柢的旧家婚媾在当时不说成千上万，至少也有成百上千，但为何恰恰是这一家呢？显然潘先生的解释仍难令人信服。徐氏之所以“一门三鼎甲”，我以为与三鼎甲的母亲顾氏的化育也许更有关系。

顾氏是顾亭林的妹妹，顾亭林从小过继给他的叔叔，由于叔叔早逝，由婶母王氏一手抚养成人。在很小的时候，婶母就教他识字读书，王氏可谓是母教的典范，这在她最后的所作所为中可以看得清清楚楚。1645 年，清军南下进兵苏州，顾氏全家都积极投入到战斗中；在昆山保卫战中，他们一直坚持了 21 天，最后才因寡不敌众被清军攻破城池，顾亭林的四弟和五弟都壮烈牺牲，生母何氏也被清兵砍断了右臂，而婶母王氏更是绝食而死，临终时还对顾亭林说：“我虽妇人，受国恩，与国俱亡，义也。汝无为异国臣子，无负世代国恩，无忘先祖遗训，则吾可以瞑于地下。”顾亭林也至死都不曾屈膝过清朝统治者，由此可以想见顾氏一家的风节！有这样家庭出身的母亲，孩子能不发愤读书吗？因此，三鼎甲不仅是遗传与教育的结果，我以为更是精神化育的结晶，这样有根柢的旧家婚媾可以成千上万，但由于缺乏如此高远的境界，自然产生不出这样的结果。

潘光旦是我国优生学的创始人，他的研究极有可取之处，但是他过于强调生理上的遗传了，其实他研究的现象相当部分正是社会遗传的习育，正是精神遗传的化育所致！

显然潘先生的解释仍难令人信服。徐氏之所以“一门三鼎甲”，我以为与三鼎甲的母亲顾氏的化育也许更有关系。

上面的例子由于资料所限不便分析，这里我们不妨看一看欧阳修写的《泷冈阡表》一文，而祖荫现象正是这种家庭化育的一种表现形式。

欧阳修 4 岁时父亲便去世了，其父死时虽为州府主管刑狱的推官，但却房没留下一间，地没留下一垄，是一个清廉自洁的清官。他的母亲郑夫人这样说道："我靠什么守节呢？是因为我了解你父亲的为人，我知道他一定会有好的后代，因此对你有所期待。"

欧母为什么会这样说呢？原来欧父为官时，常常夜里点烛批阅案卷，有时还不时地停下叹息，一次欧母问他其故，欧父回答说："这是一个死刑案子，我想给他一条生路却做不到啊？"欧母不解："难道生路也可求得吗？"欧父回答说："想给他一条生路却不可能，死者和我都没什么可怨恨的了。况且有时还真能给罪犯找到一条生路呢。因为能得到生路，就知道如果轻率地处死一个人，死者是有怨恨的。像我这样想为死囚求条生路，还有时因失误而被错判死刑，何况有些为官的人却总是想方设法把人处死呢？"这时他回头看见奶妈正抱着欧阳修站在旁边，便叹息说："算命先生说我活不久了，我不能看到孩子成人了，但他长大后一定要把我的这些话告诉他。"

由于欧父的所言所行，欧母从心底里敬佩，这种精神又通过欧母传给了欧阳修，正是这种精神上的认同，欧母才克服了那些常人难以想象的困难，以大地为纸，以荻杆为笔，教孩子识字断句，终于把欧阳修培养成了一代文宗。

今天我们在叙说欧母画荻的故事时，我们是很难体会到欧母那种坚韧不拔的精神的。当我读到欧阳修的这篇文章时，我才真正地感到欧母的伟大，这种伟大是常人所不能具有的，正是欧父、欧母的伟大，才最终让欧阳修成了一个伟大的人。

无论是天意论、果报论、风水论，这种祖荫现象都常被解释成阴德论，一个人的成功总爱被解释成阴德所致，因此许多成功人物也有意无意地把功劳归之于祖上的阴功，如苏轼就有"我家布韦三百年，只有阴功不知数"的诗句。这种阴德积了一来可以让当事人死后升入天堂，二来可以荫及后人。

> 正是这种精神上的认同，欧母才克服了常人难以想象的困难，以大地为纸，以荻杆为笔，把欧阳修培养成一代文宗。

的的确确有不少为邻里做好事、修桥补路、乐善好施的人的后代发达了，其实这并非是阴德阴功在起作用，而是当前辈这样做时，有意无意间让后辈习、化到了这种良好的范式和精神，这样当后辈进入社会后便青云直上。修的不是阴德，而实实在在是阳德；修的不是阴功，而实实在在是阳功；是为后代开路造福，正所谓“吉地并不难找，根子在于心地”。因此我们每个人都需要对自己的心灵负责并让行为检点，因为这种崇高是送给孩子的无价之宝！

不过话又说回来，先辈的品德、精神不仅会影响后人，而受惠于其先辈的那些人的确常把对其先辈的感激回报给他的后人，从而帮助其后人成长。从这个角度来看，阴德说确有其一定的道理。

梅兰芳的祖父梅巧玲，孤身一人从戏徒奋斗到四喜班的老板，深知人生甘苦，因此极重人情。他同京官御史谢梦渔交谊甚厚，谢一生廉洁，家境窘迫，凡遇到急需的时候，梅巧玲总是诚恳地送钱帮助他渡过难关。而谢每次拿到借款，不论数目多少，总是亲笔写一张借据送给梅家，这样共积欠了三千两银子。后来谢病故了，梅巧玲前去吊祭，把这一叠借据拿出，谢家人惶恐地说：“这件事我们都知道，目前实在没有力量，但是一定会如数归还的。”没想到梅巧玲却摇了摇头说：“我不是来要账的，我和令尊是多年至交，今天知己云亡，非常伤痛，我是特意来了结一件事情的。”说完便把这一叠借据放在灵前的蜡烛上烧了。然后还拿出三百两的银票交给其家人……

梅巧玲不仅对朋友仗义，对本班的演员也极为厚道，当时皇帝、皇太后死了称为“国丧”，一百天内不准动响器，遇到这样的情况，小班解散，大班只发半份工资，而光绪元年竟两遇“国丧”，但梅巧玲却借债给演员们发全额工资。梅兰芳的开蒙老师吴菱仙常对他说：“你祖父待本班里的人，实在太好，逢年逢节，根据每个人的生活情形，随时加以适当的照顾。我有一次家里遭到意外的事，让他知道了。他远远地扔过一个小纸团儿，口里说着：‘菱仙，给你个槟榔吃！’等我接到手里，打开来看，原来是一张银票。”

梅兰芳的天分并不出色，曾经被人讥评“祖师爷没给你饭吃”！但是，在怀有一种报恩心理的吴菱仙面前，梅兰芳成为他涌泉相报的对象：“吴先生对

我们每个人都需要对自己的心灵负责并让行为检点，因为这种崇高是送给孩子的无价之宝！

我的教授法，是特别认真而严格的。跟别的学生不同，他把大部分精力都集中在我身上。好像他对我有一种特别的希望，要把我教育成名，完成他的心愿。……吴先生同情我的身世，知道我家道中落，每况愈下。要靠拿戏份来维持生活。他很负责地教导我。所以我的进步比他们快一点，我的出台也比他们早一点。”

为此，梅兰芳曾深有感触地说：“我能够有这一点成就，还是靠了先祖一生疏财仗义，忠厚待人。吴先生对我的一番热忱，就是因为他和先祖的感情好，追念故人，才对我另眼看待。”

尽管祖先积德，子孙受益，但这种受益更主要的是对子孙品行的影响上，而不是当时的受益者对其后人的帮助上，外界的帮助仅仅是外因，外因是要通过内因才能起作用的。现在时常看到一些年轻妈妈这样在给孩子开窍：“都一样的交钱，凭什么在幼儿园里我要让梨，凭什么在车上我要让座……”这些妈妈看似聪明，实则愚蠢至极，说得严重些是断孩子的路，这样的人没有一个人愿意和他做朋友，而天地之间没有一个朋友的人该是何等可怜，这样的自私自利者不可能获得幸福！

与这种祖荫现象相连的是地荫现象，也就是一个地方一个时期里出现了不少著名人物，如我们常见到的将军县、教授县之说，其原理同祖荫现象一样是化育的结果。

这类例子在我国俯拾即是，人人都能道出几个，但大多都打上风水的印记，因此对化育一说甚至不以为然，我这里仅举一个不信风水的获诺贝尔物理学奖的科学家瓦尔斯的例子为证。

瓦尔斯是荷兰的一个贫家子弟，连中学都无法读完就去做工了。但是他的父母不愧为一个培养诺贝尔奖获得者的伟大父母，他家的隔壁有间破旧的小屋，曾是欧洲著名思想家莱顿·约翰的故居，每当孩子自学遇到困难时，他的父母就把他带到这个“邻居”那里，语重心长地对他说：“约翰也是个苦命的孩子，曾做过裁缝、小贩，但经过长期自学和刻苦钻研，取得了极高的成就，他虽然只活了短短的27个春秋，但却创造了独树一帜的哲学理论，他

与这种祖荫现象相连的是地荫现象，也就是一个地方一个时期里出现了不少著名人物。

能通过努力有所作为，你为什么不能呢?”

古老的莱顿城中心，有一个小广场，那里竖立着荷兰大画家伦勃朗的塑像，他的父母经常给他讲述这位大画家的身世及奋斗史，在这种激励下，瓦尔斯每天清晨上班，总要绕道去广场一次，在瞻仰的同时暗下决心：“您也是我们莱顿人，您家比我家还穷，您原来做油漆店的学徒，学习条件并不比我现在好，却靠自学成功了，我要好好向您学习啊!”

正是这样不断地受到激励，瓦尔斯才在以后的奋斗中取得了杰出的成就。不解的人可能会说，这个地方风水好，一块宅基上长出了两个伟人，殊不知这一切都是化育的结果，是因为他有这样一对好父母，而非有这样一块好宅基，否则这块宅基上该不断出伟人才是，为何在莱顿·约翰之前与瓦尔斯之后就不出伟人呢?

对于我们自己的父母，我们已无法重新要求，我们在埋怨自己父母、羡慕那些伟人父母的同时，其实完全可以将自己塑造成这样的父母。我们自己也许不能成就伟大的事业，但我们可以成为一个伟大的人!固然世间以伟大的事业来作为伟人的门票，但是，在教育孩子上并不需要这些显赫的成绩，而只需要你的那种对伟大的理解与体验。我们不能成就伟业，那并不仅仅是我们自己的过错。但是，如果我们不去做一个能理解伟大体验伟大的人，则是我们的过错；而如果体验了理解了这份伟大而不能传达给孩子，从而让孩子点起自己那燃烧的对真理、伟大追求的火炬，那则是一种太遗憾和太不应该的过错了!

我们自己也许不能成就伟大的事业，但我们可以成为一个伟大的人!

7.4
童年是化育的最好时期

我与物：从空间上进行社会分娩——生与死：“爸爸的死到底什么时候才能结束呢?”——灵与肉：“面对我们的骨灰……”——气概与理想：气概是感光，理想是显影——理想是气概的实现，气概是理想的支撑——自居心理在气概中的作用

在电视上我们常常可以看到这样的场面，主持人或记者在面对孩子时，常常会问他们：“长大了做什么?”于是小朋友们纷纷举手争先恐后地告诉他们的想法。但是在面对成年观众时，主持人或记者几乎从来不会去问：“你们的理想是什么?”即使有这样的提问，成年观众也面露尴尬不知所答。面对成年观众，类似的提问多如这种问话形式出现：“假如您能重新选择一次生活的话……”或者是：“假如还有来生的话……”

这是为什么呢?

这是因为，对于孩子来说，这个时期正是他们自我形象形成的阶段，在这个阶段里他们精神的成长状况如何将直接决定孩子成为第几流的人，也就是说这个时期是决定孩子自我形象的体积和能量级的时候。这种自我形象的体积和能量级等构成的正是孩子的气概，而理想正是在气概这个基础上产生的。理想的实质就是通过什么途径来实现自己的形象，是自我形象从气概的朦胧阶段到实现的清晰的过程。相对于理想来说，气概更为本质、重

一个人的精神发育越健康越彻底，灵对肉的支配力量就越大。反之，肉对灵的作用越大，气概则越小。

要，因为理想只有在气概的托护下才不会掉下地来。但对于成年人来说，这个阶段早已一去不复返了。因此主持人或记者才不会对成年人提出这样的问题。

为了便于人们对这个问题的认识，我们这里不妨对人的自我形象成形的几个阶段加以分析。

人的自我形象成形的第一个阶段是“我与物”的分离阶段。

初生乳儿混沌未开，分不出我与非我，也不知自身的存在。他们把自己的手或脚放在嘴里吮吸，就像是吮吸自己以外别的东西。因此当他们长了几颗牙齿以后，常常会自己把自己咬疼而哇哇大哭。而到1岁后，由于大人给他起了名字，并用名字叫他，渐渐地他便把大人称呼他的那个名字当成他的代号，并开始把这个代号与自己联系起来。这个时期幼儿还不能理解他和物质世界是分离的。在玩捉迷藏的游戏里，他先把别人的脸蒙起来，就算是自己藏起来了；然后他把蒙着的脸揭开，便以为是找到了……

但是到3岁以后，幼儿便逐渐把主体和客体分开，把自己的身体和外界的物体分开。这时他才发现自己只是对立的一面而不是两面，他不是客体而是主体，这时才出现I和me，即同是自我，I是观察者，是主体，me是被观察者，是客体。这时他才学会正确地使用第一人称代词“我”。

孩子学会正确使用“我”是一个非常巨大的进步，因为“我”不是一个一般的代号。只有在对自身这个主体有了认定之后，才能懂得“我”的含义，因此掌握“我”比掌握自己的名字要困难得多，因为一个人的名字不因场合、关系而变化；而“我”则在一定的条件下会被他人称之为“你”或“他”。家庭宠物也能对它们的名字起反应，但却绝不会对“我”起反应。只有到这时，才表明幼儿意识到了自己，才表明幼儿开始有了明确的自我感或自我意识，也就是说这个时候他才脱离了动物性而具有了人性。

人的自我形象成形的第二个阶段是“生与死”的分离阶段。

当孩子能区别主体与客体时，这时他能意识到自己与别人的不同，但是他还不能理解生死，即使他知道所有的人都会死去，他仍相信自己是永存的，

当孩子能区别主体与客体时，这时他能意识到自己与别人的不同，但是他还不能理解生死。

仍相信自己是非常特别的一个，认为自己可以逃过这样的规律，如同古代帝王相信长生不老那样相信永生，相信生命的永远。

乔治·桑的父亲在她4岁多的时候去世，对于这一事件她在自传中是这样写的："然而我终于懂得了什么是死亡，只不过我似乎不相信它是无可挽回的。我无论如何也无法理解怎么会是永久的分别，自己再也见不到父亲了，所以渐渐地我又开始调皮玩耍，就像我那种年龄的孩子一样天真烂漫、无忧无虑。"她甚至会对悄悄哭泣的母亲说："爸爸的死到底什么时候才能结束呢？他很快就会回来看看你吗？"

但是，当人终于有一天大梦醒来，发现自己也会死去，人类个体所经历的一次最大的恐慌与危机便开始了。

维纳是这样回忆他的这一阶段的："我第一次强烈地意识到死亡这一事实。我往往屈指算算我已度过的14年零6个月的岁月，约略估量自己今后的寿命，以及对此可抱的希望。每读一本小说，我总是要算清楚书中人物的年龄以及他们还有多少年可活。我总是要查明一些伟大的著作的作者生平，推算出他们写作这些著作时的年龄，以及此后活了多少年。"

同维纳对死亡的恐惧不同的是罗素。罗素2岁时，母亲和姐姐因患白喉病而相继去世。一年半后父亲也去世了。他5岁的时候就开始郁郁不乐地计算着，如果活到70岁，那么自己还得苦熬14个5岁的时光。三年后，曾担任过英国首相的祖父也去世了。祖母成了他的抚养人。性格的开朗与环境的压抑让他很小就想自杀！

这两个阶段对自我形象的成形意义非常重大，第一个阶段将人的形象作了空间上的限定，第二个阶段将人的形象作了时间上的限定。但是正是这种限定为人的精神世界的发展提供了条件，从而进入了人的自我形象成形的第三个阶段即"灵与肉"的分离阶段。

如何能从死亡的恐惧中获得解脱呢？这时自我开始同自我进行对话，这时便开始了人的终极关怀。那些真正聪慧的孩子开始正视这一不可逆转的事实，开始从伟大的事业中寻找自己的坐标，这个时候他的精神世界会有一个

当人终于有一天大梦醒来，发现自己也会死去，人类个体所经历的一次最大的恐慌与危机便开始了。

质的飞跃。生命觉醒了。灵魂的 I 便逐渐成为主导，推动着肉体的 me 去实现人生的目的，越是伟大的人物，其精神活动越是成为其本质，其肉体越是成为其实现精神目的的工具。例如，上面的维纳和罗素便是，维纳已经在伟大的创造里寻找庇护，而罗素说他之所以没有自杀，是数学的魔力拯救了他，他 11 岁时就已经完全惊异于几何演绎推理，15 岁时就认为数学规律有如君主专制的皇帝一样统治一切。

“灵与肉”的分离阶段是人的自我形象成形的最重要的时期，这个时期灵的 I 必须成为肉的 me 的指导者，正如马克思在他 17 岁中学毕业时所说的那样：“如果我们选择了最能为人类福利而劳动的职业，那么，重担就不能把我们压倒，因为这是为大家而献身，那时我们所感到的就不是可怜的、有限的、自私的乐趣，我们的幸福将属于千百万人，我们的事业将默默地、但是永恒发挥作用地存在下去，而面对我们的骨灰，高尚的人们将洒下热泪。”那时他就想到虽然自己将不可避免地变成骨灰，但是他所从事的事业是属于千百万人的，并且是永恒发挥作用地存在下去！

这种“灵与肉”分离的灵魂的精神的成长便形成一个人的气概。在这个时期自我不仅将回答自己将如何度过一生，而且他的精神气概也将决定他人生的规模。一个人的精神发育越健康越彻底，灵对肉的支配力量就越大。反之，肉对灵的作用越大，他的动物性越显著，气概则越小。

但是灵与肉的分离所形成的气概并不等于现实，因此在“灵与肉”这个阶段之后，还有一个人的自我形象最终呈现的阶段。这个阶段便是理想的实现阶段。

在气概的基础上，自我便会选择实现的方式、途径与领域，这种选择才是所谓的理想，这时的理想才不是空中楼阁，才是可实现的愿望。没有气概支持的理想只能是幻想，甚至是空想、妄想，因为它随时都可能消逝改变。唯有建立在气概之上的理想才是真正的可以实现的理想。

例如，高尔基的气概是与法拉第一样的能量级，但是在由气概转变成现实的过程中是经过了许多尝试的。起初他爱好戏剧，干完一天的活后就到集

“灵与肉”的分离阶段是人的自我形象成形的最重要的时期，这个时期灵的 I 必须成为肉的 me 的指导者。

市上去看戏，有时还上台扮演一些跑龙套的角色。他热心地学习表演，盼望能演一些重要的角色，结果不能如愿。继而他又想成为一名马戏演员，把身骨练了很久并到马戏团报考。但那里的人却告诉他："你来晚了，你的岁数太大了，骨头太硬了。"学马戏不成，他又偷偷地学着写诗，写了厚厚的一本，结果又被送阅的人批为"我觉得你的诗很难懂"，他又只好把诗稿扔进炉火里。

之后，高尔基漫游了几千俄里，在一个城市的铁路上工作，遇到了一位流放的革命家卡留日乃，高尔基对他讲自己流浪生活中的遭遇，当他讲到一次遇到吉卜赛人的情形时，卡留日乃站起来抓住他的肩膀，将他领到另一间房子里说"你把你说的故事写下来，写不好，我不放你出去"。由此为契机，高尔基的创作一发而不可收，终于成了一个世界级的伟大作家。

纵观人的精神发展的几个阶段，最重要最关键的不是最后的理想实现的显影阶段，而是在童年、少年气概形成时的感光阶段，这个感光阶段形成他人生的规模，这个时候他并没有具体的职业意识，但是他却有了明确的流品的意识。也就是说，他将来是否成为科学家他并不知道，但他却在潜意识中已经知道自己的将来是"一流的"还是"末流的"，是"杰出的"还是"平庸的"。理想是一个名词，而气概早在这个名词之前就加了定语。如果某个人的气概是"杰出的"，那么理想不过是在这杰出的后面填空，填上科学家、作家、政治家之类的职业名称而已。就像高尔基一样，他首先是伟大的高尔基，然后才是伟大的作家高尔基，如果高尔基没有选择文学，而是选择表演、马戏，那么他会成为伟大的表演艺术家或马戏表演家。其之所以没有选择表演和马戏，是因为这几项他的条件不好，不能达到与他气概相匹配的高度。他最终选择文学，是因为文学能够将他的气概最好地显影。

这是一个非常有意思也是一个非常重要的概念，对于这个问题历史上也有不少学者阐述过自己相同或不同的看法。

美国教育心理学家卡特尔曾经研究过 1000 个美国科学家的家世，其研究的结论是："一个达尔文如果生在 1809 年的中国决不会成其为达尔文，而生

就像高尔基一样，他首先是伟大的高尔基，然后才是伟大的作家高尔基。

日相同的一个林肯如果没有黑奴战争的关系也绝不会成其为一个林肯。如果把这两个婴儿在出生之后，即对调一下，则英国即不会有达尔文，而美国也不会有林肯。”他强调的是后天教育的重要。

但是潘光旦对此却不以为然。他说，我们论人才，可以从两个方面，一是方向，即才智走的是哪一条路；二是造诣，即才智的成功到达了什么程度。前者的决定，大半由于环境，而后者的决定，则大半由于遗传。因此，他认为，一个人的才智如果属于上品，那么不成功于此，必成功于彼，因为许多的学问或事业所用的才智原是共通的。环境或际遇所能决定的也许只是某一门学问，或某一种事业，但若把他安放在别的学问或事业之中，他的成功与成功的程度还是大同小异的。达尔文如果生在美国，也许不能成为我们历史上所认识的达尔文，但他也绝不会湮没无闻。而如果生在中国，他大概是一位朴学大师，并且地位要在许多嘉道年间的学者之上……

我以为，他们都有各自的道理，原因在丁对前提的理解不同，其头潘光旦也没有否定卡特尔，只是对他的结论作了补充。我在这里同样对潘光旦的结论作补充，那就是达尔文之所以不会默默无闻，原因不在于他的生理遗传如何优秀，而在于后天的化育让他养成了这样一流的气概。先有了一流的达尔文，而后才有了一流的生物学家达尔文！

因此，先有气概后有理想的实现。每一个人都实现了自己的理想，但是都不过是实现了同自己气概相当的理想。正因为这样，童年时的气概培养才显得如此重要。

关于童年气概的重要，我们在看人物传记时常常都会对传主幼年时的不同凡响留下极深刻的印象。这一点也可以反证气概对一个人的最终成就的巨大作用。这里我们不妨选择司马迁《史记》中关于秦末汉兴时的几位历史人物来做一见证。

向秦代苛政挥出第一刀的陈胜小时候穷得只能给人帮佣，可就是这样他在田间休息时还对一起干活的人说：“苟富贵，毋相忘。”面对一阵嘲笑，他的回答是：“燕雀安知鸿鹄之志哉！”灭秦立下头功的楚霸王项羽，小时候既

每一个人都实现了自己的理想，但是都不过是实现了同自己气概相当的理想。

不读书又不习剑，因为他要“学万人敌”。面对秦始皇的车队，项羽说出的是“彼可取而代也”，而刘邦则“喟然太息”：“大丈夫当如此也！”韩信家贫，母亲死了连安葬的钱都没有，但他却选了一个高丘安葬了母亲，说将来要让万户人家为其母守坟。司马迁壮游到淮阳，“余视其母冢，良然”。陈平家贫，只能去给人家做丧事办祭祀为生。可他分送肉食时非常均匀，主祭的老人赞扬他，可陈平的回答是，就是给我天下来分，我也会分得像肉一样的好……

那么，这些风云人物的豪言壮语是否是常见的儿童大话呢？否，气概同大话的区别在于它随时随地地洋溢出来，不仅在说话上同样在行动上。例如，刘邦正是因为“贺万钱”这一举动才打动吕公而将宝贝女儿吕雉嫁给他的，而韩信对给他饭吃的漂母说的是“吾必有以重报母”，仿佛不是他在乞食，而是漂母在求他，在他身上投资！

我国有学者在对古今中外500多位杰出人物的研究中同样注意到了这一现象。他从这些杰出人物的自传、书信和评论材料中分析发现，大约有85%的杰出人物在8岁前就已显露了对特定事物的浓厚兴趣，并能专心致志地长时间考虑这些东西，初步确立了自己今后的事业目标。其中，有62%的人在13岁之前已初步表征了某些显著的精神定向特点和思维情感品质：对平凡事物的新颖见解、想象力的深刻和广泛、在玩耍中善于发现和思考、喜欢静处独思、怕羞和不爱社交、尝试写作与弹琴绘画、对自然现象寻根问底的态度等。也就是说，这些杰出人物不仅在很小时候已经养成了气概而且也在气概里寻到了未来的某些理想的特征。

为什么这种气概的养成是在童年和少年这个阶段呢？这是因为在生死问题之后，就会立即过度到灵肉问题，在生死不分时，孩子有一种普遍的自居心理，即认为自己就是想象中的人物。到灵肉阶段时，如果他的智力、精神发育较好或化育得及时，这种对整个天地的自居作用就可以很好地过渡到灵对肉的自居作用，从而让灵魂引导肉体去实现自己的目标。

自居心理让自己成为自己的救世主。所有杰出人物，这种自居心理都是

大约有85%的杰出人物在8岁前就已显露了对特定事物的浓厚兴趣，并能专心致志地长时间考虑这些东西。

最根本最普遍的。这些人都是生活在精神中想象中和灵中梦中，并且以这种自居的态度对待生活中的每一件事。但是一旦错过了这一时机，没有灵魂来承接对肉体的这种自居作用，这种自居便会慢慢消失，精神就失去了对肉体的控制，精神就会成为肉体的奴仆，就会成为没有灵魂的人，就会成为酒囊饭袋，就会成为行尸走肉，就会成为马克思说的变成了一头牛而只顾自己身上的皮。

自居心理让自己成为自己的救世主。所有杰出人物，这种自居心理都是最根本最普遍的。

7.5 母亲是最好的化育者

自我形象不是与生俱来的，它是不断拼装、裁剪的结果——母亲的梦生现象说明了什么——假孕现象也许能揭示女性心理的另一面——母亲的期待与皮格马利翁效应——如果母亲的习育基础没有打好，父亲化育就会出现拿撒勒现象——塾师、牧师的孩子成大才者众，为什么今天教师的孩子却不再如此——母亲父亲共同缔造好儿童

自我形象并不是与生俱来的，是不断拼装、裁剪的结果，而在这最先的拼装与维护过程中，母亲无疑是最重要的。

为什么母亲在孩子自我形象的建造中扮演最重要的角色呢？

这是因为母亲和父亲不一样，在历史上一个女人是无法实现自己的社会价值的，她的社会价值只能曲折地通过自己的孩子来表现。因此，父亲的社会奋斗让他不可能顾及孩子，因为他要在社会中实现自己的价值，而母亲则有可能把希望寄托在孩子身上，因此，她对孩子常有一个预先的期望，也就是有一个预先的形象，能说明这点的是历史和现实中非常常见的“梦生”现象。

例如，李白的母亲生李白时梦见太白星，故命其名“白”，字“太白”；岳飞母梦大鸟飞止于其屋而生岳飞，故命其名“飞”，字“鹏举”；陆宰妻梦见前辈词人秦观（字少游）而生下第三子，故命其名“游”，字“务观”；吴

自我形象并不是与生俱来的，是不断拼装、裁剪的结果，而在这最先的拼装与维护过程中，母亲无疑是最重要的。

佩孚母梦戚继光（字佩玉）而生下他，故命其名“佩孚”，字“子玉”；上官婉儿的母亲生她时梦见一巨人送来一杆大称，并说持此可称量天下；马步芳的母亲生他时，梦见一只大青蛙跳入房中，于是马步芳将青蛙看作是自己的“真形”；阎锡山母生他时，梦游五台山，并从寺中将他抱出……

不仅中国如此，西方也是如此。传说但丁的母亲生他之前，梦见在一片青翠的草地上，有一棵高大的桂树，桂树下有一清泉，她站在桂树之下生下了一个男孩，男孩一落地便吃桂树叶，饮清泉水，转眼间便长成为一个牧羊人，当他用双手攀桂树时，由于用力过猛，跌了一跤，他站起来时，不料却变成了一只美丽的孔雀。母亲从梦中惊醒后生下了一个男孩，这就是但丁！

梦生现象不仅以母亲分娩前梦见生产这一生理现象著称，而且更以其梦与其子后来经历的相似而成为历史上极富趣味的一个话题，中国名人大多“应验”了母亲的美梦，就是西方也是如此。就拿但丁母亲的那个美梦来说吧，薄伽丘就认为是对但丁一生经历的最好象征：诞生在桂树下，预示着但丁的未来将是一代大诗人，因为众所周知，代表诗人荣誉的冠冕是用桂树叶做成的；长大成了牧羊人，暗示但丁后来踏入政界，牧羊人含有民众的领导者和保护者之意；双手努力攀折桂叶，象征他呕心沥血地创作不朽的诗篇《神曲》；变成孔雀，象征他死后留下的伟大诗篇绚丽多姿……

其实仔细想来梦生现象并不难理解。当一个胎儿在自己的身体里一天天地长大时，一个母亲是回避不了对他前程的勾画的。我们普通人口袋里只要有几块钱都会想怎么去用，更何况是一个伴随自己已十个月的生命呢？这种梦生其实就是母亲心愿的一种折射，正如人们常说的那样：日有所思，夜有所梦！母有所想，才有所梦。陆游母之所以梦见了北宋大词人秦少游，是因为她喜欢他的词，他绝对梦不到古希腊的柏拉图！母亲是一个发烧友，孩子自然也会成了发烧友。因此梦生现象只能说明，孩子的自我形象在他还没有出世之前，母亲就开始用她那双细腻纤巧的手在雕琢了。

而一旦孩子出世，她的期望便变成她的行动，她要让自己的期望变成孩子的自我形象。

梦生现象并不难理解。当一个胎儿在自己的身体里一天天地长大时，一个母亲是回避不了对他前程的勾画的。

胡适说在家乡的9年生活，“除了读书看书之外，究竟给了我一点做人的训练，在这一点上，我的恩师就是我的慈母”。

“每天天刚亮时，我母亲就把我喊醒，叫我披衣坐起。我从不知道她醒来坐了多久了。她看我清醒了，才对我说昨天我做错了什么事，说错了什么话，要我认错，要我用功读书。有时候她对我说父亲的种种好处，她说：‘你总要踏上你老子的脚步。我一生只晓得这一个完全的人，你要学他，不要跌他的股。’（跌股便是丢脸、出丑）她说到伤心处，往往掉下泪来。到天大明时，她才把我衣服穿好，催我去上早学。”

母亲给了胡适什么做人的训练呢？原来是要他踏着他老子的脚步，不要跌他的股。为什么要他踏着他老子的脚步呢？是因为“我一生只晓得这一个完全的人”，是因为把孩子培养成他父亲那样的人是她的期望，最终胡适果真成了一个像他父亲那样的学者，而非其他职业。

母亲对孩子自我形象塑造的力量是非常强大的。在孩子小的时候，母亲是孩子自我形象的建造者，而在孩子稍大时，母亲又是孩子自我形象的最好维护者。这方面母亲远比父亲出色。

为什么会如此呢？母亲比父亲出色是因为女性与男性的心理构造不同，男性是整数维心理，女性是分数维心理。所谓整数维心理是指以绝对的观点看问题！1就是1，而不是其他；而分数维看问题则是1可以不是1。在“特异功能”论战时，持否定态度的人认为药片是不能从密封的玻璃瓶里取出，因为要取出药片玻璃瓶必须有裂口，这是整数维；而另一派持肯定态度的则认为玻璃事实上像水一样，当把药片从水底拿出时当然没有痕迹，这是分数维……

当然伪气功、伪特异功能是骗人的，上述为之辩护的论点也是不能成立的，这里仅借用这个概念来说明女性与男性心理的不同。对于“梦生”现象，男人充其量只会记住这个梦，仅仅将它作为一个梦而已。女性则不同，她不仅把它当成梦，而且更认为它就是现实，是几十年后的现实，女性一旦相信什么，她就会把它看成是什么，这方面较典型的例子便是假孕现象了。

母亲比父亲出色是因为女性与男性的心理构造不同，男性是整数维心理，女性是分数维心理。

假孕现象也就是假性妊娠，指的是妇女并没有真正受精而出现妊娠反应，在月经过期半月左右出现恶心、呕吐、爱吃酸东西、行动有气无力，随着时间推移，肚子也逐渐大起来。古今中外都有假孕现象报道，早在公元前，古希腊医学家就已注意到了这个现象。

现代研究表明，假孕纯属心理因素引起，它是心理因素对人体生理功能作用的典型现象。一般来说，假孕者都有着强烈的求子心理，这种心理状态在一定的条件下引起人体生理变化，特别是引起内分泌系统、生殖系统的变化而出现妊娠反应，有不少是快到临盆时才发现是假性妊娠。在知道自己并非怀孕后，妊娠反应很快就会消失，大起来的肚子也会恢复正常。

由于盼望生子，随之感到自己怀孕了，然后肚子一天天大起来，在进产房时才发现是心理所致，不仅没有胎儿，连受孕都没有……这也许只有女性才有如此强大的心理力量，男性似乎对此要陌生得多，有时甚至无法理解。

比如，历史上有一些国家，法律规定需要两个女人的话才能做证言，因为女人天生好说谎。其实并不是女性好说谎，而是女性特别容易用自己的臆测代替真实的情形。

再如，在一些落后的地方，巫婆的数量远比神汉多，就是因为女性容易将自己当成神，在心理学上，女性的可暗示性也远比男性强。

正是因为这样，目前还没有一本好的女性心理学。现在的女性心理学仅仅是男性心理学的一个分支。真正的女性心理应该是做母亲以后的心理，女性做母亲前后的心理是不同的，正如人生病、做官、出国前后的心理是不同的一样。不研究母亲心理就不可能真正洞悉女性心理！遗憾的是，直到现在我们仍用男性的眼光来看待、研究女性！

女性的这种心理也许在科学研究中有其不足，但在培养孩子时却显示出了极大的优越性。也许女性的所有心理都是亿万年从繁育后代中积淀而来的，而孩子也许正是在母亲的这种期望中才存活下来的。因此一旦一个母亲把期望建立在孩子身上，孩子的自我形象将会得到母亲最有力的维护，而一个得不到其自我形象维护的孩子也就不可能成为一个卓越的人物。

其实并不是女性好说谎，而是女性特别容易用自己的臆测代替真实的情形。

因此鲁迅面对“母爱”感到恐惧，他说母爱常常是可怕的，因为她是盲目的，但是如果母亲的期望是建立在可靠基础之上，那么孩子的发展将会异常迅速。

无线电的发明者马可尼是由寡母带大的，母亲把自己全部的爱倾注到孩子身上，并且坚信自己的孩子能够做出成绩。在母亲的教育下马可尼认真读书，不仅把父亲留下的藏书几乎都看遍了，而且还要亲自动手做实验，要把书上的道理化为现实。为了方便孩子的实验，母亲为他专辟了一个小小的实验室。他告诉母亲，他正在做着一个伟大的实验，进行着“伟大的发明”。亲戚朋友都讪笑他想入非非，可是母亲却坚信自己的孩子终有一天会搞出举世皆惊的“伟大的发明”来，为了支持儿子的行动，母亲变卖家产资助他实验。经过十多年的奋斗，他27岁时终于发明了无线电，35岁便获得了诺贝尔奖。

孩子的自我形象获得母亲强有力的支持后，就会变得更加清晰，相互作用的结果是常常会在孩子身上产生皮格马利翁效应。

这个效应的来历，是古代塞浦路斯岛有一位年轻英俊的国王皮格马利翁，他精心雕刻了一具象牙少女像，他十分欣赏和迷恋这位“少女”，每天都含情脉脉地凝神贯注地观看她，天长日久这种一往深情终于让这个“少女”活了……

将这个古代神话在现代教育中展现出来的是罗森塔尔，他曾给老师提供某些孩子将有所作为的信息，老师依此信息又对那些孩子暗含期待，结果几个月后，这些被期待的孩子果真像期待的那样得到了提高。

后来罗森塔尔总结出这种效应有四个社会教育心理机制：

第一，气氛。即对他人高度的期望而产生了一种温暖的、关心的、情感上的支持所造成的良好的气氛。

第二，反馈。即老师对他所寄予期望的学生，给予更多的鼓励和赞扬。

第三，输入。即老师向学生表明对他们抱有高度的期望，老师指导他们学习，对学生提出的问题给予有启发性的回答，并提供极有帮助的知识材料。

第四，鼓励。即对学生的输出，对他们作出的反应，给予真挚的鼓励。

因此鲁迅面对“母爱”感到恐惧，他说母爱常常是可怕的，因为她是盲目的。

短短的几个月，学生的成绩都有提高，更何况母亲对孩子的期待了。

从怀孕时的梦生，到皮格马利翁效应，母亲对孩子自我形象的建立及维护一点一点地得以实现。但需要说明的是，在孩子自我形象的建立上，父亲常常比母亲的实际效果要大，这是因为父亲比母亲更有社会经验，更能指导孩子树立自我形象，而人的自我形象更多的是自我的社会形象，父亲正是以社会形象出现在孩子面前的。在建立孩子的自我形象上，父亲应该比母亲更有作为，这是教育中心首次从母亲手中转移到父亲手中。

尽管如此，父亲能否顺利地在孩子心中建立自我形象，相当大程度上还是决定于母亲为这形象打下的基础，因为母亲比父亲等其他人优越的地方在于孩子是同她一起长大的，习育的范式等与母亲是一致的，也就是说，母婴一体，不会产生器官移植时的排异反应。

因此，很多化育的失败之处在于忽视化育的习育和教育基础，在于母亲的素质较低。如果母亲对孩子没有明确的期待以及在孩子身上没有培育出这种形象的能力，孩子是难以自己建立较好的自我形象的。很多伟人的孩子常不能成为伟人，有一部分就是由于母亲无法把接力棒交给父亲，或者根本就把棒弄丢了，父亲在交接处等不到接力棒，孩子无法接受父亲的价值观，从而精神上就会出现排异反应。这时即使有一个最伟大的父亲，也无法重建孩子的形象，相反会在孩子的心中出现拿撒勒现象。

那么，什么是拿撒勒现象呢？这个现象源于《圣经》，耶稣回到家乡拿撒勒讲道，开始还备受人们的拥戴，可当人们认出他就是本地木匠约瑟的儿子，雅各、约西、犹大和西门的长兄，他的妹妹还在这里，他就是本地人时，人们对他的态度不仅转了180度的弯，而且把他撵出了城，以至于耶稣这位西方第一圣人也只得无奈地说："大凡先知，在本地亲属本家是不被人尊敬的。"

这是因为人们已经适应了约瑟一家，而当约瑟一家以另外的形象出现时便接受不了。在家庭中，孩子已经适应了母亲的形象，而父亲某一天要孩子改换门庭，则会导致孩子的对抗，英雄无继现象的出现很大程度上正在于这种精神排异。

在建立孩子的自我形象上，父亲应该比母亲更有作为，这是教育中心首次从母亲手中转移到父亲手中。

我在读中西方一些杰出人物的传记时，发现这些杰出人物中，有相当一部分是由他们从事教师这一职业的父亲培养出来的，也就是说他们的父亲在近代以前的中国多为塾师，在西方多为牧师。这些人最好的学生或信徒常常就是自己的孩子！这一现象曾让我感到非常诧异，因为现代教师的孩子成才率尽管较高，但却远远没有达到“最出色的学生就是自己的孩子”这一境界！

为什么现代教师的孩子常常不能成为自己最好的学生，甚至一个大学教授的孩子考不上大学还很正常呢？通过思考我终于明白，过去的塾师、牧师的孩子之所以成大才者众，原因在于从蒙学开始一直到高深的学理研究都是由其父一手承揽的，几乎不可能出现精神上的排异，而现在的分段制教育却无法保持这种一致性。

举例来说，一位著名大学教授在某一方面也许是极出色的，只要能投到他的门下就能成为大才。现在的问题是，他的孩子常常到不了他的手下，他把守的是稍后的程序，而他的孩子却可能在前面就已经被淘汰了，甚至连大学也上不了……

据我观察，中学教师的孩子上大学的比例较高。原因当然有多种，但通过中学 6 年的努力，小学没学好的可以得到有针对性的加强，这样，孩子上大学的自然较多。大学教师常常忽视小学，到中学时常常又无法采取具体办法，如换班等。十年一晃，也就较难在高考中取胜了。从目前情况看，成才的路虽不止一条，但上大学无疑是最重要最可靠的一条。也许再过几百年，我们的后代又会对现在这种大学教师的孩子也有相当大部分不能进大学感到困惑不解，而造成这一现象的一个重要原因，正在于这种不同教育阶段衔接不当所造成的排异反应。

学校教育上如此，家庭教育同样如此。关于父亲教育孩子时的精神排异，甘地的体会便是一例。

圣雄甘地很早就结婚生子，这是因为印度有童婚的风俗。生子之后，他求学、求职，等他再回过头来教育孩子时，特别是教育大儿子时，已经无能为力了。他在设法说明他的长子哈里拉尔何以变得如此之坏时无可奈何地写

塾师、牧师的孩子之所以成大才者众，原因在于从蒙学开始一直到高深的学理研究都是由其父一手承揽的。

道："人们或许是善良的，可他们的儿女却不一定善良。"甘地检讨自己："哈里拉尔是在我为情欲所驱使时怀上的""我在哈里拉尔童年时期过的是淫乐和奢侈的生活"。

孩子小时候不去管教，长大后又如何能管教得了呢？很多人忘了自己儿时母亲是如何教育自己的，而只记得自己在青年时放荡不羁，到中年又回到小时候由母亲奠定的健康的正途上来，可孩子却再也不能回来，于是气愤异常："连我都能回来，你为什么不能回来？"殊不知你给了孩子一个迥然不同的童年，孩子只能在他那个不幸的童年上继续向前滑行，因此有很多无可奈何的趣话。一个富翁说他的孩子不能成才，因为"他有一个有钱的爸爸，而我没有"，一位足球明星说他孩子不能成为明星，因为"我要为吃饭踢球，而他则不要"。因此，教育孩子实在要求我们慎之又慎。

孩子小时候不去管教，长大后又如何能管教得了呢？教育孩子实在要求我们慎之又慎。

7.6
伟大的母亲教育家——居里夫人

居里夫人是一个伟大的教育实践家——作为一个伟大的母亲，居里夫人值得我们永远研究——居里夫人为伊雷娜制订的教育合作计划堪称儿童教育经典——居里夫人教育的成功是化育的成功——居里夫人不仅是“镭的母亲”，更是“诺贝尔奖的母亲”

就像人们很少将爱因斯坦列为本世纪最伟大的哲学家一样，可能还没有人将居里夫人列为本世纪最伟大的教育家。事实上，人们不仅不认为居里夫人是一个优秀的教育家，甚至还将她的形象与一个教育家、与一个母亲的形象相对立。这一点在我们中国人的心目中尤为明显，曾有不少面向大学生教育的读物、教科书，都以赞美的笔调描写居里夫人为了科研而给孩子喂奶的时间都没有，有的甚至说为此急得流泪……且不说这件事是否属实，因为我曾为此翻阅了不少居里夫人的传记以及有关她的回忆文章，均未见到此说，而就是在这种畸形的赞美里，她抚育孩子的行为同一个母亲、一个教育家的名号就已经相差十万八千里了！

但是，无论如何，居里夫人的教育成就虽被其科学上的贡献一时掩盖，但是却绝不会永久地被埋没！作为一个女性，其自身能第一个为女性赢得诺贝尔奖已极其不易；在丈夫居里罹难后能忍受如此巨大的痛苦坚持研究更当列入神圣的行列；在这样艰苦的环境中，让人不可思议的是她竟然还两次获

就像人们很少将爱因斯坦列为本世纪最伟大的哲学家一样，可能还没有人将居里夫人列为本世纪最伟大的教育家。

得这个全世界最权威的科学奖项，成为全球第一个获此殊荣的科学家，也成为世界上第一个面对如此众多男性科学家而独享如此辉煌的女性……

但是，居里夫人创造的奇迹远不止这些。1935 年，她的大女儿伊雷娜又步这位伟大母亲的后尘而获得了诺贝尔奖！一个母亲在自己两获诺贝尔奖之后，又将一个女儿推上了领取诺贝尔奖的红地毯，不仅成了镭的母亲，而且更是成了诺贝尔奖获得者的母亲！这种人生和事业的伟绩只能由一个母亲创造！居里夫人是上帝在 20 世纪送给人类的一份最宝贵的礼物，是上帝对人类重视母亲的不断诚恳暗示里的又一次强烈提醒！马克·吐温说 19 世纪诞生了两个伟人，那就是拿破仑和海伦·凯勒；我以为 20 世纪同样诞生了两个伟人，那就是爱因斯坦和居里夫人。居里夫人不仅是有史以来最伟大的女性科学家，而且也是有史以来最伟大的教育实践家和最伟大的母亲！

谈到教育实践家，我认为有这样几位伟人可以相互媲美。一个是卡尔·威特，他发现了早期教育的重要，并且实践了自己的理论，将小威特培养成才，从而掀开了人类早期教育的新篇章；一个是安妮·莎莉文，她将盲、聋、哑三重重度残疾的海伦·凯勒培养成了一个杰出的作家、演说家、社会活动家以及一个伟大的和平与人道主义战士，从而为残疾孩子打开了一扇明亮的天窗；一个便是居里夫人，她不仅自己取得了万众瞩目的成就，作为母亲还将一个女儿推上了诺贝尔奖的科学顶峰，从而为即将到来的 21 世纪的母婴规划运动提供了最典型的范本……虽然她们的学生可能只有一名，但其为人类教育的贡献却远非千万其他从事教育的人所能相比！

纵观居里夫人的一生，如果说她是按照某种教育理论来教育孩子从而导致成功的，那是不真实的；但是，如果据此就认为她一心扑在科研上，从而是孩子自己生长成天才的，更是不正确的。居里夫人对孩子教育可能并没有发表多少与众不同的见解，甚至在孩子身上也不见得花了比别人更多的时间，也许正是这一点，世人从来没有想到应把“教育家”的头衔送给她。但是，这些都绝不能证明居里夫人对教育没有自己独立的思考！在她获得的 107 个荣誉头衔里，居然没有一个是对她在教育学贡献上表示敬意的。不用多长时

居里夫人不仅是有史以来最伟大的女性科学家，而且也是有史以来最伟大的教育实践家和最伟大的母亲！

间，人们将会鄙视居里夫人的同代人居然没有发现她对教育上的贡献，甚至远比对科学上的贡献要伟大得多的这一事实！

伊雷娜的成功绝不仅仅在于她的天赋，而是居里夫人精心培养的结果。

正如居里夫人的小女儿艾芙·居里在《居里夫人传》里所说的那样，从伊雷娜诞生时起，她就“决意要把爱情、母职、科学三者一起对付，而且绝不敷衍应付”。在女儿两个月时，她写信给自己的父亲说：“我仍亲自给我的小女王喂奶，但是近来我们很怕不能继续让她吃我的奶了，因为三星期以来，这个婴儿的体重突然减轻了。……如果这个孩子的体重能照常增加，我就继续喂下去；不然，我就要请个乳母，虽然要多费钱而且会使我难过，也顾不得了：我不愿意为了世界上任何事情而阻碍我的孩子的发育。”

在一本灰布封面的学校笔记本上，居里夫人像做实验一样每天记载小伊雷娜的体重，她的食物和乳齿的生长情况。在伊雷娜快一岁时即 1898 年 8 月 15 日，居里夫人这样记着：“伊雷娜长了第七颗牙，在下面左边。不用人扶，她可以站半分钟。三天以来我们在河里给她洗澡，她哭，但是今天（第四次洗澡）她不哭了，并且在水里拍手玩……”

在一本《实惠食谱》书的页边空白上，居里夫人记下了她做醋栗果冻的方法：“我用 8 磅果子和等量的冰糖，煮沸 10 分钟，然后用细筛过滤。这样得到四罐很好的果冻，不透明，可是凝结得很好。”

伊雷娜稍大一点儿，居里夫人就给她请了家庭教师。居里夫人对孩子的家庭教育有她自己的主张，孩子们每天先做一小时的智力工作或体力劳动，她总是力求使这些工作能引起她们的兴趣。功课一完，两个女儿就被带到外面去。不论天气如何，她们总要步行很长的路，并且进行体育活动。居里夫人还教她们学园艺、雕塑、烹调和缝纫。居里夫人从不鼓励孩子们作杂技式的冒险，但是要她们大胆、勇敢，永远不许怕黑，不许在大雷雨的时候把头藏在枕头底下……

伊雷娜到了上学年龄，居里夫人觉得孩子这个时候正是应该活动和跑路的年纪，把她们关在空气不好的课堂里耗去很多没有效果的“上课钟点”简

伊雷娜的成功决不仅仅在于她的天赋，而是居里夫人精心培养的结果。

直是一种野蛮。她在写给姐姐的信上说："我常有这种印象，觉得把孩子们关在现在这种学校里，还不如索性淹死他们。"

居里夫人要伊雷娜学得很少，但要学得很好。在她的鼓动下，产生了一种教育合作计划：一些有差不多年龄的孩子的学者们把他们的子女聚在一起，孩子第一天听让·佩韩教授的化学课，第二天听保罗·郎之万教授的数学课，星期四下午听居里夫人的物理课。另外佩韩夫人、沙瓦纳夫人、穆敦教授、雕塑家马格鲁，分别教孩子文学、历史、各种语言、自然科学、绘画、雕塑等，这个小学校恐怕是人类迄今为止最高档次的小学了，因为佩韩、郎之万及居里夫人都是世界最高级别的伟大学者，这三人去世后都被葬在法国的先贤祠里。虽然这个计划只坚持了两年多，但给孩子们的影响却是无可比拟的，在这不到10个孩子的班级中，有几人后来成了世界级的大学者。

我们可以从这样一件小事上看到这些伟人的不同凡响：郎之万在给孩子们讲课时曾出了这样一个题目：根据阿基米德定理，物体浸入水中必将排除同体积的水。那么，为什么金鱼放到水里不会排除水？孩子们纷纷根据自己的猜测作了各种各样的回答，有的说因为金鱼的鳞片有特殊的结构，有的说因为金鱼的身体到水里后会收缩，有的说金鱼把水吞到肚子里去了……郎之万却不给答案，伊雷娜回到家里，找来一条金鱼，自己动手，用量杯做了一次试验，结果证明，金鱼也和其他物体一样，放到水里也要排除一定量的水——原来是郎之万的题目出错了。当伊雷娜告诉郎之万时，郎之万却意味深长地笑着说：为什么题目就不能错呢？

应该说居里夫人是一个沉着、内向的典型的科学家。她的性格绝不适合去做这种"教育合作计划"的鼓动者，但是居里夫人却一反常态这样做了，除了她有一颗母亲慈爱的心灵外，肯定还有一个伟大学者的教育见解在促使她这样做，可惜的是艾芙·居里在关于她母亲的传记里忽视了这一点，居里夫人的同代人也忽视了这一点，这是一件极为遗憾的事！

但是，居里夫人之所以能让伊雷娜成功，其最根本的原因在于化育，在于她时时刻刻从心底里流淌出的在习育、教育之上的化育。正如她的小女儿

居里夫人之所以能让伊雷娜成功，其最根本的原因在于化育。

艾芙所说的："有几件事永远印在我们的心上了：对于工作的爱好（我的姐姐在这一点上比我要强一千倍），不热衷于钱财，以及喜欢独立的本能。这种本能使我们两个都相信，我们在任何环境之下，都应该知道如何处理一切，不须倚仗别人帮助。"

不用详细叙述，只要从居里夫人的生活中撷取一些小小的片段，我们就能看出居里夫人给予孩子的是那些宝贵的精神财产。

1903 年，居里将从英国带回来的一枚很重的金质戴维奖章交给伊雷娜玩耍并保管，而"这个 6 岁的女孩还没有过这样高兴的日子呢"。

在居里罹难后，政府提议给一笔国家抚恤金，但是居里夫人不假思索地拒绝了："我不要抚恤金。我还年轻，能挣钱维持我和我女儿们的生活。"

1911 年，居里夫人第二次获诺贝尔奖，伊雷娜也一同前去参加了隆重庄严的授奖仪式。

1914 年，第一次世界大战爆发，德国入侵法国，法国政府号召国民捐物，居里夫人同已经 17 岁的伊雷娜作了一次重要的商议，她对女儿说："政府要求个人捐助金子，并且不久就要发行公债。我想把我所有的一点儿金子献出去，加上我的那些对我毫无用处的科学奖章。还有一件事，纯粹因为懒惰，我把第二次诺贝尔奖金仍旧留在斯德哥尔摩，还是瑞典币。这是我们财产的主要部分。我要把它提回来买战时公债，因为国家需要它。但是我没有什么妄想，这笔钱多半会丢掉的，因此除非你赞成这样办，我绝不作这件'蠢事'。"接着，瑞典币换成了法郎，法郎又变成公债，公债又变成"国民捐款""自动捐款"……

从第一次世界大战开始，居里夫人同伊雷娜一直奔波于国内外各地，指导各地 X 射线照相工作，配合战地救护。居里夫人用她那渊博的放射学知识，亲自创设并且指导装备了 20 辆 X 光汽车和两百个 X 射线室，这 220 处固定和活动的设备，所救助的伤员总数超过 100 万人。没有司机，居里夫人就自己开着改装成 X 光的雷诺牌汽车，颠颠簸簸地在极坏的道路上行驶；车轮坏了，她就用力压千斤顶换上新的。

只要从居里夫人的生活中撷取一些小小的片段，我们就能看出居里夫人给予孩子的是那些宝贵的精神财产。

所有这一切，伊雷娜跟随母亲，无时无刻不在接受母亲的教导。尽管在言教上，居里夫人可能并不是一个好的教育理论家，但是，她作为一个伟大的科学家和母亲，却把人生中至关重要的灵魂连同肉体一同交给了孩子。她通过一个母亲的纤纤细手，从孩子出生时起就从她的小嘴里将人生的意义、人生的信念，细心地喂进去，然后经过孩子的肠道、血管、静脉，到达灵魂的深处，直至最后让孩子燃起熊熊的人生之火。她通过自己的一举手、一投足、一颦一笑影响感化孩子，她让孩子在自己的身边，随时让她们同自己一同去经历那壮丽的创造美景和残酷的人生命运。她将一个伟大科学家的智慧同一个伟大母亲的天性发挥到了极高处，从而才能克服这些常人难以想象的苦难，取得这些人生、事业的极大成功，居里夫人将永远成为人类母亲的伟大典范而让后人学习效法！

居里夫人作为一个伟大的科学家和母亲，把人生中至关重要的灵魂连同肉体一同交给了孩子。

7.7
做一个向伟大迈进的母亲

母亲的人生经验与境界是孩子最好的教科书——人才成长史上的寡母现象——寡母绝非一介村妇，而是一个顶天立地的圣人——所有伟大的母亲都是相似的——肯尼迪之母：上帝并没送给我们一个重得我们不能担负的十字架——卓娅和舒拉之母的伟大——一个将孩子推向伟大的母亲必是一个伟大的母亲

从祖荫现象、家族现象、梦生现象和拿撒勒现象中，我们可以强烈地感受到母亲对孩子的巨大影响。但是，在已往的教育理论中，只强调母亲如何教育孩子的方法，而没有强调母亲自己该如何体验生命。只强调母亲要教，而没有强调母亲去做。其实母亲本身的生命体验比单纯的教子方法要本质重要得多，母亲本人的人生经验与境界是孩子最大的教科书！

我曾经为寡母现象纳闷，为什么父亲早逝给母子俩造成的空前灾难，竟成为孩子成才的契机呢？后来我终于发现，一个能将孩子培养成才的寡母绝不是一个普通的家庭妇女，而是一个心胸博大坚韧不拔的圣母，是一个志气恢宏任劳任怨的伟人。

宋代的寇准自幼丧父，家境贫寒，全靠母亲织布度日。后来寇准上京赶考中了进士，喜讯传到家里，老母已身患重病，临终前，她将亲手画好的一幅画交给老仆刘妈说："日后寇准做官，如果有错处，你就把这幅画给他看。"

一个能将孩子培养成才的寡母绝不是一个普通的家庭妇女，而是一个志气恢宏任劳任怨的伟人。

后来寇准做了宰相，为庆贺生日，准备大宴群僚，刘妈认为这样不妥，于是便把这幅画交给了寇准。这是一幅“寒窗课子图”，画上诗曰：“孤灯课读苦含辛，望你修身为万民，勤俭家风慈母训，他年富贵莫忘贫。”寇准一见慈母手笔，回想儿时母子苦读的情景，顿时泪如泉涌，当即撤去寿宴，辞退寿礼，从此专心料理政事，成为一代贤相。

再如宋代另一贤相张浚，他也是幼时丧父，母亲计氏矢志苦守，孤儿寡母，度日艰难。但张母端正平直，治家教子有方。张浚刚会说话，母亲就让他诵读父亲生前写的文章，到他能记事，就告诉他父亲的言行，“无顷刻失教”。所以张浚幼时就行止端正，走路腰板挺直，目不斜视，说话不打诳语，他20岁刚行冠礼，就进了国子学，母亲送他远行时哭泣着说：“我们孤儿寡母，门户寒微，你只能靠自己成才立业了，你应当把你祖父和父亲的事业时刻挂在心上。”同寇母一样，他也手书数十条诫语送给张浚。后来张浚一生不断进取，爱国重贤，官至宰相。他力主抗金，重用岳飞、韩世忠等。绍兴八年，金使以招谕为名南下议和，他不顾自己遭贬永州的逆境，连上五十疏表示反对，为后人所推重，可是谁又能说这一系列作为里没有他母亲的影子呢？

一个寡母带着孩子，其生活之艰辛常人难以想象，以纤纤细手抗拒命运，需要人生最彻底的勇气。在这种艰难的境地里，一个寡母能如此顽强地对抗，无异于一个绝不屈服的斗士、一个坚持自己伟大理想的殉道者，而在这种险恶的环境里坚持守寡，其品德更是无与伦比！尽管物质条件极差，但其精神却极为富有，这时孩子并不是同一个平凡的女人生活在一起，而是同一个伟大的圣母生活在一起！

因此，每一个抗拒命运的寡母都是一个伟大的革命家，都是一个坚韧不拔的伟大战士，她们所承受的各种磨难甚至比铸造一个总统、将军的考验还要沉重得多。她是孤身一人在惊涛骇浪里生死搏击，是孤身一人在狼群虎口里拼死抵抗，尽管她可能没有上过学，没有读过书，但她却同那些酿造伟人们的环境一样，经历了这种铸造伟人的心路历程，她同人类的圣贤们一道聆

每一个抗拒命运的寡母都是一个伟大的革命家，都是一个坚韧不拔的伟大战士。

听了人间最本质的一课，从而精神得到升华，到达神明的境界！

经历就是财富，苦难便是内涵。在这样的母亲身边，孩子从小就在用心体会生活，而母亲也随时随地地把那种让人圣洁伟大的声音传递给孩子，她们都是心育圣育最好的实践者，都是最伟大的教育家。她们教育的成功，就在于她们将自己的经历变成最生动的教材，将自己的人生经验化为孩子的血肉浆髓，她们绝不是一介村妇，而是堂堂伟立于人世间的英雄母亲！

因此，那些将孩子培养成才的寡母其实都是伟人，她们完全地挑起生活的重担，完全地历经那些艰难坎坷，从而完全地将这些艰难咀嚼成浆乳喂给孩子，这样的母亲是以整个生命来创造生活的！正是这样，她们的孩子在历史上对人类文化才有如此巨大的贡献！

那么，是否仅仅寡母如此呢？我在注意寡母现象后发现，每一个优秀的母亲无不如此。我在读那些伟人传记时，常常为他们母亲的精神所感动，尤其是读到那些伟大母亲的回忆录时更是如此。

露丝·肯尼迪夫人尽管让孩子们一个接一个地获得成功，缔造了“肯尼迪现象”，从而获得了“专门教孩子如何当总统”的赞誉，但是有谁能够承担起她为此付出的巨大代价呢？她最有才干的长子小乔在第二次世界大战中为国捐躯，她的次子肯尼迪总统和即将就任总统的三子罗伯特都无情地死于暗杀；她最喜欢的女儿和女婿也先后遇难；她还有一个弱智女儿，而且丈夫长期瘫痪在床……

露丝·肯尼迪夫人遭遇到的这些变故中的任何一项，要是发生在其他人身上，都无异于天塌地陷，但她却永不屈服、永不沮丧：“上帝并没送给我们一个重得我们不能担负的十字架。”她在自己回忆录的开始这样说：“如今，我已经年过八旬，体会到人生的欢欣与悲痛；对于自己身受的悲剧，我既不遗忘，也不规避。”在这平静的叙述里蕴含着多么巨大的勇气和镇静！

柳·科斯莫杰米扬斯卡娅是伟大的苏联英雄卓娅和舒拉的母亲，她是这样结束她的回忆的：

上帝并没送给我们一个重得我们不能担负的十字架。

5月5日在诺伏捷维奇公墓安葬了舒拉。卓娅的坟的对面又添了一座新坟。他们死后和生前一样，仍在一起。

这是胜利之前4天。

5月9日我曾站在自己的窗前看着人像长河一样流过去：走过的有儿童也有成年人，大家像一个整个家庭，全是狂欢的，幸福的。这天天气晴朗，阳光灿烂！

我的孩子们永远不能再看见蓝天了，不能再看见鲜花了，他们永远不能再迎接春天了。他们为了别的孩子，为了在渴望已久的这一点钟在我眼前过着的孩子们，献出了自己的生命。

柳·科斯莫杰米扬斯卡娅也是一位寡母，她将自己的一切都献给了孩子，可是就在胜利到来之前，她的一双儿女却为了人类的事业永远地离她而去了，这是一个多么令人悲伤的巨大痛苦呀！

我是在这次写作中才读到这本景仰已久的著作的。当我一口气读到这最后一段文字时，泪水已模糊了我的视线，心中充满了对这位伟大母亲的无比敬意。在这个沉重而辉煌的结尾，我们看不到一丝那种可怜的自私的小我的痛苦，我们看到的是一个伟大的母亲对自己儿女献身祖国及其正义事业的无比理解和支持，看到的是对夺去她儿女的战争的无比痛恨，看到的是一个母亲为保护千千万万家庭不再破碎的坚强决心，看到的是一个母亲为自己的儿女不能享受他们为之浴血的和平的深深的遗憾，这是一个多么博大的母亲胸怀呀！

所有的伟人在精神上都有一个伟大的向导、一个伟大的母亲，这种精神上的母亲往往就是他的双亲。正是因为母亲的伟大，才将孩子推向伟大。母亲的境界直接决定着孩子精神世界的高度和广度，母亲的精神财富不需要经过法院的判决就会作为精神遗产留给孩子。既往的事实早已表明，能够最有成效地教育孩子的母亲，正是具备伟大情操、精神世界和谐的母亲，正是那些理解伟大、走向伟大的母亲！这一点是我们过去和现在很多人所不曾注意

所有的伟人在精神上都有一个伟大的向导、一个伟大的母亲，这种精神上的母亲往往就是他的双亲。

的，但却是我们去做一个合格母亲最最重要的一点。只有你是一个伟大的人，只有你是一个追求伟大、理解伟大的人，你才能把孩子引向伟大，你才能最有效地把孩子引向伟大。

为什么会这样呢？

这是因为理解伟大走向伟大的人，总是力求成为自己能够成为的人，总是能够最充分地发挥自己固有才华和素质的人，因此他们总是孜孜以求自我完善，总是不断地挖掘和展示自己固有的品质，而当我们的母亲是这样人的时候，她们便能很容易地让孩子的一切才能和素质都发挥出来。

这是因为理解伟大走向伟大的人，总是始终不渝地投身于目标在其身外的一项事业、一项活动，他们超越自我中心主义，他们不是以自我而是以他们为之服务的事业为出发点，来安排生活、调节生活。他们总是忠于自己的信仰，他们认为自己的价值存在于事业之中，这样的人在干他们的工作和积极投身于他们的工作过程中，常常达到物我两忘的境界。当我们的母亲是这样人的时候，她们就能十分自然地为孩子创造欢乐的气氛，创造生活的充实感，通过全心全意而没有训斥和苛求的与孩子共同度过充实的生活，而让孩子感到生活充实、饱满、有乐趣这一点，正是孩子和谐成长的基础。

这是因为理解伟大走向伟大的人，总是有着健全生动的体会的能力，总是有着灵敏的忘我的无私的感觉的能力，而感觉、体会、通情达理、慈爱的能力，也正是对母亲的一项最基本的要求。当我们的母亲是这样人的时候，就能更好地把握和引导孩子的感情，因为善于体验、感受自己感情的人，也一定会承认和尊重孩子的感情的。

这是因为理解伟大走向伟大的人，总是清楚地意识到生活在不断地给自己提出选择课题。每选择一次，他们都在个人成长的道路上有所进步，他们总是会摆脱那种虚幻的安全感，摆脱对他们产生种种限制作用的保守习惯的羁绊，他们总是有所作为有所发展。当我们的母亲是这样人的时候，他们总是鼓励孩子自信地迎接挑战，从而让孩子善于选择善于战斗。

这是因为理解伟大走向伟大的人，总有一种长盛不衰的愿望，让他总想

只有你是一个伟大的人，只有你是一个追求伟大、理解伟大的人，你才能把孩子引向伟大。

认识、理解、研究、观察自我，总是不断地克服自己的缺点，发扬自己的优点，总是不断地寻求更高的目标，不断地把自己推向新的高度。当我们的母亲是这样人的时候，她们就能有效地把孩子的气概固定在一个相当高的高度，从而让孩子像她一样不断地追求卓越。

其实，孩子和真理一样，热爱真理同热爱孩子是一样的，你会正确地对待真理，也就会正确地对待孩子，那些伟大的人常常是孩子最好的抚育者，因为她们总是从对象出发去考虑问题，因此很清楚孩子懂得什么、喜欢什么、擅长什么，她们总是认为孩子同自己是相似的，并不属于不可理解的另一个世界，因此他们总是努力让孩子更加完善，变得比目前更加美好！

因此，教育孩子同发展、完善自己并不是矛盾的，那些借口为了孩子而牺牲自己不求提高的母亲并不是一个优秀的母亲，相反，只有自己更加完善，自己教育孩子才更加得心应手。因此，要让孩子更好地成长，要让孩子的精神高大起来，我们的母亲不仅要重新做人，不仅要做一个教育家，而且更要成为一个伟大的人——即使这种伟大也许不会被社会所承认，也许会被世俗的偏见所遮掩！只有这样，我们的母亲才不啻拥有了人类最宝贵的取之不尽用之不竭的教育资源，只有这样，我们的母亲才能无愧地面对这样一个伟大的题材——创造和完善生命！

只有这样，我们的母亲才能无愧地面对这样一个伟大的题材——创造和完善生命！

第八章

让天才成批出现

只要一百个孩子有一个成为超人式的伟大人才，中国就有四百万超人，还怕不能得救？现在中国大多数家庭还不能全心全意培养子女，我要敢于为天下先。

——［中］宋耀如

只有这样，我们的母亲才能无愧地面对这样一个伟大的题材——创造和完善生命！

8.1
家庭是人才成长的肩膀

全面认识人才的家族现象——巴赫和贝利是凭借什么成才的——数学上最大的伯努利家族是如何建立的——不同凡响的史圣司马迁与不声不响的司马谈——班固《汉书》背后的有名英雄——冯·卡门何以要出版自己的口述自传——伟人的成长是一场长长的接力赛，他仅仅是跑最后一棒的人

当我们完整地理解了一个人的成长需要习育、教育、化育这三种不同的过程后，我们对人才家族现象的认识也就准确而轻松得多了。

对于人才的家族现象，我们的前人很早就已经注意到了。《左传》上就有“五世其昌，并于正卿”的说法，而且长期以来一直有“君子之泽，五世而斩”的断语。《史记》中就用了世家的体例，到了《南史》《北史》李延寿又创造了同族合传的新例。由此可见，人们对人才家族现象的关注由来已久。

但是，真正对人才家族现象进行科学研究的是高尔顿。他在对人才家族现象进行研究的基础上提出了优生学，强调遗传的重要性。

随着研究的深入，现在人们大多认为一个人的成长是遗传、环境、教育三位一体的结果，但这仍比较笼统。我认为，一个人的成长是遗传、习育、教育、化育的四位一体，也就是遗传、环境、教育、精神作用于人的结果。正如人们将教育从环境里区分出来一样，这里我也将精神的化育从环境里区

一个人的成长是遗传、习育、教育、化育的四位一体，也就是遗传、环境、教育、精神作用于人的结果。

分出来，以此强调它的重要。

经过这样细致的区分，我们就能很容易地看到家族现象实际上是从这样 4 个阶段或方面进行的。

第一是生理遗传，这种遗传是过去和现在我们大家所最熟悉的。最典型的例子是英国的维多利亚女王将带有血友病基因的女儿，分别嫁给沙俄和西班牙王室，致使这些王室里的王子都患有这种血友病，结果让他们一个个都早夭了……

一般说来，孩子在生理上得自父母的遗传要占很大的比例，1975 年版的《美国大百科全书》的“优生学”条目中说：“遗传的作用占 50%，甚至可能多到 80%。”虽然有不少科学家认为遗传的作用很难用百分比来加以表述，但没有人会否认遗传的重要性，它给人的后天提供了发展的可能性，这种生理遗传主要决定了孩子及家族人中更多的生理相似。

第二是环境，也就是习育，或叫作社会遗传。这种方式是在人们的意识阈限之下进行的，正是由于阈限很低，因此人们常常将它同生理的先天遗传混为一谈。人类历史上绝大多数社会性的家族现象都是由这种社会遗传促成的。

例如巴赫家族。早在 1550 年该家族就出现了音乐天才，经过五代之后在巴赫身上表现得最为突出，直到 1800 年的列吉娜、苏珊娜之后才衰竭，在这前后 200 多年的时间里，巴赫家族中出了约 60 名音乐家，其中 20 名为著名音乐家。如果是生理遗传对成才起决定作用，那么这样的音乐家族的生理遗传应该是一代比一代加强，一代比一代更加伟大才是，为何最终也被时间湮灭了呢？而其原因正在于环境有着极大的塑造力量。

再如球王贝利。贝利出生在巴西的一个赤贫的城市家庭，父亲虽是一个职业球员，但是由于球运不佳，挣的钱连家小也养不起。他们住的房子一旦下雨连躲都无处躲，就是这样贝利还说：“三更半夜摸到屋外上厕所，不算苦；老是穿不上合身的衣服，没鞋穿也不算苦；冬天大家挤在厨房里睡，翻身时不要压在别人身上都不算苦；不知道以后几天有没有钱买柴烧，没有办

虽然有不少科学家认为遗传的作用很难用百分比来加以表述，但没有人会否认遗传的重要性。

法靠自己的力量生活，这才叫作苦。”

即便如此贫困，但他踢球的环境却是富裕的。诚如《贝利自传》里所说的那样，在巴西“要是一样东西会动，踢它一脚；要是不会动，也给它一脚要它动；要是太大了踢不动，拿它去换样小些的东西来踢”。在巴西，孩子一学会站就开始学踢，学走倒还是下一步的事！正是这样，贝利很小的时候就用破袜子里面塞进破布或破报纸扎紧的“足球”，同他一样的野孩子们光着脚丫一起踢。在贝利稍大时，他的父亲就充当他的启蒙教练，一次次耐心地教他头球、传球以及踢低球……

由于习育的阈值在意识之下，它甚至较多的是通过镜像期获得的，因此它是人类那么多“术”类世家形成的最重要的原因，如武术世家、杂技世家、梨园世家、医学世家等。

第三是教育，这种方式比习育要难，但却更加有效。人类历史上那些学者家族多是通过这种方式产生的，那些注重了教育的家庭，孩子几乎都能成才。正是这种方式的重要，学校才在生产实践中应运而生。

由于教育是对习育的强化，因此可以想象得出，巴赫的琴声对孩子就是一种不自觉的习育！但是爱因斯坦在桌上演算方程式时，孩子并不能从父亲身上感受到一种属于自己的快乐，如果爱因斯坦不向孩子传达这种心得与体会，孩子是很难像“术”类那样直观感受到那份快乐的，因为习育有许多及时的外在刺激，武术可以让自己变得英勇无敌，医生常有病家的上门致谢等，而“学”则较难有这种外在的加强，它必须达到一定的高度才能引起自己内心的愉悦，它的阈值比习育要高得多，这就是为什么人类学者家族较少的原因。

但是，在人才的家族现象中，对后代注重教育是极普遍的，因为这些家族现象的开创者本身大多都有极好的教育素养，我们只要看看数学史上的一个最大的家族——伯努利家族的形成与发展，就能感受到教育的重要性。

伯努利家族原为荷兰的新教徒，后来移居瑞士的巴塞尔，从17世纪末起，在一个世纪里，这个家族祖孙三代涌现了8位大数学家，不仅在微积分

在人才的家族现象中，对后代注重教育是极普遍的，因为这些家族现象的开创者本身大多都有极好的教育素养。

学发展史上起了重要的作用，而且在无穷级数、微积分方程、变分法、坐标几何、概率论、流体力学、气体动力学以及实验物理学方面都作出了巨大的贡献。

这个数学家族的开创者是詹姆士·伯努利，他开始对神学感兴趣，后来转而对数学感兴趣，并与微积分的创始人之一莱布尼茨极为亲密。他的这种钻研精神与爱好影响了他的弟弟约翰·伯努利，于是他教已获得医学博士学位的弟弟学习数学，约翰·伯努利终也成为一位大数学家。

不仅如此，约翰的出现为伯努利家族的后继有人提供了条件，因为他不仅是个卓越的数学家，而且更是一位卓越的老师和父亲。作为老师，他培养了欧拉这样的大数学家，作为父亲，他将自己的三个儿子都培养成了数学家，而他的第三子又将两个孩子培养成了数学家，这样一家三代，百年辉煌，成为数学史上最为耀眼的一家。

由开创者亲自教育是一种方式，更多的是自己虽不亲自教，但对孩子的教育却极为重视，从而后世人才绵延不绝。

曾国藩是中国近代史上的重量级人物。秉承中国的传统，他并没有亲自教自己的孩子读书识字，但是他却极注重孩子的教育，不仅为孩子择师，而且还为孩子择友。例如桐城派大家吴汝纶是由吴父一手教成的，于是乃聘其父为孩子之师……正是这样他的两个儿子曾纪泽、曾纪鸿都成绩赫赫，孙辈出了曾广钧，曾孙辈又出曾宝荪、曾约农这样的学者。

第四是化育，也可以认为是一种精神遗传，这种方式极为重要，可以说所有的伟人都是化育而来的，由于前章已较多地谈了化育的重要，因此这里就不再赘述。

我在读伟人的传记时，一个非常强烈的感受便是这些伟人都是站在家族前辈的肩膀上，都是前辈薪火相传的结果。我强烈地感到一个伟人的成长，事实上都是一场长长的人才接力赛，伟人不过是跑最后一棒而已，而人们惯常的做法是仅对他一人欢呼。只向他一人献花的做法是极不公允的，这种做法就像将 4×100 米接力的金牌挂在最后一人的脖子上不公允一样！相比较之

一个伟人的成长，事实上都是一场长长的人才接力赛，伟人不过是跑最后一棒而已。

下，中国历史上因为孩子成才而给其先辈荣誉称号的做法却是极为可取和更为科学的！

因此，伟人的成长是一个长长的接力赛，这种接力赛不仅是由教师完成的，更是由父母完成的，是由伟人的父母完成的，正是几代人不懈的努力，才有了后代人才辈出的结果。

例如史圣司马迁。现在很少有父母知道司马迁的祖辈为他铺平了道路，而仅以为他在受宫刑后的逆境里忍辱负重。除了史家还能知道司马谈以外，我们极少将这个不同凡响的名字同司马迁联系在一起，其实司马迁的成功正是司马谈给奠定的基础！

早在司马迁之前，他的祖先就已经是周王室的太史令了。在虞、夏两朝就已功名显著，到了司马谈时可说如日中天了，他曾论述阴阳、儒、墨、名、法、道等家要旨，指出其所长所短，他已经具备了一个伟大史家的条件，只是由于早逝，他无法实现自己的目标，因此临死之前才如此叹道："是命也夫，命也夫！"壮志未酬，死不瞑目！

值得庆幸的是，司马谈不仅是一个伟大的史学家，更是一个伟大的父亲、一个伟大的导师、一个伟大的教育家。为了培养司马迁，10岁时就开始让他诵读古文，20岁时又让他壮游天下，考察遗闻逸事，搜集史料，学公羊于董仲舒，受古文于孔安国，习家学于自己。正是打好了这样的基础，司马谈在临死的时候，才殷殷告诫儿子司马迁："一定不要忘了我想撰写史书的事……"

事实上，《史记》本身就是其父子两代人甚至是数代人合作的结晶。司马谈在司马迁还不到10岁时就开始准备，在司马迁24岁时正式动笔，这时司马迁为助手，直到司马迁36岁时司马谈去世为止。司马迁从38岁接着著书，一直到54岁大功告成。至今还有人认为《史记》中的"太史公曰"也有其父亲的观点。而司马迁之所以能坚持活下来，就在于他没有忘记父亲的大愿！

再如前四史中的《汉书》也是如此。《汉书》是由班固成其大概的，但是班固之所以能撰其书，其家族前辈同样功不可没。

伟人的成长是一个长长的接力赛，这种接力赛不仅是由教师完成的，更是由父母完成的，是由伟人的父母完成的。

班氏家族自班固七世祖班壹时起，就逐代上升。班壹生班孺，班孺生班长，班长生班回，班回生班况。到班况时已入为左曹越骑校尉。班况生班稚等三子，女班婕妤成帝时选入后宫，这时班氏家族已极显赫。班稚生班彪，班彪幼时与堂兄弟共游学，《汉书·叙传》称："好古之士自远方至，父党扬子云以下莫不造门。"班彪生子班固、班超和女班昭，班固九岁能属文诵诗赋，及长更是诸儒慕之。班超、班昭也都受过良好的家庭教育。

自《史记》成书流布后，续作者甚多。班彪以为此辈多鄙俗浅陋之徒，不足以踵继其书，于是乃继采前史遗事，作《后传》数十篇，遗憾的是未成而殁。班固在居父丧期间整理《后传》，欲竟父业，没想到被人以私改国史的罪名下狱，其弟班超为兄申辩，明帝看过书稿后不仅释放了班固，归还了书稿，而且还诏诣校书部，典校秘书，撰当代史。后又命他完成父业。于是班固潜精积思二十余年乃成其大部。班固死后，其中的八表和《天文志》尚未完成，和帝又命其妹班昭续之。后又增加马融兄弟为其助手才最终完成全书。

因此，《汉书》前后共历两代、父子三人及门生才合力呕心沥血而成。如果没有班况创造的良好条件，班彪的学术基础便无法奠定，班彪的基础既无法奠定，即使他写成了《后传》，那也难说不是一本鄙俗浅陋的著作。最难能可贵的是班彪重视了对孩子的教育，能让班固、班昭秉承家学，从而不仅班固完成了大部，而且剩下的部分又有其妹继之，真正是前仆后继，终成不朽之篇。从班况到班昭，这其中的环节若断了一环，《汉书》的命运可能就大不一样了。

在这种接力赛中，跑在最后一棒的并不见得是跑得最快最好的。就拿《史记》来说，司马谈的写作时间为 12 年，司马迁为 16 年，如果没有司马谈的准备，不可能有最终的成果；如果司马谈不早逝，他的《史记》也许更伟大。再如冯·卡门之所以要出版自己的口述自传，一个重要原因就在于希望借此来表达对他父亲——一位出色的哲学家和教育家的怀念。他认为父亲对匈牙利教育事业的贡献是巨大的，但这种巨大的贡献在匈牙利没有得到应有的承认与重视。他认为要是他父亲现在还活着，并且能分享社会所提供的大

> 《汉书》前后共历两代、父子三人还及门生才合力呕心沥血而成。真正是前仆后继，终成不朽之篇。

量机会的话，那么，他父亲的影响肯定比他要大得多！

但是人类无视这种接力久矣，以致一直没有研究这种传递。其实只要稍稍注意几个伟人前几代的作为，我们便知他们绝不是平白无故地成为伟人的，也就更不会认为他们的成长同家庭是没有什么联系的了。

当然，当这些伟人、这些家族现象出现时，一般很难分出是习育、教育还是化育在起作用，它们常共为一体，它们之间协调得越好，孩子的成长就越好！

只要稍稍注意几个伟人前几代的作为，便知他们绝不是平白无故地成为伟人的。

8.2
其实我们都是方仲永

方仲永真的神吗——王安石何以不去帮助方仲永——方仲永“泯然众人”的原因在哪里——什么样的神童能成大才——与方仲永童年相似的乔托和王冕是怎样成才的——麦克斯韦父亲的慧眼——鲁迅说天才人物的第一声啼哭只是哭声而决不是一首好诗，但那些卓越的父母却能从这平常的哭声里听出一首绝妙好诗的诗意

家庭的重要，父母亲的重要，我们还可以通过那些最后变成“凡人”的“神童”看得清楚。我以为人们常说的神童泯灭一般分 3 个过程，这里我们姑且以 3 个著名的神童来命名，即方仲永现象、金雄熔现象、西迪斯现象。

方仲永是王安石笔下的一个神童，说宋时江西金溪县一个世代隶耕的方家，突然有一天，5 岁的方仲永向其父索要纸笔，其父自然极为诧异，连忙从邻居处借来，于是方仲永便题诗一首并落上自己的名字。此事传开后，大家都感到很惊奇，于是纷纷请他去做客，有的人还花钱请他题诗。他的父亲见有利可图，便天天带着他走东串西，而没让他进学校。到了十二三岁时，王安石见到他，这时他作的诗已很一般，再过 7 年，王安石打听他的情况，回答却已是：“泯然众人矣！”

从王安石的文章里看，方仲永的确是神童，“未尝识书具”，没有人教，居然能写字作诗，难道还不神吗？不过需要指出的是，这种没有老师教实际

家庭的重要，父母亲的重要，我们还可以通过那些最后变成“凡人”的“神童”看得清楚。

上是不确切的，确切的说法是没有人有意识地教他，如果他周围没有一个可以形成汲取知识的环境，他是不可能会写字的，正像他不可能说一口流利的外语一样。人们常把这种环境忽视了，以为是生而知之，事实上他的邻居就是一个诗书之家，否则其父怎么能借到纸笔呢？

对于天赋刚被发现的方仲永，这时最需要的是系统学习，如果能够有名师指导，方仲永的前途未可限量。遗憾的是，其父为他做的不是寻找名师，而是到处作一些廉价的表演，这样就抑制了他智力的发展。从他被发现的那天起，其实就是他智力被阉割的开始，这样，即使方仲永有极好的天赋，也难免落下江郎才尽的下场。问渠那得清如许，是因为有源头活水的缘故，现在既然切断了方仲永与源头活水的联系，那么这渠哪有不干涸的一天呢？

每次看到人们引述方仲永的例子，我都会想，为什么王安石不将方仲永带在身边亲自教育，而要眼睁睁地看着一个神童泯灭呢？是不是他见到方仲永时，方仲永的诗已无可取之处从而不愿提携呢，还是另存其故？于是总想一探究竟。借着这次写作研究的机会，终于如愿以偿，但其结果却大出我的意料。原来王安石并不像我们读《伤仲永》时给我们的比方仲永大很多的印象，因为他们见面在明道年间，这时王安石才 13 岁，同方仲永的“十二三矣”差不多，这样王安石自然就不可能提携他了。

这个问题解决后，自然又会冒出新的问题，那就是，尽管王安石不能提携他，但从方仲永的“邑人奇之”这一点来看，应该说是可以有伯乐荐之大家的。再说在这个时期，江西的人文正开始鼎盛，金溪更是处于江西人文发祥中心临川的中心，即使拿现在的地图看，金溪县城离临川也不过 100 里路，更何况其时当朝大员中已有不少江西人士了，如晏殊这时已是翰林学士，更为难得的是晏殊也曾作为神童被举荐，而且他非常爱才，范仲淹、孔道辅都出其门下，欧阳修、梅尧臣等都受到他的器重，在这样的环境里何以有此遗珠之憾呢？

我以为唯一能圆满解释的，就在于其“世隶耕”。由于他的父亲大字不识一个，方仲永的识字过程他竟全然不知，最后直到方仲永向他父亲要纸要笔

尽管王安石不能提携他，但从方仲永的“邑人奇之”这一点来看，应该说是可以有伯乐荐之大家的。

时，这位父亲才恍然大悟地认识到孩子已经能读书识字了，因此才干出让他去作表演这类稍有文化常识的人绝不会去干的愚蠢的事！既然这样，他的父亲就更别说去了解一个真正出色的诗人是如何成长起来的了，这点从他与几位同龄同乡的文学家的成长比较中可以看出。

王安石同他差不多大，但显然没有他聪明，但是王安石的父亲王益是祥符八年进士，由于王益在故乡临川“无田园以托一日之命”，所以当他游宦四方时都是奉亲携眷而行，因此多受父教。19 岁时，他父亲死在江宁通判上，为父守制，21 岁方入京应礼部试，一试而中，第二年春，他以第四名登杨寘榜进士，不久签书淮南判官，开始仕途和文学生涯。23 岁时回临川省亲，李德身编著的《王安石诗文系年》认为《伤仲永》这篇文章就是这年秋天写的，这时他才刚刚结婚，的确没有能力提携帮助方仲永。

如果说这样的介绍还不能说明问题，那么将背景再放大一些就更清楚了。除其父王益是进士外，他的叔祖王贯之、从弟王沆、兄王安仁、弟王安礼、王安国、子王雱都是进士。69 年间，王家登进士者前后有 8 人之多，这样看来王安石能成大家也就不奇怪了。

再如他的另一位同乡曾巩，年龄稍大两三岁，尽管史称他年幼“警敏”，可能还是比不上方仲永。但到方仲永十二三岁的年纪，曾巩“语已惊人”，在 20 岁时，曾巩向欧阳修写信自荐，欧阳修同他谈文论理之后，便喜不自禁地对他说：“过吾门者百千人，独于得生为喜。”在曾巩离别时，欧阳修还专门写了《送曾巩秀才序》。

曾巩何以发展如此顺利呢？只要考察一下他的家世便不难明白，他的曾祖做过尚书水部员外郎，祖父做过尚书户部郎中，父亲为太常博士。自曾巩祖父曾致尧算起，77 年间，及进士第者 17 人，解试 10 人，以神童召试舍人院 1 人。到曾巩兄弟辈时更是达到全盛，因为他们知道一个文学家成长该要经历什么样的步骤。

因此，无论是多么聪明的神童，如果没有条件让他继续健康成长，那么也一定会变成凡人的，因为神童正是环境、后天的产物，如果后天不能再继

无论是多么聪明的神童，如果没有条件让他继续健康成长，那么也一定会变成凡人的。

续提供他丰富的营养，他肯定是会枯萎的。相反，如果能有名师指导，他的成长会比其他人快得多，这方面的例子同样很多。

例如，被誉为“欧洲绘画之父”的乔托，是意大利文艺复兴绘画的先驱。他同方仲永相类似，是个铁匠的儿子，自幼生长在寂静的山区，作为一个牧童，自然没有什么条件学习艺术。但大自然的美丽拨动了他的心灵，鲜花盛开的牧场、蓝天、羊群，让他情不自禁地常常拿着尖石和小木棍在岩石和大地上画树、画山、画他放牧的小山羊……如果他没有遇到佛罗伦萨著名画家契马部埃，乔托也许永远是一块没有经过雕琢的璞玉，像方仲永那样终老一生，但是命运改变了他。

据意大利美术史家瓦萨利记载：有一天画家路过牧场，偶然发现了正在石头上用尖石全神贯注地画画的乔托，画家凭着那双慧眼看出了这个小牧童潜在的艺术天赋，便对他说：“不要放羊了，跟我学画去好吗？”当时9岁的乔托欣然同意，在说服父亲之后，小乔托就跟着契马部埃学画去了。在名师的指导下，终于成为一代大师！

再如大家都很熟悉的王冕，家里也找不到读书的遗传，但是从他偷偷地到学舍听学生诵书，发展到夜里坐在寺庙里的佛膝上映长明灯读书，这时还只能说有着良好的基坯与潜质，但是一朝得到其时著名学者韩性的帮助，“录为弟子，遂称通儒”，由此可以看出名师指导的重要！

需要指出的是，王安石对方仲永是寄予了很深的同情的，因此才有感伤他的文字。方仲永是受害者，而他的父亲却是一个好心的施虐者。方仲永的读书识字并没有他父亲的功劳，但在戕害他的才华方面其父却不幸充当了杀手，由此可以想见为人父母责任的重大。

所以，对于神童来说，他的最大毁灭便是来自无知父母方面的这种教育阉割，实际上，这种悲剧不仅在方仲永的身上上演过，而且在我们每个人的身上都重演过。现在做母亲的都有一个极强烈的感受，就是孩子在三四岁时异常聪明，但是一进入小学，便开始逐渐责怪自己的孩子而羡慕别的成绩好的孩子，到了中学则更是认为自己的孩子愚不可及了。事实上，我们每个人

这种悲剧不仅在方仲永的身上上演过，而且在我们每个人的身上都重演过。

并不是因为笨才不能有所作为的，恰恰相反，是因为太聪明才不能有所作为的，是因为我们太聪明但却得不到引导而使才能荒芜的，我们每个人都是方仲永！

曾有一位小学生，11 岁时制作的七管低压台式收音机就获得全国青少年科技作品三等奖。可是最初他的父母都讨厌他的淘气：他小时候不肯到幼儿园去，家长只好把他锁在家里，他不是在家里摸爬滚打，浑身弄得像个泥猴似的，就是把买给他的手枪、汽车、闪光鱼雷艇等玩具一个个拆开来，拆得七零八落，为此父母没少生过气，伤过心。后来在一位老师的启发下，他的父母才喜出望外地知道孩子拆卸玩具正是他好奇心强、爱观察、肯动脑的表现，这时才开始有意识地培养，终于才有了后来的结果。

举一个我自己的例子。大约在小学五年级的时候，我自己无意中尝试了小说的写作，当时是想写一篇周记，但写着写着就觉得意思不好表达，于是加进了人物，加进了人物间的对话，这样写了几百字便不知该不该往下写，因为照这样写下去，不知该什么时候收尾。尽管我没有往下写，但其时我的心中却一直有着一种被它牵引着的亢奋。有一天，我父亲不知怎么看到了，他似乎有些高兴地问是不是我写的，在听了我肯定的回答后却再无任何的评论、指点和表扬了，一次绝好的教育机会就这样浪费了！当然这不能责怪我的父亲，可如果我的父亲能抓住这一心理需求，并给予一定的指导——因为我相信我的父亲能给我以指导，我父亲年轻的时候曾尝试过小说、诗歌的写作——那么我的文字表达能力一定不像现在这样贫弱！

但是那些有心的父母却不是如此。例如，麦克斯韦很小的时候，有一次他父亲叫他画静物写生，主题是插满秋菊的花瓶，等到麦克斯韦画完交卷时，父亲看后却笑起来了。因为满纸涂的都是几何图形，花瓶是梯形，菊花成了大大小小的圆圈，还有一些奇奇怪怪的三角形，大概是表示叶子的。如果是一个普通的父亲，笑过以后也许是一顿训斥，但是他毕竟是一个培养出世界一流物理学家的父亲。细心的父亲立刻发现孩子对数学有浓厚的兴趣，因为在孩子的眼中，许多事物的形象都似乎变成了几何图形，于是就开始教他几

事实上，我们每个人并不是因为笨才不能有所作为的，恰恰相反，是因为太聪明才不能有所作为的。

何，后来又教他代数。果然不出所料，麦克斯韦不久就在数学方面显示出了惊人的才华。

在人才学上有“敏感区”这一概念，其实只要是发育正常的孩子，大多在五六岁时就开始对某一方面表现出一种特殊的敏感和强烈的好奇。如果这时能够像麦克斯韦的父亲那样及时地捕捉住孩子的“敏感区”并顺势予以引导，那么就为孩子的成才打下了一个良好的基础，这是因为凡是孩子最敏感的也就是他最有兴趣的，而兴趣是孩子最好的老师！

可是我们绝大部分父母却不如此，他们对孩子生活上的照料可谓细心之极，但在对孩子的精神需求上却表现出一种异乎寻常的粗心与漠视，有的孩子已经极为强烈地在父母面前表现了对动物、植物、机械、色彩、音乐或绘画等方面的兴趣，做父母的却都视而不见，从而贻误了培养孩子成才的大好时机。

鲁迅曾有一句极有名的话：“天才人物呱呱坠地的第一声啼哭与平常婴儿一样，只是哭声，决不是一首好诗。”但是鲁迅只道出了哭的孩子这一方，而没有道出听的父母这一方，那就是尽管孩子的哭声是一样的，但不同的父母对此的反应却绝不是一样的，那些称职的卓越的天才的父母，能从这孩子的平常哭声里听出一首绝妙好诗的诗意！

对于方仲永来说，他开始作诗时绝对不是要在他父亲面前显示什么，而是这种诗情已经不期然地流溢出来了，这种流溢给其父亲的提示应该是孩子已经达到这个地步，下一步该如何提高？但是，绝大多数的父亲却都完全从自己的角度而不是从孩子的角度看待这一问题，因此无视孩子的心理需要！正是在这个意义上，我们每个人都重演了方仲永的悲剧：在该发现我们的时候，父母亲没有发现；在发现我们的时候，却将我们引到了一条不应该走的路上去了。

在该发现我们的时候，父母亲没有发现；在发现我们的时候，却将我们引到了一条不应该走的路上去了。

8.3 打破罩在神童头上的光环

全世界智商最高的金雄熔失败了吗——我们的教育体制还没有找到让神童成为天才的路径——冯·卡门的父亲是如何面对神童儿子的——神童说白了不过是“抢跑”而已——爱因斯坦的迟缓与奥本海默的敏捷能说明什么——预支鲜花的做法不仅无益而且可怕——让神童毁灭最简单的做法就是：去宣传

金雄熔是1963年出生在韩国的一名神童，由于母亲的精心施教，出生后3个月就能说话，5个月就能记住动物植物的名称，8个月时就正式开始念书。三四岁时，他就专心学习英语和德语，数学方面则方程式、三角函数、几何、微积分都已运算自如。4岁时即入韩国的汉阳大学，一时世界为之震惊。到那时止，全世界智商的最高值为197，但他的智商却高得难以测定，据《吉尼斯世界纪录大全》估计为210，而这样高的智商，据称全世界“两千年才会出现一个”。他4岁时曾到日本，在电视台进行表演，当时也只用3分钟就顺利地解开了大学入学考试试题中的一道不定积分的难题，让日本的观众大为吃惊！

这位神童8岁时曾再次来到日本，但是，从那以后就慢慢听不到他的消息了。后来日本的一家电视台想跟踪采访，但却找不到他了，而只收集了很少的消息。据说他4岁时进汉阳大学旁听，但17岁参加大学考试时，平均成

由于现代教育还没有找到帮助神童发展的方法，因此父母的责任便显得更重。

绩只有65分，在2763名录取学生中名列2420名，勉强合格入学。现在《吉尼斯世界纪录大全》已经取消了他的名字，他的有关确凿的消息更是难以找到，只流传着各种各样对他进行中伤的揣测……

我以为不管金雄熔的后来如何，但他三四岁时就能掌握包括母语在内的三门语言，就能演算微积分等这些连后来指责者都不能抹杀的事实，就已经充分证明了人类的伟大与神奇了。一个孩子能掌握如此广泛近乎不可思议的知识，足以揭示我们身上的巨大潜能有待开掘，他向我们整个人类显示出了人的无限潜能，仅此一点他所昭示的意义就已足够巨大。人类的哪一次成功不都是由勇敢的失败者的尸骨铺成的，难道要让他的母亲一次就为人类提供一个爱因斯坦才算成功吗？为什么可以允许“挑战者”号宇宙飞船失事，而就不允许一个母亲的还不能称之为失败的“失败”呢？

即使是失败，我以为这种失败也不该由他母亲负责，而应该由我们的教育负责。我们的人类习惯于在20岁的心理条件下传授微积分，但却不习惯在4岁的心理条件下传授它。金雄熔4岁时已经掌握了微积分，为什么到17岁时还要让他去参加大学的入学考试呢？让于光远考文科，让许国璋考外语，让陈景润考理科，面对高考试卷，可能也不见得能够通过吧！为什么无视他良好的语言能力呢？这不是典型的让兔子和乌龟赛跑，而最后却说兔子赛不过乌龟吗？

因此，僵死的教育体制常成为扼杀神童的帮凶，人类的教育还没有找到帮助神童发展的方法，因此很多神童成为这种教育制度的牺牲品，这样的例子不胜枚举。

明代的徐文长，6岁时“书授数百字，不再目，立诵师所”，8岁能解经义，9岁“已能干禄文字”“年十余，仿扬雄《解潮》作《释毁》”，其才学闻名乡里。但就是这样一位天才，20岁勉强考上秀才后，从23岁开始参加乡试，每3年一次，一连考了8次，一直考到40多岁，连个举人也没考上。他的朋友、同窗，乃至子侄、学生，这些才学和名声离他很远的都纷纷上榜入选了，可他却始终未见功名。被自尊自卑夹击，心理无法承受，他多次自杀，

人类的教育还没有找到帮助神童发展的方法，因此很多神童成为这种教育制度的牺牲品。

后因猜疑杀妻入狱坐牢 7 年，到了这时，他才清醒过来，诗书画大大地上了一个台阶，成了“病奇于人、人奇于诗、诗奇于字、字奇于文、文奇于画”的“越中十子”。

由于现代教育还没有找到帮助神童发展的方法，因此父母的责任便显得更重，历史上曾有不少将神童培养成天才的父母，比照他们与金雄熔母亲的做法，有一显著的不同，便是这些父母大多不愿在孩子还没有真正取得成功时便去宣传他，尽管他们完全可以这样做。这样的例子同样很多，威特、穆勒的父亲都曾告诫过他们的孩子，最典型的可以说是冯·卡门的父亲对待宣传的态度了。

冯·卡门是我国著名科学家钱学森的导师，他小时候也曾是一个智力超常的神童，6 岁时就已能进行多位数乘法的心算。有一次，他大哥无意中给他出了一道算术题：15×15 是多少？他边玩边说是“225”，二哥又随口问 924×826 是多少？“763224”，他连头也没抬就答了出来。这下大家都发出了惊叹，孩子们把这个消息告诉了他的父亲——他的父亲是一位著名的教育家，他的父亲却不相信，以为这是孩子们串通好了来骗他，于是亲自出了一道题让小卡门心算。这道题是 18876×18876 是多少，小卡门稍微思索了一下，随即说出了答数。这时候连他的父亲也惊叹不已：“真是太不可思议了！”他大哥见此一下子把小卡门抱起来，高兴地说：“爸爸，小卡门是神童，我们可以让他登台表演，能赚很多钱。”听到孩子这样的话，他们的父亲一下子变得非常严肃：“多么愚蠢的念头！小卡门是有非凡的才智，但是天才只有和严格的训练结合在一起才能开花结果，他只能去接受系统的数学学习，真正的数学必须依靠冷静的头脑，靠精确的数学语言一步步地演算，而不是靠心算，更不能去登台表演。”

为什么这些神童父母的做法值得赞赏呢？其原因就在于这些父母懂得神童之所以神，完全是教育的结果。今后他能否走向真正的成功还要仰赖各种条件，先天的种种“神迹”与孩子最后的成功是没有必然联系的。

如果以体育上的跑步为例来说明，神童说白了不过是“抢跑”而已，这

> 如果以体育上的跑步为例来说明，神童说白了不过是“抢跑”而已，这种抢跑越是短距离效果越明显。

种抢跑越是短距离效果越明显，君不见短跑时要用脚蹬，长跑时有谁再去理会这种工具呢？因此民谚“十岁神童，十五才子，过了二十是凡人”应该是神童后来慢慢落伍这一现象的经验概括！如果没有健康正确强大的后续教育与指导，再神的神童也免不了“过了二十是凡人”的命运。

既然说神童是“抢跑”，那么这种“抢跑”究竟能抢多少距离呢？我们不妨粗略地计算一下，如果以阅读计，神童大约3岁便可以阅读，而普通孩子则要8岁左右，假如每天平均阅读五千字，那么5年共阅读900余万字。也就是说折合阅读量约1000万字！这是一个很可观的数字。如果每个孩子都能经过早期教育达到这个水准，则无异于为每个孩子争取了5年教育时间，因此神童如果和普通孩子同龄入学。在学历上其实是有较大差距的，是将一个五年级水平的学生放在一年级的班上，因此学习成绩好不足为怪！

但是，既然是“抢跑”，这份成绩其实就不应该认真看待，这种领先其实也不是一种本质上的领先，而是一种虚假的领先，因为其他的孩子没有跑！

如果社会生活像运动场的跑道那样单纯，面对如此巨大的差距，一般的孩子是很难赶上的。不幸的是，生活远比体育比赛复杂。如果神童父母的素质不高，不用多久就不能陪伴孩子带领孩子了。这样孩子便要一个人单独面对社会的各种问题，越跑越吃力，越跑越糊涂，最后大多都迷路不前，前功尽弃，过了20成了凡人。相反那些普通孩子则各显其能，有的母亲抱着跑、驮着跑、牵着跑，如这时花大量时间辅导孩子；有的母亲则开着车子让孩子坐在上面来跑，如把孩子送到国外学外语比母亲在家教，无疑是汽车飞机与安步当车的关系……稍不留神，神童便无优势可言。

由于神童的实质在于“抢跑”，由于后续的教育对神童仍然至关重要，因此这些聪明的神童父母无不咬紧牙关同孩子一起披荆斩棘，而不是去进行任何无益的宣传！

我们还是回到冯·卡门身上，他的父亲对他说：“这种计算是显显小聪明，以后别再去做这种游戏了，明白吗?"

但是对于6岁的小卡门来说，父亲的话他是不明白的。就在这次谈话不

由于神童的实质在于“抢跑”，因此聪明的神童父母无不咬紧牙关同孩子一起披荆斩棘，而不是去进行无益的宣传！

久，他在父亲书房里发现一本旧算术书，便问父亲书上的百分率符号是什么意思，因为他不懂0是怎么可以被0除的。父亲解释说%只是个表示百分数的简单符号，并没有想到小卡门会真的懂，当小卡门把书里的百分率习题全都做出来之后，他的父亲大吃一惊：

“我以为他（父亲）会高兴，但我猜错了，几年以后我才知道，他对我的运算能力感到担忧，认为我用心算乘出那么长的数字是反常的。他不喜欢超常儿童，怕我将来变成一个畸性发展的人。在他干预下，我从此便和各种数学科目断绝来往；一直到十几岁才重新开始学习数学。……父亲让我读地理、历史、诗歌代替做数学习题。现在，每当我回想这事总对他感激不已。我一生崇尚人文主义的文明，这跟他让我童年时代就摆脱数字游戏是分不开的。”

由于小卡门学到了不少知识，因此同其他那些神童一样善于辞令，有一次竟过分卖弄口才耍小聪明将了别人一军，他父亲对此深为不满，狠狠地训斥了他一顿，告诫他说：“真正的思考比耍小聪明要高超得多。你必须不断充实自己的头脑；如果光运用而不充实，至多不过是个半瓶醋，到头来将一事无成。”

后来冯·卡门在美国曾多次回想过父亲对他的这些教导，因为在美国人眼里，反应迅速、脑子灵活就是才能杰出的标志。但他认为这是对价值的曲解：“我感到自己无法限时限刻完成创造性思考。我始终是个头脑迟缓的人。我不赞成按智商来区分人的智商高低，因为智商测不出一个人的思考方式。就真正的学术成就而论，扎实而深刻的独立思考能力比智商测定的反应速度更重要。”

冯·卡门曾回忆同爱因斯坦、奥本海默一起参加的一次学术讨论会，奥本海默在黑板前动作迅速，推导方程经常跳过好几步，以为听的人都能跟得上，因此常常让别人难于理解。爱因斯坦接在奥本海默后面登台，爱因斯坦首先表示抱歉，因为他比不上奥本海默那样敏捷，不过他说他将尽力而为。两位风格迥异的表现，让冯·卡门这样感慨道：“爱因斯坦是个思考缓慢的人，但却是一位渊博的思想家。奥本海默的表现引起了我的回忆：要不是早

真正的思考比耍小聪明要高超得多。如果光运用而不充实，至多不过是个半瓶醋，到头来将一事无成。

年父亲及时教导我懂得坚韧而深刻的思考的价值，我也可能会滑到小聪明的老路上去了。”

奥本海默也曾是一位著名的神童，许多诺贝尔奖获得者都曾坦率地认为他是当代最聪明的科学家之一，尽管如此，他却从未能够进入争取诺贝尔奖金的最高水平科学家的行列。他的一位学生对此曾这样评论：“他博学多才，但不求甚解。他不愿意集中精力去钻研一个具体问题。他具有这样的才能，但却缺乏必要的耐心。”奥本海默的这种作风也许在不少神童身上都不同程度的存在，正所谓“聪明反被聪明误”。但是具体到奥本海默本人身上，我们不能因为他没有获得诺贝尔奖就说他是个失败者，因为“原子弹之父”这个称誉是区区一个诺贝尔奖所不能代替的。

如果我们一定要在金雄熔身上找到我们可资借鉴的教训的话，那么过于热衷宣传应该是金雄熔留给我们的最大教训。

金雄熔的母亲也许同我们很多父母一样，都有一种错误的想法，那就是皮格马利翁效应，认为宣传对孩子有益无害，就像人们所羡慕的对名人的宣传一样。事实上，对于孩子尤其是对于那些神童，这种赞美有百害而无一利，因为这种领先是一种暂时的领先，而不是一种绝对的领先；是一种虚假的领先，而不是一种真实的领先。而宣传则在给孩子带来荣誉的同时也带来了巨大的压力，常常会把一个孩子压垮，几乎所有被宣传成大神童的，宣传得越早，声势越大，结果则越惨，因为在这个世界上是没有一个铁定的天才存在的。

对于金雄熔来说，他所取得的成绩尽管让人大吃一惊，但却绝对是可以理解的，并不值得大惊小怪，这种良好的教育为以后的成才可以说打下了极为良好的基础，但是这时仍不能说他就已经成才了，这时他离成才的距离同一般人是一样的遥远，因为这时候他还远没有进入实质性的创造阶段，他的“神”还仅仅在于接受知识方面，就像一个高中学生同初中学生相比一样，尽管高中学生比初中学生掌握的知识要多，但那是因为初中学生还没有上到高中而已，这种领先并不是一种真正本质上的领先。

对于金雄熔来说，这种良好的教育为以后的成才可以说打下了良好的基础，但他还远没有进入实质性的创造阶段。

这样，人们对金雄熔犯的第一个错误便是认为他同别的孩子不一样，其实，他不一样的仅仅是他这么小时就已经显示人类可以接受教育，仅仅是这点上的不一样，而在其后的过程中仍是一样的。这就如金雄熔如果 8 个月就能走路，这一事实只是表明人类其实 8 个月就能走路，但并不能保证他因为 8 个月能走路而将来一定会得竞走世界冠军，更不能保证将来一定能得世界百米冠军！

人们对金雄熔犯的第二个错误便是认为他已经成才，其实当时他距成才的路程同其他的孩子相比不说是同样的，那也是同样级别的。

这样一来，无形中就给金雄熔造成了巨大的压力，在跑步中，他不仅要将同龄人甩开一段距离，而且要将所有的人都甩开一段距离，否则社会便会嘲笑你，否则你便是一个欺世盗名者，否则你便是一个不诚实的人。本来你可以按自己的心愿发展自己，现在却不得不违背自己的心愿不断地向社会证明自己，也许你比所有的人都要强大，但现在你却需要应付来自所有人的诘难，这样，在日后的竞争中，自然身心俱疲，最后不得不对此完全失去勇气，只得以逃避来反抗这种可怕的聚焦！

这种预支鲜花的做法不仅无益相反却极为可怕，它足以置一个神童于死地。纵观人类社会，从古到今都是先取得成绩而后才给掌声甚至不给掌声的。爱因斯坦成功之前并没有掌声，他成功之后的掌声仅是对他过去工作的承认，如果这种掌声是预支的，那么即使是爱因斯坦相对论发现之后，可能也不堪承受如此重压。

因此，要毁灭一个孩子，毁灭一个神童非常容易，那就是去宣传！

要毁灭一个孩子，毁灭一个神童非常容易，那就是去宣传！

8.4
在大风大浪中锻炼成长

西迪斯现象——是什么让西迪斯落马——比健壮、活泼、礼貌更难培养的是世故——维纳与穆勒的体会——亲子之间只有默契没有世故——少年大学生，是耶，非耶？——老威特是如何培养小威特的——对于神童来说阅历比学历更重要

神童泯灭的第三个阶段，也就是已经经过了教育这第二阶段，马上就要进入创造的天才阶段了，这是神童常常落马的又一个关键阶段，这里名之为“西迪斯现象”。

西迪斯可以说是世界上最著名的落马神童了，他的父亲是哈佛大学的心理学教授，从他一出生，他的父亲就对他进行了异乎寻常的早期教育。他6个月时就会认英文字母，2岁时能看懂中学课本，3岁他能用本国语流利的读写，5岁时看到家里骨骼标本，对人体发生了兴趣，从而开始学习生理学，不久居然达到开业医师考试合格的成绩。9岁他通过了哈佛大学的入学考试，但是校方叫他等了两年，1909年他11岁刚过就进了哈佛大学。入学不久，他就作了一次关于四维空间某个数学难题的讲演，关于这次讲演，另一位曾听过他讲演的比他稍大的神童维纳评论道：“像这样的报告，如果由任何年龄的一二年级研究生来做，都是值得称赞的。”可惜西迪斯在哈佛只读了一两年后因精神负担过重而休学，后在得克萨斯州休斯敦的赖斯学院工作，后来因为参

让普通的孩子具备学历是让他们不做坏事去做好事，让聪明的孩子具备阅历是让他们将好事做成。

加一些激进的游行受到拘留后一蹶不振……

对于西迪斯的悲剧，应该说仍不是早期教育的悲剧，而是社会的悲剧，是社会对神童教育陌生造成的悲剧。造成这种悲剧的原因是多方面的。有其父亲指导思想上的偏差，也有过分宣传给他带来的巨大压力，除此之外，我以为西迪斯身上还暴露了大多数神童都曾碰到的一个问题，那就是社会性能力的薄弱。

这里所说的社会性能力薄弱，不仅仅指是否强壮等健康方面，也不仅仅指是否活泼等性格方面，甚至也不仅仅指是否礼貌等态度方面，而是指不懂得人际交往的规则，即人情世故。前者仅仅是外在的表面上的，而后者则是实质性的。这些神童可能非常擅长于在头脑中解答题目，但是却不能在社会中把一件极简单的事情做成。

维纳曾这样回忆西迪斯刚入哈佛大学时给他的印象："在社交能力和适应性方面，西迪斯的发展远远落后于大多数和他同龄的儿童，这也是很显著的。我当然在社交仪态风度方面不是一个典范，但是我很清楚地看出，没有一个与他同年龄的孩子会像他那样邋里邋遢，粗野地挥动着一只猪皮书包，沿着布拉特尔街奔跑。他是个小孩，可是他的不修边幅的脾气，活像成年的约翰逊博士。"

其实，不仅西迪斯如此，其他神童也大多表现出这方面的欠缺，西迪斯不过更严重些而已。这是因为时间是个常数，孩子在较多地接受智力方面训练的同时，他的社会性能力发展的时间便被挤占了，如果不加以刻意弥补，久而久之就会形成这方面的缺陷。就是指出西迪斯这一缺点的维纳，也一辈子为自己这方面的不足而苦恼。

无论是西迪斯，还是维纳，他们的父亲都很早对他们进行早期教育，他们所接受知识教育的时间远比他们经受社会磨炼的时间长。西迪斯在 11 岁上大学前，中小学总共只上了一年多。维纳虽比西迪斯好得多，除一年小学外，从 9 岁起一直都是在学校上学。经过三年中学，三年大学，15 岁再上哈佛大学的研究生。可就是这样，由于年龄相差较大，维纳无法同那些比他大得多

对于西迪斯的悲剧，应该说仍不是早期教育的悲剧，而是社会的悲剧，是社会对神童教育陌生造成的悲剧。

的同班同学玩儿，而只能同这些同学的弟弟玩儿。他说他的生活明显地分成孩子和大学生这两个不同的领域，在学习方面几乎完全是个成人，而在社交结伴方面还是个十足的孩子，是一个孩子和成人的混合体。维纳尚且如此，西迪斯这方面的不足就更可想而知了！

除了单纯的时间因素外，神童们所接受的早期教育方式也是影响孩子社会能力增强的一个重要因素。因为神童大多都是亲子两代在一起教育、学习的结果，这种方式决定了孩子不太可能广泛深入地涉及社会生活。维纳说他即使在中学里的学习以及与社会接触仍然只是他实际生活的表面，更本质的一面则是他在家里继续背诵课文给父亲听。进了高中以后的家庭日常课程，同他父亲当他的专职教师时要他做的几乎没有什么两样！到学校上学后尚且如此，更何况上学之前在家里了！因此这些神童大多远离社会生活，更别说进入人情世故的核心了。

这种亲子教育方式是如何阻碍孩子社会能力发展的呢？由于西迪斯留下的资料有限难以具体分析，这里仅以与他相似的另一位神童——穆勒来加以说明。

穆勒是一个没有接受学校教育而完全是其父亲通过家庭教育培养出来的神童。他的父亲是一个忙于用稿酬养家糊口的学者，经济上的压力让他性格变得暴躁，因为声名卓著是他后来的事，在开始时他也是一个名不见经传的无名小辈。就是这样，他对穆勒的学习却极有耐心："在我学习希腊文功课的整个过程中，他总是与我在同一间房子里同一张桌子上写他的作品，他为我的教育乐意承担责任，从这件事情中可见一斑。那时候，希英词典尚未问世，当时我还未开始学习拉丁文，因而希拉词典对我没有用处，碰到不认识的字只能一一向父亲讨教。父亲平时最无耐心，但还是忍受此种不断的打扰，他就是在这种情况下，写完数卷《印度史》和他当时必须要写的所有其他文章。"

但是社会则完全不同了，与他交往的人再也没有义务像他父亲那样耐心了。不仅如此，穆勒走上社会后发现大家慢慢地都对他敬而远之，究其原因，

这些神童大多远离社会生活，更别说进入人情世故的核心了。

原来是他太好与人辩论。穆勒被认为是人类迄今为止智商最高的学者，可以想见他在与比他智商低得多的同事交谈时该会发现多少错误。一遇错误便力加纠正，一加纠正便是一场不欢而散的争论，其效果如何也可想而知。

关于这一点在其他神童身上也都表现得很突出，如奥本海默平日都很彬彬有礼，可是当他认为别人的谈话太庸俗时，他就会与平时判若两人似的突然打断旁人的发言，因此同学都对他敬而远之。正如他的一位好友所指出的那样，“问题在于他的思想过于敏捷，他老是把对手置于不利地位。而且，该死的是，他往往是站在正确的一方，或者至少是相当的正确。”

为此穆勒也在他的自传中这样反思道：“他们认为我自满过分令人讨厌，大概是因为我好辩论，听到不同的意见，便毫无顾虑地直接进行反驳。我想原因是由于受到过分的鼓励，谈论不是我这种年龄应该谈的事情，还和大人们一起讨论，同时又未曾受过要对他们尊敬的教诲，所以养成这种坏习惯。父亲未曾纠正我的无理与傲慢，大概他没有发觉，因为我对他十分敬畏，以致在他的面前总是保持极端顺从和沉默。”

这就是同父亲与同其他人在一起的不同。这种争论也许是其父所赞赏的，但是在不喜欢争论的人面前则无异于不礼貌了，而这便是世故。什么时候该争论，什么时候不该争论，是一种很高的社会能力，绝非一两天就能学到，它需要大量的社会磨炼，而亲子之间只有默契没有世故。

这种社会性能力薄弱可能还有一种生理上的原因。那就是身体上的协调性差。也许是错过了身体协调的敏感期所致，也许是其他原因，但不管怎样，身体协调性差这一现象在神童身上似乎普遍地存在。

西迪斯的协调性如何，我们已无从考察，但维纳的协调性差却是肯定的。维纳的字一直写得很糟糕，他自己也说写得最好的字也达不到班上的一般水平，“我在书写上的笨拙动作，使我省略每一个能削减的笔画，因而造成我的字体的难以辨认”，为此他一直没有学会记笔记。不仅字写得差，打球时接不住球，而且连他喜欢的生物学也因无法掌握最基本的实验技能，最后只好放弃！

> 什么时候该争论，什么时候不该争论，能体现一种很高的社会能力。这绝非一两天就能学到，需要大量的社会磨炼。

奥本海默5岁时回德国故乡，他的祖父送给他一批矿物标本，他由此产生了一种业余爱好——研究矿物学，并持续了好几年，11岁就被选为纽约矿物学俱乐部的成员，12岁的时候就开始发表地质论文。照说整天同石头打交道，动手能力应该较强，可是不然。他在以实验工作为传统的剑桥大学就表现得很一般，但到了以理论研究为传统的德国哥廷根大学则大不一样，他说："当我决定到哥廷根去时，我对自己的各方面都感到担心。但我心里明白，如果有可能的话，我最好从事理论物理工作……我对于能摆脱实验室工作感到非常高兴。我在实验室里从来就做不好工作；别人对我不满意，我自己也不感兴趣，我感到这些事只是别人强迫我去做的。"

杨振宁5岁的时候就认得3000个汉字，可以说也是一个早慧儿童。他上小学后，国文和算术成绩都很好，可手工劳作就不行了。一次老师让同学们在课堂上用泥巴做一只鸡，放学回家，他把自己的"得意之作"拿给父母看，让父母还着实夸奖了一番，说做得很好，并特意问道："你这是做的一节藕吧？"

对于这种笨拙，维纳开始认为是体格中肌肉的灵活性不够，继之又认为是眼睛视力近视的原因，最后他认为是整体的连锁反应出了问题！这种协调性差在其他神童中也常看到。冯·卡门心算能力超群，但平衡技巧甚差，因此没有学会滑冰，也没学会钢琴；奥本海默除了航海外没有一项运动能够拿得出手，尽管学过网球，但打得很糟；胡适从小就给人"小先生"的感觉；梁漱溟到6岁时每天早上还要妹妹给他穿裤子，因为他不会系裤带……

当然我们这里所说的神童主要是指知识型的，因此有社会性、协调性方面的缺点，这些缺点对于运动型、艺术型、领导型等其他类型的神童来说也许不存在，但他们不可避免地会有另外的缺点，这是我们这些研究者应该认真加以研究的。

但是，这种不谙世故、脱离社会现实的倾向在现在的神童中越发突出，造成这一问题的主要原因可能是"少年大学生"的诱惑以及与此相关事件的推波助澜，从而误导了社会和家长。

这种协调性差在其他神童中也常看到。梁漱溟到6岁时每天早上还要妹妹给他穿裤子，因为他不会系裤带……

历史上第一个影响较大的少年大学生可能要算德国的卡尔·威特。后来的维纳、西迪斯等著名神童都是按照威特的模式培养出来的。从这点上说，中国大学里的少年班也应该同威特有着某种关系，因为中国的少年班正是在本世纪世界性的天才教育的背景下产生的。

但是仔细考察一番威特的少年大学生生涯，同我们现在所看到的颇不一样。

首先，老威特并没有把孩子送进大学成为少年大学生的念头，他是在人们的说服下才这样做的，并且这样做还是有条件的，那就是老威特必须陪在孩子身边，因为那时小威特毕竟还不到 10 岁，最后的结果是老威特一直陪到他 18 岁出国留学时为止。

其次，小威特大学毕业后，照一般的做法是去钻研某一学科以便早日在事业上成名，但老威特认为决定专业方向应该是 18 岁以后的事，在这之前应该广泛坚实地打好基础，尽管小威特的数学才能非常出众，但老威特还是让他去学法学，并且对劝学数学的教授说，18 岁之后，孩子如果真的喜欢数学，他就去从事好了，但 18 岁之前是应该让孩子广泛涉猎的。

最后，老威特针对孩子社会能力薄弱这一问题，坚持 18 岁以后再让他离开自己，为此他让 16 岁前就已获得法学博士学位的小威特，将出国留学时间推迟到 18 岁之后。后来威特在留学意大利时无意中开始了但丁的研究，并最终成为研究但丁的权威。正是由于老威特的精心培育，小威特才非常幸福协调地生活了 83 年。

但是，这类事后来变味了，老威特当时是在各种条件保证下才让小威特上大学的，而后来的父母却把上大学当成一个目标来追求，如西迪斯等，这样使得孩子的世故能力更加削弱，这一点对于我国的少年大学生尤甚。

我国的教育竞争也许是世界上最激烈的，学生学习负担过重是一个长期的话题。照理说实行早期教育是减轻孩子的学习负担，因为这样可以分担一些学校里的学习负担。但现在却成了教育竞争的手段，反而加重了孩子的学习负担，因为受了早期教育就不断地让孩子跳级，结果社会能力不断削弱，

仔细考察一番威特的少年大学生生涯，同我们现在所看到的少年大学生颇不一样。

因为学校是按生理、心理发育而不是按智力发育来编制进度的，和与自己大了几岁的孩子赛跑，早教“抢跑”的优势就显示不出来了。由于神童的父母大多高度重视学习，跳级后还可能显示出“神”，还可以跳级，可越是跳级，牺牲的社会能力就越大。这一点同老威特的做法是极不相同的。

即使这时上了大学，成了少年大学生，父母往往不是不再过问，便是无法过问，孩子从而失去了筝线。这点尚且不说，最不好的是马上就面临着专业的选择，对于这么小的孩子连自己都不明白自己喜欢什么，他们之所以能进大学，大多是父母的意志而不是他们自己的意志。如此早地划分专业有百害而无一利！

这里我绝没有否定少年班的思想，人类的未来一定是缩短学制而不是延长学制，少年大学生是人类教育的发展趋势，我国在这方面作出了可贵的探索。也正因为是探索，必然要付出代价，我仅希望这种代价越低越好。

为此，我常这样想，对于一个智力发育较好的孩子是让他不断地跳级好呢，还是让他按部就班地读书？如果按部就班，他的智力发展会受到限制吗？既然十二三岁都能考进大学，那么十七八岁反而不能考进大学了吗？另一种选择是让他不断地跳级，那么他又无法与同学建立良好的个人关系！

这的确是令我们不少超常儿童父母头疼的问题。因此，如果只能二者择一的话，我认为宁可牺牲一个智力上的天才，也要拯救一个社会发展协调幸福的人。因为如果不能同他人建立良好的合作关系，智力再好也不能发挥出来！

但是有没有更好的处理方式呢？我认为是有的，那就是父母为孩子人工合成一个朋友群，如把一个村庄、一个社区的大大小小的孩子作为朋友，从中练习将来的社会生活，如果孩子有了这样一个固定的较大的朋友群，那么他就不需要在学校里多加练习了，因此他就可以不断跳级，因为社会能力方面他课外有弥补的途径，这样他的智力与非智力便能获得良好的协调的发展。

因此，我以为对于那些普通的孩子，应该让他们懂得学习，具备学历；对于那些聪明的孩子，应该让他们懂得世故，具备阅历。让普通的孩子具备

如果只能二者择一的话，我认为宁可牺牲一个智力上的天才，也要拯救一个社会发展协调幸福的人。

学历是让他们不做坏事去做好事，让聪明的孩子具备阅历是让他们将好事做成，如果这样，神童就不应该仅仅在智力范畴里，同时还应该在经验范畴里，那些天才无不是这两种能力的有机结合。

西迪斯的父亲在这方面显然忽视了，以致维纳一再谴责是他的父亲造成了他的悲剧："非常明显，西迪斯后来的一蹶不振，大部分是他父亲造成的。""西迪斯的父亲是个心理学家并以精神病医生为职业。我曾说过，他希望他儿子在学习上出人头地，但是就我所记得的小西迪斯情况来说，我没有看到他的父亲像我父亲那样不断关心儿子的教育。我毫不怀疑，在西迪斯童年时代的早期，曾接受过父亲认真的教导。但在我初次遇到他的期间，那时他大约11岁，有半年以上的时间，他孤零零一个人寄居在坎布里奇的出租公寓里，没有什么朋友，更没有什么知心人。"

可以想见，这样一个还不能自理的孩子，居然让他单独住在出租公寓里，独自承受来自成人世界的压力，西迪斯怎么可能不出现问题呢？与之相比，维纳则幸运得多，所以他才不止一次地感谢他的父亲："我父亲毫无保留地给了我他所有的一切：他的诚挚、才智、学识和热情。这些品质并非俯拾皆是的。"

因此，即使对于那些已打下如此好基础的神童，要想成才还是如此不易，还要靠他的父母的巨大帮助，而一个父母懂不懂得教育原理则直接影响到孩子们将来的人生道路。很多父母都曾或重或轻地存在这一问题：重教育，轻化育；重智育，轻群育！这些父母以为把孩子送进一所大学就已完成了自己的任务，殊不知经师易得，人师难求，而最好的人师常常就是父母，这是我们为父为母不得不慎之又慎的呀！

很多父母都曾或重或轻地存在这一问题：重教育，轻化育；重智育，轻群育！殊不知经师易得，人师难求。

8.5
像珍惜生态资源一样珍惜天才资源

每一个孩子都是天才，但不懂教育的父母却耐心地将他们一个个地变成庸才才善罢甘休——杰出人物自身是最好的候选父母——构成天才资源最大破坏的是英雄无后——在西方，英雄甚至就是无后主义的同义语——马克思：如果我有再生的机会，我将不再结婚——人们熟知毛泽东一门六烈士，但却不知毛泽东尚有六个孩子为革命做出了巨大牺牲——人生不应该是一支短短的蜡烛，而应该是一支燃烧的火炬，可人类却用水龙头将其浇灭——始作俑者，何以无后

论及到此，或许我们应该换一种思维或提问方式了，那就是让一个孩子成为神童、成为天才其实并不困难。每一个孩子身上的潜能都仅仅发挥了很小的一部分。只要稍微多发挥一点，就是了不起的成就。也就是说孩子一方是不存在多少问题的，孩子之所以不能成为天才，问题全在于教育者方面，在于教育者为孩子提供的环境方面。让孩子生活在野兽的环境里，孩子便成为兽孩；让孩子生活在天才的环境里，孩子便成为天才！孩子是教育者提供环境的产物，正如好的建筑物是好的设计师的产物一样。

因此，教育者对于孩子的成长至关重要，父母亲对于孩子的成长至关重要，它要求父母不仅去教育孩子，更重要的是要懂得如何把孩子引向伟大。父母亲的素质越高，孩子的成长便越快越好。普通的父母当然应该尽自己的

让孩子生活在野兽的环境里，孩子便成为兽孩；
让孩子生活在天才的环境里，孩子便成为天才！

最大能力去教育孩子，但不可否认的是由于他们对伟大的理解肤浅，孩子自然常常不能达到更高的境界。最优秀的父母人选不是别人，正是那些杰出人物自己。天才是从天才的手里诞生的，天才是从天才的手里造就的，杰出的人物是天才的最好培育者，杰出的人物是最好的候选父母！

遗憾的是，直到今天我们人类还没有认识到这一点。历史上的杰出人物不要说成为最好的父母，就是连最差的父母也常常算不上。这方面最有力的说明便是英雄常常无后，既然是无后，当然是连最起码的父母也无法去做了。即使有幸有后，可是由于这些杰出人物缺乏起码的教育意识，致使孩子长大后也大多平平常常而成英雄无继。因为这两种现象在历史上非常普遍，由此而造成的人才损失也非常之大。故在此特以两节的篇幅论述之。

先说英雄无后。

我以为造成这种英雄无后最重要的原因，首先当推人类历史上长期将孩子同女人、同性画为等号的结果。认为儿女情长者必风云气少，将英雄自身的价值同慈幼的价值对立起来。这方面的典型代表便是天主教。

在天主教的源头犹太教里，还没有把性视为洪水猛兽，犹太教的牧师可以如常人一样结婚生子。不仅如此，对于所生孩子还认为应视为神的儿子而细加照顾，因此犹太教牧师的儿子成才者甚多。从犹太教里脱胎而出的基督教基本秉承犹太教的做法。但从 1054 年东西两派正式分裂成东正教与天主教时，天主教对神职人员的婚姻限制越来越严。在开始尚认为婚姻的状态赶不上童贞的状态圣洁，接着便有神职人员不婚的风气，最后又有了教士不婚的戒条，直到现在这些戒条仍在执行。16 世纪宗教改革而从天主教分离出来的新教则一反天主教的神职人员不婚的戒律，马丁·路德带头与修女结婚。

由于天主教在中世纪时为西欧各国最大的政治势力。恩格斯曾称其为西欧“封建制度的巨大的国际中心”，流风所及，无后主义盛行，尤其是在西方，英雄甚至就是无后主义的同义语。例如在西方哲学漫长的历史当中，独身的哲学家竟然占其哲学家总数的 1/3 上下：如毕达哥拉斯、普罗提诺、奥古斯丁、帕斯卡、笛卡儿、洛克、斯宾诺莎、伏尔泰、休谟、莱布尼茨、康

最优秀的父母人选不是别人，正是那些杰出人物自己。天才是从天才的手里诞生的，天才是从天才的手里造就的。

德、爱默生、叔本华、尼采、斯宾塞、克尔凯郭尔、维特根斯坦、萨特……

造成这种英雄无后的第二个原因，是一个人要想成为英雄，必须付出巨大的努力，正如“一将功成万骨枯”一样，英雄的成功常常是以其后代的牺牲为巨大代价换来的！

马克思不是独身，他曾有6个孩子，但其中的3个却由于家庭的赤贫而死去，他被逐出德国、比利时和法国后，只能在伦敦一个狭小的房子里抚养他的孩子。他将他的幼子海因里希的死说成是“资产阶级残酷的牺牲品”。而两年后他的另一个孩子死去时，连给孩子买棺木的钱都没有。马克思在1852年写道：“我妻子病了，小燕妮也病了，莱尼在发烧。我一直不能叫医生看病，因为没有钱买药。上周我们全家只吃面包和土豆度日，而现在我怀疑自己是否买得起面包和土豆了。”

马克思曾这样对恩格斯说过：“对于一个具有远大志向的人来说，没有什么比结婚而缚于家庭和个人生活琐事更愚蠢的了。”他在写给拉法格的信中也这样说：“你知道我将我的全部财富都献给了革命斗争。我并不后悔。相反，如果我有再生的机会，我将同样这样做。只是我不再会结婚。就我的能力所及，我要使我的女儿免登那危险的悬崖，在这个悬崖下，她妈妈摔得粉身碎骨。”

不需要再去在历史中找佐证，现代人物中同样如此。

毛泽东共有9个孩子，不可谓不多，但最终只剩下3人。1930年11月杨开慧被杀害后，毛岸英、毛岸青、毛岸龙被送到上海地下党办的一个幼儿园，由于环境恶劣，3岁多的毛岸龙患痢疾夭折，毛岸青也被巡捕打成严重的脑震荡，终生遭受脑病的折磨。在上海5年的流浪生活极其艰难，毛岸英后来曾说：上海5年流浪生活，真是不堪回首。在一次看电影《三毛流浪记》时他说：“我小时候在上海的流浪生活就好像三毛一样，所不同的是我没有偷过东西，没当过人家的干儿子。”历尽千辛万苦，可最后还是牺牲在朝鲜战场上。

贺子珍1929年在福建龙岩生下一女孩，由于部队要撤离，便将孩子寄养在一户人家，但几年后再去寻找时才知道孩子已经夭折。1932年在福建长汀

一个人要想成为英雄，必须付出巨大的努力，英雄的成功常常是以其后代的牺牲为巨大代价换来的！

生下第二个孩子，同样寄养在别人家后便不知下落。在长征路上生下第三个女孩，自然无法带上也送了人，直到1936年冬生下李敏后才留下了一个孩子，而她到苏联后生下的一个男孩也因条件艰苦夭折了。

英雄们不仅孩子无法养活，而且连亲人也跟着受累。

同样以毛泽东为例，妻子杨开慧被杀害，贺子珍在长征途中身负重伤，毛泽东的两个弟弟也在革命斗争中牺牲，他的堂妹毛泽建、侄子毛泽覃之子毛楚雄也牺牲了，在战争中，毛泽东一家竟有六人为革命献出了生命，这样看来，英雄无后似乎相当正常。

造成英雄无后的第三个原因，是社会对这些英雄后代的迫害。如果不幸成为名人之后，其风险便比普通人陡然增加许多，因为这意味着你不能逃过社会的每一次变动，而社会总是将其父的荣耀与苦难放在其后代身上加以清算，在历史上最残酷的便是"斩草除根"，对后代的围剿甚至比对其本人的追杀更甚。

《后汉书》载，孔融从家中被抓走诛杀时，其一子一女正在下棋，仿佛什么也没发生一样，来抓的人问他们为什么父亲将被抓走他们甚至都不起身表示一下，小哥妹俩的回答是："覆巢之下岂有完卵!"父母被杀房子被抄只得移于他舍，主人怜爱端来肉汤，哥哥渴了便喝，妹妹却说："今日之祸，岂得久活，还贪图什么肉味?"这些话被传到曹操处，曹操遂令尽杀之。当抓他们的人来时，妹妹对哥哥说，如果死后能到另一个世界重新回到父母的身边，这不是我们最大的愿望吗？于是"延颈就刑，颜色不变"。这时哥哥才9岁，而那位可爱的小妹妹更是才7岁!

明朱元璋死后，燕王朱棣攻入南京推翻建文皇帝，朱棣令方孝孺为他起草《即位诏》，深受儒家思想影响的方孝孺决心杀身成仁，大书"燕王篡政"4个字，陶行知曾以此事激励学生追求坚强人格："当燕王篡位之时，势力胜过现在的任何军阀，但不能压迫方先生一笔雄。可见方先生人格及不怕死的精神。真令人钦佩而尊敬……"

然而就是这4个字，方孝孺不仅被碎尸万段，而且在户灭九族之外又及

> 如果不幸成为名人之后，其风险便比普通人陡然增加许多，而社会总是将父辈的荣耀与苦难放在其后代身上加以清算。

门生，凡灭十族，被杀达870多人……

即使是现在，仍是如此。

“文化大革命”中，不仅胡适留在大陆的一子自杀，连新中国成立前为革命作出贡献的陈布雷之女陈琏也被迫害致死；不仅“反动头面人物”的后代在劫难逃，而且连功勋卓著的革命领袖的后代也历经磨难，刘少奇、邓小平后代自不必说，连郭沫若的孩子也被迫害致死。

株连制度受损失的不仅仅是政敌，更是整个国家、整个民族！那种斩草除根是一种极大的智力铲除，但人类就是这样昏暗地错杀了几千年！

我们常说人生不应该是一支短短的蜡烛，而应该是一支燃烧的火炬，遗憾的是我们人类所最擅长的不是将火炬点燃，相反却是用水龙头将烧得最旺的火炬浇灭。

英雄们由于强调自己个人的价值，即使不独身，即使结婚了，他们要的孩子数目也比普通人少，而且还有一个现象也极为有趣，那就是似乎知识层次越高的反而越不会带孩子。

潘光旦曾引述美国威斯康星大学的一项研究，这项研究所探讨的是父母所受教育程度和一家之中婴儿死亡率的关系，研究发现，婴儿死亡率最低的家庭是父母仅仅受过初等教育的家庭，受过中等教育的父母在养育子女的能力上就比较差些，受过大学教育的父母就更差，而最差的，即婴儿死亡率最高的，是父母之一曾经获取哲学博士学位的家庭！他们所损失的婴儿比起父母只读过初等第八级的家庭要高到一倍。

我在读鲁迅、许广平的文章时，觉得许广平将一个现代知识母亲喂养孩子的狼狈相写活了。

在生下海婴之后，鲁迅一定要自己来照料。可是他们两个人既没有育儿经验，又认为别人的经验未必可靠，于是除了医生的话之外，就请教于育儿法之类的书籍。这么一来，闹了许多笑话，首先是哺乳的时间，按照书上是每3小时一次，每次若干分钟。有的说是每次5分钟，有的说是每次哺一只奶，留一只第二次哺，交换哺乳，较为丰足。然而人究竟不是机器，不会这

我们常说人生不应该是一支短短的蜡烛，而应该是一支燃烧的火炬。

样规律化的："有时（海婴）吃了几口就睡熟了，推也推不醒；有时他醒了，未到时间也不许吃，一任他啼哭。而自己呢，起先不等到两小时就觉得奶涨潮了，毛巾也几乎湿透。如是之后，再到喂奶时，已经是低潮期了，还是让小孩饿了肚皮照时间吃，于是就时常发觉小嘴巴左转右动，做出觅吃状态。这使我不安起来，和他（鲁迅）研究一下，他说瘦些不要紧，没有毛病就好了。到两个多月，患些感冒，去看医生，量了量体重，医生说这不对，孩子的重量只够三个星期的；于是研究生活状况，由医生教我们在新鲜牛奶里面加粥汤、滋养糖等，分量照月份增加；这之后，才逐渐肥胖起来。"

给孩子洗澡也是如此。

鲁迅非常小心，给孩子洗澡水一定是开水凉后的，绝不用没开过的，更不会用生水，洗澡时许广平托住孩子，由鲁迅从盆里蘸上水来洗，尽管每次很快，但经过空气一吹孩子总要感冒，后来请护士给孩子洗，他们"才知道应该把孩子卧在温水里，并且在水中放有温度表，时常留心水的冷下去，再添热水。这样，小孩在水里就一声也不响，看来像蛮舒服的样子"。

护士给孩子洗多了，就觉得很简单，让他们自己去洗，照说这也简单，可他们谁也不敢承诺下来，最后，"鲁迅先生说：'还是让她洗罢，我们洗病了，不是还要花更多的钱吗？我多写两篇文章就好了。'以后，小孩还是每天请看护洗浴，一直洗到他 7 个多月"。

在第三章中，我曾引述过中国的"美人无子"，其实英雄虽不说无子，但却多无后，而在西方，由于独身，由于对后代的不重视，英雄也常常无子。孔子说：始作俑者，其无后乎。后来将那些不好风气的创始者以"始作俑者"称呼，其实那些敢吃螃蟹者的的确确常常无后！

始作俑者，其无后乎。后来将那些不好风气的创始者以"始作俑者"称呼，其实那些敢吃螃蟹者的的确确常常无后！

8.6
向智力归庸挑战

英雄无继与智力归庸是必然的吗——普希金与阿列欣对儿子的设计对吗——鲁迅怎样做父亲，做对了吗——父亲的严格让鲁迅成了伟人，但成了伟人的鲁迅却恰恰忘了使他伟大的那种严格的早期教育——朱自清的忏悔与智力归庸——儿童教育家的孩子常常不能成大才的原因何在——英雄不当无后，更不当无继

英雄无后当然不是绝对的，但即使有后，后代却也常常不能继承前辈的光荣，而出现英雄无继现象，因此有“富不过三代”之说，有“君子之泽，五世而斩”之说。而且这种说法还有统计学上的证据，那就是智力上的归庸现象。

“归庸”是统计学名词，高尔顿在研究身高与遗传的关系时，首先使用了这个名词，他发现父亲的身高与平均数之差，同儿子的身高与平均数之差成一定的比例，即人的身高回归到平均数上，苏联心理学家 A. H. 鲁克认为智力也存在这种归庸现象。

那么，何谓智力的归庸现象呢？

按照鲁克的说法，那就是取一般市民群众的智商的平均数为 100，而在某一职业人群中，如在数学家或物理学家中间平均智商为 160±5，假设这样的高智商人群中的男人和女人结婚并生下了 1000 个孩子，孩子长大接受教育

英雄无后当然不是绝对的，但即使有后，后代却也常常不能继承前辈的光荣，而出现英雄无继现象。

后，他们的平均智商应在一般市民群众平均智商与其父母的智商之间，即下降到 130。

当然，这 1000 人中有一些人的智商为 160、170 甚至更高一些，但人数不多；而有些人的智商为 100、90、80，这些同样是少数人，大多数人是在一般群众智商和父母的智商之间，这一点不仅与智商有关，而且与专门的天赋——艺术的、数学的、运动的天赋等有关。

上面是智商相同的父母生出孩子的情况，如果父母的智商不相同，如父亲的智商很高为 160，母亲的智商稍低为 120，他们生育并培养了 10 个孩子，如果是这样，孩子们的智商不是在父母的智商之间，即不等于 140，而是处于 140 和群体的平均智商 100 之间，即为 120，这并不是单纯地继承了母亲的智商，而是向平均归庸。

按照向中等水平归庸的规律，可以得出，后代从父母所属的职业群向其他要求更低或更高的智力或专门天赋的职业群转移，孩子们“上升”或“下降”的百分比大约是 30%。

尽管鲁克说天才的后代不一定退化，但这种归庸其实就决定了它的退化，正如他所说的：在很少情况下，后代像双亲一样是有才能的；但也几乎很少完全是平庸无才。往往是后代的才能不处于群体的中等水平，而在群体中等水平和双亲水平之间的中点。作家的孩子，不少人成了翻译、编辑、记者，因为他们的口头或书面语的天赋往往高于中等水平。

在鲁克看来，过去孩子一般都为自己选择与父母一样的职业，而在今天，追随双亲从事需要很高智力水平和专门天赋的职业往往就不可能了。一般来说，著名文学家的儿子不可能成为杰出的文学家，天才的飞机设计师、外科医生或者元帅的儿子也不可能顶替自己父母的事业。有才能的物理学家的女儿，可能具有除物理和数学能力以外的好的品质，作家的孩子不一定具备成为作家的才能，诺贝尔奖获得者的后代，并不一定会获得诺贝尔奖。

鲁克认为，从前人们是直觉地懂得这一点。普希金在考虑到 5 岁儿子的前途时表示，不希望他走父亲的道路，也就是写诗和跟沙皇作对。著名国际

尽管鲁克说天才的后代不一定退化，但这种归庸其实就决定了他的退化。

象棋手阿列欣的儿子在和报纸记者谈话时表示不下象棋，因为他的家庭责成他要么成为世界冠军，要么远离棋坛。

鲁克认为，在资本主义国家，要取得很大成就，必须有富足的财产，而那些有很高的社会地位和社会影响的父母，则会给自己的子孙后代以很好的培养和教育的条件，“训练”他们并把他们安置到有利的位置上，而对于更适合占据这些位置但出身低微的人来说，通往那些重要职业的门是被关闭的。但是在苏联，由于没有阶层特权的存在，天才便可以自由生长，农民的儿子可以成为科学家或作家，因为有天赋的人并不是出于个别的家族中，天才可以出现在任何家庭、任何民族、任何社会集团之中。

我以为鲁克所指出的现象无疑是社会存在的现实，但是鲁克对之的解释是不合时宜的，是一种智力平均主义。一个有成就的人为什么不在自己擅长的领域里培养孩子，而偏要让孩子在一个自己不擅长的领域里去做一个普通的人呢？的确写诗是艰难的，要写出超过自己的诗更是艰难，但是普希金如果偏让自己的孩子去下国际象棋，其超过阿列欣的可能比超过自己大吗？或者阿列欣让孩子写诗，其超过普希金的可能比超过自己大吗？

这种智力平均主义的观点其实并不难驳倒，只要看看那些第一流的人物都是在其父母擅长的领域取得成果就可知道天才并非是在人类里平均分布的，只要看看那五对获诺贝尔奖的父子是相同专业就知道子承父业在任何时候都并非不合时宜！的确，苏联由于实行社会财富的平均主义，家族现象减少了许多，天才可以从任何角落出现，但这是有意压抑的结果，此后苏联的剧变证明商品经济是人类发展过程中的一个不可逾越的阶段，鲁克所批评的“资本主义”恰恰被他反证是正常的。

既然归庸现象是一种较普遍的社会现象，而按照人才成长的原理这种现象似乎又不是正常的，那么为什么将门会出犬子呢？

我以为之所以出现这种归庸现象，最重要的原因就在于这些英雄父母在教育孩子时同普通人毫无二致，也就是说这些英雄之后的成长除了物质上的不同外，精神上的发育同其他孩子的成长毫无二致，正如父子身高的归庸一

之所以出现这种归庸现象，最重要的原因就在于这些英雄父母在教育孩子时同普通人毫无二致。

样。父亲对孩子的身高并不加以重视，或者即使加以重视也无从着手，因此尽管你可以养尊处优，但身高却仍同普通人一样归庸。

由于父母对孩子教育不重视，或者重视了却无从下手，孩子都是靠天收，这样才出现了归庸现象，关于这一点即使对于教育家也是如此。

这里我们不妨以鲁迅为例来加以说明，之所以选择鲁迅，一来鲁迅是一位被我们公认的儿童教育家；二来鲁迅育子的经验甚至细节都被人们充分整理和挖掘，资料翔实，在我国极少有像鲁迅这样一个为我们提供如此好个案的了；三来鲁迅育子的经验在今天看来仍然同普通人一样，因此他的孩子海婴也同普通人一样，鲁迅的育儿实践让我有意一探根由。

鲁迅同周作人失和是人所共知的，失和的原因当然有多种，我不是研究鲁迅的专家，但从人们研究的成果看，围绕孩子的教育也许是其中一个。

那时他们同住北京八道湾，周作人的孩子调皮、啼哭应是极正常的，但鲁迅却受不了，他曾说："像周作人时常在孩子大哭于旁而能无动于衷依然看书的本领，我无论如何是做不到的。"岂止是做不到，有时甚至是看不惯。有一次，周作人的孩子在纸糊的窗下玩火，几乎烧起来，鲁迅看到后认为应该加以训诫，周作人夫妇听后很不舒服，教训孩子："为什么偏偏给他看见。"许广平在回忆录中说："仿佛玩火也不要紧，只要不被鲁迅看见就好了。就一般人来说，也没有看到孩子玩火而不加以禁戒的。"由于这样的小事积在一起，兄弟不和是极自然的了。

鲁迅对周作人教育孩子方式的批评无疑是正确的，遗憾的是，等鲁迅有孩子以后，却犯了他曾批评过周作人的同样错误，甚至有过之而无不及！因为小海婴儿时也许比周作人的孩子还要调皮，但鲁迅却不再以过去曾有的清醒态度来对待，鲁迅的许多做法在今天我们看来也是极不好理解的。

鲁迅写作时极不愿别人打扰，连许广平也不允许，但小海婴却可以从背后悄悄上来，用小手在笔的顶端一拍，稿纸上立刻墨黑一团，鲁迅虽然搁笔，却并不生气："唔！你真可恶。"而他早已一溜烟似的逃跑了！——这我们还可以认为并不过分！

鲁迅对周作人教育孩子方式的批评无疑是正确的，遗憾的是，等鲁迅有孩子后，却犯了曾批评过周作人的同样错误。

鲁迅出门总给他带礼物，这无可厚非，但“他（鲁迅）一回来，在门口等待的他，一定夺取他手中的包裹检查一下，要是投其所好呢，就欢跃而去。如果带来的是书，失望了，他一定抱歉而又预期答应好，须一定给他买”。——这一点我们就要难以理解一些了！

在外面玩儿，小海婴总是闯祸，不是被玻璃刮破了手指，就是同别家的孩子冲突，回到家中，也不肯静坐片刻，有时模仿士兵，开枪射击，杀声盈室，有时模仿演员，挤眉弄眼，放声嚎唱，闹得鲁迅不能安心工作，不管他倒也罢了，如果声色俱厉地批评，他就会以不吃不喝来反抗，每到这时，“我也往往只好对他说几句好话，以息事宁人。我对别人就从没有这样屈从过，如果我对父母能够这样，那就是一个孝子，可上‘二十五孝’的了”。鲁迅也同现在绝大多数独生子女父母一样无计可施，只好缴械投降了！——这我们就更难理解了！

海婴7岁时，一次许妈带他到隔壁邻居家串门。这家是一户日本侨民，家里有一台落地式手摇大型留声机，高约1米半，比他当时的身高还长一截。听到他们播放的唱片，海婴感到十分新奇，就想用手去动它。一来物品贵重，二来海婴调皮，主人自然不让他动。这样他就非常不高兴地回到了家，要家里也给他买一个留声机。

本来鲁迅是极讨厌上海20世纪30年代留声机的声响的，每当他仰卧藤椅、闭目构思的时候，如果有这类声响来打扰，他就会感到十分烦躁。可是面对孩子的这一并不合理的要求仍然让步了。

过了几天，内山先生就笑呵呵地同一个店员拎了一架小型便携式留声机来了，内山向鲁迅介绍这架机器的性能并当场试放，放完以后问海婴喜欢不喜欢，当时海婴觉得跟邻居家相比太小了，便连连摇头表示不要。鲁迅就告诉内山先生另换一台大一点的。

又过了几天，内山先生换来了一台大的，可海婴仍嫌太小不要，又退了回去……

第三次是内山先生来家通知，说又换了一台，很大，搬不动。要请海婴

面对儿子的不吃不喝，鲁迅也同现在绝大多数独生子女父母一样无计可施，只好缴械投降了！

去看是否合适。于是母亲带着海婴到内山书店去看。可海婴一看仍嫌小，没有邻居家的大，但是觉得大人们已经花了不少气力，也就不十分情愿地接受了……

买回来后新鲜了几天，慢慢地也就“听腻了”，除“偶尔播放一两次外，一般也就很少使用了”。

在20世纪30年代，留声机可不是一般人能够享用的，但鲁迅却当成玩具积木一样地无条件满足孩子。这种做法，我相信不论是当时还是今天都是难为人们所苟同的！

在《鲁迅日记》中，有关抱海婴住医院或者延医来寓为之诊视的记载，就多达300余次，很多毛病在今天看来都是典型的“父源病”，很多朋友看不过去，认为太过溺爱，而鲁迅却不以为然，他以《答客诮》一诗作答：

> 无情未必真豪杰，怜子如何不丈夫。知否兴风长啸者，回眸时看小于菟。

为什么鲁迅会这样对待孩子呢？许广平说：“鲁迅先生活的时候，给予他的教育是：顺其自然，极力不多给他打击，甚或不愿多拂逆他的喜爱，除非在极不能容忍，极不合理的某一程度之内，他自己生长于大家庭中，一切戕贼儿童天真的待遇，受得最深，记得最真，绝对不肯让第二代的孩子再尝到他所受的一切。尤其是普通所谓礼仪，把小孩子教成木头人一样，见了人都不敢声响的拘拘为仁，他是绝不肯令海婴如此。要他‘敢说、敢笑、敢哭、敢打’。”

但是鲁迅的小时候可不是这样。他5岁半就入家塾读《鉴略》——一本文字深奥的中国历史读本。父亲对他的督促更严，一次家人准备带他去看迎神赛会，船已泊在河埠头，饭菜和点心盒子也已经搬上船了，他笑着跳着催大家快些。可父亲却不知从什么地方冒了出来：“去拿你的书来！”“给我熟读，背不出，就不准去看会。”

> 海婴的很多毛病在今天看来都是典型的“父源病”，很多朋友看不过去，认为太过溺爱，而鲁迅却不以为然。

鲁迅父亲的教育方法的确生硬了一些，但严格要求对儿童成长来说非常必要。在父亲的严格督促下，鲁迅的进步很快，他一放学就回来翻看家里的藏书，先看画书，再看字书。七八岁时就已看了《西游记》《水浒传》等小说，也读了白居易、陆游和李白等人的诗词了。正是这样的良好早教才奠定了鲁迅日后事业的基础！

但是鲁迅自己并没有意识到这点，相反他却憎恨父亲的严格，因此他在做父亲之后则反其道而行之："他（鲁迅）自己对旧式的背诵似乎很深恶痛绝。对一般学校的教育的制度也未必满意。如果他较年轻，有了孩子，我想也许自己给以教育的。可惜海婴生下之后，人事的匆促，他未能照顾到他的求学方面。然而在现时的学校，读到大学毕业，甚至留学回来，是否个个都成器了呢？还是疑问。因此孩子入校读书情形，可以说在他是并不怎样注意的，而且他自己所学和所用的也并不一致，还是自修要紧，在他想来或者如此。"

因此，当鲁迅为父时，便再也没有他自己父亲的那份严格了。尽管鲁迅教海婴识字甚至比自己识字时还早，但效果相差却以千里计，这一点我们可以从鲁迅给鲁母的家信中看得非常清楚。

例如，鲁迅 1934 年 12 月 16 日给母亲的信中说（这时海婴还不到 5 周岁半）："但字却不大愿意认……" 1935 年 1 月 4 日给母亲的信是："他现在颇听话，每天也有时教他认几个字，但脾气颇大，受软不受硬，所以骂是不大有用的。" 1935 年 7 月 17 日给母亲的信为："不肯认字，今秋或当令入学校，亦未可知，至 9 月底即满 6 岁，在家颇吵闹也。" 1935 年 11 月 26 日（已满 6 周岁）给母亲的信还是："他已认得 100 多字……" 直到 1936 年 1 月 21 日给母亲的信仍不过是："他大约已认识了 200 字……" 整整一年多时间，才认了这一两百个字！

这样，鲁迅在七八岁时已经很有些学问基础了，可海婴这时还对读书不感兴趣，还不能读进一本书，甚至还没有读过一本稍深一点的书。就连海婴的母亲许广平也说："到了现在 10 足岁了（海婴），离他死已 3 周年了，海婴

鲁迅父亲的严格要求对儿童成长来说非常必要。但是鲁迅并没有意识到这点，相反却憎恨父亲的严格。

还不过读到小学三年级……”也许正因为这样，鲁迅在他逝世前一个多月写的《死》中才这样写道：“孩子长大，倘无才能，可寻点小事情过活，万不可去做空头文学家或美术家。”

鲁迅曾批评周作人的教育方法，但他却有过之而无不及，正如人们所说，文章是自己的好，孩子是自己的亲，罩上了一层光晕效应。长期以来，人类的家庭常常如此，父母亲奋斗的目的常常是为了不让孩子吃苦，他们一方面痛恨纨绔子弟，一方面奋斗的目的又是为了让自己的孩子成为纨绔子弟，父母亲仅仅把孩子当成家庭中的一员，以为自己可以代替孩子，从而将孩子笼罩在自己的羽翼之下。殊不知孩子将来是以一个社会人谋生的，在社会上他将是一个下级、一个合作者、一个普通的必须执行命令的小兵，而不是像在家里一样具有至高无上的地位。我们的父母给孩子的世界是一个不真实的世界，这一点必须从我们父母的幻想中彻底打破！

鲁迅先生老来得子，49 岁才有了唯一的孩子，在这之前，他的生活一直是极为恶劣的，在家里无幸福，在社会上遭围攻，有了孩子不几年便离开人世，他对孩子的态度我们不应过多苛求，他事实上是将自己的一个男性所有的柔情、一生中所有的柔情都喷发在孩子身上。我在这里绝无半点贬低先生及海婴的意思，鲁迅一直是我尊敬的对象，他的硬骨头精神应该是所有中国人学习的榜样，这里仅借先生一例来说明我所论述的现象产生而已。

作为儿童教育家的鲁迅在教育自己孩子时尚且如此，更何况其他各路英雄了。

朱自清的父亲在给朱自清的信中问起孙子阿九——朱自清的长子，并对他说：“我没有耽误你，你也不要耽误他（阿九）才好。”读了这句话朱自清哭了一场：“我为什么不像父亲的仁慈？我不该忘记，父亲怎样待我们来着！”

为什么呢？这时朱自清已是 5 个儿女的父亲了，父性已经开始苏醒，当他回忆自己过去的暴行时便难以自已。阿九才两岁半时，因为怕生人，爱哭，一不见了妈妈或来了客人，就哇哇大哭起来。为了治一治阿九，“有一回，特地骗出了妻，关了门，将他按在地下打了一顿。这件事，妻到现在说起来，

作为儿童教育家的鲁迅在教育自己孩子时尚且如此，更何况其他各路英雄了。

还觉得有些不忍；她说我的手太辣了，到底还是两岁半的孩子！”老二阿菜呢？更惨：“阿菜在台州，那是更小了；才过了周岁，还不大会走路。也是为了缠着母亲的缘故吧，我将她紧紧地按在墙角里，直哭喊了三四分钟；因此生了好几天病。妻说，那时真寒心呢！”

正是因为这样，朱自清才这样写道：“我是个彻头彻尾自私的人，做丈夫已是勉强，做父亲更是不成。自然，‘子孙崇拜’，‘儿童本位’的哲理或伦理，我也有些知道；既做着父亲，闭了眼抹杀孩子们的权利，知道是不行的。可惜这只是理论，实际上我是仍旧按照古老的传统，在野蛮地对付着，和普通的父亲一样。”

正因为这些英雄“和普通的父亲一样”，正是因为由于这些名人之后同普通孩子的成长环境并无二致，因此智力归庸也就在所难免了。

在研究英雄无继现象中最耐人寻味的便是这类儿童教育家的无继了。世界著名儿童教育家卢梭、蒙台梭利的孩子不仅无甚成就，而且令人难以置信的是，这两位教育家居然都将亲生的孩子送到孤儿院里，拒绝自己抚养，从这个角度看，这已经不是无继的问题，而是无后的问题了。

儿童教育家的孩子难以成才，这似乎难以交代，但细究一番，有时也不仅仅是光晕效应所致，较大的原因是经济条件限制，这一点对教育家更是如此。

裴斯泰洛齐在他孩子四五岁时，对孩子的热爱、对教育的热爱促使他创办了一所贫民学校，他把贫苦农民的孩子找到一起，教他们纺纱、读书、写字：“我在50多个乞丐的孩子中间生活了几年。在贫困中，我把自己的面包分给他们。为了使乞丐也学会能像个人那样生活下去，我自己也过着乞丐般的生活。”其时人们嘲笑他说：“想拯救别人，却连自己都不能拯救。”

我国的前辈儿童教育家张雪门也曾这样感慨：“我注重幼稚园的儿童，却忽略了自己的孩子。几年来北京的教育费无着，家里面不免闹着恐慌，每每打了电话来，只得抛开了书本忧忧闷闷地回去；不过忧忧闷闷地回去，依然是忧忧闷闷地出来，眼看着脸黄肌瘦的自己的儿子，一句话没有说，到底还

在贫困中，我把自己的面包分给他们。为了使乞丐也学会能像个人那样生活下去，我自己也过着乞丐般的生活。

是没有办法。畹兰常常取笑我，你——这傻老头儿，只会在三院里做儿童梦。的确！我只会做梦，不会想到实际；我只会背着他们垂泪，唉！我真有愧做儿子的父亲。”

从这样的角度看，无继同无后的很多因素是一致的。尽管如此，它们都不是必然的，尤其在无继这个问题上，我们在明了它的成因后，更是应该理直气壮地向这一阻碍人类进步的不良现象发出新的征讨！

我只会做梦，不会想到实际；我只会背着他们垂泪，唉！我真有愧做儿子的父亲。

8.7
再造中国的人才家族

家族是人才成长的沃壤——王羲之是怎样成为书圣的——没有祖父梅巧玲，就没有孙子梅兰芳——十年树木，百年树人，兴家要三代人方能完成——家教功能的萎缩导致“富不过三代”——泰戈尔的成功与我们的不足——王安电脑公司的破产说明什么——向宋耀如学习

不幸中的万幸是，并非所有的杰出人物都如此感性地对待孩子，他们中的一部分人不管是有意还是无意，但都的确认真地对待孩子的教育。尤其是在古代，家庭教育传统在世界各个文明古国中都极兴盛，其典型表现便是家族现象的常见。只是到了近现代，家庭教育的意识才一日淡薄一日。我们在研究唐宋以前的杰出人才时，发现其中相当大部分都是带有家族性的。从孔子、孔鲤、孔伋；司马谈、司马迁；刘向、刘歆；班婕妤、班彪、班固、班超、班昭；蔡邕、蔡琰；曹操、曹丕、曹植；一直到宋代的三苏。这些家庭或家族对中国文化的发展与传承起到了极大的作用。如果没有这些家族的沃壤，这些人才是难以取得如此大成就的。

就拿王羲之来说吧。

青少年时，王羲之虽然就已有书名，但也远非一枝独秀一路领先。他小时候很不起眼，“幼纳于言”“人未知奇”，他的父亲甚至还为此苦恼过。小

家庭教育传统在世界各个文明古国中都极兴盛，其典型表现便是家族现象的常见。

时候他秉承家学尽管也练字，但并没引起家人的注意，他的师兄弟庾翼、郗愔，叔父王廙等人，都在他之上，以至于当他后来水平高出一筹，很多人都争相去学他的书法时，庾翼还极为不满地说："小儿辈乃贱家鸡，爱野鹜，皆学逸少书。须吾还，当比之。"只是后来他在其兄庾亮处看到王羲之的一封书函时才为之一惊，表示折服。

王羲之为什么能后来居上呢？这就必须说到他的家族背景了。

东晋是中国书法空前进步的时期，继西晋的卫氏世家之后，又出现了王、庾、郗、谢四大世家，有八王、四庾、六郗、三谢之说，王家实力最为雄厚。庾家书法师承钟繇，郗家书法师承卫氏，谢家书法受王家影响，唯独王家书法集魏晋书法之大成，深得蔡邕、钟繇、张芝、卫氏等精髓。

人所共知，王羲之师承卫夫人，卫氏是西晋最大的书法世家，后汉张芝和钟繇的书法被卫氏四代全面继承，而卫夫人与王羲之的父亲王旷为中表，也就是说卫夫人是王羲之的姑辈！而王羲之的从伯、叔父及群从兄弟无不善书，他不仅曾拜卫夫人为师，还拜叔父王廙为师，后又获从伯父王导留下的钟繇宣示帖。加之他也由寡母抚养，在历史上他以"骨鲠"著称，"东床坦腹"等都表明他儿时曾遭受压力而促其心智早熟。正是因为有这么好的家族滋养与个人生活体验相结合，才结出了王羲之这样一颗硕果。

或许有人会问，既然东晋有这样几个书法世家，即使是王氏家族都有数十人善书，为什么这颗幸运果就落在王羲之的头上呢？

我以为，这时的大书法家出在这几个家族之内是必然的，这可以从那时的书法家几乎都是出自这几个家族中看出，但是书圣的桂冠落到王羲之头上是有偶然性的，并不是实力最雄厚的家族就一定会出最杰出的人，因为当实力相当时，谁是冠军常由一些偶然因素决定，这就如世界杯足球赛的决赛你无法准确预测谁是冠军一样。这里之所以作此说明，是想破除那种事后诸葛式的论证方式。

再如梅兰芳。

梅兰芳的祖父梅巧玲由给江家做义子，到后来被卖给戏班做戏徒，再到

东晋大书法家出在这几个家族之内是必然的，但是书圣的桂冠落到王羲之头上是有偶然性的。

后来成为四大徽班之一四喜班的老板，仅仅只完成了靠京剧维生、发家的过程。他虽入了道，但却不是最出色的演员。

梅家第二代则不同了。由于时常受乐师的气，梅巧玲立志要从孩子中培养出一个好的乐师，因此当梅兰芳的伯父梅雨田一出世，家庭的期望便付诸行动。3岁时，梅雨田就坐在木桶里敲着一把破弦子弹着玩了，8岁时，梅巧玲就把北京城里最好的乐师请来教他，这样做的结果是培养出了一个一流的乐师，应该说梅家这时在艺术上已经登堂入室了。

到了梅兰芳时又不同了。这时梅家就是一个最好的艺术学校，梅雨田就是这个学校的掌门人，因此梅兰芳儿时获得了最充分的京剧滋养。及其稍长，家道中衰，父亲早逝，伯父又有女无儿，梅兰芳不仅兼挑两房，而且肩负起兴家兴业的重任，孤儿寡母促使他精神早熟，物质困窘促使他奋发向上，儿时的京剧滋养加上后天的自身努力，最终造就了蔚为大观的梅兰芳。尽管梅兰芳是靠自身的努力才达到这种艺术高度的，但如果没有前两辈打下的基础也是不可能有他后来的成就的。

遗憾的是，唐宋以来，乃至秦汉以来，我们家庭的这一教育功能便逐渐萎缩，到了近代更是所剩无几，毛泽东就曾直截了当地批评贾谊“论太子一节近于迂腐”。尤其是经过“文化大革命”的“洗礼”，不要说家庭教育在做法上还能剩下点什么残渣余孽，就是其一些极可取的思想也都被认为是无知可笑的无稽之谈。

例如，《古文观止》是一本公认的极好的古文选本，可是其中苏轼的一篇难得的家教好文章《三槐堂铭》却在我们师范学院一位教授的评介中被判为宣扬善有善报的“天命论”，真是令人神伤至极。

苏轼的文章是写宋初兵部侍郎王祐因为性格刚直不容于时而不被任为宰相后，他在自己的院子里栽下三棵槐树，并发愿说：“我的子孙必定有做到三公高位的。”意思是，我虽不能亲眼看到子孙发达，但这三棵槐树能看到。后来他的儿子王旦果然官至宰相，孙子王素也官至工部尚书。王祐凭借的是什么呢？不是投机取巧，阿谀奉承，而是进德修身，砥砺品质，让自己的后代

唐宋以来，乃至秦汉以来，我们家庭的这一教育功能便逐渐萎缩，到了近代更是所剩无几。

比自己更优秀。所以，苏轼在其铭中正确地指出，王祜的精神品质在他的儿子王旦等身上，就像槐树一样慢慢萌芽长大，经过艰苦的培土护植，终于长成了大树，而那些无智无识的世人，目光如豆，连早上也看不到晚上，总是把心思花在找机会撞大运上，一心想能有朝一日不劳而获捡到一只撞在树上的兔子，却从不想去提高自己的品德与能力。一个国家的人都这样急功近利，国也将不国了。王家院中的三棵槐树，正是那种不急不躁种德于后人身上精神的见证啊！

这样的文章何罪之有，被我们师范学院教中国古代文学的教授判为“宣扬天命天道”的“阴德论”，真是罪过！这一事实本身足以说明我们对家教的遗忘与陌生。

读《三槐堂铭》时，我不由想起儿时生活的乡下外祖父家。中国农村有一极大特点，就是累世而居，累世而居的结果就是其历史通过口头文学传之久远。外祖父在点评历史人物的兴衰时，也常常评点村里、邑里人家的兴衰，这种点评都不是一人一事，而是一族数代，来龙去脉，缘由经过都很清晰，点评之后外祖父还常叹道，十年树木，百年树人，一百年是三代人，兴一家一代要三代人方能完成。今日研究，才知兴家确为日本德川家康所说，是挑重担走远路不能急。可是在大家庭废黜、小家庭繁兴的今天，人们既无兴趣读史，也无机会完整地目睹一些人家的兴衰，甚至连听一遍前辈人的叙述也不可能。因此只能去羡慕那些追光灯下当代人物的短暂光彩，这样便真正如苏轼所说“朝不及夕，相时射利，皇恤厥德，庶几侥幸，不种而获”了！

家庭教育功能丧失的最直接后果便是“富不过三代”现象的产生。

台塑大王王永庆曾对“富不过三代”做过很好的诠释。他认为，白手起家的第一代，往往缺乏创业的种种条件，如果不特别努力，根本就没有出头的日子。为了追求创业的条件，事事必须耗费苦心，在困难中创立起来的基础，一定比较踏实。第二代及第三代如果善于利用这个基础，应该会比第一代更加有所成就。但人在舒服的环境中，往往不太容易激发向上的志气。第二代多少受到第一代言行的影响，还知道用功，但到了第三代，不但没吃过

家庭教育功能丧失的最直接后果便是“富不过三代”现象的产生。

苦，甚至见也没有见过，就容易松懈。人一旦松懈，外在的条件都无济于事。这种过程的演变，往往让人不知不觉，疏于防范。所以说，富贵不超过三代。

由于我们的家庭废弃了教育功能，完全没有想到自己还有一份教育子女的责任，从而也就不可能把自己的创业精神传授给下一代，以让它们久远地流传下去，这样就把家产托付给了机会或运气，如果碰到一个好子孙，可能还能维持一个阶段，如果没有碰到一个好子孙，则家产很快败光。在中国，败家子极为常见，之所以如此，就在于没有良好的教育功能。

缺少教育功能的结果是下一辈从上一辈获得的仅仅是财产继承而非精神继承，而没有精神支撑的财富最易变质，财富反而为后辈无所作为、为非作歹提供条件。因此，在中国常把不置家产看成是一种高尚的行为。其所以不置家产，是因为看到太多有家财的子孙最后结局不妙，所谓“子孙若如我，留钱做什么？贤而多才，则损其志；子孙不如我，留钱做什么？愚而多财，益增其过”。其实，适当的物质基础，是孩子教育和成长的必要条件，子孙的好坏是教育的结果，而非财富的结果，只有拱手放弃教育权力的人才会说出这样的话。

近代以来，我们把家族简单地同封建主义等同起来，尤其是“五四”前后更是对“家庭”“家族”疾恶如仇，将家族主义思想这一封建毒素同家庭的教育功能连带一起进行批判，结果不仅父亲不教孩子，连母亲也要走上社会不教孩子，甚至以教孩子为耻！结果摇摇欲坠的家庭教育功能终于全然倒地，这是中国近代文化与人才教育上的一大悲剧，这种悲剧的显例就是学术世家大减，很多学者都是一世而起也一世而斩，我以为，这是中国至今竟无一人获诺贝尔奖的主因，这种文化苍白即使同印度相比也仍显得那样刺眼。

尽管中国从1840年起逐渐进入半殖民地半封建社会，但毕竟还是主权国家，而印度却连主权都丧失了，整个国家都成了殖民地。但就是这样一个殖民地，却仍然出现了一批有世界影响的人物，如甘地、泰戈尔、尼赫鲁等。

为什么国亡了，而其文化却没有凋零呢？原因就在于，他们家庭的文化传承功能还在维系着一个民族的精神，这正如犹太人一样。

为什么印度的国亡了，文化却没有凋零呢？原因就在于，家庭的文化传承功能还在维系着一个民族的精神。

比如泰戈尔。

泰戈尔的父亲是一位学识渊博的哲学家和社会活动家，共有11个儿子，泰戈尔居其中。还在泰戈尔五六岁时，他就已经在家庭教师的指导下学习梵语经典和文学艺术，并且已经表现出诗人的天才了。他父亲发现这点后，除了自己诱发他的诗情外，还“委托”泰戈尔6个哥哥帮助他，6个哥哥也努力促使他用诗歌表达自己的思想。

泰戈尔小时候的生活常常是这样：哥哥们带他同村妇、石匠、帮工和农民接触，聆听这些平民百姓讲述的生动有趣的民间故事，回到家后，哥哥们就要求他用诗歌形式复述出来，有时哥哥们自己也写诗。从14岁开始，哥哥们就带他到孟加拉文化节和民族主义节的集会上，公开朗诵自己的诗作。17岁时，一个哥哥又把他送到英国去旅行，并在英国学习法律和文学。回国后，又随父亲和哥哥们在印度北部旅行……经过这样耐心的雕琢，蕴伏在他身上的诗人气质和才华才酣畅淋漓地被激发出来，25岁便发表了成名作《新月集》！

泰戈尔并没有受过多少正规的学校教育，但是他的家庭为他提供的学习环境和内容却是任何一个学校都难以达到的，他不仅是诗人、作家，而且是作曲家，他创作了2000多首歌曲，其中包括印度国歌；他还是一个画家，一生创作了1500幅画……

徐志摩曾说：“单是甘地与泰戈尔的名字，就是印度民族不死的铁证。”“东方人能以人格与作为，取得普遍的崇拜与荣名者，不出在‘国富兵强’的日本，不出在政权独立的中国，而出于亡国民族之印度——这不是应发人猛省的事实吗？”我以为至少在家庭教育上，泰戈尔是留给我们很多值得探究的东西的。

令人啼笑皆非的是，“五四”之后我们家庭的教育功能被破坏殆尽，但家族主义思想却并非随之灰飞烟灭！从蒋氏家族的传位到现在的裙带风盛行，哪一点证明这种思想有所削弱呢？即使是生活于西方的华裔也难说根除了这一思想，王安电脑公司的坍塌就是一个例证。

我们家庭的教育功能被破坏殆尽，但家族主义思想却并非随之灰飞烟灭！

王安电脑公司曾经创造出一系列辉煌业绩，该公司研制的文字处理电脑等产品价值曾一度高达30亿美元，拥有近4万名员工，但是正当其事业蓬勃发展时，王安却效法祁黄“内举不避亲”，宣布自己从即日起退休，而由儿子继任，儿子不仅任董事长，而且兼任总经理，原总经理改任副职……原总经理在愕然之中建议其子改任名誉总经理，可是也遭否决，最后，经验丰富的总经理也不得不落泪而去，而接替他的则是一个对业务不熟悉的王安的儿子，如此安排怎能不在市场竞争中败下阵来！

耐人寻味的是，在家族主义至上的中国，结果是“富不过三代”，而在个人主义至上的西方国家，其家族却常葆百年青春。与中国人才家族衰落相比照的是西方人才家族的繁兴。无论是政治家族、学术家族，还是企业家族，都无不如此：巴赫家族、施特劳斯家族、伯努利家族、达尔文家族、皮特家族、肯尼迪家族、杜邦家族、洛克菲勒家族……哪一家不是如雷贯耳！其所以能长盛不衰，就在于他们的家族很好地发挥了教育这一功能，这些家族的开创者不仅是创业高手，更是教育的高手！

因此，中国要中兴、要富强，再造中国的家庭教育功能刻不容缓。其实，早在100多年前，我们就已经有人这样做了，并且也已经取得极显著的成果，这位先行者便是宋氏家族第一人，宋庆龄的父亲——宋耀如。

宋耀如是中国近现代最早意识到家庭教育功能缺失的有识之士之一，当他看到西方家庭这一功能之完整时，就立志要把子女培养成林肯、华盛顿式的伟大人物，他曾这样说过：“只要100个孩子有一个能成为超人式的伟大人才，中国就有400万超人，还怕不能得救？现在中国大多数家庭还不能全心全意培养子女，我要敢于为天下先。”他和妻子制订了现代型的“斯巴达—基督教”教育模式，在充分发展孩子天性的过程中，训练他们成为具有基督教精神的斯巴达勇士。还在孩子蹒跚学步的时候，就鼓励他们尽情地玩耍。稍大一点就进行“沐于大麓，烈风雷雨而不迷”的意志训练。为了把孩子造就成能够面向世界的领袖人物，很小的时候就对他们进行英语对话，他从美国购来了大量幼儿读物，夫妇轮流教孩子们读写……正是因为这样，他的几个

在家族主义至上的中国，结果是“富不过三代”，而在个人主义至上的西方国家，其家族却常葆百年青春。

孩子才如此卓然出众，成为中国近现代史上的风云人物。

宋耀如教育孩子的结果并没有丧失自己的价值，相反，他的价值却在后辈中得到光大，他像一个高超的科学家一样，“克隆”出一批后继者继承自己的事业，其子女对中国历史的贡献远远超过他本人的贡献，如果我们的每个为人父为人母者都能像宋耀如一样，怀着把孩子培养出来的最美好心愿，那么不用几代人，中国便能腾飞于世界！如果我们人类都如此，那么同样不用几代人，我们就可以把地球变成文明、和平、安详的伊甸天堂！

宋耀如教育孩子的结果并没有丧失自己的价值，相反，他的价值却在后辈中得到光大。

8.8
让天才成批出现

不仅要让学生超过老师，更要让孩子超过父母——在培养伟大人物的过程中，一流的人物理应肩负起更出色的父母任务——获诺贝尔奖的父子、母子何以都是研究同一课题的——伟人是由伟人培养出来的——伟人们不仅仅要为“诺贝尔精子银行”贡献精子，而且更要贡献他们的教育思想

我国著名生物学家谈家桢教授的导师，美国著名生物学家摩尔根曾鼓励学生超过老师，认为学生不能超过老师是老师没尽到责任，是老师的失败。

铃木镇一说得更是直截了当，他的教育思想就是学生必须超过老师：“为什么这样说呢？因为如果一个学生超不过他的老师，这个学生当了老师时，他的学生又超不过他，结果就要倒退到石器时代。这样就不能指望文化的发展和进步。当学生的无论如何是要超过先生的。”他甚至把超过他的孩子称为学生，把没有超过他的孩子称为见习学生。

其实，孩子也同样如此，如果孩子超不过父母亲，那么这个家庭的教育是失败的。叶圣陶在他的短文《做了父亲》中说：“对于儿女也有我的希望。一句话而已，希望他们胜似我。”俞平伯对此的回答也是：“总不希望比自己坏。”正是这种社会细胞——家庭的前进与胜利，才推动了人类大文明的进化！这本是一个极简单的道理，但是，在我国一份有着广泛影响的家教杂志

摩尔根认为学生不能超过老师是老师没尽到责任，是老师的失败。其实，孩子也同样如此。

上，“儿子不必胜过爹”的所谓“新观念”竟能够获得这家权威杂志编辑的认同而赫然陈列于篇首，我认为，这至少反映出在我国目前阶段人们对此还没有较清醒的认识！

英国历史学家卡莱尔说，所谓历史实质上就是伟人写成的历史，而另一位哲学家更认为普通的民众不过是数学上的“0”毫无意义，只有在伟人的带领下才显示其价值，而这天才便是这无数“0”之前的“1”。在这里我们不去争辩历史是由人民还是由英雄创造的，但是呼唤英雄、呼唤天才却是每个时代每个国度共同的人类心声，而要让天才出现，尤其是让天才成批出现，那么，最先需要做的，就是要对那些第一流的天才人物普及教育学知识。对于这些天才来说，普及这类知识是为了创造人类，而对于普通民众来说，则是完善人类。

为什么要让天才成批出现，首先就需要向那些第一流的天才普及教育学知识呢？这是因为，这些第一流天才本身就是最好的天才成长的土壤。

对于这些巨人来说，培养别的学生还需要一系列社会过滤系统，最后才能让这些学生站在自己的肩膀上，而对于自己的孩子，他则可以直接让他站到自己的肩膀上。

例如，我国著名物理学家周培源和钱三强分别是爱因斯坦和小居里夫人的学生。周培源是 34 岁、钱三强是 24 岁时成为他们学生的，也就是说，在他们 20 岁时还没有接触到世界科学的最前沿，但是，如果他们直接是这两位导师的孩子，情形就大不相同了。

艾芙在《居里夫人传》里是这样描写她的姐姐伊雷娜的：“大女儿是 21 岁的大学生，镇静，平和，从来没有怀疑过她的使命是什么；她要当物理学家，而且很明确地要研究镭。伊雷娜·居里决心走比埃尔·居里和玛丽·居里的道路。她这种朴实和自然，实在值得称赞；她不问她的事业是否能像她的母亲的事业那样灿烂，她不觉得有一个太伟大的令名压着她，她对于科学的爱好，她的天赋，只使她产生一种抱负：她要永远在她看着建筑起来的实验室里工作；在 1918 年她就已经被任为这个实验室的‘委任助手’了。”

要让天才出现，最先需要做的，就是要对那些第一流的天才人物普及教育学知识。

事实上，1916年，还是19岁的伊雷娜就已正式被聘为居里夫人的助手，1918年担任更高一级的委任助手。当朗之万推荐的优秀学生，伊雷娜的未来丈夫，25岁的弗雷德里克·约里奥走进居里夫人的实验室时，尽管在其他方面成绩斐然，但在放射性方面却远不如伊雷娜，正是伊雷娜在帮助这位天才物理学家时，他们才产生爱情的。

面对女儿、女婿的研究，尽管居里夫人没有亲眼看到他们获得诺贝尔奖的那一天，但是她却从来不会怀疑他们总会得到。伊雷娜献身于镭的研究，并不是从19岁进母亲实验室时始，也不是14岁参加母亲获诺贝尔奖仪式时始，甚至也不是从“教育合作计划”时始，可能在极小的时候这颗种子就播进了她的心田。这一点，我们从伊雷娜的女儿，也就是居里夫人的外孙女海伦身上可见一斑。海伦4岁时，自豪的父亲就将她在一张纸上画的“质子轨道”拿给爱因斯坦看，爱因斯坦开玩笑地说：“如果你不当心，她会成为理论物理学家而不是实验物理学家。”果然后来她成了一名物理学家。这种极好的物理环境是孩子成才最好的土壤！

到目前为止，诺贝尔奖历史上共有5组父母和子女成为获奖人。他们是人们熟悉的居里家族，即1903年居里夫妇获物理学奖，1911年居里夫人获化学奖，1935年小居里夫妇获化学奖；J. J. 汤姆逊1906年获物理学奖，1937年其子G. P. 汤姆逊也获物理学奖；1915年布喇格父子同获物理学奖；1922年尼·玻尔获物理学奖，53年后其子也获物理学奖；1929年汉斯·冯·奥伊勒·歇尔平获化学奖，51年后其子获化学奖。

所有这些获奖者都有一个共同的特点，就是同获同一学科的奖金，居里家族虽然获得物理和化学两种奖项，但都是以研究放射性而获奖的。迄今为止，诺贝尔奖的5个奖项中尚还没有出现过跨学科的父子人才链。之所以出现这一现象，就在于这些天才人物有着极好的习育、教育、化育环境。

对于习育来说，这些家庭从小就能以最快最好的传授方式让孩子接受正确的观念、态度和技能。在一个化学家的生活里，他即使烧饭做菜，都会用做实验的那一套，如贴标签面向上以免溶液流下沾污，怎样拿试管、烧酒精

诺贝尔奖中之所以还没有出现过跨学科的父子人才链，就在于这些天才人物有着极好的习育、教育、化育环境。

灯……耳濡目染，孩子自然而然地学会了，而如果没有这样的环境，到初、高中才开始接受这类规范训练，自然要落后许多。这也就同宗教一样，如果孩子从小就天天念佛、唱赞美歌、做祈祷，尽管不了解这样做的含义，但一再反复下去就自然而然地接受了。这同在弄清和接受了难懂的教义再去信仰是完全不同的，而一个从小没有这方面习育的人，长大后如果没弄清为什么必须祈祷，为谁而念佛，那么他是不会在这方面采取行动的。即使这种知识是正确的，但掌握起来也要困难得多，需要付出数倍的努力。这也就像让西方人用筷子一样，似乎怎样看都觉得别扭，而对于中国人则几乎没有一个感到拿筷子别扭一样。

举例来说，1908 年诺贝尔医学奖获得者保尔·埃尔利希，他的父亲是一个名医。当时，一种肉眼无法看到的病菌在欧洲大陆和世界各地肆虐，传染病威胁着数以万计的人的生命。作为一个良医，保尔·埃尔利希在父亲出诊时总是随行，成了一个小助手。晚上，父亲翻阅医书，探求医理，他总是在旁阅读。尤其让他感兴趣的是父亲的种种科学研究，他在一旁兴高采烈地观察父亲做实验，问这问那，没完没了。

有时父亲高兴了，还让他帮着做实验。一次，他忽然认真地对父亲说："我一定要发明一种神奇的子弹，让它只射杀人体内的病菌，而不伤害人体。"父亲高兴极了，鼓励他这样干。最后他实现了自己的诺言。经过 606 次试验，发明了拯救千百万病患者的"606"药剂，后来被世人尊为"血液学和免疫学之父"。

对于教育来说，由于这些杰出人物绝大多数是由教育培养出来的，因此他们都能给孩子最好的成长教育，不管是居里夫人、老布喇格、尼·玻尔，还是汉斯·冯·奥伊勒·歇尔平，他们的实验室都是向孩子开放的，这样，他们用于科学研究的实验室，同时也成了熏陶孩子的科学殿堂。只要有心教育，这些杰出人物自己积累起来的知识、经验、条件，是可以成为孩子成长的最好教材的，而他们自己则是最好的老师。

中国东汉时的伏波将军马援，12 岁立志建功立业，一步一个脚印，终于

> 只要有心教育，杰出人物自己积累起来的知识，是可以成为孩子成长的最好教材的，而他们自己则就是最好的老师。

被朝廷任命为伏波将军。征战之余，他最担心他的两个侄子马严、马敦，于是便以自己的体会和见解告诉侄子。当时有两个著名人物，一个是龙伯高，一个是杜季良，和他交往都很多，龙伯高待人诚恳，做事谨慎，说话稳重，生活上又很节俭；而杜季良却不同，他能和社会上的公众人物打交道，朋友能为他效尽全力，他也肯为朋友两肋插刀。他对侄子们说，这两个人都有长处，但我还是希望你们学习龙伯高，因为学龙伯高不像也能做个老实人，刻鹄不成尚类鹜，而如果学杜季良不像，则是画虎不成反类犬，在他的教导下，几个侄子后来都有所作为。

马援教侄如此，教女儿更是如此。他的女儿就是东汉明帝的马皇后，她当了15年皇后和4年皇太后，在皇后位上，她不许因她得道，全家升天。明帝在世时，她一直拒绝升哥哥马防的官，她觉得外戚恃宠骄横常使王朝早亡，她不能做这种失德的事。她没有生子，但却对生子的宫嫔爱护备至，同赵飞燕之流因自己无子而残害宫人所生的子嗣相比，真有天壤之别。难怪《续列女传》称她“在家则可为众女师范，在国则可为母后表仪”。

如果马援不注意教子，侄子可能成为罪人，女儿也可能成为祸首。有多少处在这个位置上的皇后，最后不仅不能光耀门庭，反而被株连九族，满门抄斩。但是，就是因为马援比别的将军更注意对孩子的教育，结果不仅让家族兴盛，而且也让国家兴盛。

对于化育来说则更是如此，由于这些天才人物本身就是一个能量极大的辐射源，只要稍微留心化育，孩子几乎都可以成才，甚至都几乎可以成大才。

尼·玻尔的父亲是一位生理学家，他的孩子们很小就养成了精心研究科学的习惯。开始，小玻尔只是一味地埋头研究，但父亲却告诉他失去健康就是失去了工作的权力。父亲带着兄弟俩将自家附近的一片荒地平整出一个足球场进行锻炼。后来玻尔兄弟双双入选丹麦国家队队员，而玻尔的弟弟哈拉德更是作为主力队员，代表丹麦参加过世界杯足球赛并赢得银牌。兄弟俩不仅球艺出众，科学研究更是如此，尼·玻尔获1922年诺贝尔物理学奖，而其弟则是一位著名数学家，如果数学也在颁奖之列，那么其弟肯定也会获得诺

由于这些天才人物本身就是一个能量极大的辐射源，只要稍微留心化育，孩子几乎都可以成才，甚至都可以成大才。

贝尔奖。

再如1927年诺贝尔物理学奖获得者康普顿的父亲是一位哲学家。在父亲的教育下，他们兄弟三人后来在自然科学领域内都取得了非凡的成就。康普顿的一个哥哥后来成了一位文理兼通的全才，担任了华盛顿大学的校长。另一个哥哥成了著名的物理学家，担任过麻省理工学院院长。而康普顿本人则在父母的支持下十几岁时就搞发明创造，十三四岁时就自己动手造了一架能飞的滑翔机，后来又利用课余时间发明了一种回转飞机控制器，最后因发现“康普顿效应”而荣获诺贝尔奖。

因此，无论从哪一个方面看，杰出人才本身都是培养孩子成才的最好环境。关于这一点，尽管历代都有人注意到这一现象，但都没有给以圆满的解答。

20世纪初，美国麻省理工学院生物系教授乌资曾做了一个统计，他用标准名人大辞典里的3500人做对象，假定一个普通人可以有20个近亲，即父母子女、祖孙、外祖孙、叔侄、舅甥，此外就算远亲了。通过计算，美国历来的人口之中，平均500人中有一个可以做这名人的近亲。但是事实上，乌资发现，这3500个名人自己能够在近亲中找到另一个名人的机会，并不是1/500，而是1/5。再进一步，如果把其中特别著名的那些名人来分析，则大约为1/3。如果再以最著名的46人来计算，那么不到两个人中便有一个名人为自己的近亲。换一种算法，这46位名人同3500位名人发生近亲关系的机会，比起一个寻常人来，要多出500倍至1000倍。因此乌资认为，人才的产生是集中在人口的一部分，并且是很小的一部分，如果100个人中出现两个人才的话，那么，在这两个人才之中，一个是由其中的另一个培养出来的，而另一个则是由其余99个人共同培养出来的！

事实上，任何一份关于天才的统计都能证明乌资的这份统计资料的共通性。美国社会学家哈里特·朱克曼在《科学界的精英》一书中，对美国1901年到1972年的诺贝尔获奖者进行了详细的分析，结果占全国人口极小部分的专业人员、企业主家庭却占诺贝尔奖获得者总数的81.7%……不需要引述太

无论从哪一个方面看，杰出人才本身都是培养孩子成才的最好环境。

多的统计资料，我们就会承认：天才是由天才培养起来，天才是在天才的家庭里培养起来的！

但是，人类自有史以来，天才的出现一直都呈现出无序状态，似乎无规律可循。因此，天才仿佛像大海里的珍珠、高山上的灵芝一样全凭自然生长，正是这种天生天养，我们才将他们呼之为天才。可是人类今天已揭开了珍珠、灵芝的奥秘，人类今天已可以成批地生产珍珠、灵芝，甚至可以合成珍珠、灵芝，为什么就不能成批地生产天才甚至合成天才呢？在现在，呼唤天才不是不再重要，而是更加迫切！今天，当我们认识到一个天才的诞生需要遗传、习育、教育、化育四者的完美结合时，当我们发现天才最容易将他的孩子培养成天才时，当我们了解到所有的天才必须将他们的一份精力用于他们孩子的培养上时，我们终于可以这样对未来充满信心地说：让天才成批出现！

让天才成批出现，最重要的就是要让第一流的天才有意识地肩负起培养孩子的重任，在这方面居里夫人、J. J. 汤姆生，尼·玻尔等堪称楷模。他们不仅培养了一大批一流的诺贝尔奖获得者，而且最重要、最有意义是将自己的孩子列入了这类天才的行列。因此，对这类天才普及育儿知识甚至比其他人更为重要，而人类那些伟大人物仅由于对育儿的一些自觉的见解，便产生了如此显著的成绩，我们还有什么理由不抓紧时间尽快发掘这天才教育的宝窟，以为我们这垂危的人类贡献出它的拯救者、疗治者呢！

因此，我们必须尽最大的气力，向全世界那些在各个方面取得卓越贡献的杰出天才呐喊：要像培养学生那样培养自己的孩子，要像让学生超过自己那样让孩子超过自己！你们对下一代贡献的不仅仅是“诺贝尔奖精子银行”里的精子，而是你们对自己孩子、对世界上所有的孩子那份执着的责任。当这种呼喊最终化为人类的一种信念时，那么一个天才竞长的新时代必将来临，到那时，我们将怀着极欣喜的心情注目于这个远远超过文艺复兴时代的全人类长盛不衰的全面复兴与增长，注目于这个在大地上建立起的人类最美好的群星灿烂的极乐园！

必须尽最大的气力，向全世界那些在各个方面取得卓越贡献的杰出天才呐喊：要像培养学生那样培养自己的孩子。

跋
向使命证明自己

我是一条狗，一条落水的丧家狗！

在写作本书的那些还算艰苦的日子里，我常常想到一些伟大的人物，不是想到他们春风得意的时候，而是想到他们被当成丧家狗痛打的日子。

明确承认自己是“丧家之狗”的可能首推孔子。在一次逃难中，他与学生跑散了，被人喻之为“累累若丧家之狗”，孔子听到后不是生气而是赞同。的确，这位被后世奉为“至圣先师”的了不起的大哲，其生前可以说是一条不折不扣的“丧家之狗”。他被狂人嘲笑过，被隐士挖苦过，被奸臣拉拢过，被专臣追杀过，甚至连自己的学生也不理解他、背叛他，但他却“执迷不悟”“知其不可为而为之”，周游十六国，面见十七君，竭力去纠正那个“礼崩乐坏”的社会，然而却到处碰壁、挨打……

孔子还算是幸运的，西方的另一圣哲耶稣更是被钉死在十字架上，不仅成了丧家之狗，而且还成了丧家的死狗……

一个伟人的历史都是伴随着屈辱成长的历史，都是被当成丧家狗追打的历史！

我生也晚，不能亲眼目睹这些大哲的窘相，只能从后世的文字中揣测他们当时的狼狈与无奈，甚至也曾嘲笑过他们。可是当我20世纪90年代初投身社会，成为一个既无职称，又无职务，更无职位的“三无人员”，成为一个既无单位又无收入的“社会闲杂分子”时，我也有幸尝到了“丧家之狗”的滋味。当我到一个单位如图书馆，面对连借书也要局级以上单位证明时，便不得不悻悻而去，而这无疑还是最有礼貌的，有些单位甚至连大门都不让进去。我这时不仅感到自己是一条丧家之狗，而且更是一条落水的丧家之狗！

我再一次想到了那些像狗一样被打入水中的大哲，他们尽管被打落水中，但却从不中止他们的思想，甚至从不中止他们的吠声！有了他们，我便有了一份自大了的安慰！

我是一条狗，一条落水的丧家狗！

我是一只兔子，一只险些被农夫捡去的兔子！

中国有一个成语叫守株待兔，说一个农夫在田里种地，忽然跑来一只兔子撞在树上，农夫捡了兔子，于是不再种地，守在树边等着兔子撞在树上。我曾羡慕过这位农夫，甚至还幻想着也能做上一次这样的农夫。这么多年的努力终于让我明白这真是一种愚人的做法。

有很多人都会说我是幸运的，是命运垂青的，是一个在一棵树下捡了几只兔子的农夫：1993年的深圳文稿竞价让你这个无名小卒一夜走红，名利双收；这本《发现母亲》又让一位大老板投下重金……好事都被你撞上了！

可是我这些年的奋斗事实却正相反。我不仅不是那位幸运的农夫，恰恰是那位不幸的兔子，有很多次我都撞在了树上，险些被农夫捡了去。

我是一只兔子，一只险些被农夫捡去的兔子！

我是一只兔子，一只用命在跑的兔子！

有一则寓言说：一头狮子在树丛里发现了一只兔子，于是紧随其后奋力追赶。可最后还是让兔子逃掉了，于是众兽嘲笑说："你还是兽中之王呢？连一只兔子也追不上！"狮子的回答却很坦然："我是为一顿晚餐在跑，而兔子是为自己的一条命在跑。"

常常有朋友问，你是学工科的，你在这个全新的领域里感不感到胆怯呢？老实说我感到过不便，但从来没有感到过胆怯。感到不便是因为隔行如隔山。我的同学、老师大多数是搞工程的，如果我搞施工、设计、研究，会有一个非常好的人力资源支持系统。可我现在搞母教，无论是幼教、家教、早教，也无论是新闻、出版、报刊，我都要从零做起。这种不便有时甚至是很痛苦的，但是我却从来没有感到过胆怯，因为隔行不隔理，在这个领域里我有着别人无法具有的优势，那就是别人可能埋怨8个小时内的工作，而我在梦里都在工作着。别人是为一餐而跑，而我则是为一条命在跑。

我是一只兔子，一只用命在跑的兔子！

我是一条泥鳅，一条阴沟里的泥鳅！

有人说东方人多是时势造英雄，西方人多是英雄造时势。所谓时势造英雄，大多是指英雄迫不得已被命运推上了社会的风口浪尖。可西方不同，常常是英雄造时势，也就是说如果没有这个人，可能就没有这个时势，起码这个时势不会来得这样早这样大。如南丁格尔，由于她的努力，“护士”这一职业便从一个等同于妓女的下贱职业上升到了现在人们心目中的白衣天使。再如桑格夫人，她在美国宣传计划生育时，曾被数度投入监狱。她到日本时，日本政府竟不允许她上岸，那时全世界都把她视为洪水猛兽！可时间是最公正的法官，现在人类终于认识到了她的价值，她被尊为“计划生育之母”。

我深知自己无法同这些无所畏惧的先贤大哲相比，同他们这些兴时代风作历史浪引领社会风骚的巨龙相较，我不过是一条小小的泥鳅，甚至是一条小小的阴沟里的泥鳅。我翻不了什么大浪，但是我却在不停地翻，我希望能够翻出自己的浪花。

我是一条小小的泥鳅，我要翻出我自己的浪花。

我是一只螳螂，一只用螳臂去挡车的螳螂！

曾有玩测字游戏的朋友将我的名字测了测，说你应该换个名字，因为这个名字意味着目标远大，可最终却一事无成。我向来不信这些人生预测术，更没打算换个什么能够招来好运的名字，甚至连起个笔名的雅兴也没有。虽说不上信奉什么“行不更名，坐不改姓”，但我总觉得不断地变换笔名，也许只会一次次地降低对自己的要求。

但是这个测字阴影一直在我的脑中挥之不去，似乎不断地提醒我不可能实现自己的目标！我曾一次次地问自己，自己所选择所从事的母教是否真的会竹篮打水，是否真的会在后人的眼里显得可笑！可一旦当我浸心母教这一事业时，我便像安泰能从大地母亲的身上吸取力量一样，不再犹豫彷徨！

也许我是一只自不量力的螳螂，正在用那不堪一击的螳臂去挡车，即便顷刻之间粉身碎骨，我也觉得这是我的归宿与命定。

我是一只螳螂，一只用螳臂去挡车的螳螂！

我是一只灯蛾，一只扑火的灯蛾！

我的大学母校地处南昌市郊，那里草木茂盛，像一个大村庄。每逢晚秋，教室里的灯光便引来无数灯蛾。这些小昆虫煞是可爱，天刚黑时还只是零星几只，越到夜深，越是数量众多。万籁俱寂，教室里常常只剩下读书写日记的我，看到从远方投火而来的小精灵，在自己的课桌上像醉了酒似的蹦几下就死去了，常常不自觉地停下笔来注目一番。到收拾书包回去睡觉时，教室的地下已落下了薄薄的一层，像秋晨里的薄霜，踩在这些纯洁轻灵的小生物身上，不仅为之不忍，甚至为之感怆……

在写作本书的几年里，我不时地回想起十多年前的这一幕，感想竟然与过去相反：所有的生物都固有一死，不惜路途迢迢纷纷从四面八方奔着光明并为之殉难，真是死得其所！有一句曾极流行的话：过把瘾就死！想到勇敢的灯蛾，我突然冒出这样一句：高尚一次就死！

我是一只灯蛾，一只扑火的灯蛾！

我是一条虫，一条毛毛虫！

鲁迅曾说："中国要作家，要'文豪'，但也要真正的学究。倘有人作一部历史，将中国历来教育儿童的方法，用书，作一个明确的记录，给人明白我们的古人以至我们，是怎样的被熏陶下来的，则其功德，当不在禹（虽然他也许不过是一条虫）下。"

我自命就是这样的一条虫，而且是一条小小的毛毛虫。

在完成已经开始的下几本更为艰巨的教育著作写作后，我将倾尽全力投入到一部更为宏大的《家教通鉴》的写作中，在这部大著中，我设想能对世界范围内的第一流人物详加研究，仔细分析一番他们是如何成为天才的，在他们的成才过程中，有哪些因素是积极的，有哪些因素是消极的，我力争将这部书写成一本天才成长的“教育谱”，通过对这些天才成长的“复盘”，让更多的孩子能够更加健康更加科学更加文明更加人性地成长！

我是一条虫，一条毛毛虫！

茨威格曾说一个人的成功要靠两个方面，一个方面是他找到了自己的人生使命，另一个方面则是使命也找到了能承担起它的人。从读木村久一那本书时起，我就找到了自己的使命。遗憾的是使命还没有青睐上我，我现在所做的一切都是在向使命证明自己，证明自己也许是一个能肩负起它的人。过去有一句很响亮的话：让组织考验我吧！今天我则要向使命大声说：让使命考验我吧！

让使命考验我吧！

后 记

拙著《发现母亲》自1999年出版后，在社会上引起了一阵不小的反响。可由于发行不畅，最初几年里市场上只闻其声不见其书，以至于朋友见面大多都要向我索赠，最后连自己仅存的一套也不知被谁“借”走了。作为一个写书人，看到自己的书被读者喜爱固然高兴，可市场上买不到又实在不是滋味……

当然，《发现母亲》发行不畅也有它的自身原因，最重要的一点就是篇幅太长，上下两册多达一千余页、80万字，并且学理味较浓。对于普通读者来说，阅读它已非易事，何况它更直接的阅读对象是普通母亲呢……

所有这些都构成了2003年那次修订版的出版理由！

说到那次“修订”，我以为不如说“删节”更为合适。一来只是对原书的一些明显错误进行了订正，没有大的原则性的改动；二来更多的精力放在了缩短篇幅和如何使其更适合普通母亲阅读上，因此对于宏观上的论述性的文字和学理上的论证性文字均悉数删除，原书上卷除留下导论和第一章外，其他五章均全部删去。

经过这样“修订”的版本，将它说成是“普及本”“删节本”可能更加合适。

修订版面世后，读者反响很好，一直畅销不衰，成为难得的常销书。

承蒙各界厚爱，修订版更是获得了包括中国图书奖在内的诸多奖项，在此也向出版社的领导及读书界的各位朋友表示衷心的感谢！

真是岁月如梭，一晃又是10年过去了，修订版又到了需要改进的时候了。

这一次修订除了订正一些内容错误外，主要是让它的形式如开本等与时俱进，为此负责这次工作的姜喆同志做了大量工作，在此也向姜喆等中国妇女出版社的各位领导及朋友们致以衷心的感谢！

本人20世纪80年代涉足母亲教育领域，已近30春秋，虽然目前母亲教育还无多少社会响应，但儿童教育、家庭教育已经广受社会重视，相信不久的将来，人们就会重视到这一对孩子对家庭对民族最重要最根本的教育！

最后，仍像十几年前初版的那篇后记一样，衷心地祝福全社会：

每一个母亲都有一个好孩子，

每一个孩子都有一个好母亲！